승자와 패자의 갈림길 (3)

제3대 총선이야기
(1954. 5. 20)

장 맹 수 편저

선 암 각

| 승자와 패자의 갈림길(3) |

제3대 총선이야기

(1954. 5. 20)

초판인쇄 : 2024년 2월

편저자 : 장맹수

발행처 : 선암각

등록번호 : 제 25100-2010-000037호

주소 : 서울특별시 노원구 마들로 31

전화번호 : (02) 949 -8153

                              값 20,000원

승자와 패자의 갈림길 (3)

제3대 총선이야기
(1954. 5. 20)

장 맹 수 편저

선 암 각

목   차

책을 펴내며

[제1부] 제2대 총선과 제2대 대통령선거

제1장 우후죽순(雨後竹筍)처럼 난립한 제2대 총선　　11
1. 제2대 총선전의 정국(政局)상황　　12
2. 제2대 총선의 개황(槪況)과 결과　　17
3. 제2대 총선에서 당선된 영광의 얼굴들　　22

제2장 발췌개헌으로 대통령에 재당선된 이승만　　30
1. 이승만 대통령의 버팀목인 자유당 창당　　31
2. 발췌개헌(拔萃改憲)으로 대통령직선제 개헌　　39
3. 직선제 개헌으로 대통령에 이승만 재당선　　45
4. 토사구팽된 자유당 부당수 이범석과 장택상 총리　　56

[제2부] 이승만 정부의 숨겨진 치부(恥部)

제1장 민족의 최대 비극인 6.25 남북전쟁　　63

1. 6.25 남북전쟁의 배경과 전황(戰況)　　　　　　64
2. 남북전쟁 1,129일의 전투상황　　　　　　　　75
3. 공포의 대상인 공산 무장공비(武裝共匪) 빨치산　93
4. 북진통일 염원이 휴전협정 묵인으로　　　　　104
5. 소요와 폭동으로 점철(點綴)된 전쟁포로　　　111

제2장 6백여 명의 양민을 학살한 거창공비토벌　　119
1. 지리산 일대를 주름잡은 40만 명의 무장공비　　120
2. 공비(共匪)토벌부대가 6백여 명의 양민을 학살　122
3. 정치적 파장과 여운을 남긴 거창양민학살사건　125

제3장 1천 명의 장정을 굶겨 죽인 국민방위군　　　130
1. 국민방위군 횡령(橫領)사건이 정치쟁점화　　　131
2. 국민방위군 간부 5명은 형장의 이슬로　　　　134
3. 정치자금 유입은 은폐된 채 영구미제로　　　　138

제4장 전쟁의 와중에 실시된 보궐선거·지방선거　142
1. 납북이 아닌 사망한 의원 지역구에 보궐선거　　143
2. 지방의원을 선출하여 정권의 전위부대로 활용　157

제5장 6.25 동란 중에 일어난 주요 사건 모음　　　160

1. 정당방위 논란에 휩싸인 서민호 의원　　　　161
2. 이승만 대통령의 암살미수는 연출(演出)　　　165
3. 이시영, 김성수 부통령의 연이은 사임　　　　171
4. 간첩(間諜) 정국은 사건의 정치적 파장　　　175

[제3부] 자유당이 압승을 거둔 제3대 총선

제1장 제3대 총선을 향한 상황일지　　　　　　180
1. 이승만의 오판과 실착이 6.25 동란으로 (1950)　　181
2. 전후방 없는 전쟁으로 전 국토가 초토화 (1951)　　189
3. 직선제 개헌으로 재집권에 성공한 이승만 (1952)　200
4. 뿌려진 피의 대가도 헛되이 휴전협정 체결 (1953)　210
5. 자유당이 과반 의석을 넘긴 제 3대 총선 (1954)　　220

제2장 1,291명의 후보들이 난립한 제3대 총선　　224
1. 자유당을 위한 자유당에 의한 제3대 총선　　　　225
2. 탄압 대상인 민주국민당보다 무소속을 선호　　　234
3. 자유로운 분위기를 강조했지만 역시 공염불　　　240

제3장 자유당이 경찰독재정권의 기반을 구축　　　247

1. 자유당이 203석 중 56%인 114석을   248
2. 제3대 총선에서 당선된 영광의 얼굴들   253

[제4부] 지역별 불꽃 튀는 격전의 현장들

제1장 수도권 : 전형적인 여촌야도(與村野都)   260
1. 자유당이 지역의 새로운 주역으로 등장   261
2. 수도권 39개 지역구 불꽃튀는 격전의 현장으로   265

제2장 영남권 : 자유당 후보 당선율은 50.0%   317
1. 무소속 당선자가 74.2%에서 37.9%로 격감   318
2. 영남권 66개 지역구 불꽃튀는 격전의 현장으로   322

제3장 강원·충청권 : 자유당 후보들이 환호성을   418
1. 자유당 공천은 곧 당선(當選)으로 직결   419
2. 강원·충청권 43개 지역구 격전의 현장으로   422

제4장 호남·제주권: 고전(苦戰)하는 자유당 후보들   481
1. 반자유당 정서가 면면(綿綿)히 흐른 호남권   482
2. 호남·제주권 55개 지역구 격전의 현장으로   485

책을 펴내며

우리나라의 고질적인 지역감정과 지역갈등을 영원히 종식(終熄)시키기 위해서는 지방행정구역을 과감하게 재편(再編)해야한다는 지론(持論)을 펼치기 위해 승자와 패자의 갈림길, 제18대 총선이야기를 발간한 것이 2010년 11월 11일이었다.

글 쓰는 재주가 남다르지 아니하고 문장력이 뛰어나지 아니함에도 불구하고 제13대(1988년)와 제14대(1992년)는 물론 제15대(1996년), 제16대(2000년), 제17대(2004년), 제19대 (2012년), 제20대(2016년) 총선 이야기와 제헌의원 선거에서 제20대 국회의원 선거를 요약한 역대 국회의원 선거 이야기까지 총 18권을 엮어냈지만, 정치권이나 출판업계에서 크게 주목을 받지 못했다.

그리하여 절필(絶筆)을 좌고우면(左顧右眄)했으나, 1960년대부터 60년이상 경상도 출신들이 집권하여 오면서 영남 패권주의를 조장하여 온 엄연한 사실을 적시(摘示)하고, 곡학아세(曲學阿世)한 정치인들이나 학자들의 그럴듯한 지역갈등 해소방안은 뜬구름 잡기에 불과하다는 것을 환기(喚起)시켜주기 위해 발간을 이어가기로 결단을 내렸다.

2020년 5월에는 승자와 패자의 갈림길 제9대(1973), 제10대(1978), 제11대(1981), 제12대(1985) 총선이야기 4권이 발간됨에 따라 이미 22권을 발간했다.

1만 2천여 페이지에 달하는 방대한 자료를 정리하고 1만 8천여 명에 달하는 인명(人名)을 수록하다보니 오자(誤字)가 듬성듬성 하는 부끄러움으로 총선 이야기 오정(誤訂) 묶음까지 발간했지만, 우리의 뇌리에서 잊혀져 가는 역사적 사건과 선거에 관한 진면목(眞面目)을 나름대로 집대성했다는 자부심으로 위안을 삼고 싶었을 뿐이다.

이번에는 일본의 쇠사슬을 벗어나 건국의 뱃고동을 울린 제헌의원 선거(1948년), 너도나도 선량(選良)이 되겠다고 2,225명이 운집(雲集)한 제2대 총선(1950년), 전쟁의 폐허에서도 이승만 대통령의 종신집권을 위해 자유당이 총력을 경주한 제3대 총선(1954년), 이승만 정부의 실인심과 경찰력의 동원으로 여촌야도(與村野都) 전형을 보여준 제4대 총선(1958년), 장기집권에 의한 4월 혁명으로 정권교체를 갈망하는 유권자들의 기원을 담은 제5대 총선(1960년), 5·16 군부 쿠데타로 집권한 박정희 정부가 구(舊) 정치세력을 규합한 연합군을 편성하여 대승을 거둔 제6대 총선(1963년), 박정희 정권의 장기 집권을 위한 헌법개정을 구상(構想)하고 온갖 부정한 방법을 동원하여 민주공화당이 압승을 거둔 제7대 총선(1967년), 3선개헌으로 실시한 대통령선거에서 승리한 박정희 정부에 대한 반감이 표출되어 신민당이 선전한 제8대 총선(1971년) 이야기 8권을 단권(單券)으로 편집하여 함께 출간하여 1945년 해방이후 75년간 우리나라의 정치의 진면목(眞面目)을 살펴보고자 했다.

3년간 이어진 6.25전쟁의 참상과 자유당 독재정권의 태동을 구축한 제3대 총선 이야기 제1부에서는 2,209명의 후보들이 난립하여 60%인 무소속 후보 126명을 당선시킨 제2대 총선과 국회의원들의 간접선거로는 대통령에 재당선될 가능성이 희박하자 이범석이 주도한 원외자유당을 활용하여 국회의원 소환과 국회 해산을 협박하고 장택상 국무총리의 발상인 발췌개헌(拔萃改憲)으로 국민들의 직선에 의한 이승만 대통령의 재등극을 기술했다.

이승만 대통령을 옹립히기 위해 수단과 방법을 가리지 않았던 이범석 자유당 부당수와 장택상 국무총리의 토사구팽도 엮어봤다.

제2부에서는 300만 명의 국민이 희생되고 전 국토가 초토화(焦土化)된 민족의 비극인 6.25 남북전쟁 배경과 1,129일간의 전투상황은 물론 600여 명의 양민을 학살한 거창 공비토벌, 1천여 명의 장정을 굶겨 죽인 국민방위군 사건을 기술했다.

전쟁의 와중에서도 납북(拉北)의원이 아닌 사망한 의원들의 지역구의 보궐선거가 실시됐고, 시, 읍, 면, 도의 지방의원을 선출하여 국회 해산과 국회의원 소환의 전위부대로 활용했다.

이승만 대통령의 암살 미수와 야당의 선봉장인 서민호 의원의 서창선 육군대위 살해사건을 직선제 개헌에 활용했고, 간첩 정국은 사건은 족청계 축출의 수단으로 활용했다.

제3부에서는 제3대 총선을 위한 4년간의 상황일지와 1,291명의 후보들이 혈전을 전개하여 이승만 정권의 버팀목인 자유당이 과반이 넘는 114석을 차지하는 총선의 이모저모를 살펴봤다.

자유당의 국회 지배는 이승만 정권의 독재적 기반을 구축하기 위한 종신집권의 개헌을 추진하는 발판이 마련됐다.

제4부에서는 전형적인 여촌야도를 보여준 수도권, 자유당 후보 당선율이 50%인 영남권, 자유당의 문전옥답(門前沃畓)인 강원·충청

권, 자유당 후보들이 고전(苦戰)한 호남·제주권으로 대별하여 203개 지역구에 뛰어든 후보들의 면모, 지역구별 판세, 승패의 갈림길과 득표 상황을 정리했다.

아무쪼록 지역갈등이라는 업보가 우리의 후손들에게 유산(遺産)으로 남겨지지 않도록 과감하고 전면적인 지방행정구역 재편의 계기가 마련되고, 어떠한 정치 상황에서도 정치인은 지조를 지키고 언행을 경계하여 후세에 회자(膾炙)되지 아니하기를 바랄 뿐이다.

2023년 9월 장맹수

[제1부] 제2대 총선과 제2대 대통령선거

제1장 우후죽순(雨後竹筍)처럼 난립한 제2대 총선

제2장 발췌개헌으로 대통령에 재당선된 이승만

제1장 우후죽순(雨後竹筍)처럼 난립한 제2대 총선

1. 제2대 총선전의 정국(政局)상황

2. 제2대 총선의 개황(槪況)과 결과

3. 제2대 총선에서 당선된 얼굴들

1. 제2대 총선 전의 정국(政局) 상황

(1) 제헌의원들의 거듭된 이합집산(離合集散)

1948년 5월 10일 실시한 제헌의원 선거에서는 정당체계가 정비되지 아니하였고 모호하지만 당선 후보들이 내세운 소속단체를 살펴보면 대한독립촉성국민회 55명, 한국민주당 29명, 대동청년단 12명, 조선민족청년단 6명, 대한독립촉성농민총연맹 2명, 대한노동총연맹, 조선민주당, 대한청년단, 한국독립당, 교육협회, 단민당, 대성회, 전도회, 민족통일본부, 조선공화당, 부산15구락부가 각각 1명이며, 무소속 후보들이 85명이다.

한국민주당은 민족진영의 대동단결이라는 기치를 내걸고 대한독립촉성국민회 신익희 세력과 대동청년단의 지청천 등을 영입하여 민주국민당을 창당했다. 민주국민당은 김성수, 백남훈, 신익희, 지청천을 최고위원으로 선출했다.

민주국민당에 대항하고 이승만 대통령의 집권기반의 디딤돌을 자처하는 대한국민당은 일민구락부, 신정회, 대한노동당과 무소속 일부 위원들의 호응을 얻어 1949년 11월 재창당했다.

제헌의원들의 소속단체와 정당체계가 흐트러지면서 54명의 소속의원을 거느린 일민구락부, 23명의 신정회, 23명의 대한노농당 등으로 개편되어 운영되다가, 1950년 3월 10일에는 대한국민당이 71명으로 제1당이며 여당으로 군림했고, 민주국민당이 69명, 일민구락부가 30명으로 탈바꿈했다.

이들은 어떠한 원칙 또는 정책보다 정치 상황이나 정치권력을 둘러싸고 임기응변식으로 이합집산을 거듭하고 있었다.

(2) 내각책임제 개헌안의 제안과 부결

1950년 1월 27일 민주국민당 서상일 의원 외 79명의 의원들이 내각책임제 개헌안을 국회에 제출했다.

이승만 대통령은 개헌 문제에 대해 "개헌안이 불행히 통과된다 하더라도 대한민국에 중대한 관계를 가진 문제는 필경 국민전체의 공론(公論)에 부쳐서 공결(公決)시킬 수 있을 것임으로 이러한 방식이 있음에도 부질없이 인심(人心)을 선동하지 말라"는 담화를 발표했다.

번즈 주한 경제협조처장은 공보처장이 '헌법개정안이 통과되면 미국의 경제원조가 단절될 것'이라는 발언은 미국의 대외경제원조 정책과 배치되는 것으로 전혀 근거 없는 것이라고 반박하면서, 대한민국 국민의 정치적 결정을 존중하여 지지한다고 밝혔다.

민주국민당 신도성 위원은 현행 헌법은 전자성(專恣性)을 내포하고 있으며 만신창이의 행정실태의 치유책은 개헌만이 유일한 시정방법이라며 개헌의 필요성을 역설하면서 개헌 반대론에는 모순이 있으며 국회의원들은 개헌으로 국가 기초를 공고히 하는 데 책임을 다하라고 주문했다.

개헌안에 대해 곽상훈 의원은 책임정치가 개헌의 목적이라며 찬성한 반면, 권태희 의원은 도의적으로 모순이라며 강력하게 반대했다.

김수선 의원은 아첨과 관직의 구걸은 비열하다며 양심적 정치인은 개헌에 찬성하라고 역설했다.

대한국민당은 내각책임제 개헌에 대해 국토가 양분된 상황에서 개헌은 시기상조이며 부당하니 제2대 총선 이후 국민의 의사를 들은 후 실시해야 한다고 주장했다.

대한국민당은 원내외에 공포 분위기를 조성하면서 개헌 반대의 여론을 주도하였으며, 중간파 인사들에게는 기권을 권유하는 공작을 전개하기도 했다.

개헌논쟁이 열전(熱戰)으로 돌변하여 국회 개원 이래 초유의 난투와 노호(怒號)의 수라장이 되는 불상사가 일어났다.

이승만 대통령은 내각책임제 개헌안이 국회를 통과하는 경우 대통령을 즉시 물러나겠다고 비장한 선언을 했고, 이승만의 집권만이 이 나라를 살리는 길이라고 굳게 믿고 있는 백성욱 내무부장관이 개헌 반대를 주도했다.

민주국민당 내에서도 김준연, 홍성하 의원들이 개헌을 반대했고, 그래도 대통령은 이승만 대통령이 해야 한다고 생각하는 이시영 부통령도 개헌 반대성명을 발표했다.

헌법개정안에 대한국민당 등은 국회의원의 임기 연장을 획책 가장한 불순한 정치모략이라고 공격하며 반대하고서 대통령이 시사한 대통령직선제, 임기 연장을 포함한 새로운 개헌안을 제출코자 찬성의원 규합에 나섰다.

서상일 의원 외 79명이 제의한 내각책임제 및 선거 연기 등을 포함한 헌법개정안은 재석 의원 179명이 투표하여 찬성 79표, 반대 33표로 3분의 2 미달로 부결됐다.

신익희 국회의장은 전 국민의 지대한 관심과 국제적으로 시청(視聽)이 집중된 개헌안에 기권자가 66명이라는 것은 한심한 일이라고 개탄했다.

더구나 개헌을 절대 반대하던 이승만 대통령이 개헌안이 부결되자 대통령을 국민이 직접 선거하는 한편 국회 양원제를 창설하는 개헌을 추진할 것을 천명(闡明)했다.

(3) 대통령과 국회의 대립으로 국무총리 서리체제가 운용

이범석 국무총리가 사임하자 신성모 국방부장관, 신흥우 주일특명대사, 백성욱 내무부장관 등이 국무총리 물망에 올랐다.

그러나 이승만 대통령은 조선민주당 출신으로 초대 내각에서도 인준이 부결됐던 이윤영 의원을 지명하여 인준을 요청했으나 국회는 가(可) 68표, 부(否) 84표로 인준을 거부했다.

국회는 104명의 연서로 후임 국무총리에 조병옥을 추천했다.

이승만 대통령은 신성모 국방부장관을 총리서리로 임명하고 국회에 통지하자, 국회에서는 법적 근거가 없다며 공한을 접수하지 않고 즉시 반송했다.

정부조직법에 국무총리가 사고로 인하여 직무를 수행할 수 없을 때는 대통령이 지정하는 국무위원이 임시로 직무를 대리한다는 규정을 적용한 것인데, 국회에는 이윤영 국무총리가 승인을 받지 못한 것이 사고(事故)가 아니라고 해석하고 있기 때문이다.

그리하여 이승만 대통령과 국회의 갈등은 깊어만 갔으며, 국무총리의 인준을 받지 못한 채 신성모 국방부장관의 장기간 서리체제가 운영됐다.

1951년 주미대사인 장면이 국무총리 지명을 받을 때까지 국무총리는 국회의 인준을 받지 못한 채 운영되는 기현상을 빚어왔다.

(4) 민주국민당과 유엔의 반발로 5월 20일 선거 실시

이승만 대통령은 1950년 5월 31일로 제헌의원 임기가 만료되지만 제2대 의원 선거를 11월 말로 연기한다고 발표했다.

이에 민주국민당 등 야권이 강하게 반발하여 정국이 불안해지자, 유엔임시한국위원단은 선거의 연기는 대의정치의 원칙에 반하고 정국의 위기는 공산분자들에게 이용당할 수 있다고 경고하고, 미국 정부가 5월에 국회의원 선거를 실시하지 않으면 대한(對韓) 군사·경제 원조를 재고하겠다는 각서를 보내왔다.

이에 정부는 부랴부랴 농번기로 선거를 연기할 수밖에 없다는 연기 방향을 선회하여 5월 중 선거를 실시하겠다고 발표했다.

그리하여 제2대 의원 선거가 1950년 5월 20일 실시하게 됐다.

2. 제2대 총선의 개황(概況)과 결과

(1) 선거구를 200개구에서 210개 선거구로 조정

선거법 개정으로 제헌의원 선거 때의 200구 선거구를 10개 증설하여 210개 선거구로 조정됐다.

서울은 중구, 용산구, 성동구, 마포구, 영등포구가 각각 갑·을구로 분구되고, 성북구가 신설되고 동대문 갑·을구가 통합되어 단일구가 됐다. 그리하여 16개 선거구로 6개 선거구가 증구됐다.

경기도는 수원 갑·을구가 수원, 화성 갑구, 화성 을구로 분구되고, 인천 갑·을구를 인천 갑·을·병구로 조정하되 고양 갑·을구가 병합되어 1개구가 증구됐다.

전남의 광산군이 갑·을구로, 경북 포항시가 영일 갑·을구에서 분구되어 신설됐다. 또한 부산이 갑·을·병·정 4개구에서 갑·을·병·정·무로 조정되어 1개구가 증설됐다.

그리하여 서울은 10개구에서 16개구로, 경기는 29개구에서 30개구로, 경북은 33개구에서 34개구로, 경남은 31개구에서 32개구로, 전남은 29개구에서 30개구로 조정됐다.

다만 강원(12개구), 충북(12개구), 충남(19개구), 전북(22개구), 제주(3개구)는 제헌의원 선거구와 변동이 없었다.

(2) 무려 2,225명의 후보들이 난립하여 10대 1의 경쟁율을

지난 제헌의원 선거에는 948명의 후보들이 출전했지만, 이번 2대 총선에는 무려 2,225명의 후보들이 난립하여 평균 10.5대 1의 경쟁률을 보였다.

정당, 단체별로는 집권여당인 대한국민당이 165명, 야당인 민주국민당이 154명으로 쌍벽을 이뤘고, 국민회 115명, 대한청년단 60명, 대한노동총연맹 41명, 사회당 28명, 일민구락부 19명, 대한노농당 20명, 한국독립당 13명 등이다.

조선민주당 등 30개 단체에서 10명 이하의 후보들을 출전시켰다. 무소속이 1,513명으로 68.5%를 점유했다.

직업은 농업이 804명으로 36.3%를 차지하여 주종을 이루고 있으며, 법조인이 65명, 종교인이 32명이며, 제헌의원 112명이 재출전했다.

후보자의 학력은 소학교 졸업 등이 589명으로 26.7%를 점유하고 있고, 대학 졸업은 636명으로 28.8% 수준이다.

선거를 앞두고 세도, 씨족 본위를 배격하고 인물 중심의 투표를 하자는 캠페인이 전개됐다.

자유 분위기를 흐리는 해괴한 청년단은 단체에서 공천한 후보자에 투표 않으면 엄벌하겠다고 단원에 협박 시달하는 경우도 있었지만, 백성욱 내무부장관은 자유 분위기는 확보되어 있으며 선거 방해공작은 철저히 단속하겠다고 밝혔다.

(3) 제2대 국회의원 선거에 대한 이모저모

제2대 총선은 우리나라 정부가 주관하여 실시한 최초의 국회의원 선거로서 제헌의원 선거에 불참하였던 중간파 세력과 혁신 세력이 참여함으로써 정치세력이 모두 참가한 선거로 기록됐다.

기성 정당에 대한 민망(民望)이 좋지 못한 것을 고려하여 정당인이 일부러 무소속으로 가장하여 출마하는 사례가 다수였으며, 국회의 실적에 따른 민심의 동향이 선거를 통하여 여실히 반영될 것으로 전망됐다.

이승만 대통령은 입후보자를 자진 정선(精選)하여 진정한 애국자에게 투표하라고 국민들에게 경고했고, 국민은 모략에 기만되지 말고 정치적 색택(色澤)을 잘 분별하라고 특별담화를 발표했다.

또한 이승만 대통령은 중간파의 파선은 위험하므로 과거 행적을 고려하여 투표하라고 애국 동포들에게 호소했다.

유권자는 21세 이상으로 전체 국민 2,000만 명의 절반 수준인 908만 4천여 명이다.

(4) 무소속 후보들이 210명의 60%인 126명이나 당선

정당에 대한 개념과 선호가 불분명한 제2대 국회 당선자의 소속은 대한국민당 24명, 민주국민당 24명, 국민회 14명, 대한청년단 10명이다.

소수 단체는 대한노동총연맹 3명, 일민구락부 3명, 사회당 2명, 민족자주연맹 1명, 대한부인회 1명, 불교 1명, 여자국민당 1명이며 무소속 후보로 당선자는 126명으로 전체의 60%를 점유했다.

민주국민당, 대한국민당 등 주요 정당들이 공인후보제도를 채택하여 분전했으나 무소속 후보가 126명이나 당선되어 국회를 점령했다.

대한국민당 최고위원 윤치영, 민주국민당의 서상일, 조병옥, 김준연, 백남훈, 김동원, 백관수, 이영준 등 주요 간부들이 대부분 낙선했다.

이승만 대통령을 절대 지지하는 대한국민당은 오성환(마포갑), 남송학(용산을), 조봉암(인천병), 이진수(양주을), 이재형(시흥), 김웅진(화성을), 윤재근(강화), 김경배(연백갑), 박영출(의성갑), 육홍균(선산), 박세동(강릉갑), 최헌길(강릉을), 이재학(홍천), 김명동(공주을), 이규갑(아산), 김용화(천안), 엄병학(임실), 유인곤(영암), 황병규(여천), 우문(김천), 최면수(보은), 연병호(괴산), 조종승(단양) 후보들이 당선됐다.

이승만 대통령의 정책에 반대하는 민주국민당은 지청천(성동갑), 임홍순(성동을), 홍길선(수원), 최국현(고양), 신익희(광주), 김시현(안동갑), 곽태진(고령), 신각휴(옥천), 성득환(영동), 박충식(공주갑), 변광호(군산), 소선규(익산갑), 윤택중(익산을), 고영완(장흥), 양병일(강진), 윤영선(해남갑), 서상국(함평), 김용무(무안갑), 장홍염(무안을), 이판열(구례), 정남국(완도), 김양수(순천), 최원호(김해갑) 후보들이 당선됐고, 반정부적인 사회당은 조소앙(성북), 조시원(양주갑) 후보들이 당선됐다.

대한독립촉성국민회의 후신인 국민회는 유홍(영등포을), 백남식(상주을), 이종영(정선), 이종욱(평창), 구덕환(서천), 윤담(논산을), 박철규(예산), 김준희(진안), 정순조(광산갑), 정인식(광산을), 김인선(북제주갑), 김낙오(보성), 이상경(하동), 박정규(함양) 후보들의 당선자를 배출했고, 이승만 대통령의 담화로 통합된 청년단체들의 결합체인 대한청년단은 이협우(경주을), 이호근(예천), 김정식(영주), 서상덕(나주을), 조순(곡성), 정헌조(영광), 김판석(포항), 최성웅(밀양갑), 김병진(창원갑) 후보들이 당선됐다.

이승만 대통령의 아호를 당명으로 결정한 일민구락부가 신광균(개풍), 서이환(울릉), 이종린(서산갑) 후보들을 배출했고, 대한노동총연맹이 조광섭(영등포갑), 김택술(정읍을), 임기봉(목포) 당선자를 배출했다.

기타 단체로는 민족자주연맹 원세훈(중구갑), 대한부인회 박순천(종로갑), 중앙불교위원회 박성하(대구을), 여자국민당 임영신(금산) 후보들도 당선됐다.

대한국민당, 국민회, 대한청년단, 일민구락부, 대한노동총연맹, 대한부인회, 중앙불교위원회 56명은 이승만 정부를 지지하는 여당 역할을 수행했고, 민주국민당, 사회당, 민족자주연맹 등 27명은 정부에 사사건건 반대하는 야당 역할을 수행했다.

무소속 의원 126명은 공화구락부, 무소속구락부 등을 결성했으나 이승만 대통령의 유시를 받들어 자유당으로 빨려 들어갔다.

제헌의원 112명이 출전했으나 31명이 재당선되어 재당선율은 15.5%에 불과했다.

3. 제2대 총선에서 당선된 영광의 얼굴들

> 서울 : 16명

◆중구갑: 원세훈(입법의원) ◆중구을: 정일형(유엔대표)

◆종로갑: 박순천(감찰위원) ◆종로을: 오하영(독립선언 33인)

◆동대문: 장연송(입법의원) ◆성북: 조소앙(임정 외교부장)

◆성동갑: 지청천(대청 단장) ◆성동을: 임흥순(성동 동연합회장)

◆서대문갑: 김용우(주택영단이사장) ◆서대문을: 윤기섭(입법의원)

◆마포갑: 오성환(공덕동 회장) ◆마포을: 이종현(농림부장관)

◆용산갑: 황성수(외무부 국장) ◆용산을: 남송학(국민회 재정부장)

◆영등포갑: 조광섭(노동운동) ◆영등포을: 유 홍(삼화피혁 사장)

> 경기 : 30명

◆인천갑: 이용설(세브란스의대학장) ◆인천을: 곽상훈(제헌의원)

◆인천병: 조봉암(농림부장관) ◆개성: 김동성(공보처장)

◆수원: 홍길선(금융조합장) ◆고양: 최국현(제헌의원)

◆광주: 신익희(국회의장) ◆포천: 윤성순(상공부 국장)

◆양주갑: 조시원(사회당 선전부장) ◆양주을: 이진수(제헌의원)

◆가평: 홍익표(제헌의원) ◆양평: 여운홍(입법의원)

◆여주: 김의준(서울지법 판사) ◆이천: 이종성(검찰총장)

◆용인: 유기수(회사원) ◆안성: 이교선(식량영단 이사장)

◆평택: 안재홍(민정장관) ◆시흥: 이재형(제헌의원)

◆화성갑: 김인태(화성군수) ◆화성을: 김웅진(제헌의원)

◆부천: 박제환(수련 경기지부장) ◆김포: 이교승(김포면장)

◆강화: 윤재근(제헌의원) ◆파주: 이동환(파주군수)

◆장단: 백상규(보성전문대 교수) ◆개풍: 신광균(제헌의원)

◆연백갑: 김경배(제헌의원) ◆연백을: 김태희(면장)

◆옹진갑: 서범석(신문기자) ◆연백을: 오의관(면장)

| 경북 : 34명 |

◆대구갑: 조경규(대청 도단장) ◆대구을: 박성하(불국사총무국장)

◆대구병: 이갑성(입법의원) ◆포항: 김판석(한청 포항시단장)

◆김천: 우 문(토목업) ◆달성: 권오훈(독촉 충남도부장)

◆군위: 박만원(은행지점장) ◆영양: 조헌영(제헌의원)

◆의성갑: 박영출(교육가) ◆의성을: 권병로(제헌의원)

◆안동갑: 김시현(임정 요원) ◆안동을: 김익기(제헌의원)

◆청송: 김봉조(제헌의원) ◆영덕: 한국원(경북 의사회장)

◆영일갑: 최원수(영일군수) ◆영일을: 김익로(제헌의원)

◆경주갑: 안용대(경주군수) ◆경주을: 이협우(농민회 기수)

◆영천갑: 권중돈(경북도 국장) ◆영천을: 조규설(식량영단 부단장)

◆경산: 방만수(경찰 경위) ◆청도: 김준태(변호사)

◆고령: 곽태진(양조업) ◆성주: 배상연(은행 감사역)

◆칠곡: 장택상(외무부장관) ◆금릉: 여영복(귀성면장)

◆선산: 육홍균(제헌의원) ◆문경: 양재하(신문사 사장)

◆상주갑: 박성우(농민회 중앙위원) ◆상주을: 백남식(금융조합장)

◆예천: 이호근(대청 예천군단장) ◆영주: 김정식(사회사업)

◆봉화: 정문흠(농업) ◆울릉: 서이환(제헌의원)

경남 : 32명

◆부산갑: 김지태(부산일보 사장) ◆부산을: 장건상(임정 국무위원)

◆부산병: 김칠성(회사원) ◆부산정: 정기원(프린스턴대 교수)

◆부산무: 최원봉(국방부 과장) ◆마산: 권태욱(제헌의원)

◆진주:유덕천(진양군수) ◆진양: 하만복(반민특위 위원)

◆의령: 이시목(한성일보논설위원) ◆함안: 양우정(국민회선전부장)

◆창녕: 신용훈(회사원) ◆양산: 서장수(방위대 편대장)

◆밀양갑: 최성웅(한청 군단장) ◆밀양을: 김형덕(남선고무 사장)

◆울산갑: 오위영(은행장) ◆울산을: 김택천(울산읍장)

◆동래: 김범부(전문대 교수) ◆고성: 김정실(대학 학장)

◆창원갑: 김병진(한청 군단장) ◆창원을: 김봉재(금융조합장)

◆김해갑: 최원호(경남도 국장) ◆김해을: 이종수(농업)

◆통영갑: 서상호(은행 취체역) ◆통영을: 이채오(회사원)

◆사천: 정헌주(여자중학 교장) ◆남해: 조주영(경무부 국장)

◆하동: 이상경(수리조합 이사) ◆산청: 이병홍(반민특위 부장)

◆함양: 박정규(국민회 면지부장) ◆거창: 신중목(입법의원)

◆합천갑: 노기용(거창군수) ◆합천을: 김명수(용주면장)

강원 : 12명

◆춘천: 홍창섭(춘천시장) ◆춘성: 박승하(청년운동)

◆강릉갑: 박세동(한청 군단장) ◆강릉을: 최헌길(제헌의원)

◆삼척: 임용순(한청 군단장) ◆울진: 김광준(제헌의원)

◆정선: 이종영(신문사 사장) ◆평창: 이종욱(월정사 주지)

◆영월: 태완선(석탄공사 이사) ◆원주: 윤길중(국회 법제국장)

◆횡성: 안상한(부산수내 학장) ◆홍천: 이재학(제헌의원)

| 충북 : 12명 |

◆청주: 민영복(청주부윤) ◆보은: 최면수(의병대 참모)

◆청원갑: 이도영(남한제사 사장) ◆청원을: 곽의영(청원군수)

◆옥천: 신각휴(중앙농민회 위원) ◆영동: 성득환(은행원)

◆진천: 이충환(국민일보 편집국장) ◆괴산: 연병호(제헌의원)

◆음성: 이학림(회사원) ◆충주: 조대연(면장)

◆제천: 한필수(제천읍장) ◆단양: 조종승(제헌의원)

| 충남: 19명 |

◆대전: 김종열(대전지법 판사) ◆대덕: 김종회(한청 군단장)

◆연기: 이긍종(상공일보 사장) ◆서천: 구덕환(의사)

◆공주갑: 박충식(회사 중역) ◆공주을: 김명동(제헌의원)

◆논산갑: 김헌식(소방서장) ◆논산을: 윤담(양조업)

◆부여갑: 이석기(서울시 부시장) ◆부여을: 이종순(홍성군수)

◆보령: 김영선(전남도 과장) ◆청양: 이상철(신문사 부사장)

◆홍성: 유승준(문교부 과장) ◆예산: 박철규(경기도 과장)

◆서산갑: 이종린(제헌의원) ◆서산을: 안만복(인지면장)

◆당진: 구을회(농업) ◆아산: 이규갑(국민당 감찰위원장)

◆천안: 김용화(제헌의원)

전북 : 22명

◆전주: 박정근(금강전구 사장) ◆군산: 변광호(회사원)

◆이리: 이춘기(화성 농장장) ◆진안: 김준희(양조업)

◆완주갑: 박양재(금융조합 이사) ◆완주을: 박영래(조촌면장)

◆금산: 임영신(상공부장관) ◆무주: 김상현(상공장려관장)

◆장수: 김우성(계남면장) ◆임실: 엄병학(사법서사)

◆남원: 조정훈(대청 군단장) ◆순창: 김정두(대청 군단장)

◆정읍갑: 신석빈(전북도 국장) ◆정읍을: 김택술(전북도 과장)

◆고창갑: 김수학(상공부차관) ◆고창을: 신용욱(대한항공 사장)

◆부안: 최병주(대법관) ◆옥구: 지연해(옥구군수)

◆김제갑: 송방용(전북도 지도관) ◆김제을: 최윤호(농업)

◆익산갑: 소선규(서울시 부시장) ◆익산을: 윤택중(전북도 국장)

| 전남 : 30명 |

◆광주: 박철웅(조선대학장) ◆목포: 임기봉(목사)

◆여수: 정재완(전남도 과장) ◆순천: 김양수(신문사 주필)

◆광산갑: 정순조(금융조합 이사) ◆광산을: 정인식(지산면장)

◆보성: 김낙오(어민조합장) ◆화순: 박민기(국민회 사무국장)

◆장흥: 고영완(장흥군수) ◆강진: 양병일(한청 광주시단장)

◆해남갑: 윤영선(광주시장) ◆해남을: 박기배(농장 경영)

◆영암: 유인곤(회사원) ◆함평: 서상국(교원)

◆무안갑: 김용무(대법원장) ◆무안을: 장홍염(제헌의원)

◆나주갑: 김종순(변호사) ◆나주을: 서상덕(한청 남평면단장)

◆영광: 정헌조(한청 전남지단 부장) ◆장성: 변진갑(장성읍장)

◆담양: 김홍용(창평면장) ◆곡성: 조순(회사장)

◆구례: 이판열(중학 교장) ◆광양: 엄상섭(변호사)

◆고흥갑: 박팔봉(대청 군단장) ◆고흥을: 서민호(전남도지사)

◆완도: 정남국(민국당 선전부장) ◆진도: 조병문(진도군수)

◆여천: 황병규(제헌의원) ◆승주: 김정기(목포부윤)

제주 : 3명

◆북제주갑: 김인선(청년운동) ◆북제주을: 강창용(금융조합 이사)

◆남제주: 강경옥(회사장)

*제헌의원 선거에 불참했던 원세훈, 오하영, 조소앙, 윤기섭, 여운홍, 안재홍, 백상규등이 출전하여 당선됐다.

제2장 발췌개헌으로 대통령에 재당선된 이승만

1. 이승만 대통령의 버팀목인 자유당 창당

2. 발췌개헌(拔萃改憲)으로 대통령직선제 개헌

3. 직선제 개헌으로 대통령에 이승만 재당선

4. 토사구팽된 자유당 부당수 이범석과 장택상 총리

1. 이승만 대통령의 버팀목인 자유당 창당

(1) 이승만의 치사(致辭)에 의해 원외자유당 창당

광복절 기념사에서 이승만 대통령은 노동자와 농민을 위한 새로운 정당 조직의 필요성과 대통령직선제, 국회 양원제를 내용으로 하는 헌법개정의 필요성을 강조했다.

이것이 동기가 되어 공화민정회는 원외의 국민회, 대한부인회, 대한청년단, 대한노동조합총연맹, 대한농민조합총연맹 대표들과 신당발기협의회를 구성했다.

원외에서 이승만을 지지해 온 대한독립촉성국민회, 대한농민조합총연맹, 대한노동조합총연맹, 대한청년단, 제헌동지회, 대한부인회 대표들이 신당발기준비위원회를 구성했다.

신당발기협의회는 대통령직선제와 내각책임제를 주장하는 세력 간의 갈등으로 분열했다. 중국주재 대사로 재임 중이던 국무총리를 지낸 이범석이 귀국하여 자신이 구축한 조선민족청년단(族靑) 조직을 중심으로 신당운동을 전개했다.

원외자유당은 민족청년단체가 중심이 되어 이승만대통령을 재선시키고 이범석을 부통령에 앉혀 실권을 장악하고자 했다.

원외자유당은 1951년 12월 23일 400명이 참석하여 결당대회를 갖고 당수에 이승만, 부당수에 이범석을 선출했다.

원외자유당은 총무부장 이활, 재정부장 정현모, 조직부장 채규환, 연수부장 목성표, 정책부장 양우정, 감찰부장 신태악, 선전부장 문봉제, 부인부장 박영복 등이 활동했다.

(2) 내각책임제 추진을 위한 원내자유당 창당

친여집단인 신정회와 공화구락부가 원내 안정 세력 규합에 착수하여 공화민정회를 발족시켰다.

공화민정회 내에서는 민정동지회, 국민구락부, 공화구락부의 계파가 주도권을 장학하기 위해 암투를 벌였다.

공화민정회에서 양우정, 조경규, 이재형 등이 주도하여 신당발기협의회의 준비위원을 보강하고 개선했다.

원내 50명, 원외 90명의 신당준비위원들은 가칭 통일노동당이 공산주의적 냄새를 풍긴다는 의견이 제시되어 자유당으로 당명을 채택하기로 합의했으나, 원내·원외 양측은 격한 논쟁을 벌인 끝에 분열했다.

원내자유당은 원내 의석 93석을 바탕으로 내각책임제를 성사시켜 이승만 대통령을 국가원수에 그치도록 하고 국무총리 장면을 내각책임제 국무총리에 옹립하여 실권을 잡으려 했다.

원내자유당은 1951년 12월 3일 360명이 참석하여 창당대회를 개최하여 당 대표는 선출하지 않고 이갑성, 김동성, 김승환을 중앙위원회 부의장으로 선출했다.

중앙상무위원장은 오위영, 부의장은 이재학과 민영수, 감찰위원장은 조대형, 정책심의실 간사는 엄상섭, 정책훈련소장은 김정실이 맡았다.

실무 부서는 의원부장 홍익표, 정책부장 이재형, 총무부장 박승하, 조직부장 오성환, 선전부장 정헌주, 조사부장 김용우, 재정부장 김봉재, 훈련부장 우갑린, 섭외부장 윤성순, 문화부장 오종식, 시민부장 배성룡, 노동부장 반성환, 농민부장 강진국, 어민부장 안상한, 청년부장 김판석, 부녀부장 김철안 의원들이 활동했다.

(3) 직선제 개헌을 주도하고 원내, 원외 자유당이 합당

원내자유당은 내각책임제 개헌에 대한 찬성과 반대 입장에 따라 원외자유당과 합동추진파(삼우장파, 신정동지회파)와 합동반대파로 분열됐다.

내각책임제 측은 요정 신성을 무대로, 대통령직선제 측은 삼우장을 무대로 포섭공작을 펼쳐 원외자유당 주도 세력은 삼우장파로 지칭됐다.

오위영, 이재학, 정헌주, 김용우, 엄상섭 등의 원내자유당 고수파와 이갑성, 배은희, 양우정의 합동추진파가 대결을 펼치다가 이진수를 필두로 남송학, 박영출, 황성수, 이교선, 조광섭 의원들이 원내자유당을 탈당했다.

합동추진파는 대한국민당, 여자국민당을 흡수하여 신교섭단체를 구성하여 이승만 대통령의 의도를 받드는 원내 교두보 역할을 맡게 됐다.

이승만 대통령은 대중 동원을 통한 대국회 간접 압박으로 개헌운동을 전개하는 것이 유리하다고 판단하여 내각책임제를 지향하는 원내자유당을 버리고 원외자유당을 정치적 기반으로 삼았고, 그들로 하여금 대통령직선제의 개헌안을 가결시키는 데 앞장서도록 했다.

원외자유당은 삼우장파 49명, 원내자유당 8명, 무소속 2명, 민주국민당 1명이 결합하여 이승만 대통령직선제 개헌과 재선(再選)운동을 주도했다.

원외자유당은 정부가 제출한 개헌안이 부결되고 간선에 의한 대통령선거가 임박하자, 지방조직에 지령하여 직선제개헌안 부결반대 민중대회를 개최하고 항의 연판장을 보내는 한편 국회의원 소환운동을 전개했다.

이승만 대통령이 자유당을 버리지 않고 육성발전시킬 방침임을 간파한 의원들은 자유당에 열성을 보였고, 원외자유당의 감투와 입당의 기브앤테이크 전술과 금력공세가 주효했다.

야당을 지지하는 기업체의 대출을 막고 자유당을 지지하는 기업체에 특혜융자가 예사롭게 자행되자, 총선에서의 승리를 기팔(期必)하기 위해서 자유당에 가입하는 것이 최선책으로 떠올랐다.

많은 의원들은 "재선을 위해 자유당에 가입하지 않을 수 없다"는 입장 변화로 자유당 입당러시가 일어났다.

이리하여 자유당은 이갑식, 김정식, 김익로, 신중목, 조경규, 남송학, 이진수, 여운홍, 김형덕, 강창용, 박승하, 신용욱, 최원수, 박세동, 정문흠, 이한창, 조시원, 황병규, 이교선, 최주일, 최면수, 최헌길, 김정실, 강경옥, 황성수, 조주영, 이충환, 연병호, 김용화, 권태욱, 박영출, 방만수, 조광섭, 김문용, 이교승, 김제능, 윤성순, 김종회, 이학림, 서장주, 김인선, 김낙오, 정기원, 김태희, 홍창섭, 우문, 정헌조, 양우정, 이협우, 김준태, 이종수, 김준희, 박양재, 박제환, 엄병학, 이재형, 김정두, 한필수, 구을회, 유승준 의원 등 60여명이 구름처럼 몰려들었다.

1953년 4월 25일 장택상 국무총리가 거느린 신라회 21명 중 18명이 자유당에 흡수되어 원내 의석 분포는 자유당 105석, 무소속 49석, 민주국민당 29석으로 재편됐다.

민주국민당은 보수의 색채를 지양하기 어려워 진보와 혁신을 도모코자 하고 있으나 여야의 균형이 무너지며 가일층 위축됐다.

그러나 국회의 분과위원장 비밀투표에서 자유당은 황성수(외무), 황병규(상공), 오성환(운영) 의원만 당선됐을 뿐 지청천, 박승하, 조경규, 김정실, 이충환, 박제환, 홍창섭, 박영출, 김봉조, 신광균, 정문흠 의원들은 낙선의 고배를 마셨다. 민국당 윤택중(문교) 의원은 당선자 대열에 합류했다.

이승만 대통령이 재선(再選)되자 합당 문제가 다시 시도되어 1955년 5월 제4차 전당대회에서 합당이 완결됐다.

자유당은 11월 전당대회에서 이기붕이 당중앙위원회 의장으로 선출되어 자유당의 지도체제는 이승만, 이범석에서 이승만, 이기붕 체제로 개편되었으며, 한국전쟁 후 이승만 대통령의 1인 체제가 구축되고 자유당의 강경파가 당의 전면에 배치되면서 정권의 권위주의적 정치 행태가 사회 전반에 영향을 미쳤다.

(4) 기상천외한 발췌개헌으로 대통령직선제 개헌

민주국민당 39명, 원내자유당 잔류파 48명, 민우회 21명은 곽상훈 의원 외 122명의 연명으로 내각책임제 개헌안을 국회에 제출했다. 이는 이승만 대통령의 일방적인 권력 행사에 대한 도전이었으며 이를 계기로 정부와 국회간의 대립은 더욱 심화(深化)됐다.

국회 분위기가 내각책임제 개헌으로 기울자 이승만 대통령은 장면 국무총리를 해임하고 장택상 국회부의장을 국무총리에 임명하는 한편, 이갑성과 윤치영 등 52명의 자유당 의원들을 자파세력으로 끌어들였다.

원외자유당이 원내세력 과반수 획득을 목표로 자유당 강화 공작을 기축으로 정계의 재편운동이 활발하게 전개됐다.

친일(親日)가문 출신으로 미군정 시절 수도경찰청장을 지내고, 초대 외무부장관을 지낸 장택상은 자신이 이끌고 있던 21명의 신라회 의원들을 직선제 개헌의 선봉장으로 활용했다.

반민족(反民族)국회의원 타도 시위가 격렬한 가운데 이승만 대통령은 원외자유당의 부당수인 이범석을 내무부장관에 임명하고 후방지역에 비상계엄령을 선포했다.

정부는 부결되었던 개헌안을 약간 수정하여 5월 14일 다시 제출하고서 민족자결단, 땃벌떼, 백골단 등 정체불명의 단체들이 국회해산요구 전단(傳單)을 뿌리고 시위를 벌였다.

민족자결단원들은 가두시위와 연좌 데모하면서 "우리는 이 대통령의 재출마를 강력히 요구한다.", "우리의 위대한 영도자 이 대통령

만세!"라고 외쳐댔다.

이승만 대통령은 정부가 제의한 개헌안이 국회에서 통과만 된다면 자기는 일개 국민으로 돌아가므로 이번 사태가 정권 연장의 수단이 아니라고 강력하게 주장했다.

원외자유당 의원들은 민의를 거부하는 국회의원들을 공개적으로 성토한 후 국회 출석을 거부하는 성명서를 발표했다.

장택상 국무총리가 주축한 신라회가 중심이 되어 ①국무위원의 임명은 국무총리의 제청으로 대통령이 임명한다 ②국무위원에 대한 불신임결의는 하원의원 3분의 2 이상 출석에 출석 의원 3분의 2 이상의 찬성으로 한다 ③국회는 상·하 양원제로 한다 ④대통령직선제를 채택한다는 내용의 절충개헌 원칙을 제시했다.

이승만 대통령은 자신이 대통령이 되지 않더라도 나라 장래를 위해 꼭 개헌을 이룩해야 한다면서 개헌이 될지라도 대통령에 출마하지 않을 것을 거듭 공언했다.

'기왕에 여러 번 공표한 바와 같이 대통령 입후보자 되기를 원치 아니하므로 모든 동포는 양해해주기를 바라는 바이다'라는 특별성명을 발표하기도 했다.

정부는 국제구락부 사건과 대통령 저격사건을 일으켜 내각제개헌 추진세력을 위축시켰고, 자유당 합동추진파와 신라회는 감언이설과 위압으로 자유당 합동파 63명, 자유당 잔류파 29명, 민우회 11명, 무소속 4명, 민주국민당 6명의 날인을 받아 113명 의원들의 발췌개헌안의 서명을 받아냈다.

원외자유당은 경찰력을 동원하여 출석을 거부하고 있는 의원들을 강제로 출석시키고 구속 중인 의원들을 보석시켜 야간 국회를 개회했다.

경찰의 삼엄한 경비 속에 신익희 국회의장의 사회로 열린 1952년 7월 4일 본회의에서 기립표결로 재석의원 166인 중 찬성 163인으로 발췌개헌안을 가결했다.

이번 헌법 개정은 그 과정에서 공고의 절차가 무시되었고 투표의 자유를 무시한 채 기립표결을 실시한 것은 흠결이라고 할 수 있다. 발췌개헌안의 강행 통과는 이승만 대통령의 권력 연장을 위한 사실상의 친위쿠데타였다.

2. 발췌개헌(拔萃改憲)으로 대통령직선제 개헌

(1) 간선제로는 재당선이 어렵자 직선제 개헌안 제출

6.25 동란과 거듭된 실정, 특히 국민방위군사건과 거창양민학살사건 등으로 이승만 대통령의 인기는 형편없이 추락했다.

원내에서 신임을 잃어가는 이승만 대통령은 대통령 간선제로는 대통령에 재선되기 어려운 상황에 있었기 때문에 직선제를 채택하여 자신의 재선을 확실하게 하고자 했다.

1951년 11월 30일 정부는 대통령직선제와 양원제를 골자로 하는 헌법개정안을 국회에 제출했다.

정부는 입법 과정에서 단원제의 경솔을 피하고 국가의 원수인 대통령을 국회에서 선출할 것이 아니라 국민이 직접 선출하여 국민의 대표자로서 국가책임을 위임하자는 것이라고 개헌안의 제안 설명을 했다.

국회에서는 대통령의 선거권을 양보하기 어려웠고, 양원제는 국민의사를 양분하여 국회 기능을 양분하거나 국정 처리를 지연시킨다는 반대 명분에 집착했다.

대통령의 정당에 대한 간곡한 담화에도 불구하고 대통령이 제안한 직선제 개헌안은 재석의원 163명 중 찬성 19표, 반대 143표로 부결됐다. 당시 원내 세력 분포는 원내자유당 93석, 민주국민당 39

석, 민우회 25석, 무소속 18석이었다.

개헌안 부결은 민의를 배반한 일이라고 이승만 대통령은 비난했다. 국회가 직선제 개헌을 반대한 것은 이승만의 재집권을 분쇄하자는 것이 목적이라고 짐작하고, 이승만은 직선제 개헌이 되더라도 출마하지 않겠다고 몇 번인가 국민들을 속이는 거짓말을 늘어놓았다. 대통령직선제 개헌안이 통과되어도 내가 출마하지 않겠다고 공언한 것이 첫 번째 거짓말이었다.

미수복지구가 많고 모든 질서가 회복되지 못했으니 나라가 평온해질 때까지 국회에서 대통령을 선출하고자 했으며 정치는 잘못하고서 법만 이리저리 뜯어고치려고 드니 염치없는 것이라고 원내자유당은 반대했으며, 원외자유당은 이승만 대통령의 정치 노선을 따르지 않는 자는 공산당과 다를 바 없다고 비난했다.

(2) 국회의원 소환과 국회 해산 협박 등 공포 분위기 조성

이승만 대통령은 직선제 개헌안이 국회에서 부결되자 원외자유당과 친여단체인 국민회, 대한청년단, 민족청년단 등을 움직여 지방조직원들을 동원하여 백골단, 땃벌떼, 민족자결단의 명의로 국회의원 소환 벽보와 각종 삐라를 뿌리는 등 공포 분위기를 조성했다.

대통령직선제 지지데모, 가두시위, 국회 앞 성토대회, 직선제 반대 국회의원 소환 요구 연판장 등 광적(狂的)인 이승만 지지운동을 전국적으로 전개했고, 이러한 운동에 경찰은 시종일관 방조하거나 조장했다.

원외자유당은 정부가 제안한 이 개헌안을 가결 처리하는 것만이 국회해산을 모면하는 길이라고 주장했다.

국회에서 대통령 출석요청 결의안이 가결되자, 이승만 대통령은 정치파동은 대통령선거제를 둘러싸고 민중과 국회 사이에 생긴 것이라고 규정하고 민의에 따라 국회를 즉시 해산하려 했으나, 초대 대통령이 그러한 선례를 남겨서는 안 된다는 이유와 자유당 합동 추진파들이 중심이 되어 해산령을 중지하고 순조로이 해결되기를 바라는 간절함에서 해산령을 발동하지 않았으나, 원만하게 해결이 안 되면 민의대로 해산령을 공포할 것이라고 협박했다.

관제(官製) 시위대가 국회를 포위하고 있는 가운데 원외자유당과 신라회는 대통령 임기 만료일 7월 23일을 8월 14일로 연장하는 결의안을 통과시켰다.

수백 명의 청년들이 국회의사당 주변에서 개헌안 부결에 대한 항의 시위를 벌이자, 국회는 국회의원 소환운동은 위헌적인 처사라며 호헌을 위해 결사항쟁한다는 서약을 하기도 했다.

김병로 대법원장은 헌법에 규정되어 있다하더라도 절차법이 있어야하므로 국회의원을 소환할 법적 근거가 결여되어 있다고 밝혔다.

이승만 대통령은 정부의 헌법개정안을 부결한 것은 헌법정신에 위배된 것이며 국회의원 소환에 대한 벽보 부착과 시위는 이를 막을 수 없고 민중들의 시위는 우리 국민들이 민주주의를 올바르게 시행해나가고자 벌이고 있는 시위라고 국회 질의에 답변했다.

이승만 대통령은 유권자들이 국회의원을 소환한다는 것은 법이론적으로 부당한 일이 아니라는 내용의 특별담화를 발표하여 원외자유당이 주도하는 관제 데모를 옹호하기도 했다.

(3) 부산시에 비상계엄령을 선포하고 의원들을 구속

합법적인 방법으로 개헌이 불가능하다고 판단한 이승만 대통령은 정국 혼란을 이유로 부산을 포함하여 경남의 하동, 산청, 함양, 거창, 밀양, 울산, 동래군과 전북의 진안, 장수, 임실, 남원, 순창, 정읍군과 전남의 순천, 담양, 곡성, 구례, 광양, 승주, 화순, 보성군에 비상계엄령을 발령하고 계엄사령관은 이종찬, 경남지구 계엄사령관에 원용덕을 임명하여 물리력을 동원했다.

부산에 계엄령을 선포한 계기는 금정산에 공비가 나타나 미군 2명과 한국군 3명을 사살하고 도주한 사건을 두고 야당에서는 정부가 조작한 위장공비(僞裝共匪)였다고 주장했다.

이승만 대통령은 출몰하고 있는 공비를 소탕하고 후방 치안을 확보하기 위한 군사상의 필요성에서라는 이유로 비상계엄령을 선포한다는 명분을 설명했다.

6.25 동란 직후 작전 착오로 파면되었던 국방부장관 특별보좌관 원용덕을 경남지구 계엄사령관에 임명했고, 계엄사령부는 헌병대, 특무대를 동원하여 반정부 국회의원 체포에 나섰다.

계엄사령부가 체포하려는 의원은 오위영, 유홍, 엄상섭, 윤길중, 서범석, 임홍순, 김의준, 김광준, 양병일, 정헌주, 이석기, 장홍염, 이용설, 서민호 등 14명이다.

이승만 대통령은 원용덕 경남지구 계엄사령관에게 첫째 후방 치안 질서를 바로잡고 공비를 소탕하는 것, 둘째 국회 안에 공산당의 공작금을 받고 정부 전복을 꾀하는 자들을 색출하는 것, 셋째 국가의 체모(體貌)를 살려 국회를 해산하지 않고도 국회가 국민의 뜻을 수락하게끔 하는 것을 은밀하게 지시했다.

이종찬 계엄사령관도 모르는 계엄사령관이 임명되고 육군본부도 모르는 지역에 비상계엄령이 선포된 묵과할 수 없는 사태라고 이용문, 양국진, 이호 장군들은 이종찬 총참모장과 함께 반발했다.

이에 원용덕 경남지구 계엄사령관은 계엄사령관 이종찬의 파면과 구속을 주장했고, 이종찬 총참모장은 부산지역에 병력 파견 요청을 거절했다.

5월 26일 동래온천장을 출발한 국회 통근 버스는 의사당이 있는 경남도청 정문을 들어서려다 헌병들의 검문으로 옥신각신하다가 군용크레인에 의하여 헌병대로 끌려갔다.

51명의 국회의원이 탄 국회 버스가 끌려가는 저게 바로 민주주의 장송곡(葬送曲)이라고 장택상 국무총리는 개탄했다.

국회의원들은 이틀 간 헌병대에 억류됐으며 그중 11명의 국회의원들은 국제공산당 음모사건의 혐의자라고 구속됐다.

공보처장은 국제적인 비밀공작에 관련되어 공산당으로부터 거액의 공작금을 받았기 때문에 구속했다고 특별담화를 발표했다.

유엔임시한국위원단은 부산시의 계엄령을 해제할 것과 체포·구금 중에 있는 국회의원을 모두 석방할 것을 촉구하는 성명서를 발표했고, 국회도 국회의원 석방결의안을 가결하여 석방을 요구했다.

국제공산당이라는 누명을 쓰고 고등군법회의에 회부된 11명의 국회의원은 양병일, 장홍염, 이석기, 정헌주, 이용설, 김의준, 곽상훈, 서범석, 권중돈 의원 등이며, 국회의원들을 체포한 후 원용덕 사령관은 이들은 공산당으로부터 정치자금을 들여와서 정부 전복을 기도한 국제공산당 관련 혐의자라고 발표했다.

일본공산당으로부터 정치자금이 국회에 흘러들어 국제공산당과 손잡은 이들은 내각책임제 개헌을 난행하고 국무총리를 자기들이 추대하는 인물로 옹립하여 북괴 김일성과 협상하여 대한민국을 공산화하려는 음모가 명백하여 계엄사령부는 이들 중 11명을 검거한 것이라고 신태영 국방부장관과 원용덕 사령관은 유엔 산하인 언커크에 설명했다.

3. 직선제 개헌으로 제2대 대통령에 이승만 당선

(1) 수차에 걸친 불출마 공언을 번복한 이승만 대통령

이승만 대통령은 최근 국회의 동향은 자기로 하여금 대통령선거에 재출마 할 의사를 버리도록 하려는 공작이라며, 차기 대통령은 자기보다 연소(年少)한 사람이 되어야 할 것이라며, 어쨌든 나는 대통령직을 원치 않는다고 1951년 5월 23일 기자회견에서 밝혔다.

10월 29일에도 '대통령직선제 개헌과 지주와 공업가 단체인 민주국민당에 대항할 노동자와 농민의 신당 결성을 지지하지만 내년 6월의 대통령선거에 입후보하리라고 생각지 않는 바이다'라고 대통령 재출마 의사가 없음을 거듭 밝혔다.

1952년 5월 10일 이승만 대통령은 만약 국회가 민의를 좇아 직선제 개헌안을 통환(通還)시킨다면 차기 대통령은 국회에서 마음대로 선출하여도 좋다는 종래의 견해를 다시 한번 강조했다.

원외자유당은 7월 19일 대전 시공관에서 개최한 1천 6백여 명이 참석한 대의원 대회에서 대통령에 이승만, 부통령에 이범석을 지명했다. 그러나 삼우장파는 부통령에 이갑성을 지명키로 했다.

이날 이승만 대통령은 치사에서 내가 자유당을 만들어서 대통령을 다시 하려고 한다는 말이 있고 보니 내 평생 의도하는 것을 무너뜨리고 내가 겉으로는 대통령 재선을 거부한다고 하고 속으로 내가 자유당을 시켜서 대통령을 만들자하는 것으로 인정 아니 할 수 없는 것이지만, 자유당은 나를 지명하지 말고 연판장도 정지시키라고 위장전술을 펼쳤다.

장택상 국무총리가 주도한 신라회에서는 이승만의 재출마 응락을 요청하는 서한을 전달했고, 국민회와 애국단체연합에서는 이승만 대통령 재선추진위원회를 조직하여 만반의 준비를 갖추는 한편, 민중자결단은 3백여 만명의 연판장을 이승만 대통령에게 보내어 재출마를 요청했다.

"국민들은 생업을 이어나갈 용기마저 잃고 있는 형편입니다"라며 이기붕 비서관은 이승만 대통령의 불출마 번의를 간청했다.

이승만 대통령은 "민의를 존중하는 대통령이시니 당신의 재선 입후보를 주장하는 전 국민의 의사를 존중하라"고 우리 국민이 본인에게 이 중책을 계속하도록 바라는 이상 이를 거절할 수 없다면서 불출마의 약속을 저버리고 출마를 선언했다.

(2) 제2대 대통령선거전에 4명의 후보들이 등록

발췌개헌안이 통과되고 정·부통령선거법을 부랴부랴 마련하여 한 달도 아니된 8월 5일 대통령선거를 실시했다.

이번 선거에는 선거일 열흘 전에 등록을 마쳤으며 기호는 1번 조봉암, 2번 이승만, 3번 이시영, 4번 신흥우로 결정됐다.

1번 조봉암 후보는 1898년생으로 경기도 강화 출신이다. 일본 중앙대와 소련 모스크바 공산대학에서 수학했다.

3.1 운동에도 참가하여 1년간 복역했고, 1925년 고려공산청년회 대표로 모스크바 코민테론 총회에 참석했으며 막스레닌당을 조직하여 7년간 복역했다.

해방 이후 공산당을 탈당하고 인천에서 제헌의원에 당선되고 초대 농림부장관에 발탁됐다. 2대 총선에서도 당선되었고 국회부의장에도 피선되었다.

2번 이승만 후보는 1875년생으로 황해도 평산 출신이다. 배재학당을 졸업하고 미국의 워싱턴대, 하버드대, 프린스턴대에서 수학하여 철학 박사학위를 취득하여 이 박사로 애칭됐다.

독립협회에 관여했다가 정부 전복 음모 혐의로 투옥되어 종신형을 선고받았으나, 시종무관 민영환의 주선으로 석방되어 도미(渡美) 유학 길에 올랐다.

세계감리교대회 한국대표로 활약했고 하와이에서 한인기독학원, 대한인동지회를 설립하여 독립운동을 벌였다.

1919년 상해임시정부 대통령으로 취임했으나, 임정의 배척으로 사임하고 미국으로 환국하여 독립운동에 매진했다.

1945년 귀국하여 대한독립촉성국민회 총재를 역임했으며 1948년 제헌국회 의장을 거쳐 초대 대통령에 당선됐다.

지난해에는 자유당을 창당하여 총재에 취임했다.

3번 이시영 후보는 1868년생으로 서울 출신이다. 1894년 과거에 급제하여 내무부 주사, 궁내부 참의를 역임했다.

외무부 교섭국장, 한성재판소장, 법무부 민사국장을 지내다가 한일합방이 되자 만주로 망명했다.

신흥무관학교를 설립했으며 상해임시정부 법무총장, 재무총장을 역임했다.

한독당 감찰위원장으로 활동했으며 제헌의회에서 초대 부통령에 당선됐으나, 지난해 시위소찬(尸位素餐)이란 명언을 남기고 부통령을 사임했다.

신익희 국회의장과의 경쟁을 벌였으며, 민국당의 추대로 대통령에 입후보했다.

4번 신흥우 후보는 1885년생으로 서울 출신이다. 미국에서 대학을 수학하고 해방 후에는 교육 사업에 종사했고, 수차에 걸쳐 국제회합에도 참석했으며 주일특명대사로 봉직했다.

제2대 총선에 서대문 을구에 출전하여 차점 낙선하기도 했다.

(3) 74.6%의 압도적인 득표율로 재당선된 이승만

선거운동 기간은 고작 9일에 불과하여 전란과 기아에서 떨고 있는 3천만 국민을 구제하기 위한 대경륜을 펼치기에는 너무나 기일이 짧았다.

선거의 자유 분위기를 조성하기 위해 계엄령을 해제하고, 장택상 국무총리는 절대적인 자유 분위기를 보장하겠다고 발표했다.

이범석 장관의 후임인 김태선 내무부장관도 취임식에서 경찰의 선거 간섭은 단호히 배격하겠다고 명확하게 밝혔다.

이시영 후보는 특권타파와 책임정치 구현을, 조봉암 후보는 의법(依法)정치와 권력계급 배제를, 신흥우 후보는 이도(吏道)쇄신과 예산균형 촉진을 공약하며 득표 전략에 매진했다.

이시영 후보는 "표면으로는 민주주의를 부르짖고 있으나 사실에 있어서는 엄연한 우리 헌법을 관권으로 유린시키고 있을 뿐 아니라 전 국민은 관권이 눈만 부릅뜨면 무조건 복종하지 않을 수 없는 현 정치하에 모든 권리와 경제가 권력과 정실에 의해서 농단(壟斷)되고 있는 특권정치와 특권경제를 타파하고 진정한 국민 의사를 반영하는 정치를 위하여 국민이 정치에 대한 책임을 물을 수 있는 국무원책임제의 책임정치를 실시해야 한다"고 절규했다.

부통령에 출전한 조병옥 후보는 이번 정치파동은 대한민국의 민주발전사상 일대 치명상을 입게 하였을 뿐 아니라, 국가의 위신을 추락시켰고 민심의 안정을 혼란시켰다. 그러므로 독립투쟁의 은인이요 우국지사인 이시영의 선거운동을 보장하기 위해 부통령에 출마했다고 밝혔다.

이승만 대통령이 정권을 잡지 않으면 유엔의 원조가 끊어진다는 미신과 망설이 돌고 있으나 독재자가 칼을 흔들고 질서를 문란케 하지 못하게 하고 민주주의만 실천한다면 유엔의 원조는 끝없이 계속될 것임을 강조했다.

이시영 후보는 야권 단일후보로서 이승만 대통령에게 대항하지 못했으며 과거 독립운동의 공훈과 덕망 그리고 정치적 관록과 국민들의 신망을 업고 더구나 민주국민당의 추대까지 받았지만, 조봉암 후보에게 2위 자리마저 내주었다.

특히 조병옥 부통령 후보는 조봉암 후보는 공산주의에서 전향하였으며 공산주의자가 아니라고 증명할 만한 하등의 태도 표명을 하지 않아 사상이 의심된다며 단일화를 위한 출전 포기를 주장했다.

또한 김창숙, 이동하, 유림, 김성수, 신익희, 장면, 조경한 등은 이시영 후보를 추대한다고 공동성명으로 지지를 발표했다.

선거운동 기간이 짧은 만큼 산촌이나 벽지까지 후보들의 정견과 선전이 침투되지 못했다.

이번 선거는 821만 8천 1백 명의 유권자 중 87.9%가 투표에 참여했다. 이승만 대통령은 유효투표 702만 684표의 74.6%인 523만 8,769표를 얻어 대통령에 당선됐다.

조봉암 후보는 79만 7,504표를 얻었으며, 이시영 후보는 76만 4,715표, 신흥우 후보는 21만 9,696표를 각각 획득했다.

이번 선거는 행정조직의 힘이 거의 절대적으로 작용한 행정선거로 자유당이 저지른 최초의 부정선거였다.

(4) 허울뿐인 부통령에 9명의 후보들이 각축전을 전개

실권이 거의 없는 부통령에는 9명의 후보들이 난립하여 열전을 전개했다.

기호 추첨의 결과 1번은 무임소장관을 지낸 이윤영, 2번은 심계원장을 지낸 함태영, 3번은 자유당 삼우장파 지지를 받은 이갑성, 4번은 5대 내무부장관을 지낸 조병옥, 5번은 초대 상공부장관을 지낸 임영신, 6번은 4대 내무부장관을 지낸 백성욱, 7번은 국회의원인 정기원, 8번은 초대 사회부장관을 지낸 전진한, 9번은 초대 국무총리와 8대 내무부장관을 지낸 이범석 후보가 차지했다.

9명의 후보 중 이윤영, 함태영, 이갑성, 임영신, 백성욱, 정기원, 이범석 후보들이 모두 이승만 대통령을 지지하며 이 대통령의 암묵적인 지지를 받고 있다고 주장했다.

1번 이윤영 후보는 1907년생으로 평북 영변 출신이다. 평양 숭실사범을 졸업하고 운산보통학교 교장을 지낸 감리교 목사이다.

3.1 운동으로 투옥되어 1년 6개월을 복역했으며 조만식 선생의 조선민주당 부당수로 활동했다.

한민당 김성수 선생의 지원으로 제헌의원에 당선됐고 초대 국무총리에 임명됐으나 인준에 실패했다.

그러나 사회부장관으로 발탁되고 국무총리 서리로도 활동했으며 부통령 출마를 위해 무임소장관을 사직했다.

2번 함태영 후보는 1873년생으로 함경북도 무산 출신이다. 평양신학교를 졸업했으며 한성재판소 판사 시절 신간회 이상재에게 무죄를 선고했다가 파면을 당했다.

3.1 운동으로 3년간 복역했으며 대심원 판사를 지내고 심계원장으로 봉직하다가 부통령 출마를 위해 사직했다.

3번 이갑성 후보는 1889년생으로 대구 출신이다. 세브란스 의전을 졸업했으며 3.1 운동의 33인 중 1명이다.

1933년 신간회 사건으로 상해로 망명했으며 해방 이후엔 독립촉성국민회 회장, 과도정부 입법의원, 국민회 최고위원을 지냈으며 자유당 삼우장파의 부통령 후보로 추대됐다.

4번 조병옥 후보는 1894년생으로 충남 천안 출신이다. 연희전문을 졸업하고 미국 컬럼비아대에서 철학박사 학위를 취득했다.

신간회 재정총무로 활약하다가 광주학생운동 배후 조종 혐의로 3년간 복역했다. 조선일보 전무로 활동하다가 수양동지회 사건으로 2년간 또 복역했다.

미군정청 경무부장을 지냈고 한국민주당 창당에 참여했으며 내무부장관을 지냈다.

5번 임영신 후보는 1899년생으로 전북 금산 출신이다. 미국 남캘리포니아대학원을 졸업하고 중앙여대 학장으로 봉직했으며 초대 상공부장관을 지냈다.

제헌의원 보궐선거에서 경북 안동에서 장택상 초대 외무부장관을 꺾고 당선됐고, 2대 총선에는 고향인 금산에서 유진산 후보를 꺾고 당선됐으며 유엔 한국대표로도 활동했다.

6번 백성욱 후보는 승려 출신으로 내무부장관을 역임했다.

7번 정기원 후보는 황해도 출신으로 미국 프린스턴대를 졸업했으며 미국 국무성 극동정보부에 근무했다. 재미학생회장을 거쳐 동아대 학장을 지냈으며 부산에서 2대의원에 당선됐다.

8번 전진한 후보는 1907년생으로 경북 문경 출신이다. 일본 와세다대를 졸업했으며 독촉청년위원장, 민족통일본부 노동부장, 대한노총위원장으로 활동했다.

경북 안동에서 제헌의원에 당선되고 초대 사회부장관에 발탁됐다.

2대 총선에서는 부산에서 낙선됐지만, 보궐선거에서 당선됐다.

9번 이범석 후보는 1900년생으로 서울 출신이다. 중국 운남 육군 강무학교를 졸업하고 청산리전투 사령관으로 활약했으며 광복군 참모장을 지냈다.

해방 이후 조선민족청년단장으로 활동하다가 초대 국무총리와 국방부장관을 지냈다.

주중국대사를 지냈으며 자유당 부당수에 선임됐다. 내무부장관으로 발췌개헌에 공훈을 세우고 부통령 출전을 위해 내무부장관직을 사직했다.

(5) 부통령은 예상을 뒤엎고 함태영 후보가 당선

이승만 대통령은 부통령 후보자를 지정해 달라고 각 방면에서 요청이 있었으나 나로서는 누구를 추천하지 아니하고 오직 동포들의 공결(公決)에 부치는 바이다라고 밝혀, 이범석 후보가 자유당 공천 후보이며 자유당 공천으로 대통령에 출마하고서 부통령 추천을 받았음에도 이를 부인하여 이범석을 탐탁하게 여기지 아니하고 있음을 공표했다.

이승만 대통령은 부통령 후보 중 누구를 지명한 일이 없으니 대통령이 자기를 지명한 것처럼 발표하고 있으나 현명한 민중은 신청(信聽)치 말 것이며, 이런 등사(等事)의 허무한 선전에 현혹되지 말기를 재차 부탁한다는 성명을 발표했다.

이북(以北) 애국단체 연합회는 이범석 후보를 추대한 일이 없으며 추대한 것처럼 선전하고 있는 것은 사실무근이며 단체 명의를 도용(盜用)했다는 성명을 발표했다.

원외자유당은 경찰이 선거에 간섭하고 있다고 규탄하는 성명을 발표하고, 장택상 국무총리, 김태선 내무부장관, 윤우경 치안국장을 민주주의 파괴 분자라고 비난했나.

이에 김태선 내무부장관은 "경찰관이 모모 입후보자의 당선을 위해 동원되어 있지 않다"면서, "이승만 박사의 부통령 후보 비밀지령 운운은 전혀 무근지설(無根之說)"이라고 반박했다.

장택상 국무총리도 원외자유당에서 허무맹랑한 악질적 선전을 하고 있다면서 원외자유당은 적반하장격이라고 반격했다.

서울시경에서 족청계로 이범석 후보 선거운동을 펼친 윤재욱 원외자유당 서울시당위원장을 비롯하여 운동원과 영등포구 동회장 등 7명을 선거법 위반 혐의로 무더기로 구속했다.

이범석 후보는 장택상 국무총리와 김태선 내무부장관이 지방을 순회하면서 자기의 선거운동원을 구속하고 경찰을 동원하여 선거운동을 방해했다고 대검찰청에 고발한 데 대해 장택상 국무총리는 적반하장이라고 격분했다.

개표 결과 심계원장 출신인 함태영 후보가 293만 7,596표를 득표하여 국무총리, 국방부장관, 내무부장관을 지낸 이범석 후보가 180만 1,758표 득표에 머물러 113만 5,838표를 앞서 당선됐다.

이것은 지명도나 조선민족청년단의 조직력을 감안할 때 국민들이 결코 납득할 수 없는 수치였다.

민국당 조병옥 후보가 57만 5,386표를 득표하여 3위를, 원내자유당 이갑성 후보가 50만 7,156표를 득표하여 4위를 차지했다.

사회부장관과 무임소장관을 지낸 조선민주당 이윤영 후보가 46만 4,475표로 5위, 사회부장관을 지낸 전진한 후보가 30만 5,351표로 6위를 차지했고, 유일한 여성 후보인 임영신 후보가 19만 3,196표로 7위에 올랐다.

내무부장관을 지낸 백성욱 후보가 18만 2,398표, 현역의원인 정기원 후보가 16만 4,047표를 득표하며 꼴찌 경쟁을 벌였다.

이범석 후보가 관권으로 자유 분위기를 파괴하고 있다고 불만을 토로하자, 김태선 내무부장관은 자기 자신이 경찰을 이용하여 선거운동을 하고 있는 것을 방지시킨 데서 온 불평이라고 반박했다.

장택상 국무총리는 "자유당은 이범석씨의 선거에 경찰이 간섭하지 않았다고 불평하는 것이지 다른 의미는 없다"고 폄하하고, 자유당은 "장택상 총리가 말하는 어마어마한 사실을 숨김없이 공포하라", "함태영의 당선은 경찰과 지방행정 요원이 강제적 선거간섭과 공공연한 함태영 선거운동을 감행한 데 기인함은 췌언불요(贅言不要)이다"라고 성명하여 이전투구를 벌였다.

4. 토사구팽된 자유당 부당수 이범석과 장택상 총리

(1) 이승만 대통령은 민족청년단 계열을 파쇄(破碎)

이승만 대통령은 각 청년단체를 해산하고 대한청년단으로 집결하라고 지시했다.

1946년 10월 민족지상과 국가지상의 기치를 들고 이 땅의 청년운동 사상 그 유례를 찾아볼 수 없는 방대한 조직과 위용을 자랑하던 조선민족청년단은 이승만 대통령의 강력한 해산령에 의해 1949년 1월 마침내 해체됐다.

조선민족청년단 세력이 강대해지자 이승만 대통령은 모든 청년단체를 대한청년단으로 통합시켜 조선민족청년단을 소멸시켰다.

이범석 후보는 자신의 부통령 당선을 방해하기 위해 선거운동원을 체포하고 함태영 후보 당선을 위해 전국 경찰을 동원했다며 경찰의 선거 간섭을 규탄하고 장택상 국무총리와 김태선 내무부장관을 고발했다.

김태선 내무부장관은 "원외자유당은 우리가 정권을 잡게 되면 20년 동안은 우리들의 세상이 된다"면서, 각 도에 선거비 조달을 지령하여 최소한 1억 3천만원을 갹출했다고 원외 자유당의 비리를 발표했다.

장택상 국무총리는 "경찰이 이범석 후보 선거운동을 안 해주었다는 불평이지 다른 의미는 없는 것"이라며, "대통령을 빙자하고 전

국민을 공포에 떨게 하던 그 민의(民意)는 이제 백일하에 그 정체를 폭로시키지 않을 수 없게 됐다"고 반박했다.

부통령선거에 패배한 이범석은 관권선거에 대한 고소를 취하하며 자유당 당권을 장악하기 위해 이승만 대통령에 충성을 맹세했다.

그러나 이승만 대통령은 대통령에 당선되자 민족청년단 세력을 해당분자로 규정하고 숙청을 선언하면서, 정권욕에 의하여 분열상쟁하지 말고 정부 반대분자를 제외한 모든 우국지사들이 자유당을 진정한 정당으로 육성하라는 담화를 발표했다.

제4차 전당대회에서 신형식 징계위원장은 노총의 조경규, 한청의 진승국, 유화청, 손창섭, 김창민, 박용만을 반동분자로 규정하고 제명을 결정하고 이승만 총재의 재가를 요청했으나, 이승만 대통령의 승인을 받지 못했다.

이승만 대통령은 부당수제를 폐지하여 이범석을 평당원으로 격하시키고, 신형식 징계위원장의 망언(妄言)사건으로 민족청년단계는 시련을 겪었다.

남로당원이며 근로인민당 충북도 선전책이었던 자유당 숙당 징계위원장인 신형식은 "이승만 박사는 너무 고령이시고 노쇠하여 장래가 우려된다", "휴전이 성립되면 남북 총선거가 실시될 것이고 김일성과 이범석 장군이 연립내각을 세울 것이다. 그러므로 김일성 장군과 이범석 장군에게 뭉치라"는 망언으로 족청계 숙청의 빌미를 제공했다.

이승만 대통령은 정부로부터 이탈한 민심의 수습과 행정쇄신을 위한다는 이유로 족청계 진헌식 내무부장관과 신중목 농림부장관을 파면하고 족청계의 분파주의를 비난했다.

(2) 이승만 대통령은 세력 없고 연로한 함태영을 선택

이승만 대통령은 "자유당이 공천했다 해서 반드시 내가 지정한 부통령 후보가 아니라는 것을 잘 이해하기 바랍니다"라는 성명 발표로 이범석 후보가 자유당 공천 후보이지만 시지하지 아니함을 공표했다.

장택상 국무총리는 이범석이 내무부장관으로 있을 때 특채되었거나 영전된 자는 무조건 선거에 관계없는 자리로 인사 조치했다.

김태선 내무부장관은 시·도 경찰국장 회의를 주재하여 다소의 고충이 따르더라도 자유당의 공천자가 아닌 이승만의 의중 인물을 당선시키도록 전력을 다해야 할 것이며 만약 성적이 부진한 경찰국장은 문책을 받게 될 것이니 명심하라고 시달했다.

더욱 가공할 일은 시,도 경찰국장들로부터 몇 퍼센트 성적을 올리겠다는 서약과 아울러 사표를 받는 일이었다. 이토록 경찰들이 노골적으로 이범석을 배척하고 함태영을 지원하는 선거운동을 했다.

서울시 경찰국장을 지낸 박병배는 일선 경찰서장을 불러 이범석이 아닌 함태영이 이승만 대통령의 의중 인물임을 직접 시달했다고 술회하기도 했다.

장택상 국무총리는 부산역에 걸려있는 이범석 초상화가 이승만 초상화보다 크다는 사실을 이승만에게 보고하여 이승만을 격노케 했고, 이범석의 초상화를 모두 철거하는 소동을 벌였다.

경찰의 잦은 탄압에도 불구하고 지명도에서 앞서 이범석의 강세는 별다른 변동이 없었고, 양우정 등 이범석의 참모들은 이승만의 배신이 아니라 장택상의 배신으로 방향을 돌렸다.

그러나 선거결과는 이승만 대통령의 의도와 경찰력의 발동으로 함태영 후보의 압승과 이범석 후보의 참패로 귀결됐다.

이범석은 "이 박사가 날 배신했어. 대관절 오늘의 선거가 누구 때문에 이뤄진 것인데 나를 배신하냔 말야"며 노호(怒號)와 더불어 울분을 터뜨렸다.

이범석은 "민족청년단을 해산시킬 때만 해도 나는 참았어. 그러나 이번만은 도저히 참을 수 없고 참는 데도 한도가 있다"면서 배신당한 데 대한 분노를 억제할 수 없었다.

민족청년단이 중심이 된 원외자유당의 전국적인 시위와 국회의원의 소환운동으로 직선제 개헌에 성공하고 내무부장관으로 발췌개헌에 공훈을 세운 이범석의 후계세력 결집에 불안감을 가진 이승만 대통령은 자파세력을 가진 이범석의 부통령 당선을 방해하고, 자파세력이 전혀 없고 연로(年老)한 함태영을 부통령으로 만드는 공작을 벌여 성공했다.

이승만 개헌공작을 위해 민족청년단 중심의 원외자유당을 최대한 이용하고는 자유당을 남기고 이범석이라는 사람은 토사구팽했다.

함태영은 심계원장의 직함을 이용하여 이승만 대통령의 의중을 살펴 반민족행위특별위원회의 횡령사건을 떠뜨려 반민특위의 활동을 중지시키고 해산시키는데 크게 기여했던 인물이다.

(3) 활용가치가 없어지자 토사구팽된 장택상 국무총리

장택상은 1893년생으로 경북 칠곡의 대지주인 장병만의 아들로 태어났다. 영국 스코틀랜드 에딘버러대를 중퇴했으며 미국 군정 시절 수도경찰청장으로 활약했고 초대 외무부장관에 발탁됐다.

1949년 경북 안동 보궐선거와 서울 종로 보궐선거에 출전했다가 상공부장관인 임영신 후보와 법무부장관인 이인 후보에게 패배하고, 제2대 총선에서는 고향인 칠곡에서 압도적인 지지로 당선됐다.

국회 부의장에 당선되고 유엔총회 대표에 발탁되어 활동하기도 했으며, 국회에서 의원내각제 추진이 무르익자 이승만 대통령은 장면 국무총리를 해임하고 장택상 국회부의장을 발탁하여 국무총리 인준을 받았다.

국무총리에 발탁된 장택상은 자신이 주도한 신라회 소속 21명의 의원과 원외자유당 의원들을 포섭하여 직선제 개헌을 주도했다.

헌병대가 국회의원을 감금한 부산 정치파동 당시 국무총리로서 내무부장관 이범석과 경남 계엄사령관 원용덕과 함께 발췌개헌 파동의 주역으로 혁혁한 공적을 세웠다.

장택상은 발췌개헌을 구상하여 협박과 회유로 성공시켜 이승만 대통령의 대통령 재당선 일등공신이었다. 아울러 장택상은 이승만 대통령의 암묵적 지시로 김태선 내무부장관, 윤우경 경찰국장을 동원하여 이범석을 낙선시키고 함태영을 당선시킨 장본인이었다.

더구나 장택상은 신라회 소속 21명의 의원들을 자유당에 합류시키고 자신은 자유당으로부터 입당을 거부당하는 수모를 겪어야했다.

장택상은 대통령선거가 끝나고 얼마 지나지 아니하여 일본인 고시진의 밀입국 사건에 휘말렸다.

경성부윤을 지내고 한국으로부터 물러가는 일본인을 수송하는 책임자로 활동했던 일본인 고시진의 밀입국을 외무부장관이 반대했는데도, 장택상 국무총리가 직권을 남용하여 최대의 편의를 제공했다고 양우정이 이승만 대통령에게 고자질했다.

자유당은 국무총리가 외국의 밀정과 내통했다는 사실은 국가의식이 희박한 사대주의적 발상이라고 통박하고, 연합신문과 벽보로 장택상 국무총리를 공격하자, 장택상 국무총리는 반박성명을 발표하는 등 이전투구를 벌였다.

장택상이 국무총리에서 물러나든지 족청계가 자유당에서 손을 떼든지 양단간에 결판이 나야한다는 것이 변영태 외무부장관의 의견이었다.

서상환 법무부장관의 사표 종용에 장택상 국무총리는 "도대체 이범석을 낙선시키라고 한 사람은 누군데 지금 와서 이범석의 편을 들어 내게 사표를 쓰라고 해? 온갖 궂은 일을 모두 내게 시키고 난 후 이제 소원하던 목적이 달성되었으니 앞으로는 내가 필요 없단 말인가"라고 한탄했다.

우리 민족의 원수로 경성부윤이었던 고시진을 불법으로 상륙시키고 밀회한 것은 국민들의 통분을 살만한 사건이라는 이승만 대통령은 "정부의 체면상 또는 국내외에 대한 위신상 장택상 국무총리와 갈홍기 외무부차관의 사표를 수리치 않을 수 없다"는 특별담화를 발표했다.

사냥이 끝나면 사냥개는 가마솥에 삶아 죽어간다는 한나라 한신 장군의 푸념인 토사구팽(兎死狗烹)이 상기된 이범석 전 내무부장관과 장택상 국무총리의 몰락이었다.

[제2부] 이승만 정부의 숨겨진 치부(恥部)

제1장 민족의 최대 비극인 6.25 남북전쟁

제2장 6백여 명의 양민을 학살한 거창공비토벌

제3장 1천 명의 장정을 굶겨 죽인 국민방위군

제4장 전쟁의 와중에 실시된 보궐선거·지방선거

제5장 6.25 동란 중에 일어난 주요 사건 모음

제1장 민족의 최대 비극인 6.25 남북전쟁

1. 6.25 남북전쟁의 배경과 전황(戰況)

2. 남북전쟁 1,129일의 전투상황

3. 공포의 대상인 공산 무장공비(武裝共匪) 빨치산

4. 북진통일 염원이 휴전협정 묵인으로

5. 소요와 폭동으로 점철(點綴)된 전쟁포로

1. 6.25 남북전쟁의 배경과 전황(戰況)

(1) 얄타 회담에서 발발(勃發) 기원을 찾은 6.25 동란

1943년 11월 카이로 회담에선 적절한 절차에 따라 한국의 자주독립이 약속됐을 뿐이다.

38선은 1945년 2월 얄타회담에서 미, 영, 소 3국 정상들이 38선을 경계로 신탁통치안을 합의했다고 알려졌지만, 실제로는 소련이 한반도 전역을 점령코자 하자 급히 그은 미국의 군사저지선이었다. 세계대전의 승전국들이 그들의 숙명선으로 받아들여야할 것이다.

일본군의 무장해제를 명분으로 남과 북에 진주한 미국군과 소련군은 38선을 경계로 군정을 실시했다.

8월 29일 북한 전역을 소련이 점령했고, 9월 6일 해주-서울 간 전화가 단절되면서 38선은 고정선으로 자리 잡았다.

소련 군정하의 북한은 건국준비위원회를 해체하고 김일성 주도로 인민위원회를 발족시켜 사회주의화를 신속하게 단행했다.

미군은 미·소 간의 분계선을 믿고 9월 9일 점령군 사령부를 설치하고 총독부에서 일본군의 항복문서 조인식을 했다.

북한이 산업의 90%를 국유화하고 김일성 중심의 집권화를 진행한 것과 달리 남한에서는 군정이 중립을 표방하고 사상의 자유를 인정하여 공산세력이 발호하여 정치세력을 규합하기가 쉽지 않았다.

1945년 12월 모스크바 미, 영, 소 3국 외상회담에서 결정한 5년간의 신탁통치안은 극심한 좌우(左右) 이념대립을 불러왔고, 임시정부 수립을 논의하기 위한 미·소 공동위원회 회담은 성과를 내지 못했다.

1947년 11월 유엔은 남북한 총선거 실시를 결정했지만, 소련이 유엔 조선임시위원단의 입북(入北)을 거절하여 유엔은 위원단의 활동이 가능한 남한지역에서만 총선을 실시하기로 했다.

1948년 5월 10일 정부 수립을 위한 총선거가 좌익세력의 거센 반대와 남로당의 방해공작속에 치러져 제주도의 2개 선거구가 연기되어 198명의 의원이 선출되고 국회가 개원됐다.

제헌의원 선거 실시 4일 후 북한은 일방적으로 단전(斷電)하여 남한은 전기 없는 나라가 되어 혼란을 겪었으나, 7월 17일 대한민국 헌법이 공포되고 8월 15일에는 대한민국 정부가 수립됐다.

남한에 대한민국 정부가 수립되자 북한은 9월 9일 김일성을 수상, 박헌영을 부수상으로 추대하고 조선인민공화국을 수립했다.

1949년 6월 29일 주한미군이 철수하고, 9월 19일 소련군이 철수하면서 38선을 경계로 남북한 간에 충돌이 잦았다.

1950년 6월 25일 새벽 4시 북한군은 11개 지점에 이르는 38도선 전역에서 남침을 개시했다.

북한은 소련제 탱크 242대, 전투기 170여 대를 가지고 있었지만, 남한은 탱크와 전투기는 전무(全無)했고, 20여 대 훈련용 연습기가 전부였다.

미국의 제의로 열린 유엔 안전보장이사회는 "북한군의 즉각적인 전투행위 중지와 38도선 이북으로의 철수"를 요구하는 결의안을 채택했다.

미국의 트루먼 대통령은 맥아더 연합군 사령관에게 지상군 투입과 38선 이북의 폭격 권한을 부여했다.

유엔이 유엔군 사령부의 설치와 회원국들의 무력원조 결정으로 오스트레일리아, 벨기에, 캐나다, 콜롬비아, 프랑스, 그리스, 에티오피아, 룩셈부르크, 네덜란드, 뉴질랜드, 필리핀, 태국, 터키, 영국, 남아프리카공화국 등 16개국 군대로 유엔군을 편성하는 계기가 됐다.

전쟁 발발 3일 만에 수도 서울이 점령되고 미국의 선발부대 스미스 부대와 북한군이 7월 5일 경기도 오산에서 맞붙었으나 미군이 패배하여 전쟁 발발 열흘 만에 평택과 삼척선까지 밀려났다.

7월 20일에는 군산, 대전, 울진 이남으로 국군은 후퇴했으며, 8월 20일에는 전라도 지방을 송두리째 내어주고 낙동강 전선에서 공방전을 전개했으며, 마산-왜관-포항을 잇는 낙동강 방어선의 교착상태가 유지됐다.

맥아더 사령관은 서울과 인천의 탈환만이 북괴군을 두 토막으로 잘라 보급로를 차단하고 기능을 마비시키는 최선의 방책임을 강조했다. 북괴군의 주력은 낙동강 방어선에 집결되어 인천에는 충분한 방어 준비가 되어있지 않는 것도 고려됐다.

그리고 북한군은 우리가 악조건하에서 무모한 상륙작전을 시도하리라고는 추호도 생각하지 않고 있었기때문에 기습이야말로 전쟁을 승리할 수 있는 요건이라고 맥아더 장군은 굳게 믿고 있었다.

맥아더 사령관의 9월 15일 인천상륙작전으로 북한군의 병참선을 차단하고 낙동강 방어선의 반격작전으로 38선 이남의 북한군을 격멸하고 전쟁 이전의 상태를 회복했다.

한국의 통일을 달성하기 위한 명분과 소련과 중공의 개입을 우려하는 찬반논쟁을 뒤로한 채, 이승만 대통령은 북진을 지시하여 10월 1일 국군이 38선을 돌파했다.

한반도의 인위적인 분단을 해소하고 유엔의 권능을 확립한다는 기조하에 유엔군의 북진 계획을 트루먼 대통령도 승인했다.

국군은 10월 10일 원산을 점령하고 곧이어 수도 평양을 점령하여 11월에는 북한 전역을 점령하여 전쟁이 종료될 것을 기대했다.

김일성의 지원 요청을 받은 중공의 마오쩌둥은 항미원조(抗美援助)와 보가위국(保家衛國)의 명분으로 인민지원군의 출병 명령으로 30만 명의 중공군이 전선에 투입되어 전쟁은 새로운 국면으로 접어들었다.

중공군의 공세로 유엔군은 대부분 붕괴되거나 고립되어 악전고투 끝에 흥남철수 작전이 전개됐다.

10만 명의 병력과 9만여 명의 피난민, 1만 7천여 대 차량과 35만 톤의 물자를 수송한 세계전쟁사에 기록될 철수 작전이었다.

1951년 1.4 후퇴로 서울을 중공군에게 내어주었다가 재탈환하는 격전 속에서 전선은 평택과 삼척을 잇는 37도선에서 재조정됐다.

1년간의 격전 끝에 38도선 부근에서 전선이 교착되어 어느 측도 승리를 장담할 수 없게 되자, 완승이 아닌 판정승으로 휴전해야 한다는 휴전 논쟁이 시작됐다.

유엔 주재 소련대사 말리크의 "전쟁 전 상태를 복원해서 휴전으로 평화를 회복한다"는 제안으로 협상이 개시되어 2년간 지루한 협상이 전개됐다.

한국 측의 반대에도 불구하고 협상의 조기 타결에 전력을 쏟은 미국은 비무장지대 설치를 위한 군사분계선 설정에 공산측과 타협했다.

1953년 3월 소련의 스탈린이 뇌출혈로 갑자기 사망하자 지루하게 전개됐던 휴전협상이 종결로 치달리자, 이승만 대통령이 휴전에 반대했고 전국에서 연일 휴전반대 데모와 대중 집회가 열렸다.

1953년 6월에 이승만 대통령은 미국과 사전협의 없이 포로수용소에 수용되어 있던 2만 7,389명의 반공포로를 석방했다.

이승만 대통령과 미국의 로버트슨 국무차관보의 14차례의 협상 끝에 한·미 상호방위조약 체결 합의가 이뤄져 휴전회담이 급물살을 탔다.

7월 27일 판문점에서 정전(停戰)협정이 체결됐지만, 해역의 경계가 불확실하여 미제(未濟)로 남겨졌다.

정전협정 1개월 후에 유엔군 사령관은 북방한계선(NLL)을 설정했고, 북한은 20년 이상 특별한 이의를 제기하지 않아 NLL은 남북한 해양(海洋)경계선으로 자리 잡았다.

휴전협정 후 33일만에 북한에 7만 5,797명의 포로를 송환하고, 북한으로부터 1만 2,941명의 포로를 송환받은 불균형적인 포로 교환이 이뤄졌다.

포로교환 이후에도 희망 포로 송환이 계속되어 1954년 1월에야

347명의 포로가 북한에 인계되고, 중립국을 선택한 88명의 포로가 인도의 군용(軍用)수송선을 타고 인도로 떠나면서 휴전협정이 마무리됐다.

(2) 휴전협정으로 휴전선이 남북의 경계선으로 고착

1953년 7월 27일 휴전회담에 의한 정전협정이 체결되면서 고정선이었던 38선은 역사적으로 사라지고 유동적인 휴전선이 생겨났다.

이승만 대통령이 3개월간의 휴전을 묵인하겠다고 선언하여 설정됐던 휴전선은 아름다운 산하를 황폐하게 만들었으며, 수많은 사상자와 이산가족의 아픔을 남긴 채, 남북을 가로막은 고정선으로 자리 잡았다.

3년간 전쟁으로 국군 62만, 유엔군 16만 등 78만 명이 사망했고 북한군 93만, 중공군 100만 명이 희생된 것으로 추정된다.

민간인도 250만 명이 사망했고, 이재민이 370만 명, 전쟁미망인 30만 명, 전쟁고아 10만 명을 양산했다.

당시 남북한 인구 3,000만명의 절반이 넘는 1,900여 만명이 피해를 입었다.

미국 트루먼 대통령은 38선 돌파는 미국이 취할 행동이 아니라고 생각했다. 왜냐하면 미국은 두 번 다시 세계대전을 바라지 않으니 소련과 중공을 한반도에 끌어넣은 결과를 막아야 한다는 것이다.

소련과 미국이 정면으로 대결하게 된다면 그것은 곧 세계 3차 대전으로 확대될 것이며 3차 대전이 유발된다면, 어느 한 쪽의 승리는 기대하기 어렵고 십중팔구 양편이 모두 멸망할 것을 우려했기 때문이다.

그리하여 맥아더 사령관의 만주 폭격을 반대하여 맥아더 사령관을 경질하고 남북통일보다는 휴선을 모색한 것이 휴전선이 남북한의 경계선으로 자리 잡게 됐다.

6.25 전쟁을 정치적으로 종결짓기 위한 정치회담이 1954년 4월 스위스 제네바에서 참전 16개국과 소련, 중공이 참석하여 개최되어 국제사회의 감시하에 한반도 통일을 위한 선거와 외국군 철수 문제가 논의됐다.

그러나 결론을 얻지 못한 채 결렬되어 정전(停戰) 체제를 국제적으로 묶인하는 결과를 가져왔다.

6. 25 전쟁은 자유진영과 공산진영이 대결한 국제전이었으며, 휴전협정은 국제질서에 자본주의와 사회주의 진영 간의 체제 경쟁을 가져왔다.

미국은 유럽에서 북대서양조약기구(NATO), 태평양지역에 동남아시아조약기구(SEATO)를 구축했고, 소련은 동유럽 군비 강화를 위해 동독, 폴란드, 유고슬라비아, 루마니아, 불가리아, 체코슬로바키아 등을 규합하여 바르샤바 조약기구를 탄생시켰다.

중공은 미국이나 소련 어느 진영에도 가담하지 않는 정치적 독립을 원하는 비동맹회의(NAM)를 주도했다.

(3) 6.25 동란이 발발(勃發)하자 우왕좌왕한 정부

6.25동란 발발 직전에 북한은 김달현 조국통일중앙위원회 의장 명의로 통일 입법기관을 위한 총선거를 전국적으로 실시하고, 남북조선의 대표자 회의를 열자는 평화 연극을 펼쳤다.

공산군의 기동훈련이 남침을 위한 군비작업인 것을 알지 못한 유엔 한국위원단은 제의를 검토했으나, 정부에서는 북한의 연막전술에 현혹되지 않도록 국군과 전 국민의 각성을 촉구했다.

육군 총참모장 채병덕은 경비 태세는 완비되어 있고, 북한의 특이 동향은 없다고 발표했다.

1950년 6월 25일 새벽 전차부대를 앞세운 북한군은 안개를 최대한 이용하면서 농번기 휴가로 3분의 1 병력밖에 남지 않은 남한군의 진지에 대해 각개격파를 해왔다.

북한 방송은 내무상 박일우가 6월 25일 새벽 남조선 국방군이 38선 전역에서 불의의 침공을 개시하여 북한 경비대에게 적을 격퇴하도록 명령했다고 북침(北侵) 선전에 광분했다.

서울 중앙방송은 10시 30분에 오늘 새벽에 북한 괴뢰군이 남침을 개시했다면서 장병들은 지체없이 원대복귀하라고 보도했다.

6.25 동란이 발발하자 채병덕 육군 총참모장은 북한군 4~5만 명과 전차 94대가 남침을 개시했다고 발표했고, 트루먼 대통령은 "6.25 전쟁은 공산세력이 대한민국을 공산화하기 위해 도발한 불법 남침이다"는 성명을 발표했다.

개전 3일 만에 북한군이 서울 시내에 진입했고, 정부는 한강 인도교를 폭파하고 충남 대전으로 이전했다.

맥아더 사령관과 이승만 대통령은 수원에서 만나 우의를 다지며 과거 여·순반란사건 진압과 지리산 공비토벌에서 능력을 보인 정일권으로 육군 총참모장을 교체했다.

이승만 대통령은 맥아더는 2차 대전의 영웅일 뿐 아니라 아시아 자유국가를 수호하는 우리의 수호자라고 추켜세웠다.

정일권 육군 소장은 육·해·공군 총사령관 겸 육군 참모장에 임명되고 미국은 제24보병 사단장인 윌리엄 딘 소장을 주한미군 총사령관에 임명했다.

미국은 유엔군 사령관에 맥아더 원수를 임명하여 반격 태세를 준비했으며, 주한 유엔 지상군 사령관에 미 제8군 사령관인 워커 중장이 임명됐다.

국방부장관 신성모는 수도 서울에 대한 국군의 방위는 완벽하며 지금이라도 대통령 각하께서 북진 명령을 내리신다면 우리 국군은 즉각 38선을 돌파하여 평양으로 진격할 태세를 갖추고 있다고 큰소리쳤다.

이승만 대통령은 서울시민과 함께 수도 서울을 사수한다고 발표했으나, 6월 27일 새벽에 특별열차편으로 몰래 서울을 빠져나갔다.

신성모 국부방장관은 항해사 출신이고 채병덕 총참모장은 병기장교 출신으로 전쟁 경험이 없어 용병에는 전혀 지식이 없었다.

더구나 중과부적(衆寡不敵)인데다 북한군의 전차와 대포에 대적할 무기가 거의 없었다.

패전하고 미아리 고개를 넘어오는 국군의 비참한 모습을 보았고 한결 가까이 들리는 포성에 수도 서울의 위기를 느낀 시민들은 국방부의 정부 수원 이전 발표를 듣고 아연실색(啞然失色)했다.

국민의 동요를 염려하여 조작 발표했다고 하나 고의가 아닌 오보도 많았다.

트루먼 대통령은 불의의 침략을 감행한 북한의 괴뢰들은 안보리의 명령을 거부하고 있다고 비난하고, 국제질서 확립의 원칙을 강력하게 밀고 나갈 것을 밝혔다.

이승만 대통령은 '모택동이 중국 대륙을 삼키더니 이제 한반도에 군침을 삼키고 있구먼'하며 치를 떨었다.

오산으로 출동한 미국의 선발부대인 스미스부대는 북한군 전차부대의 대거 공격으로 평택으로 뒷걸음치고 말았다.

이승만 대통령은 6월 27일 국민 총궐기 요청의 방송을 하고 수원에서 대전으로 피신했다.

대전을 빠져나와 부산에 도착한 이승만 대통령은 전국에 7월 8일에야 뒤늦게 비상계엄령을 선포했다.

이승만 대통령은 한미관계와 국내의 치안 문제를 고려하여 백성욱 내무부장관을 조병옥으로 교체했다. 당시 경남도지사는 양성봉, 경북도지사는 조재천이었다.

이승만 대통령은 우리나라가 동족상쟁의 비극을 면치 못하게 된 것은 괴뢰군들의 침략을 미연(未然)에 막지 못한 미국에 책임이 있으므로 미국은 한국을 구출해야 할 절대적인 의무가 있다고 굳게 믿고 있었다.

1949년 주한미군의 철수에 이어 1950년 에치슨 미국 국무장관이 태평양의 방위선에서 한국은 제외한다는 공식 선언이 없었더라면 6.25의 비극은 일어나지 않았으리라는 가정에서였다.

미군 제8군 사령관 워커 장군이 부산에 상륙하자 전쟁에 대한 여론은 낙관론으로 기울어졌다.

대전 시가로 괴뢰군이 침입한다는 보고를 받은 미국 보병 제24 사단장 딘 미군 소장은 전투를 지휘하기 위해 현장에 뛰어들었다가 길을 잘못 들어 포로 신세로 전락했다.

낙동강 전선 하동 전투사령관에 임명된 채병덕은 전공에 부푼 꿈을 안고 하동전선을 누비다가 한국군으로 위장한 괴뢰군의 총알에 순직했다.

2. 남북전쟁 1,129일의 전투상황(狀況)

(1) 전쟁 발발에서 휴전회담까지 소사(小史)

[1950]

◆6/10 미국의 극동전략이 구체화됐으며 극동방위선을 알류산-일본-오키나와-필리핀 선으로 확정하여 북한 남침의 빌미를 제공

◆6/16 군사재판에서 적색 여간첩 김수임에게 사형 언도

◆6/17 북한의 조국통일 민주주의전선 중앙위원회 사무국장 김창준이 제의한 조만식 선생과 김삼룡, 이주하 교환 수락

◆6/17 북한에서 귀순한 이인규, 김태홍, 김재창 전향(轉向)을 대대적으로 발표

◆6/19 델레스 미국 전 국무장관 38선 시찰. 한국을 유엔의 일원으로 간주한다고 격려

◆6/24 델레스 전 국무장관은 이한하며 한국은 독립 유지의 의사가 견고하고 최량의 반공국가라고 극찬

◆6/26 북괴군이 돌연 남침을 시도했으나 서울시내 민심은 지극히 평온

◆6/27 국군 정예부대가 북상하여 총반격을 전개하고 대한해협에

서 전함을 격침했으며 북한군이 후퇴를 개시했고, 유엔 안보리 긴급회의에서 북한을 침략자로 규정하고 후방 치안은 철통같다고 정부는 홍보에 광분

◆6/27 이승만 대통령을 비롯한 정부는 시민들에게는 국군이 반격하고 있다고 거짓말하고, 놀래 수원으로 열차를 이용하여 옮기고 한강 인도교를 새벽에 폭파

◆6/28 북한군이 서울시내에 진입하자 2천여 명의 사상범들은 교도소 각방에서 적기가(赤旗歌)를 고창(高唱)하며 폭동의 기세를 보이자, 간수들은 죄수들을 내버려둔 채 일제히 피신

◆6/29 유엔은 한국전의 조사지원 결의안을 채택하고, 미국 트루먼 대통령은 한국전 참전 명령을 극동사령부에 시달

◆6/30 채병덕 육군 소장을 해임하고 정일권 육군 소장을 육·해·공군 총사령관 겸 육군 총참모장에 임명

◆7/14 국군의 작전지휘권을 유엔군 사령관에게 이양하여 한국의 작전지휘권 소멸

◆7/15 정부는 대전에서 대구로 이동하고, 내무부장관을 백성욱에서 조병옥으로 교체

◆7/20 김일성 북한군 총사령관은 충북 수안보에서 "오는 8.15까지 부산을 점령하라"고 독전하고, 주한 미군사령관 딘 소장은 대전에서 행방불명

◆8/3 유엔군은 마산-왜관-포항을 연결하는 신방어선을 구축하고 낙동강 철교를 폭파

◆8/16 정부는 대구에서 부산으로 이전하고, 유엔군 병력을 14만 1,808명 확보 (국군 8만 2,000명, 미군 4만 7천 명, 기타 1만 2,808명)

◆9/15 맥아더 원수 진두지휘하에 유엔군 7만 명, 전함 260척과 공군의 지원으로 인천상륙작전 성공

◆9/28 김일성은 중공과 소련에 군사원조를 요청

◆9/29 이승만 대통령은 맥아더 원수와 동반하여 서울에 귀환하여 중앙청에서 서울 수복식 거행

◆9/30 워커 미군 제8군 사령관은 38선 정지설을 잠재우고 국군에 38선 돌파명령

◆10/7 유엔총회는 유엔군의 38선 돌파 진격과 한국통일부흥위원회 설치와 통일정부 수립시까지 유엔군 총사령부에서 북한지역 행정실시안을 가결

미국은 북한 통치 문제에 대해 유엔군 총사령부가 북한에 잠정적 군정을 실시한다는 방침을 세우고 있으나, 이승만 대통령은 북한은 우리 땅이고 북한 주민은 우리 국민이기 때문에 도지사를 임명하여 우리가 직접 통치해야 한다고 주장

◆10/7 통일 한국정부 수립을 염원하여 유엔군은 북한 진격에 박차, 국회도 서울로 귀환, 서울의 부재시민 42만 명, 천인이 공노할 학살이 자행되어 주변 산악에는 시체가 누적, 서울시내 부역자 9,900명 검거

◆10/12 원산시 점령, 통일한국 건설을 위해 미군 부대 평양으로 진격 중, 서울의 요구호자는 물경 40만 명, 북한지역에 계엄령 선

포, 북한군 주력은 궤멸(潰滅)

◆10/15 트루먼 대통령과 맥아더 사령관이 태평양 웨이크섬에서 회담. 맥아더 사령관은 중공이나 소련의 한국전 개입을 낮게 평가하고 만주폭격과 대만국의 중국 본토 상륙을 주장한 것으로 보도

◆10/16 전국 총선거로 통일정부 수립시까지 북한 전역을 유엔이 관할, 이승만 대통령은 권리의 침해라고 유엔한국위 결정에 반발

◆10/21 평양 완전탈환, 모란봉에 휘날리는 태극기, 김일성은 평북 희천으로 도주

◆10/28 국군은 청천강을 도하하여 압록강에 도달, 평북 초산 점령과 함남 혜산진 진격

◆10/31 이승만 대통령 평양 환영대회 참석하여 "앞으로 두 번 다시 갈라지지 말고 한 데 뭉칩시다. 뭉치면 살고 흩어지면 죽나니 우리는 한민족, 한 데 뭉쳐 나갑시다"라는 세기의 사자후(獅子吼)를 뿜어내고

◆11/1 중공군 2개 사단 한국전에 출동 확인, 임표 휘하 중공군 30만명 압록강변에 집결, 중공의 출현은 소련의 사주로 추단

◆11/7 맥아더 사령관은 중공군은 통고도 없이 북한 진입이며 사상 초유의 국제법 침범이라고 규탄, 3차 대전의 징조와 우려로 세계의 이목 집중

◆11/23 미군은 함남 혜산진 입성, 함북 청진에도 육박, 북한은 평북 강계와 함북 나진지역으로 후퇴

◆11/30 중공군 27만명의 항전으로 유엔군은 장진호 철수 작전 전

개, 대동강변에 신방어선 구축

◆12/11 미국 제8군 워커 사령관은 서울을 절대 포기 않겠다고 선언, 이승만 대통령도 서울을 사수(死守)하겠다고 선언

◆12/12 장진호 선봉부대 혈전 끝에 흥남으로 철수

◆12/14 유엔 정치위원회에서 한국 정정안(停戰案)가결, 이승만 대통령은 중공군 철수면 정정안 수락 용의, 신성모 국방부장관은 유엔군 한국 포기 운운은 제5열이 조작한 유언비어라고 홍보

◆12/20 이승만 대통령은 임진강 방어선 후퇴는 전략이며 수도방어진은 철통같다며 국민의 총궐기를 역설

◆12/23 미군 제8군 사령관 워커 중장이 의정부에서 지프차 사고로 사망, 후임엔 리지웨이 장군이 임명

◆12/24 함남 흥남에서 10만 명의 병력과 9만여 명의 피난민들이 대철수 작전 전개

◆12/30 정부는 전선은 점점 호전되고 수도 방위진은 날로 견고하므로 안심하고 생업에 종사하라고 홍보

◆12/30 유엔군은 전 전선에서 38선 이남으로 철수

[1951]

◆1/4 국군과 유엔군은 서울을 철수하고 정부는 부산으로 직행하여 이전

◆1/10 이승만 대통령은 중공의 인해전술에 대항하여 방어할 수

없는 이 분격을 총궐기로 설욕하자고 호소

◆1/12 유엔군은 반격 개시, 전략의 요충인 원주를 탈환, 오산-원주-삼척선을 방어진지로 구축

◆1/26 유엔군은 파죽지세(破竹之勢)로 반격하고 북진하여 38선에 육박, 공산군은 한강 남방에서 철퇴

◆2/1 유엔 정치위원회는 중공은 침략자라는 미국안을 찬(贊) 44표, 반(反) 7표로 채택

◆2/5 미국 국무성은 38선 정지설을 부정하고 유엔군의 목표는 침략 격퇴라고 천명, 이승만 대통령도 38선은 이미 없어졌다면서 진격정지설을 반박

◆2/23 수도쟁탈전 치열, 한강을 끼고 유엔군과 중공군 최후의 일전, 중공군 서울에서 퇴각

◆2/26 미국 정부는 중공군이 대규모 공격을 감행할 경우 만주와 중국 본토를 폭격할 것을 결의

◆3/8 서울 포위작전 전개, 양평에서 한강도하 성공, 유격대는 강화도 탈환

◆3/10 정부는 오산-충주-울진선의 이남에 한하여 피란 농민들의 귀환을 시달

◆3/13 서울 재수복, 70일의 수난 설욕 다짐, 폐허로 형골(荊骨)만 남은 서울, 서울 인구 32만 명에 불과

◆3/18 유엔군은 38선을 지향하여 맹공세, 중공군 38선 일대에 신진지를 구축

◆3/26 유엔군에 38선 돌파 명령, 중공군은 임진강 이북으로 궤주(潰走)

◆4/5 유엔군 38선 돌파하여 개성에 진입, 공산군 50만 명에 선제타격 작전 전개

◆4/6 소련은 중공에 비행기 3천대 제공, 만주에 대병력 집결

◆4/12 조병옥 내무부장관은 지리산과 태백산에 웅거하면서 부단히 기습해오던 공비를 3월 중 경찰이 1,007명을 사살하고 11,326명을 귀순시켰다고 발표

◆4/13 트루먼 대통령은 맥아더 사령관을 해임하고 리지웨이 중장을 임명하며, 밴프라트 중장이 미 제8군 사령관으로 부임

맥아더 장군은 공산국가에 대한 유화(宥和)는 3차 세계대전을 초래하고 세계평화를 위해 만주를 폭격하라고 주장

◆5/7 맥아더 장군은 미국 국회에서 만주 폭격으로 3차 세계대전이 발생할 수 있다고 우려하고 있으나, 한국전쟁에서 승리의 길은 만주를 폭격하여 중공군을 억제하고 소련의 기습적 공격을 방지하여 3차 세계대전을 방지하는 길이라고 역설

◆5/20 유엔군 76만 명이 공산군과 대치, 중동부 전선은 유동 상태 지속, 만주에 37만명의 공산군 예비군 대기

◆6/1 철의 삼각지대 (철원-금화-화천) 공략전 치열화, 정부는 화평제안론을 일축

◆6/12 마샬 미국 국방장관은 한국전의 작전은 현세를 유지하고 공산군의 남침 기도를 계속 격멸하겠다며 정전설을 부인

◆6/21 도시 외곽 부락들은 밤만 되면 공비 수중으로 들어가 공비 소탕을 위한 경찰의 기동(機動)무장이 시급

◆6/24 국민방위군 사건 관련설로 육군참모총장 겸 계엄사령관 정일권을 해임하고 이종찬을 임명

◆6/24 6.25 전쟁 1년을 맞이하여 박두진 작사인 6.25의 노래를 제작하여 널리 보급하여 모든 학생들이 제창토도록 지시

"아아 잊으랴 어찌 우리 이날을 조국을 원수들이 짓밟아 오던 날을 맨주먹 붉은 피로 막아내어 발을 굴러 땅을 치며 의분했던 날을 이제야 갚으리 그날의 원수를 쫓기는 적의 무리 쫓고 또 쫓아 원수의 하나까지 쳐서 무찔러 이제야 빛내리 이 나라 이 겨레"

◆6/25 육군은 1년 동안 25만 7천 416명을 사살하고 포로 2만 6천 524명에 귀순은 1천 14명이라고 발표

경찰도 공비 5만 7천 831명을 사살하고, 2만 3천 366명을 생포했으며, 4만 2천 5명의 투항병이 있었다고 발표

그러나 3만 4천여 명에 이르는 경찰관과 28명의 국회의원이 살해 또는 실종

◆6/28 삼각지대 고지 공방전은 지속됐지만 전 전선 교착화, 에치슨 미 국무장관은 정전 후에도 원조는 계속하겠다고 언명

◆6/28 소련의 미라크 유엔 대표가 정전안을 미국에 통보, 이승만 대통령은 전쟁의 서곡이 될 정전협정을 수락하지 않겠다고 경고

◆7/3 유엔군 사령관의 정전회담 제의를 중공과 북한이 수락하며 회담 장소를 개성으로 할 것을 제의, 유엔군 사령관은 개성회담을

수락하고 7월 5일에 예비교섭을 통고

◆7/5 유엔군 측은 쌍방이 20리(8km) 완충지대 설치를 주장하며 전투 재발방지 보장을 요구

◆7/27 정전회담에서 포로교환, 완충지대 설치, 중립적인 감시단의 설치 등을 합의했으나 휴전선 경계설정, 외국군 철수 문제는 걸림돌로 보류

◆8/24 빨치산의 승리여단이 경남 산청에 출몰하여 경찰대와 일진일퇴 거듭

◆8/30 강원도 철원 피의 능선 쟁탈전이 치열, 공산군 150만 명이 집결하여 대공세 전개

◆9/6 해병대가 야습으로 김일성 고지를 탈환하는 쾌거

◆9/12 격추된 비행기에서 소련 병사의 시체를 발견하여 소련의 개입 사실이 확증

◆9/12 공산군의 래습(來襲)으로 정전회담 장소를 개성에서 판문점으로 변경

◆10/9 정부는 후방 공비 토벌을 위해 유엔군에 국군 1개 사단을 배치 요청

◆11/30 지상전에 국한하여 전 전선에 30일간 공격정지령 발동, 공산 측은 휴전시까지 외국군 완전 철수를 주장

◆12/18 6.25 전쟁으로 국군 14만 명, 민간인 1백만 명이 희생됐으며 미군도 10만 3,739명이 전사, 지리산 공비소탕 작전으로 공비 921명을 사살

◆12/13 휴전 반대 국민 총궐기대회를 개최하여 통일 멸공의 새결의를 다짐

◆12/25 지리산 공비는 무장 4천 명, 비무장 1만 2천 명으로 추산, 토벌작전에서 공비 411명을 사살하고 8천여 명을 생포했다고 발표

[1952]

◆2/10 공산군에 억류 중인 1만 1천 59명은 포로와 맞교환하고 남은 2만 1천여 명의 포로는 납치된 인사들과의 교환을 제의

◆2/23 거제도 포로수용소에서 민간인 1천여 명이 소요를 일으켜 69명이 피살

◆3/9 지리산 공비로서 귀순자 4천여 명을 일제히 석방하여 귀농토록 허가

◆5/14 거제도 포로수용소의 돗드 소장이 공산군 포로들에게 납치되어 일주일간 억류되었다가 협상으로 풀려남

◆6/12 포로수용소 포로들을 친공포로와 반공포로로 분리 강행, 이 과정에서 백여 명의 사상자가 발생

◆6/24 유엔사령부에서 남한 출신 민간인 억류자 2만 7천 명을 석방 결정, 식량 30일분에 레인코트까지 지급

◆6/27 무장공비들이 노령(蘆嶺)에서 호남선 열차를 습격하여 46명이 소사하고 100여 명이 피살되거나 납치

◆10/2 백마고지에서 백병전 전개, 머리털로 피아 식별, 정상엔

중공군이 고수, 국군의 광신적인 반격으로 재탈환

◆12/17 봉암도 포로수용소에서 3천 6백명의 포로들이 폭동을 일으켜 72명이 피살되고 120명이 부상

[1953]

◆1/25 미국은 주한 제8군 사령관 밴프리트 대장을 테이러 중장으로 교체

◆3/10 용초도 수용소에서 광적인 공산포로 2천여 명이 폭동을 일으켜 23명이 사망, 42명이 부상

◆3/28 서부전선에서 백병전으로 격전 계속, 공군은 대폭격 감행, 불모고지에서 전략적 철수

◆4/13 상병(傷兵)포로협정이 조인되어 4백 명의 유엔군과 5백 명의 공산군을 맞교환

◆4/23 국토 분할의 휴전반대 백만학도궐기대회, 북진 없이 통일 없다는 정부 결의를 미국 국무성에 통보

◆6/3 이승만 대통령은 휴전 수락 조건으로 한미상호방위조약 체결과 대한(對韓) 대규모 군원·경원 공여를 제안

◆6/9 포로 문제 잠정협정 조인으로 휴전협상 사실상 성립, 한·미간 의견차의 심각으로 갈등 조짐

◆6/10 지리산에 아직도 공비 1천여 명이 웅거, 백운산과 오봉산 등 6개 산봉을 타고 준동

◆6/17 공산군은 2년 만에 최대 공세, 공산군은 38선 전선 구축 기도, 중동부 전선에서 2마일 철수

◆6/19 이승만 대통령은 2만 5천여 명의 반공포로 석방 발표, 유엔군 사령부는 휴전 결렬을 우려하여 대경(大驚)

◆6/27 경남 합천에 공비 출몰하여 경찰관 5명이 전사, 4명 피랍

◆7/13 이승만 대통령과 미국 아이젠하워 대통령 특사인 로버트슨 차관보가 14차 회담을 마치고 공동성명 발표, 휴전은 수락하지 아니하되 3개월 동안 정전을 방해 않겠다는 불완전한 합의

◆7/16 공산군은 대공세 전개, 테이러 장군이 직접 지휘하여 반격, 이승만 대통령도 "촌토(寸土)도 포기하지 말라"며 격려

◆7/27 판문점에서 휴전협정 조인, 미국의 해리슨과 북한의 남일 대표가 180일간 휴전 준수, 군사경계선 발표, 비무장지대 철수 개시, 협정문에는 유엔군 사령관 크라크, 조선인민공화국 원수 김일성, 중공지원군 사령관 팽덕회 명의는 있어도 한국 대표는 누락

◆8/9 한미상호방위조약 가조약 체결, 이승만 대통령과 델러스 국무장관 간 공산군 재침 시 충분한 군원(軍援)키로 합의

◆8/15 서울에서 이승만 대통령 광복절 기념식 거행, 북진통일 결의는 불변하다고 다짐

◆9/9 귀환(歸還) 불원 포로 교환 일단락, 인도군 감시하에 중립국으로 이송

◆9/17 지리산 공비소탕전 대대적 전개, 공비 총두목 이현상 무명고지에서 사살

(2) 국회와 이승만 대통령의 갈등은 지속

제헌의회에서 절대 다수의 지지로 이승만 의원은 국회의장에 당선 됐고, 연이어 절대 다수의 지지로 초대 대통령에 당선됐다.

제헌의회에는 김구를 중심으로 하는 한국독립당, 김규식을 중심으로 하는 남북협상파가 참여하지 아니했고, 남북이 나뉘는 불행이 있더라도 남한만의 단독정부 수립을 촉진하는 대한독립촉성국민회와 지주와 소상공인의 결집체인 한국민주당이 이승만 대통령을 절대적으로 지지했기 때문이다.

그러나 초대 내각의 조각(組閣) 과정에서 한민당과의 갈등 조짐이 있었고 명분에 집착하여 조선민주당의 이윤영 의원을 초대 국무총리에 임명하여 부결됨으로써 갈등이 현실화됐다.

그러나 청산리대첩의 영웅인 이범석을 초대 국무총리에 임명하여 인준해 갈등은 봉합된 것처럼 보였으나, 이범석 국무총리를 중국대사로 보내고 신성모 국방부장관을 국무총리 서리에 임명하면서 갈등의 조짐을 보였다가 제2대 총선을 격고 6.25 동란이 발발하면서 갈등의 골은 깊어만 갔다.

국회에서 국무총리 서리 겸 국방부장관인 신성모에 대한 파면 결의안은 정부의 실책을 경고하는 데 의의가 있었다.

정부가 좀 더 사태 파악을 일찍 하고 시민들에게 소개령을 내렸더라면 시민들은 모두 피난을 갔을 것이라는 주장이 줄기차게 제기됐고, 이승만 대통령은 마치 우리 정부의 잘못으로 전쟁이 일어난 것처럼 불평불만을 일삼는 일부 몰지각한 사람들을 대오각성하여 통일전선에 매진해야 할 것이라는 성명을 발표했다.

사과 방송과는 거리가 먼 이승만 대통령의 엉뚱한 담화 내용에 실망한 국회의장단은 국민 앞에 사과함과 동시에 대통령을 탄핵하든가 국무위원의 퇴진을 요구할지도 모를 비상한 결의를 굳혔다.

국토통일만을 염원하는 이승만으로서는 전란의 책임을 누가 지느냐는 문제를 가지고 왈가왈부하는 국회가 어린애 장난처럼 유치(幼稚)해 보였다.

대다수의 국회의원들은 동란의 책임을 지고 국민 앞에 사과하려는 기색이 없는 정부에 분노를 느끼고 있었기 때문에 국무위원 총사퇴 결의안이 상정됐으나, 만주에 집결하고 있던 중공군의 대대적인 침공으로 보류됐다.

이러한 난국을 타개하기 위해 이승만 대통령은 장면 국무총리 카드를 꺼내들었다.

장면은 주미대사로 있으면서 6.25가 발발하여 조국이 누란의 위기에 처하자 미국을 비롯한 우방의 지원을 얻기 위해 불철주야 뼈와 살을 깎는 노고를 아끼지 않았다.

그리하여 그는 미국 조야의 두터운 신임을 얻고 있고 때 묻지 않은 위인이며 국회 인준도 무난하다는 장점을 지니고 있었기 때문이다.

장면은 1951년 재석 의원 154명 가운데 148표라는 압도적 다수표로 국무총리 인준 동의안이 가결됐다.

장면 국무총리를 해임하고 백낙준 문교부장관을 총리로 임명했으나 123명의 의원 중 가(可) 22표, 부(否) 100표로 부결됐다.

인준에 실패한 이승만 대통령은 국회부의장인 장택상을 발탁하여 인준을 받고 발췌개헌이라는 기상천외의 발상으로 직선제 개헌에 성공하여 이승만의 장기집권의 터전을 마련했다.

제2대 대통령에 당선된 이승만 대통령은 일본인 고시진 밀입국 사건에 연루된 장택상 국무총리를 해임하고 이윤영과 이갑성을 총리에 임명하고 인준을 요청했으나 연이어 실패하여 국회와 이 대통령의 갈등은 점점 더 깊은 수렁으로 빠져들었다.

(3) 한강 인도교의 조기 폭파로 많은 시민들이 목숨을

신성모 국방부장관은 6.25 동란 직전에 수도 서울에 대한 국군의 방위는 완벽하며 대통령 각하께서 북진통일의 명령을 내리신다면 우리 국군은 38선을 돌파하여 평양으로 진격할 태세를 갖추고 있다고 발표하여 북한의 북침설의 빌미를 제공했다.

6.25 동란이 발발하자 신성모 국방부장관은 국군 정예부대가 총반격을 전개하여 북진중이며 대한해협에서 전함을 격침하여 북괴군이 후퇴를 하고 있으며, 유엔 안보리 긴급회의에서 북한을 침략자라고 규정하였다고 긴급 상황을 발표했다.

이승만 대통령도 서울시민과 함께 수도 서울을 사수(死守)한다고 발표했으나, 27일 새벽 특별열차편으로 몰래 서울을 빠져나가 수원에 머물렀다.

전쟁 발발 하루만인 26일 미아리 방어선이 무너져 북괴군의 서울

진입이 임박한 것으로 판단한 육군 총참모장 채병덕은 육군 공병감 최창식 대령에게 한강교 폭파의 명령을 하달했다.

이승만 대통령의 일행이 서울을 빠져나간 것을 확인한 최창식 대령은 6월 27일 새벽 2시 30분에 한강 인도교를 폭파했고 다리 위를 달리던 차량 40~50대가 산산조각으로 대파됐다.

캄캄한 새벽녘에 다리를 끊고는 아무런 표지가 없어 다리가 끊어진 후에도 많은 차량과 시민 그리고 군인들이 한강에 빠져 죽었다.

미군 고문관들이 한강교의 조기 폭파 명령으로 많은 시민들과 군인들이 남하를 못했다고 항의하자, 채병덕 총참모장은 "남아있는 자들은 모두가 사상이 불투명자들일 것이다"고 변명했다.

입만 뻥긋하면 북진한다고 외치던 국방 관계자들은 서울시민들을 그대로 두고 한강교를 폭파해버린 것이다.

한강 인도교 폭파시기에 대한 논란이 끊이지 아니하자 정부는 폭파에 대한 책임을 총참모장 채병덕, 공병감 최창식에게 묻게 됐다. 채병덕 육군 소장은 하동 전투에서 전사했고 최창식 대령이 폭파에 대한 책임을 혼자 지겠으며 부하들을 문책하지 말라는 권고를 받아들여 대구고등군법회의에서는 최창식 대령에게 사형을 언도했다.

1.4 후퇴 이후 최창식 대령의 사형이 집행되어 형장의 이슬로 사라졌지만, 4.19 이후 과도정부에서 최창식 대령에게 무죄가 선고되어 억울한 죄를 벗게 됐다. 그러나 한강 인도교 폭파를 알지 못한 채 생명을 잃은 시민들의 한은 영원히 남게 됐다.

(4) 28명의 의원들이 자진 월북하거나 북한군에 납치

정부의 위무(慰撫)에 안심하고 있던 시민들은 미아리 고개를 넘어 진입하는 북한군을 피해 피난하고자 했으나 한강 인도교마저 폭파되어 자의반 타의반으로 서울에 잔류하게 됐다.

서울에 잔류한 59명의 현역의원 중 박순천, 여운홍 등 31명의 의원들은 괴뢰군의 눈을 피해 숨거나 피난했으나 28명의 의원들은 자진 월북했거나 납치됐다.

국회에서는 서울에서 피난하지 아니하고서 남하는 의원들에 대한 부역(附逆)사실을 조사하기 위한 자가(自家)숙청에 관한 특별위원회 설치건을 통과시켰다.

국회는 곽상훈, 박정근, 오위영, 이종영, 정재완, 윤길중, 이상철 의원 등을 잔류위원들의 부역 사실을 조사하는 특별위원으로 선출했다.

박순천 의원 등은 국회가 수도 서울 사수 결의를 하고서 서울을 버리고 도망간 의원들은 애국자고 서울에 남아있었던 의원들은 매국노라는 논란을 일으켜 특별법은 유야무야됐다.

자진 월북인지 납치인지는 밝혀지지 아니한 가운데 구덕환(서천, 국민회 지부장), 김경배(연백갑, 제헌의원), 김용무(무안갑, 대법원장), 김웅진(화성을, 제헌의원), 김칠성(부산을, 독립운동가), 김헌식(논산갑, 논산읍 소방대장), 박성우(상주갑, 농민회 중앙위원), 박영래(완주을, 완주군 조촌면장), 박철규(예산, 경기도 학무과장), 백상규(장단, 적십자사 부총재), 신석빈(정읍갑, 전북도 내무국장),

신용훈(창녕, 회사원), 안재홍(평택, 군정시절 민정장관), 양재하(문경, 신문사 사장), 오하영(종로을, 기미독립운동 33인), 원세훈(중구갑, 입법의원), 유기수(용인, 농본사 이사), 윤기섭(서대문을, 입법의원), 이상경(하동, 국민회 지부장), 이종성(이천, 대법관·검찰총장), 장연송(동대문, 입법의원), 정인식(광산을, 광산군 지산면장), 조규설(영천을, 식량영단 부이사장), 조소앙(성북, 임시정부 외교부장), 조종승(단양, 제헌의원), 조헌영(영양, 제헌의원), 최병주(부안, 대법관) 의원 등이 국회에 돌아오지 아니했다.

정인보 선생을 비롯한 유명 인사 이외에도 김해성을 비롯하여 최은희 등 무수한 연극단원들이 납치됐으나 김승호 등은 구사일생으로 도망치는 데 성공했다.

정확하게 밝혀지지는 아니했지만 남한의 단독 정부 수립을 탐탁하게 여기지 아니했던 조소앙(성북), 안재홍(평택), 장연송(동대문), 윤기섭(서대문을), 오하영(종로을), 김칠성(부산을) 의원과 지역구가 북쪽인 김경배(연백갑), 백상규(장단) 의원들은 자진 월북일지 모른다는 의심을 받기도 했다.

3. 공포의 대상인 무장공비(武裝共匪) 빨치산

(1) 빨치산의 연혁과 좌우익 대결에 시달린 민중들

빨치산(partizan)이란 러시아 말로 별동대, 유격대를 지칭한 말이다.

빨치산은 6.25 남북전쟁 이후 보편화되기 시작했지만, 우리나라에서 최초의 빨치산은 여·순 반란사건으로 알려졌지만 국군 14연대 반란사건으로 표기해야 정확한 반란에 가담한 국군과 공산혁명 동조자들이 국군 토벌대에 밀려 지리산록에 웅거하고서 밤에 민가를 습격하여 양민을 학살하고 식량과 재물을 약탈한 반란군들이다.

6.25 남침 이후 파죽지세로 남한의 대부분을 점령한 북한 정규군은 낙동강 전선에서 유엔군과 공방전을 벌였으나, 맥아더 장군의 인천상륙작전으로 북한군이 두 도막으로 잘려 보급로가 차단되고 기능이 마비되어 패잔병들은 태백산맥을 타고 북쪽으로 대부분 패주했고, 잔류병들은 소백산맥과 노령산맥의 산록으로 숨어들어 웅거하게 됐다.

이들은 끊어진 보급품을 조달하기 위해 부락을 침입하여 식량과 농우(農牛), 가재도구를 약탈해가고 반항하는 양민들을 살육하는 만행을 저질렀다.

빨치산들은 충북 단양, 보은, 괴산을 비롯하여 경북 문경, 상주,

금릉, 고령, 전북 무주, 진안, 장수, 남원, 순창, 정읍, 전남의 구례, 곡성, 화순, 담양, 승주, 광양, 경남의 하동, 함양, 산청, 거창을 밤에 지배했으며 가야산 줄기를 타고 천왕산, 가지산에 인접한 밀양, 양산, 울산에도 출몰하기도 했다. 이들의 총 본거지는 지리산이었으며 거창 양민학살사건의 빌미도 이들이 제공한 셈이다.

당시의 경찰 병력으로는 지리산, 태백산, 오대산 등 산맥을 근거로 하고 단말마(斷末魔)의 공격을 시도하는 게릴라의 위협으로부터 치안을 확보하는 것이 문제였으며, 공비의 토벌은 고사하고 도시 마을의 수비조차 버거웠다.

도시 외곽 부락들은 밤만 되면 완전 공비 수중으로 들어가 식량과 의복 등 재산을 모조리 약탈당했으며, 낮에는 마을에서 농사일을 하다가 밤에는 읍, 면 소재지에 소개(疏開)시키는 유랑생활이 반복됐다.

(2) 공산 빨치산의 만행과 토벌대의 활약

1950년 9월 12일 조병옥 내무부장관은 지리산과 태백산에 웅거하면서 부단히 기습해오던 공비를 8월 중에 1,007명 사살, 11,326명 귀순, 1,716명 생포했다고 발표했다.

1951년 6월 21일 정부는 지리산, 태백산, 오대산 등 산맥을 근거로 단말마의 공격을 기도하는 공비 토벌을 위해 토벌대를 편성하여 후방 치안 확보에 전념하기로 했다.

6월 23일 지리산 빨치산의 밀명을 받고 국회의사당에 잠입하려던 이흥두를 국회 특경대가 추격하여 체포했다.

경남 거창, 산청, 함양 군수 등은 빈번히 습격하는 게릴라를 급속히 소탕하여 치안을 확보해줄 것을 국무총리에 요청하는 건의서를 제출했다.

6월 25일 경찰은 지난 1년 동안 공비 5만 7천 831명을 사살하고 2만 2천 366명을 생포했으며, 4만 2천 5명이 투항했으나 경찰관도 3만 4천여 명이 희생됐다고 발표했다.

7월 21일 경찰은 공비 토벌작전 6일 동안 공비 641명을 사살하고 99명을 생포했으며 10명을 귀순시켰다고 발표했다.

8월 24일 빨치산의 승리여단이 경남 산청에 출몰하여 경찰대와 일진일퇴를 거듭했다.

9월 15일에는 공비 수십 명의 야습으로 전북 정읍 시장(市場)이 전소했고, 10월 4일에는 전남 곡성에 공비가 내습하여 시가지와 전라선 철도를 파괴했다.

10월 9일 정부는 후방 공비 토벌에 국군 1개 사단의 배치를 유엔군 사령부에 요청했다. 경부선은 주간 운행하고 있지만, 전라선은 공비 출몰로 운행에 차질을 빚고 있었다.

10월 20일에는 전북 남원에서 탄약 열차가 피습을 당하고, 충북 옥천에서도 공비의 내습으로 26명의 사상자가 발생하고 읍내 전체가 공격을 받고 소실됐다.

10월 26일 공비가 부산 근교인 양산 물금교를 습격하여 경찰과 1시간 교전 끝에 도주했으며, 11월 11일에는 공비가 전북 임실군 오수면에 출몰하여 오수역을 전소시켜 전라선 운행이 중단됐다.

한편 11월 15일에 공비 40여 명이 추풍령을 넘는 경부선 열차를 습격하여 영동역사가 전소하는 등 열차 여행에 불안감이 심해졌다.

11월 18일에도 공비가 전북 임실역 부근을 습격하여 경찰·승객 등 16명을 살해하고 도주했다.

12월 1일에는 후방 치안 확보를 위해 공비 완전 소탕전을 전개하며 5개 지역에 비상경계령을 돌연 선포했고, 12월 5일에는 남북동시 포위작전으로 지리산 공비 소탕전을 본격화했다.

12월 9일 지리산 공비 토벌작전에서 148명을 사살하고 78명을 생포했으며 토치카 94개소를 파괴했다고 발표했다.

12월 11일 허정 국무총리 서리는 지리산 공비의 아지트를 전부 파괴하고 4일간 공비 921명을 사살하고 1,195명을 포로로 잡아 공비를 완전 소탕됐다고 발표했다.

폭설로 포위망을 압축하며 아지트를 전부 파괴할 수 있었으며, 잔비(殘匪) 450명은 포위망을 탈출하여 덕유산으로 이동하고, 통비부락(通匪部落)은 소개하지 않고 섬멸작전을 전개했다고 홍보했다.

12월 25일 지리산 공비는 무장 4천 명, 비무장 1만 2천 명으로 추산되며, 1달 동안 공비 411명을 사살하고 1,100개의 아지트를 파괴하고 9천여 명을 생포했다.

국군의 공비 토벌작전으로 공비들은 4분5열되어 분산됐으며, 전북 장수에서는 공비 아지트에 비밀공작대를 잠입시켜 협상을 벌여 공비 전부를 귀순시켰다.

1952년 1월 12일에는 지리산 토벌작전에 기총소사는 물론 네이팜탄을 투하했으며, 토벌작전에 아군도 1,305명이 전사했다.

2월 3일 인민유격군 남부중대 및 부역자 1천 6백여 명을 사살하고 7백여 명을 생포했으며, 360여 명을 귀순시키고 1백여 명을 구출한 지리산 공비소탕전 종결을 발표했다.

그러나 2월 8일 경남 동래 장안면에 공비가 출현하여 면장 등 4명을 살해하고 도주했다.

3월 9일에는 지리산 공비로서 귀순자 4천 명을 일제 석방하여 귀농 허가하고 지리산 최종 섬멸전을 전개하여 80명을 사살했다.

전남 지방에는 아직도 공비가 준동하고 있으며 4월 11일에도 200여 명의 공비들이 승주군 괴목역에 내습하여 양민을 살해하고 농우 등을 약탈해갔다.

4월 26일에는 오도(誤導) 입산한 부락민 5천 5백 명을 민간 재판에 이관하여 관대한 처분을 하겠다고 검찰총장은 밝혔다.

4월 26일에 총선거를 방해하기 위해 하동읍에 백여 명의 공비가 내습하여 군청, 소방서 등을 전소시키고 도주했다.

5월 12일에도 경남 함양에 공비 60명이 내습하여 금융조합, 민가 등을 소각하고 도주했으며, 6월 5일에도 경남 양산에 10여 명의 공비가 출몰하여 하북면사무소를 방화하고 도주했다.

6월 27일 무장공비들이 정읍과 장성 사이인 노령에서 호남선 열차를 습격하여 46명이 불에 타 숨지고 100여 명이 피살되거나 납치됐다.

7월 3일에도 충북 괴산에 공비가 출몰하여 양민 6명을 학살했으며, 7월 18일에도 50여 명의 공비가 합천 해인사에 출몰하여 방화했으나 팔만대장경은 무사했지만 학생 등 30명이 납치됐다.

8월 18일 하동 청암면에 공비 30여 명이 내습하여 6명을 사살했고, 8월 21일 충북 영동에 공비가 내습하여 읍내 건물을 전소시키고 경관 등 4명이 피살됐으며, 26일에도 전북 완주에 공비가 출몰하여 금융조합 직원 6명이 순직했다.

10월 18일 동래 구포에 무장공비 10여 명이 내습하여 부락민 2명을 살해하고 식량을 약탈했으며, 이들과 교전 중 경찰관 3명이 전사했다.

11월 5일 무장공비 3명이 충주읍에 침입하여 충주군 청사에 방화한 후 도주했으며, 6일에는 경남 양산 물금역 부근에 공비 20여 명이 출몰하여 경찰과 격전을 벌여 경부선이 16시간 연착했다.

12월 24일 국군을 가장한 무장공비가 동해남부선에 출몰하여 기장역을 전소시키고 총기를 탈취하고 6명을 사상했다.

12월 27일에도 함양에서 진주로 향하는 버스를 군경을 가장한 무장공비 22명이 출몰하여 승객의 금품과 양곡을 탈취하고 양민 81명과 군경 2명을 납치했다.

1953년 4월 4일에는 무장공비 수십 명이 순천시 가곡리에, 4월 7일에는 울산 상부면에 출현하여 경찰관 9명이 전사했다.

4월 16일 전남 구례에 무장공비 50명이 내습하여 경찰과 접전을 벌여 공비 3명을 사살했으나 경관 2명도 전사했다.

4월 30일 공비 40여 명이 경남 산청에 출몰하여 버스를 소각하고 12명을 살상했다.

6월 9일 전북 진안에 무장공비가 내습하여 경관 2명이 피살됐고, 6월 18일에는 양산 물금역에 공비가 파묻은 다이너마이트가 폭발하여 차량 3량이 전복됐다.

7월 11일에도 합천에 무장공비가 출현하여 버스에 방화하고 3명이 전사했고, 하동에도 출몰하여 10명이 납치됐으며 9명을 사살했다.

8월 26일 함양 마천면에 공비 150여 명이 출몰했고, 27일 경남 합천에 공비가 출몰하여 5명이 전사하고 4명이 피랍됐다. 그러나 팔만대장경은 피해를 입지 않았다.

8월에도 휴전 후 잔비(殘匪)가 준동하여 본격적인 섬멸전이 전개됐다. 9월에는 공비소탕전이 본 궤도에 진입했으며 작전지휘권을 육군 참모총장이 관장토록 했다.

9월 17일 지리산 공비소탕전을 대대적으로 전개하여 공비 총 두목 이현상을 무명고지에서 사살하여 공비 소탕의 대단원을 마감했다.

11월 25일 경남 의령에 백주(白晝)에 공비가 내습하여 경찰서장 등이 전사했으나, 군경이 공비소탕전을 전개하여 18명을 사살하고 6명을 생포했다.

1953년에도 지리산에 아직도 공비 1천여 명이 웅거하고 있으며 백운산과 오봉산 등 6개 산봉을 타고 준동하고 있었다.

6.25 발발 전에는 여・순 반란사건 이후 패잔병 6백여 명이 지리산에 웅거했으나 부역자들의 입산으로 2천여 명으로 증가했으며 인천상륙작전 후에는 수만 명이 웅거했다.

지속적인 토벌작전으로 현재는 지리산, 백운산, 백아산, 모후산, 회문산, 덕유산, 조계산 등에 땅을 파고 숨어들어 두더지처럼 생활하고 있다.

산골 마을에 밤은 인민공화국이란 영화는 옛날이었고, 결사적으로 약탈한 식량마저 곰과 산돼지들에게 빼앗기는 가련한 처지로 전락했다.

1954년에는 지리산록 난민들에게 일면 토벌 작전을 전개하면서 일면 구호하는 양면 작전을 선개했다.

3월 10일 신불산, 속리산 공비소탕전에 주요 두목급 20명을 사살하고 16명을 생포했다.

4월 9일에는 공비의 보급루트 차단이 주효하여 공비가 거의 섬멸되어 지리산 지역에 평화가 찾아온 것을 확인하고 지리산 지구 계엄령을 해제했다.

그리고 4월 10일에는 육군특무대가 철도 교량과 군용시설을 파괴하는 공비 14명을 하동에서 생포하고, 4월 15일에는 지리산 호랑이라는 김태규를 생포했다.

7월 12일에는 살인과 방화 등을 천여 건 저지른 유격대 사령관 남도부를 생포함으로써 뫼는 강철과 백골로 뒤덮이고 물은 피로 붉게 물들게 하였다는 빨치산의 흔적은 영원히 사라졌다.

(3) 지리산 빨치산에 대한 아롱거린 추억

나의 고향은 순천시에서 30km, 쌍암면 소재지에서 7km 떨어진 산골짜기의 전형적인 마을이었다.

앞산과 뒷산에 빨래대를 걸치면 닿을 것 같은 골짜기이지만 아침에 일어나면 조계종의 본사인 송광사와 천태종의 본사인 선암사를 품고 있는 조계산의 웅장한 세 봉오리가 눈앞에 펼쳐지는 고요하고 평화롭고 아름다운 풍광 속에 100호가 넘는 초가집이 옹기종기 사이좋게 자리 잡고 있었다.

조계산 정상인 장군봉에서 바라보면 마을 전체가 눈앞에 다가와 밭을 매는 아낙네가 보일 정도로 가깝게 보이는 마을이고, 쌍암면에서는 제일 큰 마을이지만 아쉽게도 기와집이 한 채도 없는 특이한 마을이기도 했다.

물이 흐르는 골짜기마다 다랑논을 만들어 10만 평에 이르는 논을 평균적으로 1,000평씩 나눠가져 지주도 굶주림에 허덕이는 절양농가(絶糧農家)도 없는 마을로서 3,000평을 가진 집이 최고의 부잣집으로 지칭되고 있으며 2,000여 평을 가진 우리 집도 일곱 번째 이내에 든 부잣집에 속했다.

7백여 명의 사람들이 살고 있는 우리 마을은 6.25 전쟁 3년 동안 3명만이 죽음을 맞이하여 축복받은 마을이었다.

이것은 20년 동안 마을 이장으로 봉직한 임정규라는 분의 두 아우가 국군에 입대하여 육군 중령과 육군 대위로 봉직하여 경찰지서에서 특별한 관심을 가지고 있었고, 지리산록에 자리 잡아 빨치산의 출입이 잦았지만, 빨치산 지대장도 그의 동생이었기 때문에 빨치산의 노략질도 피해갈 수 있었다.

우리 집 아래에 백남석이라는 사람이 살고 있었는데, 밤이면 우리 집에 찾아와 정답게 담배를 피워가며 아버지에게 "형님, 인민공화국이 평화롭고 평등하게 살아가는 세상을 만드는 데 동참합시다. 인민공화국이 되면 누구나 똑같이 일하고 똑같이 잘사는 세상이

됩니다. 조선노동당에 가입만 하면 좋은 세상에서 편하게 잘살 수 있습니다"라며 입당을 권유했으나 "나는 여섯이나 되는 아들딸을 돌보아야 하니 이대로 살겠네, 자네나 좋은 세상에서 잘 살아보게"라며 한사코 뿌리쳤다.

여·순 반란사건으로 잘못 알려진 국군 14연대 반란사건 당시 반란군은 쌍암면 소재지 부근까지 침입했고, 순천에서 개최된 환영대회에 참석했던 백남석은 토벌군에 밀려 쫓겨난 반란군과 함께 지리산 속으로 숨어들었다.

북한군이 마을을 점령하자 산속에서 돌아온 백남석은 북한군의 향도(嚮導)가 되어 마을을 지배하다가 북한군이 유엔군에 밀려나자 패잔병들과 함께 지리산 속으로 다시 숨어들었다.

빨치산의 전사가 되어 활약한 백남석은 동네 이장으로 부락민들을 데리고 반란군들이 우글거리는 조계산의 나무들을 베러온 소학교 동기동창인 강동회 회동리장을 부락민이 보는 앞에서 나무에 매달라 낫으로 찔러죽이는 만행을 저질렀다.

빨치산 토벌 작전으로 사살된 백남석을 확인한 강동회의 아버지는 돌로 백남석의 머리를 박살냄으로써 아들의 원한을 조금이나마 풀어낼 수 있었다.

우리 집 큰 누나는 해발 800m 국사봉 산자락인 도원이라는 마을에 살았는데, 큰 누나 댁에 어머님의 심부름을 하고 터벅터벅 내려온 13살짜리 형님이 산골짜기에서 빨치산에 붙들렸다.

빨치산들은 이놈이 산을 내려가 신고하면 우리들의 아지트가 밝혀지므로 죽여서 후환을 없애자는 의견이 다수였으나, 이장의 동생인 빨치산 대장이 몇 살이며 누구의 아들이며 왜 산길을 걷고 있느냐를 확인하고서 산을 내려가서 절대 아무에게도 우리들을 봤다는 얘기를 하지 않겠다는 다짐을 받았다며 살려 보내는 은전을 베풀었다.

빨치산 가족이라는 동네 사람들의 멸시와 수군거림에 빨치산 대장의 가족들은 우리 동네에 이사와 우리 집 바로 밑에 살게 되어 형님은 그들을 각별하게 대우하며 살았다.

아주머니는 동란 시절 경찰들이 매일 밤 찾아와 애기를 업고 산봉우리에 오르게 하고서 담뱃불로 온몸을 지지며 애기 아빠 자수하라고 외치라고 지시했다고 말하곤 했다.

우리 동네에서 동란 중에 3명의 희생자가 있었는데, 1명은 빨치산이 딱 1번 동네를 급습하여 마을회관에 불을 지르고 총을 들고 마을 경계에 나선 청년이 빨치산의 침입 과정에 희생됐고, 1명은 마을 건너편에 있는 물방앗간에 벼를 찧으러 새벽에 나섰다가 반란군을 만나 산 속까지 지게를 지고 따라나서라고 했는데 반항하자 사살되어 희생됐다.

마지막 1명은 마을을 경비하던 경찰관이 동네 처녀를 붙들고 희롱해 처녀의 어머니가 항의하자 경찰관이 처녀의 어머니를 살해하는 천인공노를 저질러 희생됐다.

유족들이 경찰관의 만행을 고발했으나 경찰에서는 빨치산과 내통한 불순분자를 처단했을 뿐이라고 끝까지 변명으로 일관하여 유야무야됐다.

빨치산의 만행은 알려진 사실이지만 경찰들의 민폐도 빨치산의 만행에 결코 뒤지지 않았다.

4. 북진통일의 염원이 휴전협정 묵인으로

(1) 마리크 소련 유엔대표의 한국전의 정전안 제안

1950년 12월 14일 유엔 정치위원회에서 한국정전안이 가결되자 이승만 대통령은 중공군이 철수하면 정전안을 수락할 용의가 있다고 밝혔다.

신성모 국방부장관은 유엔군의 한국 포기 운운은 제5열이 조작한 유언비어라고 국민들의 위무에 앞장섰다.

1951년 1월 15일 유엔정치위원회는 중국의 회신이 없으면 중공을 침략자로 규정하는 정전안(停戰案)을 가결했다.

중공은 이를 신중하게 검토하여 조건부 수락으로 기울었다가 결국 정전안을 거부하여 침략자로 탄핵이 추진됐다.

1951년 6월 미국의 마샬 국방장관은 한국전의 작전은 현세를 유지하고 공산군의 남침 기도를 계속 격멸하겠다며 정전설을 극구 부인했다.

소련의 마리크 유엔 대표가 한국전 정전안을 미국에 통보하면서 휴전협정 대표는 유엔군, 한국군, 북한군, 중공군 대표로 하되 정치적, 영토적 문제가 아닌 군사적 문제에 국한하자고 제의했다.

한국 참전 16개국은 소련의 제의에 대한 회의를 개최하여 좀 더 명료한 설명이 필요하다고 밝혔다.

이승만 대통령은 전쟁의 서곡이 될 정전협정을 수락하지 않겠다고 강력하게 반발했다.

참전 16개국은 정전에 동의할 조건 7항목을 유엔군 사령관에게 제출했다.

여기에는 현재의 주둔지역을 중심으로 폭 20리(8km)의 완충지대 설치, 정전을 감시하는 국제위원단 설치, 포로를 교환할 것 등이 포함됐다.

우리나라는 유엔군과 공산군의 무장해제, 한국대표 참석 등 5개 원칙을 정전안 수락 정부 방침으로 확정했다.

한편 정전반대와 국토통일을 염원하는 총궐기대회를 개최했다. 이는 민족의 비분이 폭발됐으며 정의로운 절규였다.

국회도 한국의 주권과 영토를 침해하는 여하한 결정도 거부한다는 메시지를 참전국 원수들에게 전달했다.

(2) 무의미하고 지루한 휴전회담이 2년 동안이나 지속

1951년 7월 3일 유엔군 사령관의 정전회담 제의를 중공과 북한이 수락하며 회담 장소를 개성으로 할 것을 제의했다.

유엔군 사령관은 개성회담을 흔쾌히 수락하고 7월 5일 예비 교섭회담을 갖자고 화답했다.

7월 5일 유엔 측과 공산 측이 정전 5개 조항을 제시했는데 쌍방이 폭 20리 완충지대 설치를 주장하고, 유엔은 전투 재발방지 보장을 요구했고. 공산측에서는 정치 문제의 전반적 해결의 포함을 시사했다.

공산 측의 회담 지연 기도에 미국은 결렬 시 대공세를 감행하겠다고 강경 태도를 표명했다.

7월 8일 개성에서 교섭대표 예비회담이 개최됐다. 이들은 정전 조건을 제시했지만 본회담의 시일과 장소 결정에 국한되고 정전 합의시까지 전투는 계속됐다.

7월 12일 공산 측에서는 정전 교섭의 기초로서 전투 및 군사 행동을 일체 중지토록 명령하고, 군사적 경계선은 38선을 설정하되 비무장지대를 설치하고 외국 군대는 철수할 것을 제의했다.

7월 20일 죠이 유엔군 대표와 남일 북한 대표의 제6차 회담는 즉시 정전과 외국군 철퇴 문제로 교착상태에 들어갔다. UN군도 전 전선에서 엄중 경계태세에 들어갔다.

7월 23일 정전회담 성립 여부에도 불구하고 북한군은 남한지역에 유격 병력을 증강했다.

소련에서 군사 훈련을 받은 이현상을 단장으로 하는 승리여단이 태백산맥을 타고 지리산에 잠입했다.

평화모색에도 불구하고 빨치산들은 승리의 망상과 광적인 영토 확장 계획하에 후방 치안을 교란하고자 활동을 계속했다.

7월 27일 제9차 회담까지는 포로교환, 완충지대 설치, 중립적인 감시단의 설치 등에는 합의를 보았으나 휴전선 경계 설정, 외국군의 철수 문제가 회담 타결의 걸림돌이 됐다.

7월 29일 유엔군 측의 현 전선의 경계선 주장에 공산 측은 병력과 보급 물자를 집결하여 남하를 기도하여 동부전선에서 혈투를 전개했다.

8월 1일 제14차 회담에서 쌍방은 일면 전투, 일면 협상을 재확인했다. 공산 측의 즉시 정전 주장을 일축하고 유엔군은 결렬(決裂) 대비에 만전을 기했다.

8월 16일 제24차 회담에서도 성과 없이 반복되고 있으며, 리지웨이 유엔군 사령관은 현 전선안은 절대적이며 공산군 재침(再侵) 시에는 가공할 무기 세례를 퍼부을 것이며, 평화가 확립될 때까지 유엔군은 주둔할 것이라는 특별성명을 발표했다.

8월 24일 공산 측은 유엔군이 정전회담장인 개성을 야간 폭격하여 정전회담의 결렬을 선언했다.

9월 12일 공산군의 급습으로 정전회담 장소를 개성에서 판문점으로 변경했다.

9월 21일 판문점 연락회담 속개를 공산 측에서 수락하여 회담 장소가 개성에서 판문점으로 변경됐다.

11월 30일 전 전선에 30일간 공격 정지령이 시달됐다. 지상전에 국한하고 해·공군 작전은 강화했다.

휴전협정 정식 조인 시까지 공산 측은 외국군 철수를 재확인하고 후방 감시기구안을 거부했다.

12월 13일 휴전회담 반대 국민총궐기대회를 개최하여 통일멸공의 새 결의를 다짐했다.

2월 10일 유엔군 측은 공산군에 억류 중인 1만 1천 599명은 포로와 맞교환하고 남은 2만 1천여 명의 포로는 납북된 인사들과의 교환을 제의했다.

2월 12일 회담에서 한강어구를 공산군과 공동으로 감시하는 안에 대한 합의는 정의에 배치되는 휴선회담이라며 전 국민의 분노가 충천하여 유재홍 한국 대표의 소환을 요구했다.

2월 15일 국회는 납치인사 포기, 한강입구 공동관리 등은 절대 불가하다며 시정을 유엔군 사령관 리지웨이에게 전달했다.

4월 4일 상병 포로교환 협상을 하자는 크라크 장군 제의에 공산 측에서 동의하여 포로교환 협상이 개시됐다.

4월 6일 서울에서 통일 없는 휴전 결사반대 시민대회가 개최됐고, 우리의 소원은 오직 통일 완수이며 가장된 평화의 간계 분쇄를 위한 투쟁위원회가 결성됐다.

4월 13일 상병(傷兵) 포로 협정이 조인되어 미군 350명, 국군 50명 등 4백 명의 유엔군과 중공군 450명, 북한군 50명 등 5백명의 공산군을 맞교환했다.

4월 14일 변영태 외무부장관은 우리 정부와 상의 없는 상병 포로교환은 한국의 주권침해라고 통박했다.

4월 23일 국토 분할의 휴전을 반대하는 백만 학도의 궐기대회가 개최됐고, 북진 없이 통일 없다는 정부 결의를 미국 국무성에 통보했다.

6월 3일 이승만 대통령은 휴전 수락 조건으로 한미상호방위조약 체결과 대한(對韓) 대규모 군사 원조와 경제 원조를 제안했다.

6월 9일 한미 간의 의견 차이로 갈등이 심각한 상황에서 포로 문제 잠정협정 조인으로 휴전이 사실상 성립됐다.

(3) 유엔군 해리슨, 공산군 남일 대표 간에 휴전협정 체결

6월 12일 국회는 "한국민의 총의로 휴전의 단호 반대" 메시지를 유엔 각 우방국에게 전달했다.

10만 대학생이 시위하고, 상이병들은 경남도청 앞에서 연좌데모하며, 상인들은 철시하고 60만 서울시민은 궐기대회를 개최했다.

7월 13일 이승만 대통령과 미국 아이젠하워 대통령 특사인 로버트슨 차관보가 14차 회담을 마치고 공동성명을 발표했다.

이 성명에서 공산국가로 귀환할 것을 기피하는 포로는 석방되거나 제3국으로 갈 수 있고, 극동의 안전보장과 항구적인 평화를 지향(指向)한다와 휴전을 수락하지는 아니하되 3개월 동안 휴전을 방해하지 않겠다는 불완전한 합의 결과를 발표했다.

한·미 간의 합의의 맹점은 휴전은 불수락하되 3개월만 방해 않기로 합의했을 뿐이다. 국토통일을 위해 최후의 일각까지 총매진, 휴전반대 시민대회가 연이어 개최됐다.

7월 27일 판문점에서 미국의 해리슨과 북한의 남일 대표 간에 휴전 협정이 조인됐다.

협정문에는 유엔군 사령관 크라크, 인민공화국 원수 김일성, 중공지원군 사령관 팽덕회는 있어도 한국 측 대표의 명의는 없었다.

3년 이상 계속된 전쟁과 의미를 찾아볼 수 없는 지루한 휴전회담으로 유엔군 40만여 명과 공산군 135만 명이 희생됐다.

휴전협정에 따라 비무장지대 철수가 개시되고 군사경계선이 발표됐다.

전투 정지와 휴전이 180일간 준수하기로 합의했으나 휴전은 70년이 넘도록 지켜지고 있을 뿐이다.

5. 소요와 폭동으로 점철(點綴)된 전쟁포로

(1) 민간인 억류자와 반공포로들의 연이은 석방

전쟁 중 발생한 10여 만명의 포로의 관리는 미군 제8군이 전담하고 한국 정부는 식량을 제공하기로 합의했다.

호송(護送)중인 포로 수천 명이 부산 시내에서 인민항쟁가를 합창하는 사태는 미군이 광신적인 공산주의자인 포로들을 인도주의적 우대정책으로 대우하여 빚어진 참사였다.

공산군의 포로 관리에 있어서 리지웨이 사령관은 유엔군 포로 8천여 명을 학살했다고 유엔에 보고하기도 했다.

유엔 사령부에서 남한 출신 민간인 억류자 2만 7천 명을 석방 결정했다. 식량 30일 분에 레인코트까지 지급했다. 부산 거제리 수용소에서 민간 억류인 2천 명을 추가로 석방했다.

'우리를 석방해다오'라며 억류 반공 포로들이 혈서 진정서를 제출했다. 억류 민간인 1만 1천 명 석방이 10월 1일부터 실시됐다.

이승만 대통령은 2만 5천여 명의 애국포로 석방 성명을 발표했다. 유엔군 사령부는 휴전 결렬을 우려하여 대경(大驚)했고, 아이젠하워 대통령은 유엔군 사령부 권한 침범이라고 통고했다.

반공포로 석방에 대한 각국의 반응은 부정적이었지만 재수용은 불가능하다고 크라크 장군에게 전달했다.

(2) 소요와 폭동이 끊이지 아니한 포로 수용소

전쟁 조기에는 포로들의 숫자가 많지 아니했으나, 30만 중공군의 참전으로 전쟁포로도 기하급수적으로 증가하자 정부는 경남 통영군 거제도에 대규모 포로수용소를 설치했다.

그러나 포로들의 관리는 한국군이 아닌 미국군이 전담했으며, 국제적십자사의 감시를 의식한 미군은 포로들의 인권을 최대한 존중하는 관리 정책으로 많은 문제점들이 드러났다.

멸공구국의 혈서 1천 9백통과 7천 9백 22명의 연서로 우리에게 구국투쟁의 기회를 달라며 반공포로들이 국회에 호소했다.

1만 7천 명의 중공 포로 중 1만 2천 440명이 중공에 송환되는 것을 원치 않는다면서 혈서로 서명한 진정서를 제출했다.

1952년 2월 23일 거제도 포로수용소에서 민간인 1천 5백여 명의 소요가 발생하여 미군이 69명의 포로들을 살해했다.

미국 경비병이 포로 중 공산당원의 여부를 확인하기 위해 62 수용소에 들어가자 친공포로들은 도끼자루, 천막기둥, 곡괭이, 곤봉, 돌멩이 등으로 경비병들을 무수히 구타했고, 놀란 미국 경비병들이 발포하기 시작했다.

그러자 친공포로들은 공산주의 노래를 부르고 적기(赤旗)를 휘날리며 스탈린의 화상(畫像)을 앞세우고 막사를 돌았다.

공산군 측은 포로 학살에 대해 엄중 항의했고, 유엔군 측은 판문점 휴전협상을 유리하게 전개하기 위해 북한 고위층의 지령에 따라 소요를 일으켰을 것으로 추단했다.

2월 28일 봉암포 수용소에서 공산군 포로가 미군 장교를 습격하여 1명을 살해하고 2명이 부상을 입었다.

3월 10일 용초도 수용소에 광적인 공산포로 2천 명이 폭동을 일으켜 23명이 사망하고 42명이 부상을 입었다.

인공기를 휘날리는 친공포로들과 태극기를 내걸고 행진하는 반공포로들이 우발적인 돌팔매질로 분쟁이 발생했고, 한국군 경비병들의 발포로 사건이 확대됐다.

5월 14일에는 거제 포로수용소 소장인 돗드준장이 순시하는 중에 광신적인 공산포로들에 납치되어 감금됐다.

돗드 소장의 석방을 위해 공산포로 대표들과 협상이 추진됐고, 공산포로들은 공산군 포로에 대한 학대 중지, 포로의 강제송환을 인정, 포로의 심사를 중지하고 포로의 대표단을 인정하고 협력할 것을 요구했다.

포로들과 협상이 진전되어 돗드 소장이 일주간 억류됐다 풀려나자 미군들은 포로수용소의 경비를 강화했다.

6월 1일 친공포로와 반공포로 간 혈투로 살상자가 속출하자, 미군은 수용소 내 인공기를 수거하여 소각하고 질서 유지에 강경하게 맞섰다. 이에 친공포로들의 대규모 행진에 최루탄을 사용하여 1명이 사망하고 13명이 부상을 입었다.

6월 12일에는 돗드 소장을 납치한 포로 16명을 모두 체포했으며 포로폭동계획도를 발견하여 이에 대한 대책으로 친공포로와 반공포로의 포로 분리수용을 강행했다.

포로수용소 77막사에서는 15명의 인민재판원들이 400여 명의 포로들에 대한 인민재판을 실시했고, 공산주의에 반대하는 반공포로들에게 사형을 선고했다.

사형을 선고받은 포로들은 손발이 묶이고 손발을 절단하여 사형을 집행하여 막사 주위에 묻거나 도랑이나 우물에 버리는 시체가 100구 이상이 됐다.

20여 명의 포로들은 철조망에 기어 올라와 다른 막사로 이동시켜 줄 것을 애걸하기도 했다.

친공포로들은 밴드에 맞추어 적기가(赤旗歌)를 부르며 단결을 과시했다.

7월 9일에는 포로들의 폭동으로 수명이 피살되고 80명이 부상 당했으며 7명은 탈주하거나 도주했다.

7월 12일에도 논산 수용소에서 포로끼리 난투극이 벌어져 20여 명이 중경상을 입었다.

10월 3일 제주도 포로수용소에서 포로들의 소요로 45명이 사망하고 120명이 부상을 입었다.

11월 2일 거제 포로수용소에 수백 명의 포로의 폭동이 발발하여 포로 2명이 사망하고 78명이 부상을 입었다.

12월 17일 봉암도 포로수용소에서 9천 명의 민간 억류인 중 3천 6백 명의 포로들이 폭동을 일으켜 82명이 피살되고 120명이 부상을 입었다.

(3) 휴전협정에 의한 포로교환의 애환(哀歡)

휴전협정에서 유엔군 측과 공산군 측은 귀환을 희망하는 포로들은 교환하고, 귀환을 거부하는 포로들은 중립국감시위원단에 위탁하여 감시하되 유엔군 측과 북한 측에서 설득하여 귀환시키도록 합의했다.

휴전협정 후 33일 만에 공산 측에 7만 5,797명을 송환하고 공산 측으로부터 1만 2,941명의 포로를 교환하여 8만 8,738명의 포로교환이 막을 내렸다.

귀환포로들은 북한의 포로수용소는 기아와 질병의 생지옥이었으며 옥수수와 조밥으로 연명하여 죽음의 행진이 계속되어 전우 2,538명이 학대 등으로 사망했다고 증언했다.

귀환 용사들은 국군 병사는 해골 같은 형상이지만, 영국병과 미국 흑인 병사들은 우대를 받은 것으로 알려왔다.

귀환 병사들의 보고에서 유엔군 포로 2만 7천여 명이 아사했다는 증언에 따라 미국 국방성은 사망포로에 대한 진상규명에 전력을 쏟았다.

귀환을 거부한 유엔군의 포로는 미군 70명, 한국군 247명, 기타 72명 등 389명인 반면, 공산 치하로 송환될 것을 반대하는 중공군 1만 4천 5백명과 북한군 7천 8백명으로 2만 2천 3백명에 달했다.

이들은 비무장지대로 이송하여 쌍방의 해설단이 그들에게 귀국을 권고하여 귀환할 것이며 인도, 스위스, 스웨덴, 폴란드, 체코의 5개국 대표로 구성되어 있는 중립국 감시위원단이 활동하게 되어있다.

귀환거부 포로들의 설득에 나선 공산 측의 대표들에게 투석하는 등 유혈이 낭자한 폭동을 일으켰다.

인도군 500명이 증원되어 반공포로들의 긴장상태가 고조됐다. 인도군은 자유의사를 표시하면 발포하거나 살상하며 친공선전을 자행하여 중립성을 잃었다며 포로들이 혈서로 폭로했다.

인도 감시병들은 폭동을 일으킨 송환을 불원하는 포로들에게 소총을 발사하여 1명이 사살되고 5명이 부상을 입었다.

인도군의 발포 사실이 전 국민의 분격을 일으켜 발포 책임을 규탄하는 소리가 날로 높아갔다.

조정환 외무부차관은 인도군은 공산주의 사상을 내포한 선전문을 배포하고 위협적인 질문으로 강제송환을 기도하는 악질적 행위를 감행했다고 국회에 보고했다.

백만 서울시민들은 보신각 앞에서 반공애국청년을 석방하라와 인도군을 즉시 처단하라는 시민 궐기대회를 갖고 네루 인도 수상에 보낸 경고문도 낭독했다.

이에 인도군 티마야 장군은 포로들에게 설득을 듣도록 강요하지 않겠다는 성명을 발표했으나, 네루 수상은 한국 정부가 인도군이 친공노선을 취하고 있다고 비난한 것은 아주 무책임한 행위라고 말하여 논란을 일으켰다.

신익희 국회의장은 인도는 자유진영의 공적(公敵)이라며 한국에서 추방하자고 주장했다. 갈홍기 공보처장은 인도는 중립국이라며 네루 수상의 발언을 반박했다.

중립국의 주선으로 북한 측에서 포로 설득을 재개했으나, 반공포로들은 욕설로 일관하여 불응했고, 인도군은 포로 살상에 대해 공청회 개최를 주장했다.

공산 측에서 포로들의 설득에 나섰으나 반공포로들의 거부로 설득의 실패를 인정했으며, 3개월 동안 7회에 걸친 북한의 설득에도 불구하고 265명의 포로들만이 북한이나 중공으로 귀환을 희망했을 뿐이다.

이승만 대통령은 2만 3천 명의 반공포로 석방의 의지를 밝히자 미국 정부는 여사한 행동을 취하지 않도록 경고했다.

덜러스 미국 국무장관은 정치회의 성부에 불구하고 1월 22일에는 포로 전부를 석방하겠다고 선언했고, 인도군은 북한이 고의로 설득 작업을 지연시키고 있다고 비난했다.

포로를 강제로 해설 장소로 끌어내오자는 주장에 스위스, 스웨덴, 인도 대표들이 반대하자 폴란드와 체코 대표들이 퇴장하여 중립국 감시위원단이 파국 직면에 돌입했다.

반공포로 감시동내에 특별공작대가 존재하여 포로들의 북한행을 방해했다는 보고서에 인도, 체코, 폴란드 대표는 서명했으나 스위스와 스웨덴 대표들은 반발하는 감시단 국가 간에 내분이 있었다.

인도군이 돌연 사전 통고도 없이 반공포로 135명을 북송하여 정부는 인도군이 중립성을 방기(放棄)했다고 격분했다.

테일러 미군 제8군 사령관은 공산 측에서도 포로 석방을 방해한다면 전면적인 사격을 강행하겠다고 발언하자, 인도군은 포로들을 억류 당시의 국가에 송환할 계획을 변경했다.

1954년 1월 20일 억류 중인 1만 4천 321명의 중국인 포로와 7천 7백 8명의 한국인 포로 중 반공포로들이 석방되어 남하하자 북한군은 방관적인 태도를 취했다.

2만 2천 명의 반공포로들이 태극기를 휘두르며 인도군이 감시하는 막사를 나와 남하했다.

인도군은 반공청년 21,809명을 유엔군 측에 이관을 완료했다고 발표했다. 인도군은 친공포로는 미·영군 22명, 한국군 325명의 억류를 철회하고 석방하겠다고 발표했다.

비신사적 행동으로 물의를 빚던 인도군 5천 9백 62명이 2월 24일 74명의 포로 해결을 못한 채 삼엄한 경계 속에서 철수를 완료했다.

한국전쟁 중 납치된 민간인 8천 명에 대한 송환을 판문점 회담에 유엔군 측과 공산 측에서 합의했다고 발표했다.

실향민 상호 교환 합의에 따라 월북희망자를 신청 받았으며 납치 인사 8천 명의 귀환을 기대했다.

기대와 달리 실향민 교환은 우리 측에서 70명을 송환했으나 북한 측에서는 외국인 10명을 송환하였을 뿐이다.

월북희망자 가운데는 노영일, 윤용선 등 간첩피의자와 유홍열, 배수생, 이춘근 등 3명에 대해서도 제5열이라는 물적 증거를 확보하여 구속했다.

제2장 6백여 명의 양민을 학살한 거창공비토벌

1. 지리산 일대를 주름잡은 40만 명의 무장공비

2. 공비(共匪)토벌부대가 6백여 명의 양민을 학살

3. 정치적 파장과 여운을 남긴 거창 양민학살사건

1. 지리산 일대를 주름잡은 40만 명의 무장공비

(1) 낮에는 정부군이 밤에는 공비들이 마을을 지배

6.25 전쟁 초기 남한지역을 거의 석권하던 인민군은 유엔군의 인천상륙작전과 9.28 서울 수복으로 허를 찔려 남부전선에 투입되었던 다수의 병력이 퇴로가 끊긴 채 협공(挾攻)을 당함으로써 산속에 잠복하게 됐다.

12월 중공군의 참전으로 아군의 전세가 불리해지자 이들 인민군 패잔병들은 남로당 현지세력을 규합하여 후방 게릴라로 활약했다. 전쟁 초기에 진주, 마산, 창녕 방면에 진주했던 북한 제2사단과 제6사단의 패잔 부대들은 험준한 지리산 일대 산악 지대에 포진하여 40만 명의 병력으로 노령산맥의 줄기를 타고 구례, 남원, 장성, 순창, 화순, 순천 등 전남북 일대와 거창, 산청, 함양, 합천 등지에 출몰했다.

이러한 상황에 대처하기 위해 정부는 10월 공비(共匪)토벌부대를 창설하여 부대장에 최덕신 준장을 임명했다.

험준한 산악지대를 거점으로 공비들이 기습공격을 해오는 바람에 산골 마을에는 국군과 공비의 뺏고 빼앗기는 공방이 거듭됐고, 낮에는 정부군이 밤에는 공비가 지배하는 양상이 전개됐다.

거창군 신원면도 그런 지역 중 하나였다.

(2) 토벌부대의 건벽청야(建壁淸野) 작전이 양민학살로

거창읍으로 통하는 한 가닥 길밖에 없는 신원면에는 1950년 12월 5일 4백여 명의 지방공비들이 신원지서를 습격하여 경찰과 청년의용대 대부분이 사살되고 10여 명이 간신히 탈출하는 사건이 발생했다.

이에 따라 이듬해 2월 제11사단 제9연대 연대장 오익경 대령은 거창, 함양, 산청 등 지리산 남부 경남 지역의 공비 소탕 작전을 전개했고, 제3대대는 경찰, 청년의용대와 함께 신원면에 진주했다.

군대가 신원면에 진주하자 공비들은 아무런 저항 없이 산 속으로 퇴각했고, 제3대대는 경찰과 의용대를 남기고 산청 방면으로 철군했다.

군대들이 신원면을 떠나자 공비들은 이날 밤 다시 나타나 경찰들과 교전하는 사태가 일어났고, 경찰들의 방어가 위태로웠다.

국민방위군과 경찰이 신원면을 탈환한 하루 만에 공비 600여 명이 국민방위군 76명을 죽이고 공비들의 세상이 됐다.

12월 6일 신원지서를 포위한 공비 400여 명은 양식과 가축을 약탈했고 우익 인사들을 살해했다.

신원지서에서 탈출한 경찰관 3명은 도중에 전사했지만, 5명은 탈출에 성공했다.

토벌부대인 육군 11사단은 사단본부는 전북 남원에, 9연대는 진주에, 13연대는 전주에, 20연대는 광주에 주둔했다.

이 부대는 건벽청야 작전을 즐겨 활용했는데, 건벽청야(建壁淸野) 작전이란 먼저 토벌군으로 벽을 쌓아 병풍을 만들고 그 후에 그들을 말끔히 청소한다는 공비 토벌 작전의 원칙으로 초토화 작전으로 공비를 토벌하겠다는 작전이다.

2. 공비(共匪)토벌부대가 600여 명의 양민을 학살

(1) 신성모 국방부장관은 통비분자 187명을 소탕했다고

신원면에 재진주한 제3대대 선발대는 부락민 60여 명을 공비 동조자로 단정하여 내동골 뒷산 계곡에 세우고 무차별 사격을 가하여 모두 사살했다.

이어 제3대대 본대는 대현리, 중유리, 와룡리 주민 1천여 명을 신원 국민학교에 소집하여 경찰 및 지방유지 가족을 골라낸 뒤 박산 골짜기로 끌고 가 집단 학살한 뒤 휘발유를 뿌려 불태웠다.

이튿날에도 대현리, 덕산리 일대의 주민들을 소집하여 같은 방법으로 만행을 저질렀다.

이때 학살된 사람은 경찰 추산으로 6백여 명에 이르지만, 제3대대는 학살자의 숫자를 187명으로 축소하여 보고했다.

아울러 제3대대는 학살자는 모두 공비거나 공비와 내통한 통비분자들을 소탕했다는 전과(戰果)를 보고했다.

신원면 주둔군은 학살사건을 은폐하려고 현지와 외부와의 왕래를 일절 차단하고 실상을 발설하는 자는 공비로 간주하여 총살하겠다고 위협했다.

그러나 사건이 일어나고 한 달이 지나 최덕신 육군 11사단장은 육군과 국방부에 "학살 주민의 대부분이 양민이어서 군에 대한 신뢰가 땅에 떨어지고 이밖에도 부녀자 강간, 물품 강요, 재산 약탈 등으로 주민들이 분노하고 있다"는 보고서를 이종찬 육군 총참모장에게 제출했다.

국민방위군사건으로 궁지에 몰려있던 신성모 국방부장관은 "외국의 원조로 전쟁을 수행하고 있는 마당에 이 같은 군의 비행이 외국에 알려지면 전쟁 수행에 지장을 초래하고 군의 사기를 저하시킨다"면서 사건을 묵살(默殺)할 것을 지시하는 한편, 현장을 답사하고 희생자 수는 187명이었으며 모두 통비분자였다고 허위로 발표토록 했다.

신성모 국방부장관은 입산(入山)공비들과 그 연락원들을 색출하여 187명을 사형했을 뿐이며 우리 군대가 공비와 양민을 구분 못할 리가 있겠느냐고 해명했고, 유봉순 거창경찰서 사찰주임은 정말 죽어야할 공산당은 다 도피하고 정말 공산주의가 뭔지 모르는 노인과 아녀자들이 대부분 학살당했다고 반격했다.

(2) 국회의 현지조사반이 공비 (共匪)출현으로 철수

신성모 국방부장관의 허위 발표에도 불구하고 거창 출신 국회의원 신중목은 자신이 조사한 진상을 국회에서 발표했고, 국회에서는 장면 국무총리가 주도하여 신성모 국방부, 조병옥 내무부, 김준연 법무부 등 3부에서 조사단을 구성하여 현지 조사키로 결의했다.

신성모 국방부장관은 지금 정부안에는 정권욕에 눈이 어두워 파벌을 조성하고 남을 모략할 뿐만 아니라 국가 원수까지 모함하고 있다면서, 민국당 출신 각료들이 국회의원들과 손을 잡고 국회조사단을 구성하라고 엉뚱한 주장을 펼치고 있다고 비난했다.

이승만 대통령도 최근 정계 동향에 대하여 국가의 안위를 불계(不計)하고 분규를 일으키는 자에게 민중은 이반(離叛)되고 있다고 중대 경고했다.

신중목, 이충환, 김의준, 김정실, 이병홍, 노기용, 김종순, 박정규 의원으로 구성된 국회 조사단과 내무부, 법무부, 국방부의 3부 조사단이 함께 신원면을 향해 가자, 신원면 입구에 공비로 변장한 국군이 출몰하여 신원면 출입을 막아섰다.

거창경찰서장도 공비가 출현할 가능성이 있으니 조사단의 신원면 조사는 위험하니 모험을 중지하라고 권유했다.

조사단을 수행한 헌병부사령관으로 경남지구 계엄사령부 민사부장인 김종원 대령은 신원면 입구의 나무다리를 일부러 절단시켜 조사단 일행은 걸어서 나무다리를 걸을 수밖에 없었다.

나무다리를 건넌 조사단 일행에게 공비들이 따발총 세례를 퍼붓자, 김종원 대령은 "조사단은 완전 공비들에게 포위되었으니 즉시 후퇴하시오"라고 권유하여, 거창경찰서로 모두 한숨을 몰아쉬며 후퇴했다.

이에 거창경찰서 신원지서 주임은 "참 이상합니다. 어제까지의 정보를 보면 그 장소에는 공비가 나올 리가 만무합니다"라고 고개를 갸우뚱거렸고, 주민들은 "어제 국군 30명가량이 그 장소로 들어간 것을 봤다"고 증언했다.

김종원 대령은 사이렌을 요란스럽게 불며 거창경찰서로 부상병을

데리고 나타나는 연극까지 꾸며냈다.

현지조사에 나선 국회와 3부 합동조사단은 신원면 주민 증언 한마디 듣지 못하고 철수할 수밖에 없었다.

3. 정치적 파장과 여운을 남긴 거창 양민학살사건

(1) 부통령, 내무부장관, 법무부장관, 국방부장관이 경질

국회조사단의 철수로 조용해져야할 양민학살사건은 최경록 헌병사령관의 현지조사 보고로 또다시 점화되어 정치적 쟁점이 됐다.

최경록 사령관의 보고에 대해 이승만 대통령은 최 헌병사령관이 김석원 장군의 사람으로 민국당의 조병옥 내무, 김준연 법무와 절친한 야당 사람이라며 특별한 조치를 취하지 아니했다.

이승만 대통령의 미온적 태도에 불만을 갖고 있는 이시영 부통령이 사직서를 국회에 제출했다.

국회에서는 신성모 국방부장관의 유임을 위한 연서를 각 사단장이 제출하고 있다고 폭로했다.

난맥을 이룬 정국을 수습하기 위해 이승만 대통령은 나라의 장래와 국군의 사기를 염려해서 간부들이 거창사건을 숨기지 않을 수 없었다는 신성모 국방부장관의 사표를 조병옥 내무부장관, 김준연 법무부장관과 함께 수리했다.

신성모 국방부장관을 철저하게 신임했던 이승만 대통령은 물러난 신성모 국방부장관을 주일대사에 임명하고, 후임에는 비서출신으로 서울시장을 지낸 이기붕을 국방부장관에 임명했다.

(2) 군법회의에서 관련자를 처벌했으나 유야무야

이기붕 국방부장관은 신성모 전 국방부장관이 국회의 주장을 고압적으로 무시하다가 실각된 것을 반면교사로 삼아 국회의 요구대로 처리하고자 거창 양민학살사건 관련자들을 군법회의에 회부했다.

이승만 대통령의 특별지시로 진상조사가 실시되어 양민학살의 진실이 드러나자, 헌병사령부는 제9연대장 오익경, 제3대대장 한동석, 대대 정보장교 이종대 등을 구속하여 군법회의에 회부했다.

거창사건 공판정에서 경남 계엄사령부 민사부장 김종원 대령은 공비는 국군이 동 조사를 방해하기 위하여 독자적으로 행한 것이라고 증언했다.

법원은 김종원에게 고급지휘관으로서 타 부대 병력을 강제로 차출하여 군기를 문란(紊亂)시킨 죄는 도저히 용서받을 수 없다며 3년 6개월의 징역을 구형했다. 이에 김종원은 병력배치와 작전명령 수행은 신성모 국방부장관의 명령에 따랐을 뿐이라고 변명했다.

헌병부사령관인 김종원 대령은 국회와 3부 합동조사단의 현지조사 방해를 위한 병력 배치와 작전 명령은 신성모 국방부장관의 명령으로 나는 그 명령을 수행했을 뿐이라며 관련이 전혀 없다고 거듭 해명했다.

다만 호위병이 부상당한 것처럼 가장하고 동 사건을 공비의 습격이라고 내가 발표한 것은 오직 국가를 위한 마음에서뿐이었으며, 현장을 조사한 결과 목불인견(目不忍見)이었으며 희생당한 사람은 대부분 노유남녀(老幼男女)였다고 증언했다.

고등군법회의는 김종원 대령을 구속하고 신성모 주일대사를 소환했다. 국회는 국내외의 신망을 실추시켰고 군법 유린(蹂躪)의 행동을 자행했다고 신성모 주일대사의 소환을 결의했다.

이승만 대통령은 차일피일 귀국을 지연시키고 있는 신성모를 주일대사에서 해임시켰다.

1951년 7월 대구에서 열린 고등군법회의에서 제9연대장 오익경 대령에게 무기징역, 제3대대장 한동석 소령에게 징역 10년, 이종대 대위에게 무죄를 선고했다.

국회 조사활동을 방해한 경남지구 계엄사령부 민사부장 김종원 대령에게 징역 3년을 선고하여 책임 추궁은 일단락됐다.

그러나 이들은 1년 만에 모두 석방되고 오익경, 한동석은 현역으로, 김종원은 경찰의 꽃인 치안국장으로 재기용되어 많은 의혹을 남겼다.

다만 정일권 총참모장과 장면 국무총리도 도의적인 책임을 지고 사직을 했으나, 법원의 소환에 불응한 신성모의 행동은 정부의 종용이 아닌 그의 독자적인 견해에 의한 것이라고 변명하고, 신성모를 군사재판에서 민사재판으로 이첩하여 마무리됐다.

4.19 혁명 후에는 이 사건의 희생자 70여 명이 당시의 신원면장 박영보를 붙잡아 생매장하는 등 보복에 나섰다.

제3장 1천 명의 장정을 굶겨 죽인 국민방위군

1. 국민방위군 횡령(橫領)사건이 정치쟁점화

2. 국민방위군 간부 5명은 형장의 이슬로

3. 정치자금 유입은 은폐된 채 영구미제로

1. 국민방위군 횡령(橫領)사건의 정치쟁점화

(1) 국민방위군 횡령과 정치자금 제공을 폭로

국민방위군이 널리 알려진 것은 국민방위군의 집단 후송 및 수송과 관련하여 막대한 돈과 물자를 부정 착복하여 보급 부족으로 많은 희생자가 발생했기 때문이다.

정부는 병력을 보충(補充)지원하기 위해 1950년 12월 국민방위군 설치법을 공포하여 17세에서 40세의 장정들을 제2국민병에 해당하는 방위군에 편입시켰다.

국민방위군 설치 법안은 17세에서 40세까지 국민방위군에 편성하고 학생을 제외한 지원자를 편입시키고 육군참모총장은 국민방위군을 지휘하고 감독하도록 되어있다.

이승만 대통령은 법안 공포 즉시 그의 사조직이라 할 수 있는 대한청년단을 개편하여 방위군을 편성하고, 그 사령관에 대한청년단 단장이었던 김윤근, 부사령관에 윤익헌, 참모장에 박경구 등 대한청년단 요원 일색으로 사령부 간부들을 임명했다.

1.4 후퇴 시기와 맞물러 국군이 후퇴하자 방위군도 후방으로 집단 이송하게 되자, 방위군 간부들은 이 기회를 틈타 막대한 돈과 물자를 빼돌려 사복(私腹)을 채웠다.

그 결과 보급이 부족하여 1천여 명의 사망자와 병자가 발생했다.

이들이 부정 착복한 돈과 물자는 무려 24억 원, 양곡은 5만 2천 섬에 달했다.

국회는 진상조사에 나서 횡령 사실을 확인하여 국민방위군을 해산하고 간부진을 모두 기소했다.

50억 원의 부식비의 10분의 1도 지급되지 않아 수천 장병들의 생사마저 외면한 채, 착취한 50여 억원을 유흥비에 탕진하고, 순금으로 군번을 찍어 육군본부 참모들에게 분배하기도 했다.

백미 4천 5백 가마와 3억 7천만 원의 현금을 식용 제리를 만든다는 명분으로 유령회사에 위탁하여 횡령하는 수단으로 활용했다.

최경록 헌병사령관은 김윤근 사령관 등 10여 명의 죄상이 판명되어 군법회의에 송치했음을 발표했다.

헌병사령부는 방위군으로부터 뇌물을 수수한 김종회, 남송학, 박승하 등 9명의 의원에 대한 증인 신문도 국회의장의 양해하에 실시하겠다고 밝혔다.

국민방위군의 중상모략은 곧 공산오열의 행동이라고 김윤근 사령관은 주장하고, '헌병사령관 최경록은 민국당 앞잡이요'라고 합동수사본부장 김창룡 대령에게 김윤근은 고자질하기도 했다.

신성모 국방부장관은 이번 재수사는 너무나 정치적 모략에 편승하여 지나치게 확대됐다고 변명했다.

이종영 의원은 국민방위군사건은 썩어 문드러진 송장에 비유하며 우유부단한 정부의 대책을 질책했다.

(2) 국민방위군 횡령사건이 정치권으로 비화

국회 본회의에서 민국당 고영완 의원이 "국민방위군 간부가 민국당사에 찾아와 국민방위군 재정고문 유덕영으로부터 공화민정회 사무국장 조영환이 돈다발을 받아들고 가는 것을 보았다"고 폭로하여 쟁점화됐다.

이에 공화민정회 박승하 의원은 "국민방위군들의 피를 짜낸 돈을 공화민정회에서 1원이라도 받아먹었다면 내 목을 자르겠다"고 반발했다.

국회는 김윤근 사령관이 법원으로부터 3년 6개월 징역형의 선고 사실이 알려지자, 총살시켜야한다는 고함 속에 김의준, 백남식, 김봉재, 서범석, 이종영 의원을 조사위원으로 선출하여 재조사에 착수했다.

국민방위군 정치권 자금 유입이 대두되자 김정식, 박순천, 윤길중, 서민호, 민영복, 유덕천, 김종열, 신중목, 한필수, 김택천, 여영복, 김정두, 구을회, 김영선 의원 등이 무더기로 공화민정회를 탈퇴하는 소용돌이가 일어났다.

고등군법회의에서 대동청년단 출신인 윤우경 중령이 대동청년단 출신 9명의 국회의원에게 2백만 원에서 1천만 원까지 지출한 것이 밝혀졌고, 김윤근 사령관은 신정동지회 김종회 의원 등 30명에게 1억 3천만 원을 제공한 것이 밝혀졌다.

장면 국무총리는 김종회, 남송학, 박승하, 김인선, 최성욱, 김정두, 김정식, 김판석, 이호근 의원 등의 정치자금 문제에 대한 증인 신문을 허용했고, 국민방위군 사건과 관련 혐의로 신성모 국방부장관과 정일권 육해공 총사령관이 교체됐다.

김의준과 서범석 의원 등이 엄상섭과 박만원 의원 등은 조사위원이 아니면서 조사방해 공작을 벌였다고 주장하자, 엄상섭 의원은 모함은 은폐보다 더하다면서 헌병사령부 이호 법무관에게 조사가 불충분하고 모순 있는 내용을 기소하는 것을 지적했을 뿐이라고 변명했고, 조주영 의원은 1억 3천만 원 유입은 기상천외의 허위사실이라고 발뺌했다.

이종영 의원은 정치적으로 해결하여준다는 감언이설에 유도되어 허위 진술한 것이라며 정치적 모략이라고 일축했다.

박승하 의원 등은 아무 증거도 없이 도깨비에 홀린 격이라며 강하게 부정했지만, 지청천 의원은 부사령관 윤익헌으로부터 2백만 원을 받았다고 고백하여 파장을 일으켰다.

2. 국민방위군 간부 5명은 형장의 이슬로

(1) 국민방위군 간부들을 군법회의에 회부

국민방위군 간부진을 배출한 대한청년단이란 단체는 해방 이후 극심한 좌우익 대결에서 형성된 대동청년단(이성수), 서북청년단(문봉제, 김성주), 청년조선총연맹(유진산), 국민회청년회(김낙원) 등 6개 반공단체들이 이승만 대통령의 훈시에 의해 결성됐다.

국민방위군 설치법이 시행됨에 따라 각 지역에서는 방위군 편성대상자에 대한 소집영장이 발부되었고, 이들은 교육대를 향해 도보로 남하했다.

이 과정에서 장정 후송을 위한 엄청난 액수의 경비와 막대한 양의 식량과 군수품 등이 부정 유용되고, 이로 말미암아 장정 중 동사자, 아사자, 병사자들이 속출하게 됐다.

이 사건을 조사하기 위한 조사단은 책정된 예산액은 209억 원이었으나 집행액은 130억 원뿐으로 79억 원이 횡령됐고, 750만명 정도의 유령(幽靈)병력을 조작하여 23억 5천만원의 예산과 2천여 석의 식량을 부정 유출했다고 밝혀냈다.

또한 귀향 장병의 귀향 경비, 의약품, 부식비 등이 부정 처분되었고, 부정 처분된 예산은 국민방위군 간부들이 착복했으며 상당 부분 정치자금으로 유출된 것으로 확인했다.

헌병사령부의 조사와 검찰의 기소가 실행되자 국민방위군사건 변호인으로 김달호, 장후영, 이병하, 오완수, 전봉덕, 조주영 등 유명 변호인 9명이 선정됐다.

배은희 의원은 국민방위군을 모략하기 위해서 오열(五列)들이 퍼뜨린 당치않은 유언비어가 항간에 떠돌고 있다고 변호했다.

정부의 비호와 유명 변호인들의 변호로 김윤근 사령관은 무혐의 처리되고 육군고등군법회의가 윤익헌 대령에게 징역 3년 6개월을 언도했다.

재판결과 비난 여론이 들끓자, 이승만 대통령은 방위군 장정들을 귀향조치시키는 한편, 방위군 사령부의 부정을 재조사하도록 지시했다.

방위군 사건을 은폐하려 기도한 신성모 국방부장관이 이기붕으로 교체되고 국회조사단이 구성됐다.

이기붕 국방부장관은 사령관 김윤근, 부사령관 윤익헌, 재무실장 강석한, 조달과장 박창환, 보급과장 박기환 등 수십 명을 군법회의에 회부했다.

(2) 김윤근 국민방위군 사령관 등 5명은 형장의 이슬로

이승만 대통령의 재조사 지시로 재조사 결과 김윤근 사령관은 근무태만, 정치관여, 정부자산 부정처분 및 횡령, 공문서 위조 등으로 기소됐다.

재판장에 심언봉 준장, 심판관에 안춘생, 이용문, 김형일 준장을 임명했다.

국민방위군 공판에서 신성모 국방부장관과 정일권 총참모장도 관계자로 출두토록 결정했다.

국민방위군사건 공판에서 제2국민병이 거리에서 방황하는 것, 군인이 돈을 잘 쓴다는 소문과 증인들의 증언에 따라 김윤근 등 5명에게 사형이 구형됐다.

백반을 대용할 수 없는 제리를 제작하기 위해 백미 3천 2백 6십석을 출고했다.

국민방위군 113만 명을 후송코자 하였으나 실제는 68만 명을 이송시켰고, 이탈과 낙오로 29만 8천 142명만을 교육기관에 입소시켰으며 이중 1천 2백여 명이 사망했다.

천인공노할 죄상은 정상참작의 여지가 없다면서 김윤근 사령관등 5명에게 사형을 언도했다.

서울지검에서는 의원과 민간의 관련 여부에 대한 기본 조사를 완료했고, 사형 언도를 받은 5명은 대통령의 양해 아래 이종찬 계엄사령관의 승인으로 실행하게 됐다.

방위군 간부들이 유출한 공금이 이승만 정부의 고위층에 유입되었다는 진상은 밝혀지지 않고 은폐된 채 한때는 영화의 주인공들이었지만, 면회가 사절(謝絶)된 가운데 동포 청년들을 설한의 광야에서 아사(餓死)케 하면서 거액의 금품을 횡령한 김윤근, 윤익헌 등 5명은 형장의 이슬로 사라졌다.

3. 정치자금 유입은 은폐된 채 영구미제로

(1) 사형 집행 이후에도 정치적 파장은 지속

대동청년단 출신인 김종회 의원이 국민방위군용 군수 물자들을 유출하여 3억을 횡령하여 이승만 비서에게 전달됐다는 사실이 폭로됐다. 국민방위군 예산이 신정동지회 등에 뇌물로 상납되었다는 설이 유포됐으나 진상은 밝혀지지 않고 은폐됐다.

국민방위군 1억 3천만 원에 대해 민국당과 민우회는 '자명한 사실을 왜 은폐하려는가'라며 먼저 양심부터 조사하라고 주장한 반면, 공화민정회는 신정회가 돈을 받았다해도 그것은 사건 전의 일로 돌려야 한다면서 국회에서 희유(稀有)의 공방전을 전개했다.

국민방위군사건과 관련되어 정일권 3군 사령관 겸 육군 총참모장이 이종찬으로 교체됐다.

민정동지회의 후신인 신정동지회는 1951년 3월에 결성됐으며 위원장 박승하와 이갑성, 여운홍, 이규갑, 이종영, 김종회, 이재형 등 69명이 소속되어 있다.

국민방위군 조사위원으로 신정동지회 이종영, 황병규, 박만원, 민국당의 소선규, 양병일, 김명수, 공화구락부의 엄상섭, 태완선, 서민호, 민우회의 조광섭, 장홍염, 방만수로 결정됐다.

지청천 의원은 특별한 우의 관계에 있는 윤익헌으로부터 2백만 원을 생활비로 받았음을 시인했으나 10명의 의원들은 극구 부인했다.

신정동지회 사무국장 조영환을 체포하여 1천 3천만 원의 논란을 잠재울 것으로 예상됐다.

(2) 윤익헌 부사령관의 처 김순정의 고발장 파문

윤익헌 부사령관의 처 김순정은 김대운과 유덕영이 윤익헌이 신정동지회에 1억 3천만 원을 주었다는 자백서를 받아오면 윤익헌을 사형에서 무죄 미국대사의 압력으로 무기로 감형시켜주겠다면서 뇌물을 강요하여 7천만 원을 주었다고 장택상 국회부의장에게 진정서를 제출했다.

장택상 부의장에게 진정서를 들고 온 윤익헌 부사령관의 처 김순정의 진정서 내용에 대해 김대운은 윤익헌의 가택 수색에도 없었던 패물이 7천만 원이라는 것은 여필종부의 허위날조이며 터무니없는 사실이라고 펄쩍 뛰었다.

김대운 처 최소옥이 김대운은 국민방위군사건을 폭로한 당사자라며 사형수 아내로부터 금품을 시취했다는 것은 어불성설이라고 반박 진정서를 제출했다.

고영완 의원이 김대운에게 윤익헌의 유서를 받아오면 1억 3천만 원이 신정동우회로 유입된 사실이 밝혀지고 이것이 밝혀지면 신정공화회가 붕괴되어 이승만의 재선이 어렵게 될 것이고 말했다는 사실을 확인하기 위해 경찰은 서민호 의원을 소환하여 문초했다.

민국당 의원들은 고영완으로부터 국민방위군사건을 정치적으로 해결하기 위해서는 윤익헌 대령이 신정동지회에 1억 3천만 원의 정치자금을 주었다고 하면 윤 대령을 살릴 수 있다라는 말을 들은 일이 없다고 발뺌했다.

검찰은 김종회, 남송학 의원들을 소환하여 1억 3천만 원 유입에 대한 증언을 청취했다.

부산지검은 윤익헌 유서 녹음을 공개하겠다고 밝혀 주목을 받았으나 유서는 실제적으로 없어 공개되지 아니했다.

검찰은 공화민정회 사무국장인 조영환을 기소하고 확증을 파악한 연후에 의원 체포 동의를 요청할 계획이라고 밝혔다.

그러나 고위층에서 결재서류를 보류하여 피의 의원들의 구속 문제가 위기에 봉착되었으며 부득이 수사 중단도 예상됐다.

윤익헌의 처 김순정이 제출한 진정서를 검찰의 동의 없이 국회에서 각하하여 고발장 파문은 수면하로 가라앉았다.

(3) 정치자금 유입은 은폐된 채 관련자들은 처벌

검찰은 고발장의 여파로 국민방위군 정훈공작대장 김대운 대령을 구속한 데 이어 방위군 재정부문에 관여한 유덕영도 구속했다.

김대운의 조서 발표로 중대한 국제 문제를 야기했다.

김대운이 윤익헌의 감형을 위해 미군 8군사령부 클린 대령에게 미화 5천 9백 불을 주었다는 진술조서가 동아일보에 게재되어 국제 문제로 비화됐다.

무쵸 미국 대사는 심대한 명예 손상이라고 정부에 항의했다.

이순용 내무부장관이 김대운 조서는 국회 요청으로 극비로 발부했다고 책임 문제에서 벗어나자, 장택상 국회부의장은 내무부장관의 담화는 사회 혼란을 야기한다고 반박했다.

미국에서는 미국의 명예훼손으로 정부에 반박했고, 이순용 내무부장관은 고재욱 동아일보 취재부 차장을 문초한 반면 국회에 극비로 제출한 문건이라고 변명했다.

조영환은 윤익헌의 고백서는 자기를 모함하기 위한 허위 사실이라면서 대한청년단 출신 김종회, 박승하, 남송학 의원들의 포섭공작비로 일정액을 지출하였다고 증언했다.

부산지법은 윤익헌의 감형이니 석방이니 하면서 7천만 원을 사취하고 허위사실을 날조한 혐의로 김대운을 사기 및 업무상 횡령 혐의로 징역 3년을 언도했다.

신정회에 1억 3천만 원의 정치자금 제공을 확인하고 결심 공판에서 조영환에게 3년의 징역형을 구형했다.

뇌물 수수 혐의를 받은 의원들은 사법처리는 모면했지만, 대부분의 의원들이 제3대 총선에서 자유당 공천에서 탈락하여 정치적 위기를 맞게 됐다.

제4장 전쟁의 와중에 실시된 보궐선거 · 지방선거

1. 납북이 아닌 사망한 의원 지역구에 보궐선거

2. 지방의원을 선출하여 정권의 전위부대로 활용

1. 납북이 아닌 사망한 의원 지역구에 보궐선거

(1) 8개 보궐선거구에 63명의 후보들이 등록

6.25 동란으로 210명의 국회의원 중 28명의 의원들이 납북되거나 월북하고 8명의 의원들이 사망하여 정부에서는 전쟁 중이지만 충남 연기, 공주을, 서산갑, 전북의 김제을, 전남의 담양, 구례, 경북의 달성, 경남의 부산 무구 등 8개 지역구에 보궐선거 실시를 강행할 것을 결정했다.

부산 무구(영도)에 23명이 난립하는 등 8개 선거구에 63명의 후보들이 등록하여 백열적인 선거운동을 전개했다.

이번 보궐선거에는 연고와 무관하게 저명인사들이 대거 입후보했다.

특히 민주국민당은 제헌의원인 김준연(연기), 내무부장관을 지낸 조병옥(공주을), 경남도지사를 지낸 이정규(서산갑), 지역적 기반이 있는 조한백(김제을), 제헌의원인 서상일(달성), 김상돈(부산무) 후보들을 출전시켜 총력전을 전개했다.

서울시장을 지낸 이범승(연기), 내무부장관에 발탁된 백성욱, 초대 사회부장관을 지낸 전진한, 제헌의원인 김수선과 서용길, 변호사인 김태동, 정병희, 신태악 후보들이 출전했다.

대부분 자유스러운 분위기가 조성됐지만, 국민회 배은희 후보가 출전한 대구 달성과 대한국민당 윤치영 후보가 출전한 공주 을구

143

의 분위기는 자못 고압적이었다.

(2) 충남 연기 : 양주 경찰서장을 지낸 인연으로 경찰들의 전폭적인 지원을 받아 김준연 법무부장관을 꺾어버린 서울시장 출신인 이범승

이궁종 의원의 사망으로 1952년 2월 5일 보궐선거가 실시됐다. 지난 2대 총선에서는 미국 컬럼비아대 출신으로 상공일보 사장인 이궁종 후보가 보성전문 교수 출신으로 국민회 중앙조사부장을 지내고 제헌의원에 당선된 진헌식 후보를 현역의원에 대한 회피 현상에 힘입어 어렵게 꺾고 당선됐다.

광복군사령부 부관 출신인 최용근, 연기군 남면장을 지낸 임봉수, 국민회 지부장 출신인 조동근, 변호사로 활약한 임준수 후보 등 10명의 후보들이 출전하여 군웅이 할거했다.

이번 보궐선거에는 대구에 주소를 가지고 양주경찰서장과 서울시장을 지낸 이범승 후보가 혜성처럼 찾아들었고, 전남 영암 출신으로 제헌의원으로 법무부장관을 지낸 김준연 후보가 민주국민당 공천을 받아들고 출전했다.

제헌의원과 2대 총선에 출전하여 낙선한 조동근, 검사 출신 변호사인 김태동 후보들이 토착민들의 지지를 기대하며 출전했다.

중추원 참의를 지낸 임창수 변호사, 한청 중앙단장을 지낸 유지원 후보들도 참전했고 변호사인 정병희 후보는 중도에 사퇴했다.

서울시장을 지낸 명성과 양주경찰서장을 지낸 인연으로 경찰들의 도움을 받은 무소속 이범승 후보가 대승을 거두고 등원했다.

동아일보 주필로 제헌의원과 법무부장관으로 명성을 드높인 민주국민당 김준연 후보는 무명의 변호사인 임창수, 한청 중앙단장인 유지원 후보에게도 뒤진 4위로 낙선하여 명성에 걸맞지 않게 지난 총선에 이어 2연패했다.

□ 득표상황

후보자	정당	연령	주요 경력	득표 (%)
이범승	무소속	65	서울시장, 양주서장	10,676 (35.6)
임창수	무소속	60	중추원 참의, 변호사	6,739 (22.5)
유지원	한청	39	한청 중앙단장	5,648 (18.9)
김준연	민주국민당	57	제헌의원, 법무장관	4,232 (14.1)
김태동	무소속	38	검사, 변호사	1,444 (4.8)
조동근	무소속	52	조도전대 2년 수료	1,233 (4.1)
정병희	무소속	32	변호사	사퇴

(3) 충남 공주 을구 : 공포 분위기 속에서 윤치영 후보가 민주국민당 조병옥 후보를 큰 표차로 꺾고 재선의원 반열에

김명동 의원의 사망에 따라 1952년 2월 5일 보궐선거가 실시됐다. 지난 2대 총선에는 한문수학 출신이지만 제헌의원 선거에서는 공주 갑구에서 한청 공주구단장인 염우량, 회사 중역인 박충모 후보

를 꺾고 당선된 김명동 후보가 이 지역구로 옮겨 공주 을구에서 제헌의원에 당선된 신방현 후보와 한판 승부를 벌였다.

우성면장을 지낸 이종백, 의당면장을 지낸 이은봉, 경찰관 출신인 정인긍, 공무원 경력을 가진 김승태와 김기태, 회사원인 김평중, 유응호, 이상덕, 이원, 사곡면 출신인 정종열 등 15명의 후보들이 출전하여 각축전을 벌였다.

이번 보궐선거에서는 선거구민들의 의지와는 상관없이 2대 총선에서 서울 중구 갑구에서 원세훈 후보에게 패배한 대한국민당 윤치영, 서울 성북구에서 조소앙 후보에게 패배한 민주국민당 조병옥 후보가 건곤일척 한판 승부를 펼쳤다.

초대 내무부장관을 지낸 윤치영 후보와 미군정 시절 경무부장을 지내고 제5대 내무부장관으로 활약한 조병옥 후보가 격돌한 선거전에 제헌의원, 2대 총선에는 공주 갑구에 출전하여 낙선한 한청 공주군단장 출신인 국민회 염우량, 2대 총선에 출전하여 낙선했던 무소속 정종열 후보들이 재도전했다.

"나에게 수백 명의 부하가 있고 전선에서 수많은 사람을 죽인 사람이다"라고 위협적인 고함을 지른 김홍식 공주군수의 부당한 비협조로 국회가 파견한 선거감시반인 서민호, 장홍염 의원들은 임무를 수행하지 못하고 하릴없이 귀경했다.

서민호, 장홍염 의원들은 흡사 일본 통치 말엽을 방불케 한 관헌들의 고압적인 태도가 만들어낸 음산한 공포에 질린 위축된 민심을 되돌려주고자 계몽강연회를 개최하려고 했으나 군수와 경찰서장의 비협조로 무산됐다고 푸념했다.

공포 분위기에서 집권여당인 대한국민당의 윤치영 후보가 야당인

민주국민당으로 출전한 조병옥 후보를 큰 표차로 따돌리고 제헌의
원에 이어 재선의원이 됐다.

지역 출신인 염우량, 정종열 후보들의 득표력은 20%에 머물렀다.

□ 득표상황

후보자	정당	연령	주요 경력	득표 (%)
윤치영	대한국민당	54	제헌의원, 내무장관	14,739 (49.5)
조병옥	민주국민당	58	내무부장관	8,550 (28.7)
염우량	국민회	42	한청 공주군단장	3,474 (11.6)
정종열	무소속	37	소졸, 농업	3,028 (10.2)

(4) 충남 서산 갑구 : 지난 2대 총선에서는 8위에 머물렀지
만 자유당과 한청의 조직을 되살려 역전승에 성공한 김제능

이종린 의원의 사망에 따라 1952년 2월 5일 보궐선거가 실시됐다.
지난 2대 총선에서는 한문수학 출신이지만 인지면장 출신인 안만
복, 정치운동을 펼친 채택룡 후보들을 꺾고 제헌의원에 당선된 이
종린 후보가 일민구락부 소속으로 출전하여 민주국민당 공천으로
재도전한 채택룡, 한청 서산군단장인 김제능, 경남도지사를 지내
고 종축원 총재로 있는 이정규, 어업조합장인 전영석 후보들을 어
렵게 따돌리고 재선의원이 됐다.

이종린 후보는 7,164표, 이한용 후보는 6,456표, 이정규 후보는
5,526표, 전영석 후보는 5,010표, 윤상구 후보는 5,010표, 이종철

후보는 4,909표, 채택룡 후보는 4,148표를 득표했지만 김제능 후보는 3,081표 득표에 머물렀다.

이번 보궐선거에서는 2대 총선에서 낙선했던 민주국민당 이정규 후보와 자유당 김제능 후보가 재대결한 가운데 국민회 지부장 출신인 대한국민당 나창헌, 조선염식 사장으로 경남도의원을 지낸 김경환 후보들이 4파전을 전개했다.

대한국민당 지지세가 나창헌 후보와 김동준 후보로 나뉘고 채택룡 후보의 양보를 받고 출전한 이정규 후보의 민주국민당 공천으로 인한 지지세 위축에 힘입어, 지난 총선에서는 3,081표로 8위에 머물렀지만 한청 서산군단장으로서 한청의 조직을 활용한 자유당 김제능 후보가 대역전에 성공했다.

□ 득표상황

후보자	정당	연령	주요 경력	득표 (%)
김제능	자유당	41	한청 서산군단장	11,933 (33.7)
나창헌	대한국민당	52	국민회 지부장	7,270 (20.5)
김경환	무소속	57	경남도의원	6,783 (19.2)
이정규	민주국민당	50	경남도지사	4,594 (13.0)
김동준	대한국민당	48	국민일보 사장	3,822 (10.8)
김기인	무소속	50	우체국장	1,010 (2.8)

(5) 전북 김제 을구 : 제헌의원 선거에서 4위로 낙선한 최주일 후보가 한청의 조직을 되살려 2대 총선에 출전하여 낙선

한 후보들을 꺾고 당선

최윤호 의원의 사망에 따라 1952년 2월 5일 보궐선거가 실시됐다. 지난 2대 총선에서는 국민회 지부장으로 활약했으나 제헌의원 선거에서 홍희종 후보에게 아깝게 패배했던 최윤호 후보가 홍희종 후보가 김제 갑구로 옮겨간 호기를 맞이하여 학교를 설립하여 운영하고 있는 강원용, 김제군수 출신인 오해건 후보들을 어렵게 따돌리고 당선됐다.

고시위원회 과장 출신인 최광식, 한의업에 종사한 정낙모, 청년운동가인 김병기, 보성전문 출신인 곽탁, 동국대 강사인 이규창, 해양대 강사인 곽남규, 백학면장 출신인 이완익 후보 등도 출전했다.

이번 보궐선거에서 한청 단장으로 제헌의원 선거에 출전하여 4위에 머물렀던 최윤호 후보가 한청의 조직을 되살려 2대 총선 때 차점 낙선한 강원용, 김제 갑구에서 제헌의원에 당선됐으나 2대 총선 때는 송방용 후보에게 패배하고 지역구를 옮겨 출전한 민주국민당 조한백 후보들을 가볍게 제압하고 등원에 성공했다.

지난 총선에서 3위로 낙선한 김병기, 대학교수인 이용택, 민보사 부사장인 자유당 김성일, 2대 총선에 출전하여 8위로 낙선한 정낙모, 12위로 낙선한 곽탁 후보들도 출전했다.

□ 득표상황

후보자	정당	연령	주요 경력	득표 (%)
최주일	한청	47	제헌의원 입후보	13,021 (41.2)
강원용	무소속	48	2대 총선 2위	5,335 (16.9)

김병기	무소속	43	2대 총선 3위	4,737 (15.0)
조한백	민주국민당	45	제헌의원(김제 갑)	4,493 (14.2)
곽 탁	무소속	57	2대 총선 12위	1,524 (4.8)
정낙모	무소속	47	2대 총선 8위	1,432 (4.5)
이용택	무소속	40	대학교수	600 (1.9)
김성일	자유당	51	민보사 부사장	440 (1.4)

(6) 전남 담양 : 제헌의원 선거에서는 3위로 낙선했지만 김홍용 의원과의 인연으로 박영종 차점 낙선자를 꺾은 김문용

김홍용 의원의 사망으로 1952년 2월 5일 보궐선거가 실시됐다. 지난 2대 총선에서는 조도전대 출신으로 면장을 지낸 김홍용 후보가 제헌의원 선거에 출전하여 면장 출신으로 당선된 정균식, 석패한 조도전대 출신으로 호남신문 편집국장을 지낸 박영종, 담양군수 출신인 김동호 후보들을 꺾고 당선됐다.

동아일보 기자인 국태일, 사법서사인 남상기, 담양부읍장 출신인 김형열, 동아일보 주필인 민국당 고재욱 후보들도 함께 뛰었다.

이번 보궐선거에는 제헌의원 선거에서 맞붙었던 박영종, 김문용, 김동호 후보들이 재대결을 펼친 가운데 독립운동을 펼쳤던 국민회 정규식 후보와 지난 2대 총선에 출전했던 자유당 남상기 후보들이 새롭게 참전했다.

남상기 후보가 사퇴하여 자유당의 김문용, 박영종 후보와 국민회의 정규식, 김동호 후보들이 2대 2의 맞대결을 펼치게 됐다.

자유당으로 출전한 김문용 후보가 김홍용 후보와의 인연을 배경으로 국방부 문관 출신으로 국민회 활동이 돋보인 김동호, 조도전대 출신으로 서울신문 기자인 박영종 후보를 가볍게 꺾고 국회 등원에 성공했다.

제헌의원 선거에서는 박영종 후보가 차점 낙선하여 김문용, 김동호 후보에게 투표에서는 앞섰다.

□ 득표상황

후보자	정당	연령	주요 경력	득표 (%)
김문용	자유당	36	서울대 졸	19,134 (55.4)
박영종	자유당	35	호남신문 편집국장	8,540 (24.7)
김동호	국민회	48	군수, 국민회 지부장	5,290 (15.3)
정규식	국민회	56	기미독립운동	1,562 (4.5)
남상기	자유당	41	사법서사	사퇴

(7) 전남 구례 ; 지난 총선에서 낙선한 이한창 후보가 자유당 후보임을 내세워 이갑식 후보를 2,207표차로 따돌려

이판열 의원의 사망에 따라 1952년 2월 5일 보궐선거가 실시됐다. 지난 2대 총선에서는 제헌의원 선거에서 석패했던 중학교장 출신인 민주국민당 이판열 후보가 제헌의원 선거에서 패배의 아픔을

주었던 민주국민당 김종선 후보에게 설욕하고 당선됐다.

회사 부사장인 이갑식, 회사 취체역인 장경재, 전남상공회의소장인 문동호, 어업연합회 이사장인 이한창 후보들도 함께 뛰었다.

지난 총선에서 3,005표를 득표하여 차점 낙선한 이한창 후보와 2,575표를 득표하여 3위로 낙선한 이갑식 후보가 이번 선거에서 재대결을 펼쳤다.

20년 동안 경찰관을 지낸 안종삼, 약종상인 김세창 후보들도 새롭게 출전했지만, 이한창과 이갑식 후보들의 지명도를 따라잡을 수가 없었다.

지난 2대 총선에서 430표 앞선 이한창 후보가 자유당 후보임을 내세워 이갑식 후보를 2,207표차로 꺾고 등원에 성공했다.

□ 득표상황

후보자	정당	연령	주요 경력	득표 (%)
이한창	자유당	59	어업연합회 회장	9,325 (43.1)
이갑식	무소속	48	회사원	7,118 (32.9)
안종삼	자유당	49	경찰관	4,483 (20.7)
김세창	자유당	52	약종상	722 (3.3)

(8) 경북 달성 : 행정과 경찰의 전폭적인 지원을 받은 대한국민당 배은희 후보가 민주국민당 서상일 후보를 꺾고 당선되어 발췌개헌에 중추적 역할을 수행

권오훈 의원 사망에 따라 1952년 2월 5일 보궐선거가 실시됐다. 지난 2대 총선에서는 대한독립촉성국민회 충남도 부위원장으로 활약한 권오훈 후보가 제헌의원 선거에서 낙선의 아픔을 안겨주었던 김우식 제헌의원을 5천여 표차로 꺾고 설욕했다.

신문사 영업국장인 구자운, 중학교 학부형회장인 조기승, 신문기자인 한청의 유근수, 의사인 조민당의 강문휘, 동회장인 민국당의 배동갑, 한의사인 김명조, 부면장을 지낸 양기식, 회사원인 김두권, 대학교수인 국민당 이인세, 기독청년회장인 한청의 박성현 등 19명의 후보들이 백열전을 펼친 선거전에서 권오훈 후보는 값진 열매를 맺었다.

이번 보궐선거에는 지역 연고가 전혀 없는 대한국민당 배은희, 대구 을구에서 제헌의원에 당선됐으나 2대 총선에서 박성하 후보에게 패배한 민주국민당 서상일, 광업진흥사 사장인 무소속 백성욱 후보들이 3파전을 전개했다.

지난 2대 총선에 출전하여 낙선한 신문기자인 대한국민당 이인세, 산업단체원인 국민회 김두권 후보들이 지역민들이 지지를 기대하며 출전했지만, 철저하게 유권자들의 주목을 받지 못했다.

목사로서 집권여당인 대한국민당의 실세인 배은희 후보의 당선을 위해 달성군수와 달성경찰서장의 눈물겨운 선거 지원과 대한국민당 이인세 후보와 내무부장관에 발탁된 백성욱 후보의 사퇴에 힘입어 배은희 후보가 제헌의원으로 민국당의 실세인 서상일 후보를 3,297표를 꺾고 당선되어 발췌개헌을 진두지휘하게 됐다.

□ 득표상황

후보자	정당	연령	주요 경력	득표 (%)
배은희	대한국민당	64	목사	20,304 (48.1)
서상일	민주국민당	66	제헌의원(대구 을)	17,007 (40.3)
양기식	유엔협회	34	농업	2,027 (4.8)
김두권	국민회	51	산업난제원	1,491 (3.5)
권윤식	무소속	41	사법서사	1,373 (3.3)
이인세	대한국민당	33	신문기자	사퇴
백성욱	무소속	56	광업진흥사장	사퇴

(9) 경남 부산 무구 : 제헌의원으로 사회부장관을 지낸 지명도와 대한노총위원장으로서의 조직을 활용하여 재선의원 반열에 오른 대한노총 전진한

최원봉 의원의 사망에 따라 1952년 2월 5일 보궐선거가 실시됐다. 지난 2대 총선에서는 국방부 검찰과장을 지낸 최원봉 후보가 회사장인 이만우, 제헌의원으로 내무부장관을 지낸 김효석 후보 등 11명의 후보들을 꺾고 당선됐다.

항공협회 지부장인 이홍래, 의사인 조칠봉, 부산기업 사장인 김정복, 신문사 사장인 고천구, 경찰국장 출신인 김봉호, 동회장인 김정행, 신문사 사장인 양귀진 후보들도 참여했다.

이번 보궐선거에는 지난 2대 총선에 출전했던 대한민보 사장인 고천구, 육군대위 출신으로 군의관인 조칠봉, 대교동회장인 김정행

후보들이 지난 총선에 이어 재출전했지만, 지역 연고가 전혀 없는 후보들이 대거 출전하여 성황을 이뤘다.

경북 상주에서 제헌의원에 당선되어 초대 사회부장관에 발탁되었지만 지난 2대 총선에서 부산 갑구에서 낙선한 전진한 후보를 비롯하여 김상돈(민주국민당), 김수선(무소속), 서용길(무소속) 후보 등 제헌의원 4명이 출전했다.

변호사로 지명도가 높은 신태악, 조선민주당의 간사인 왕초산, 명치대 출신으로 통신사 정경부장인 허명 후보들도 출전했다.

사회부장관을 지낸 지명도, 대한노총위원장으로서의 조직을 활용한 전진한 후보가 민국당 김상돈, 조민당 고천구 후보들을 가볍게 제압하고 뒤늦게 재선의원 반열에 올랐다.

□ 득표상황

후보자	정당	연령	주요 경력	득표 (%)
전진한	대한노총	51	제헌의원(상주 을)	6,415 (34.3)
허 명	무소속	28	통신사 정경부장	1,992 (10.6)
고천구	조선민주당	51	대한일보 사장	1,783 (9.5)
김상돈	민주국민당	51	제헌의원(마포)	1,725 (9.2)
김수선	무소속	41	제헌의원(울산 을)	1,435 (7.7)
조칠봉	무소속	40	의사, 육군대위	1,112 (5.9)
신태악	자유당	50	변호사	650 (3.5)
황학명	무소속	52	국제문화사 회장	623 (3.3)
김우영	무소속	66	충무공사업회 이사	556 (3.0)
안성호	무소속	39	금융조합 직원	388 (2.1)

임영선	무소속	36	대동청년단 단장	333 (1.8)
유중열	무소속	60	육군대위	280 (1.5)
이상철	무소속	28	동아일보 기자	219 (1.2)
배종하	무소속	36	남선와사(瓦師) 과장	205 (1.1)
김정행	무소속	58	대교농회장	203 (1.1)
신순언	무소속	45	광주변호사 회장	190 (1.0)
이희영	무소속	29	철도경비부대장	173 (0.9)
안경득	무소속	29	호국단 선전위원장	153 (0.8)
박상길	무소속	27	시사평론가	148 (0.8)
서용길	무소속	40	제헌의원(아산)	134 (0.7)
왕초산	조선민주당	36	사회사업가	사퇴
정동희	무소속	32	한의사	사퇴
최대용	무소속	36	변호사	사퇴

2. 지방의원을 선출하여 정권의 전위부대로 활용

(1) 시·읍·면의원 17,596명을 선출하여 지방자치의 효시

이승만 정부의 최대 업적은 전쟁의 어려운 상황에서도 국민학교 의무교육을 실시한 것과 지방의원 선거를 실시한 것이라고 할 수 있다.

1952년 4월 25일 실시된 시·읍·면 의원의 정원은 19,768명이지만 한강 이남의 지역에서만 실시하여 17,596명을 선출했다.

시의원의 정원은 부산 35명, 대구 29명, 인천 28명, 대전과 광주 22명, 전주와 목포 21명, 개성, 수원, 청주, 포항, 김천, 마산, 진주, 군산, 이리, 순천, 여수, 춘천에서는 20명을 선출했다.

75개 읍은 인구에 따라 15명에서 22명을 선출하고, 1,449면에서도 인구에 따라 10명에서 19명의 의원을 선출했다.

이번 선거에는 32,596명이 입후보하여 1.8대 1의 경쟁율을 보였으며 무소속이 14,077명으로 43.1%를 점유했다.

자유당이 6,547명, 한청이 5,773명, 국민회가 5,675명, 민국당이 225명 출전했다.

지방의회는 5월 5일 소집되며 5월 10일 실시되는 도의원 선거의 결과를 보고 5월 15일까지 시·읍·면장을 선출하게 된다.

정당 및 단체의 당선자는 무소속 후보가 40% 이상을 차지했고, 자유당이 31%, 한청이 12%, 국민회가 10%, 민국당이 9%의 당선자를 배출했다.

부산시의원 35명은 3차 투표에서 권성기 후보를 밀쳐내고 부산시장에 현재 부시장으로 있는 손영수 후보를 선출했다.

(2) 강원도 · 경기도를 제외한 도의원 309명도 선출

1952년 5월 10일에는 도의원 선거를 실시했다. 도의원의 정원은 360명이지만 이번 선거에서는 강원도와 경기도를 제외하고 309명만 선출했다.

도별 정원은 충북 28명, 충남 46명, 전북 32명, 전남 56명, 경북 61명, 경남 59명, 제주 18명이다.

제주도를 제외하고도 자유당이 119명을 차지하여 전국을 석권했으며 국민회와 한청이 29명이며 무소속이 27명에 불과했다.

민국당은 4명의 당선자를 배출하여 소수정당으로 전락했다.

초대 도의원에 당선되어 정치적 기반을 구축한 당선자는 홍원길, 김경(충북), 나희집, 우희창, 이상희, 장경순(충남), 이주상, 송영준, 송을상(전북), 이근태, 김봉채, 남상기, 최영철, 윤인식, 유옥우(전남), 서돈수, 김봉환, 김상도, 김종해, 권동하, 최영두, 허필(경북), 이종남, 김용진, 주금용, 허병호, 이재현, 황장오, 강봉룡, 임기태, 윤종수(하동), 강재량(제주)이다.

입후보자는 824명으로 2.7대 1의 경쟁율을 보였다.

(3) 지방의원들이 국회의원 소환과 국회 해산에 앞장

지방의원으로 구성된 데모대는 매일 국회의사당 앞 광장에 운집하여 "괴뢰 국회, 썩은 국회를 해산하라"고 외치고 신익희 국회의장의 면담을 요청했으나 거절당하자 욕설을 퍼부었다.

이범석 내무부장관은 "지방의원인 여러분은 계엄령을 선포한 것이 국회의원을 체포하기 위한 것이고 정부 개헌안을 통과시키기 위한 것이라는 등 유언에 대하여 정당한 비판을 하여 달라"고 선동했다.

정부로부터 출장여비를 받아들고 부산에 집결한 지방의원들은 경찰관들의 강요에 의해 만들어진 국회의원 소환과 국회 해산 연판장을 신익희 국회의장에게 제출하고 국회 해산을 요구했다.

이에 신익희 국회의장은 지방의원은 지방에서 여러 가지 할 일이 많을 것이니 국회 해산이나 국회의원 소환운동은 지방의원의 책무가 아니라고 강론을 펼쳤다.

이어 민의를 비난하는 이종영 의원의 의사당 앞뜰에서 대성고함의 해프닝이 있었다. 이에 불복한 지방의원들은 계속 투쟁할 것을 선언했다.

제5장 6.25 동란 중에 일어난 주요 사건 모음

1. 정당방위 논란에 휩싸인 서민호 의원

2. 이승만 대통령의 암살미수는 연출(演出)

3. 이시영·김성수 부통령의 연이은 사임

4. 간첩(間諜) 정국은 사건의 정치적 파장

1. 정당방위 논란에 휩싸인 서민호 의원

(1) 비상계엄하라는 이유로 서민호 의원을 군사재판에

1952년 4월 24일 순천 평화여관에서 서민호 의원 수행원 서경석과 전남병사구 징병관 서창석 대위가 충돌 끝에 서민호 의원의 장남인 서원용과 서창선 사이에 격투가 벌어졌고, 서민호 의원이 발사한 권총에 의해 서창선 대위가 즉사했다.

이 급보를 접한 국회는 김정기, 조순, 이석기, 유홍, 최주일, 김광준 등 6명의 조사위원을 선정하여 순천에 급파했다.

서창선 대위가 서민호 의원과 순천우체국장을 보고 달려들며 권총을 발사하자, 서민호 의원이 탄환을 피하며 호신용 권총 3발을 발사하여 서창선 대위를 사살하고 인근 민가에 숨어있다가 이튿날에 자수했다.

국회 조사단은 이번 사건은 서창선 대위가 먼저 권총을 발사함에 따라 서민호 의원이 정당방위로서 응사하게 된 것이라고 신익희 국회의장에게 보고했다.

서울고검 권오병 검사는 서민호 의원 등 4명을 구속하고 면회를 금지시켰다.

권오병 검사는 서민호 의원, 서 의원의 장남인 서원룡, 국회 전문위원인 정진동, 순천우체국장 한상휴 등 9명을 부산지검에 이송하여 구속 송청했다.

신태영 국방부장관은 서민호 의원 사건은 개인 문제로서 군법회의 관할 사항이 아니며 군인의 정치관여를 용납하지 않겠다고 밝혔다.

검찰은 서민호 의원을 정당방위를 무시하고 살인죄로, 서원룡 경사를 상해죄로 기소하고 관련자 7명은 불기소 석방했다.

국회에서 서민호 의원에 대한 석방을 결의하고, 월세비의 1할을 갹출하여 고(故)서창선 대위를 조문하기로 했다.

법원은 서민호 의원의 석방을 결정했으나 검찰은 즉시 항고했다. 신태영 국방부장관은 서창선 대위 사건을 정치적으로 이용하는 것은 부당하다고 거듭 밝혔다.

그러나 이승만 정부는 서민호 의원 사건을 일반 재판에서 군법회의로 이관하여 재판이 개정됐다.

장후영 변호인은 본 사건은 계엄 전에 발생한 사건으로 군법회의 재판은 부당하다고 주장했지만, 계엄법에는 사건의 발생시점과 지역에 구애받지 않으므로 군법회의에서 재판할 수 있다고 반박했다.

3백여 명의 데모대가 "반민족 국회의원 축출하라", "살인 국회의원 서민호를 총살하라"는 고함 속에서 진행된 군법회의에서 아무도 본 사람도 없고 진술도 오락가락한 종업원 최정용의 대문 밖으로 나가려는 서청선 대위를 뒤에서 서민호 의원이 권총 2발을 쏘아 죽였다는 증언을 받아들여 사형이 선고됐다.

정구영 변호인은 "다수의 저명인사들의 증언을 무시하고 최정용의 증언만을 믿고 사형을 언도함에는 도저히 수긍할 수 없다"면서, 송진우 살해범 한현우에게도 징역 15년 형이 선고됐는데 사형이라는 형량이 너무 높다고 비판했다.

(2) 정당방위 논리를 뒤집고 정치적으로 최대한 활용

거창 양민학살사건과 국민방위군 횡령사건의 조사와 대정부 질문에서 선봉장(先鋒將)으로 활약한 서민호 의원의 예기를 꺾고 발췌개헌안을 통과시키는 공포 분위기 조성을 위해 정당방위로 석방될 수 있는 사건을 비상계엄하라는 이유와 군의관인 현역 대위를 살해했다는 이유를 들어 민간재판에서 군사재판으로 이송했다.

현장에서 보았다는 증인이 한 명도 없는 최정용이라는 증인을 내세워 서민호 의원의 응사가 정당방위가 아니라는 논리와 이승만 대통령이 계엄사령관에게 "전쟁 중에 현역 대위를 살해한 것은 있을 수 없다. 어떠한 방법을 동원해서라도 서민호를 없애야 한다"는 특명이 있었다는 소문이 나돌며 사형이 언도됐다.

그러나 사형의 부당에 대한 여론이 들끓고 이승만 대통령의 의도대로 발췌개헌안이 통과되어 대통령에 재선되자, 군사재판에서 다시 민사재판으로 회부하여 부산지검에서 재심에 들어갔다.

재심 법정에서 한상휴 전 순천 우체국장은 심한 구타를 당하여 거짓말을 했다면서, 군법회의에서의 진술은 허위이며 위증죄로 몰릴까봐 실토한다고 서민호 피고에게 유리한 증언으로 선회했다.

서창선 검사관인 최동 박사는 서민호 피고는 의학적으로 정신병 질환자로 정당방위가 성립할 수 있다고 진술하여 파장을 일으켰다.

엄상섭, 양병일, 김의준, 이인, 정구영 등 호화 변호인단이 변호한 재판정에서 모든 증인들은 "최정용 증인은 현장에 있을 수 없다"

고 증언했다.

부산지법 양화경 주심 판사는 서민호 피고에게 살인과 업무 횡령 혐의는 무죄이나 배임 혐의를 적용하여 징역 10개월에 2년간 집행유예를 선고했다.

그러나 대법원 최종심에서 살인죄가 적용되어 징역 8년이 선고되어 복역 중 4.19 혁명으로 석방되어 5대 국회에서는 국회부의장으로 활약했다.

2. 이승만 대통령의 암살미수는 연출(演出)

(1) 의열단원 유시태 독일제 모젤 권총을 격발

전란기인데도 불구하고 이승만의 장기집권에 대한 집념은 법과 질서보다 조작된 민의와 폭력에 의지하여 정권을 유지하고 권력을 연장하는 데 혈안이 됐다.

국회의원이 탄 통근 버스가 헌병대에 끌려 가는가 하면, 자신을 저격하려는 군인을 정당방위로 사살한 서민호 의원이 국회의 석방 결의로 석방되었는데도 이에 항의하는 관제데모가 계속되고, 재야 원로 60여 명이 호헌구국선언문을 발표하던 중 괴한들의 습격으로 여러 사람이 테러를 당한 사건이 발생하는 등 정국은 어수선했다.

이런 상황에서 6월 25일 부산 충무로광장에서 거행된 6.25 기념식전에서 이승만 대통령 저격사건이 발생하자 정계는 한층 더 심상치 않은 먹구름에 가리게 됐다.

범인 유시태는 민국당 출신 김시현 의원의 양복을 빌려 입고 김 의원의 신분증을 소지하여 기념 행사장에 들어왔고, 기념사를 읽고 있는 이승만 대통령을 향해 2m 떨어진 뒤에서 독일제 모젤 권총의 방아쇠를 끌어당겼다.

의열단 출신인 유시태 범인은 방아쇠를 잡아당겼으나 탄환이 나가지 않았다. 거듭 방아쇠를 잡아당겼으나 탄환은 여전히 나가지 않았고, 경호헌병이 유시태를 제압하고 치안국장 윤우경이 직접 체포했다.

현장에서 체포된 유시태에 이어 그에게 권총과 양복을 제공한 혐의로 김시현 의원이 체포됐다.

뒤이어 김시현에게 2백만 원의 거사 자금을 제공한 민국당의 백남훈과 서상일, 김시현에게 권총을 매도한 정용환을 비롯하여 노기용 의원과 인천형무소장 최양옥, 서울고법원장 김익진, 안동약국 주인 김성규 등이 공범으로 체포됐다.

(2) 연출에 의한 가짜 저격 논란을 빚은 법정공방전

이승만 대통령 암살미수 공판정에서 피고 김시현은 "나와 유시태 둘만이 죄가 있을 뿐이지 다른 사람들은 관련이 없다"면서, "이승만 대통령은 혁명선배다. 그가 아무리 잘못한다 할지라도 그의 과거의 공을 높이 평가 아니 할 수 없는 것이다. 그러기에 불발 권총으로 위협하여 이승만 대통령으로 하여금 각성하는 바 있기를 바라는 효과를 거두려는 것이었다"라고 진술했다.

김시현은 정용환에게 모젤 권총을 구입할 때 2발은 불발탄이었고 불발탄을 만들고자 손수건에 물을 적셔 그 속에 싸가지고 다녔다면서, "권총 불발을 예기한 살의 없는 가짜 저격이었다"고 주장했다.

김시현은 법정에서 "이승만 대통령은 독재자이며 정실 인사를 자행할 뿐더러 민생 문제를 해결할 능력이 없다"면서, 서상일 의원에게 2백만 원을 받은 것을 특무대에서는 암살을 위해 민국당비에서 준 것처럼 조서를 작성했지만, 2백만 원은 거사 자금으로 쓴 것이 아니고 개인적인 친분으로 받았을 뿐이라고 진술했다.

특무대에서 열흘 동안 잠도 안 재우고 심한 고문을 하는 까닭에 하도 귀찮기에 서상일과 암살 계획을 상의한 것처럼 진술한 것뿐이었다라고 진술했다.

조재천 변호인은 "국회의 간접선거로 낙선이 예상된 이승만 대통령을 테러할 이유가 없다. 윤우경 치안국장이 김시현과 유시태를 에스코트 입장했다"면서, 안녕질서죄로 기소된 서상일과 백남훈 등은 도저히 범죄 구성이 되지 아니한다고 주장했다.

김시현 피고는 김용식 재판장의 국민의 7할인 5백만 명의 지지를 받은 이승만 대통령을 지지할 의향이 없느냐는 질문에 "보지 않아도 경찰관을 동원하고 총검으로 위협해서 이룬 결과이지 어느 누가 이 대통령을 지지한단 말이요"라고 화를 벌컥 냈다.

김시현 피고는 장택상 국무총리 비서가 1백만 원, 오성환 의원이 5백 만원, 서상환 법무부장관이 2백 만원을 주어 받아썼지만, 발췌개헌안에 찬성하는 조건으로 받은 것은 아니라면서, "이제 생각하니 장난이 너무 커서 이 꼴이 되었다"고 토로했다.

백남훈 피고는 "나는 국제구락부 사건으로 머리에 타박상을 입은 까닭으로 혼란을 일으켰다. 특무대에서 극도의 공포에 떨게 하는 무시무시한 문초의 분위기로 착각을 일으키지 않을 수 없었다"고 진술했다.

검찰에서는 유시태와 김시현에게는 사형, 서상일 의원에게 징역 7

년, 백남훈 피고에게 징역 5년, 권총 매도자인 정용환에게는 징역 1년을 구형했다.

(3) 암살미수사건을 정권 연장의 수단으로 활용

이 사건은 이승만 세력이 온갖 수단과 방법을 동원하여 정권 연장을 기도하는 데 하나의 빌미를 제공했다.

이 사건이 일어나자 더욱 심해진 관제데모는 국회의사당을 포위하고 "반민족 국회를 해산하라"고 아우성쳤다.

관제데모의 시류를 타고 원외자유당은 "진정한 민중의 소리를 들어야 한다"면서 배은희, 이갑성, 박영출 의원이 주동이 되어 국회의 자진 해산결의안을 제출했고, 이승만 대통령은 이것을 빌미로 국회 해산을 단행하겠다는 위협을 해가면서 발췌개헌으로 권력 연장을 강행했다.

경찰은 체포한 김시현이 민국당원 4명과 암살을 모의했다는 진술을 받았다면서 백남훈 민국당 최고위원, 서상일과 노기용 의원등 13명을 영남지구 계엄사령부에 송청했다.

그러나 김시현은 공판정에서 서상일 의원에게 2백만 원을 받은 것은 특무대에서는 거사(擧事)자금으로 민국당비로 받은 것이라고 진술했지만, 거사 자금으로 쓴 것이 아니고 개인적인 친분으로 서 의원의 개인적인 자금이라고 진술했다.

김시현은 발췌개헌안에 찬성하라고 장택상 국무총리 비서가 1백만 원, 오성환 의원이 5백만 원, 서상환 법무부장관에게 2백만 원을 받았다고도 증언했으며, 불발탄을 일부러 만들어 살의(殺意)는 전혀 없었고 경고하고자 했다고 진술했다.

유시태와 김시현 두 사람은 경북 안동군 풍산면 출신으로 일제 시절 의열단원으로 해외 각처를 망명하면서 대일 테러를 벌여왔다.

김시현 의원은 1924년 사이토 총독 등을 암살하기 위해 상해에서 시한폭탄과 권총을 반입하여 거사 진행 중에 발각되어 10여 년을 복역하기도 했다.

검찰은 살인예비 및 살인미수 혐의로 김시현과 유시태에게 사형을 구형하고, 서상일 의원에게 징역 7년, 백남훈 최고위원에게 징역 5년, 노기용 의원에게 징역 4년을 구형했다.

이에 장후영 변호인은 "이 사건은 민국당을 파괴하기 위해 김시현이 경찰의 양해 아래 연출한 연극이다"라고 발언하여 파문을 일으켰다.

서상일 의원은 최후 진술에서 "관련 혐의란 언어도단이다"며 무죄를 주장했다.

국가원수 살인미수 혐의로 구속 기소된 유시태와 김시현에게는 사형이 선고되고 김성규, 서상일, 백남훈에게는 징역 7년, 6년, 3년이 각각 선고됐다. 다만 노기용 의원에게는 무죄를 선고했다.

1953년 3월 22일 항소심 공판에서 검사는 "금번 사건은 연극이라고는 상식적으로 생각할 수 없다"면서 유죄로 단정했지만, 이원홍과 조재천 변호인들은 "김시현이 연출한 살의 없는 연극", "김시현과 경찰이 합작한 한 토막의 연극"이라며 무죄를 주장했다.

항소심 법원은 서상일과 백남훈 피고에 대해 징역 6월에 집행유예

1년을 선고하여 석방했다.

항소심 법원은 서상일과 백남훈 피고는 무허가 집회로 계엄법 위반에 해당하는 국제구락부에 관한 범죄에 대한 판결이며 대통령 저격미수사건에 대해서는 무죄라고 판시하며 동 사건을 민국당 파괴 공작으로 활용하였음을 확인하게 됐나.

사형선고를 받은 두 사람은 대법원에서 각각 무기로 감형되어 복역하던 중 4.19 혁명을 맞아 과도정부에서 국사범 제1호로 출감됐다.

유시태는 4.19 혁명 이후 출감하여 석방되면서 "그때 내 권총알이 나가기만 하였으면 4.19 혁명에 수많은 학생들이 피를 흘리지 않았을 터인데 한이라면 그것이 한이다"라고 목 메이는 소리를 되뇌어 법정에서의 의도적인 암살 미수의 진실 여부가 남겨졌다.

3. 이시영과 김성수 부통령의 연이은 사임

(1) 시위소찬(尸位素餐)이라는 명언을 남기고 사퇴한 이시영 초대 부통령

제헌국회에서 초대 부통령에 당선된 이시영은 이승만 대통령의 견제가 심해지고 거듭된 실정으로 국정이 어려워지자 6.25 전쟁으로 인한 동족상쟁(同族相爭)과 이승만 대통령의 권력욕을 지켜보면서 상심했다.

이시영은 '국민에게 고한다'는 서한을 신익희 국회의장에게 송부하고 부통령 사임서를 제출했다.

이시영은 취임 3년 동안 오늘에 이르기까지 나는 도대체 무엇을 해왔던가. 대통령을 보좌하는 것이 부통령의 임무라 할진데 내가 취임한지 3년 동안에 얼마만한 익찬(翼贊)의 성과를 거두었던 말인가라고 자탄하면서 사임 이유를 밝혔다.

사임서 내용이 노(老)애국자의 우국충정(憂國衷情)이 담긴 명문으로 국회에 적지 않은 자극을 주었다.

탐관오리는 도처에 발호하여 국민의 신망을 실추케 하며 정부의 위신을 손상케 하고, 신생 대한민국의 장래에 암영(暗影)을 던져주고 있으니 누가 참다운 애국자인지 흑백과 옥석을 가릴 수 없게 되었으나 내 어찌 그 책임을 통감하지 않을 것인가.

나 이시영은 본시 노치(老齒)인데다 무능한 인물임에도 불구하고 선량 여러분이 돈독한 중의를 모아 부통령으로 선출해준 데 대해 과분하고 또 참괴한 일로 생각했으므로 사퇴할까 했으나 외람되게 대임을 맡았던 것이다.

취임 3년 동안에 아무런 소임을 다하지 못하고 시위(尸位)에 앉아 소찬(素餐)을 먹는 격에 지나지 못했으므로 물러나서 국민 앞에 무위무능함을 사과함이 도리인 줄 생각되어 사표를 내는 것이다. 선량 여러분에게 부탁하고자 하는 것은 국정감사를 철저히 하여 이도(吏道)에 어긋난 관료들을 적발하여 규탄하되 모든 부정 사건에 적극적인 조치를 취해 국민의 의혹을 석연히 풀어주기 바란다는 내용이었다.

국회에서는 심각하게 토의한 끝에 반려하기로 의결을 모아 115표로 사퇴서 반려를 결의했다.

국회의 각파 대표들이 이승만 대통령을 방문하여 사임을 만류해 줄 것을 요청했으나 거절당했다.

이승만 대통령은 "부통령이 현 정부를 만족하게 생각지 않아서 나가겠다는데 내가 어떻게 말리느냐"고 오히려 그의 사임을 바라는 듯한 발언을 했다.

이시영 부통령의 사임서가 수리된지 3일 후인 1951년 5월 17일 국회는 부통령 보궐선거를 실시하여 재석 과반수 이상의 득표자가 없어 결선투표를 실시했다.

결선투표에서 김성수 후보가 78표를 얻어 74표를 얻은 이갑성 후보를 누르고 제2대 부통령에 당선됐다.

김성수는 "오죽했으면 이시영 부통령이 그 자리를 물러났겠느냐"며 수락을 고사하다가, 민국당 간부들이 권유를 받아들여 부통령직 수락을 하게 됐다.

(2) 이승만 대통령의 독선에 반기를 들고 사퇴한 김성수

부통령에 당선된 김성수는 전북 고창 출신으로 1891년생이다. 일본 와세다대를 졸업하고 중앙중학교장으로 봉직했다.

독립만세운동이 펼쳐진 1919년 경성방직을 창설하고, 1920년 동아일보를 창간하고, 1932년 보성전문학교를 인수하여 교장으로 취임했다.

해방 이후 미군 군정청 수석고문관으로 활약했고, 한국민주당을 창당하여 당수로 활약했으며, 1950년에는 민주국민당 최고위원에 추대됐다.

김성수 부통령은 취임사에서 "공산주의를 격퇴하기 위해 우리와 더불어 싸우고 있는 민주우방과의 친선을 더욱 돈독히 하고 인간의 자유와 존엄성을 지키는 확고한 민주주의를 이 나라에 정착시키기 위해 행정부와 입법부가 표리일체(表裏一體)가 되어 비상시국을 극복하자"고 역설했다.

김성수 부통령은 이승만 대통령이 5.26 정치파동을 일으켜 10여 명의 야당 국회의원을 체포하고 국회를 탄압하면서 장기집권을 획책하자, 1952년 5월 30일 장문의 사임서와 함께 사표를 제출하고 야당 결성에 나섰다.

6월 29일 국회는 박영출 의원의 동의로 김성수 부통령 사표 수리를 결의했다.

사표를 수리하면 보궐선거 관계로 임기 만료 시까지 보류하여 왔으나, 정·부통령선거도 불확실한 상황에서 돌연 사표 수리를 가결했다.

공보처는 외국통신과 지방신문에서 김성수 부통령의 체포 운운 기사는 전혀 무근의 사실이라고 발표했다.

4. 간첩(間諜) 정국은 사건의 정치적 파장

(1) 세간의 관심을 집중시킨 거물 간첩 정국은

육군 특무부대 대장 김창룡은 동양통신 및 연합신문 주필인 정국은을 간첩 혐의로 구속했다면서 정국은은 왜정시절 조일신문 기자로서 경기도 경찰부장의 밀정으로 많은 애국지사들을 밀고(密告)했고, 해방 후에는 북한 괴뢰집단의 대남총책인 김삼룡의 지령을 받아 각종 정보를 수집하여 북한에 제공한 혐의라고 설명했다.

육군 특무대는 정국은이 고위층과 교묘히 접촉하여 각종 기밀을 북한에 제공한 상세한 전모를 발표했다.

정국은은 국제신문을 창건하여 중립적인 논조를 보였으나, 남로당원인 강처중의 조언에 따라 반정부적 논조로 바뀌었다가 폐간 조치를 받은 전력을 지니고 있다.

고등군법회의는 간첩 정국은에게 사형을 선고했다. 이승만 대통령이 사건의 재조사를 지시하여 구구한 억측이 나돈 가운데 1954년 1월 21일 수색 교외에서 사형이 집행된 것으로 알려졌다.

그러나 보도관제 통제로 정국은 총살형 여부는 국민들의 관심과 주목을 받게 되었으나 여전히 미궁에 빠졌다.

백두진 국무총리까지 기자회견을 열고 사형집행이 확정되었다는 사실은 알고 있으나 공개리의 사형집행은 바람직하지 않다는 함축성 있는 기자회견을 열었으나, 사형집행은 국방부 소관이며 형 집행 여부를 미궁 속에 빠뜨렸다.

서상환 법무부장관이 이승만 대통령으로부터 사형집행 보류 해제의 승인을 받고 1954년 2월 18일 서울 근교에서 사형을 집행했다고 발표했다.

(2) 정국은 사건 관련으로 양우정과 진헌식 처단

정부는 정국은의 방조와 은닉과 관련하여 양우정 의원의 구속 등의 요청을 하였고, 국회는 120표의 가(可)표로 (부표는 18표) 동의하여 구속됐다.

국제공산당원 정국은으로부터 160만 환을 제공받은 진헌식 내무부장관도 육군 특무대에 소환됐다.

연합신문 주필을 역임하고 태양신문 사장인 임원규는 일본으로부터 추방당한 정국은을 양우정이 확실히 은닉했다고 증언했다.

지난 2대 총선 때 양우정 의원은 남로당원이었다가 월북한 정삼중을 선거 참모로 활용하여 이를 체포하였던 바, 양우정 의원이 석방하라고 강요하였으나 이에 불응하자 좌천시켜버렸다고 최양기 전 함양경찰서장이 증언했다.

검찰은 평화신문과 연합신문을 창설하여 운영한 양우정 의원에 징역 7년을 구형했고, 신학진 재판장도 징역 7년을 선고했다.

양우정과 진헌식에게 1억 5천만 원의 뇌물을 제공한 혐의로 양우정과 함께 구속되었던 한국통상 사장 강웅준은 범죄행위가 3년 전에 이뤄졌고, 증거 불충분이라는 이유로 무죄 석방됐다.

양우정은 군법회의에서 7년 징역형을 선고받았으나 대통령의 특사령에 따라 형 집행이 정지되고 복권조치 됐다는 것을 이승만 대통령이 확인했다.

서울지검은 뇌물수뢰혐의로 전 내무부장관 진헌식을 그의 아들 진동환, 경남도의원 진석중과 함께 구속했다.

진헌식은 공판정에서 윤치영 의원이 국회에서 "3장관, 1국회의원, 1국제공산당원이 국정을 농단한다"의 발언에서 3장관은 백두진 재무부장관, 서상환 법무부장관, 진헌식 내무부장관이고 양우정 의원과 정국은을 지칭한다고 자백하며 양우정 의원으로부터 용돈과 장관 취임 선물로 양복과 시계 등의 선물을 받은 것을 시인했다.

재구속된 진헌식은 "무슨 영문인지 모르겠다. 죽어도 좋다"는 심경을 토로했다.

진헌식은 정국은으로부터 70만 환을 받고 정국은의 범죄수사를 중지시킴으로써 정국은을 방조했다는 혐의가 추가됐다.

법원은 중수뢰, 횡령, 배임 등으로 3천 페이지에 달하는 방대한 기소 서류를 제출 받았지만, 진헌식에게 징역 1년 6개월, 추징금 73만 환을 판결했다.

족청계로 알려진 이재형 상공부장관도 강웅준으로부터 시계 등 20만 환 상당의 뇌물을 받은 혐의로 기소되었으나, 불기소 처분이라는 은전을 받았다.

검찰에서는 "가장 우익적이고 애국자 같은 태도를 취하는 것이 공산당원들의 상투적인 수법이다"라고 추상같은 논고를 하였지만,

양우정과 진헌식은 민족청년단인 족청계 숙청의 일환으로 희생된 제물일 수도 있다는 중론이 지배적이었다.

[제3부] 자유당이 압승을 거둔 제3대 총선

제1장 제3대 총선을 향한 상황(狀況)일지

제2장 1,291명의 후보들이 난립한 제3대 총선

제3장 자유당이 경찰독재정권의 기반을 구축

제1장 제3대 총선을 향한 상황(狀況)일지

1. 이승만의 오판과 실착이 6.25 동란으로 (1950)

2. 전후방 없는 전쟁으로 전 국토가 초토화 (1951)

3. 직선제 개헌으로 재집권에 성공한 이승만 (1952)

4. 뿌려진 피의 대가도 헛되이 휴전협정 체결 (1953)

5. 자유당이 과반 의석을 차지한 제3대 총선 (1954)

제1장 제3대 총선을 향한 상황(狀況)일지

1. 이승만의 오판과 실착이 6.25 동란으로(1950)

(1) 6.25 동란이 터지자 이승만 정부는 우왕좌왕

◆5.20 이승만 대통령은 태평양 연맹은 군사동맹으로 발전할 것이며, 미국의 무기가 멀지 않아 다수 도착할 것이라고 담화

◆5.26 이승만 대통령은 입후보자를 자진 정선(精選)하여 진정한 애국자에게 투표하라고 훈시

◆5.30 제2대 총선 실시, 이승만 대통령은 중간파 피선은 위험하니 과거 행적을 고려하여 투표하라고 방송

◆6.1 제2대 총선결과 판명, 무소속 후보들 단연 우세, 신인들의 진출이 주목되고 국회에 제3세력 진영 출현이 예상

◆6.3 총선 결과 대한국민당 24석, 민주국민당 24석, 국민회 14석, 대한청년단 10석, 기타 소수정당 12석, 무소속 126석 점유

◆6.10 알류산 열도-일본-오키나와-필리핀이 수륙공동 방위선으로 방관하지 않겠지만 대한민국, 대만, 인도차이나반도 등 아세아 대륙 국가의 공격은 안전을 보장할 수 없고 지역 인민의 항전이 우선이라고 미국은 극동전략을 구체화

◆6.16 거물 여간첩 김수임 군사재판 개정, 가공할 매국(賣國)행위로 지탄받아 사형 언도

◆6.17 북한의 조만식과 김삼룡, 이주하 교환 제의를 이승만 대통령이 수락, 조만식 선생은 강계 인민병사에 유폐 중, 북한에서 이인규, 김태홍, 김재창의 귀순 전향을 대내적으로 보도

◆6.20 제2대 국회 개원, 의장에 신익희, 부의장에 장택상과 조봉암 당선, 의장엔 조소앙이, 부의장엔 오하영, 지청천과 이갑성이 석패

◆6.24 덜레스 미 국무부 고문은 38선을 시찰하고 이한하면서 한국은 독립 유지의 의사가 견고하고 최량의 반공국가라고 극찬

◆6.26 북한군 돌연 남침, 38선 전역에 비상사태 선포, 정예의 국군이 적과 격전중(激戰中)이며 국군의 방위태세는 만전, 시내 민심은 지극히 평온하며 적의 신경전에 동요 말라고 선전

◆6.27 국군 정예부대 북상하며 총반격 전개, 해주시를 완전 점령, 대한해협에서 북한군 전함 격침, 북한군 주력부대가 붕괴되어 임진강 도강이 수포로 돌아가고, 북한군 전차 8대를 격파하여 북한군 후퇴 개시, 피난민 구호대책은 안전하며 후방 치안은 철통같다고 홍보전에 광분(狂奔), 트루먼 대통령은 맥아더 극동군 사령관에게 한국에 무기를 직송하라고 지시

◆6.27 정부는 한강교를 폭파하고 대전으로 수도 이전, 트루먼 대통령은 "6.25 전쟁은 공산세력이 대한민국을 공산화하기 위해 도발한 불법남침이다"라는 성명 발표

◆6.29 미국 맥아더 원수 한강방어선 시찰, 유엔은 한국 군사지원

결의안 채택

◆7.5 경기도 오산에서 미국과 북한군 최초의 전투 개시

◆7.10 이승만 대통령은 북한의 침략으로 38선 효력은 소멸되었다고 주장

◆7.14 국군의 작전지휘권을 유엔군 사령관에게 이양, 이승만 대통령은 38선 넘어 북진하여 통일을 하겠다고 선언

◆7.16 정부는 대전에서 대구로 이동, 북한군이 경북 문경 점령

◆7.20 미군 제24사단장 딘 소장 대전에서 실종, 김일성은 충북 수안보에서 "8.15까지 부산을 점령하라"고 독전(督戰)

◆7.25 북한군은 전남 목포에 진입하고 대전-영동의 방어선도 돌파하며 남진

◆7.26 미군 제24사단은 합천에 사령부 설치하고 북한군 제6사단은 하동에 침입

◆8.3 유엔군은 마산-왜관-포항을 연결하는 신방위선을 구축하고 낙동강 철교를 폭파

◆8.5 북한군은 군위·의성·상주 점령, 터키군 4,500명 참전

◆8.11 북한군 서울에서 10만 명 강제 징집하여 학생의용군 발대했다고 홍보

◆8.15 광복절 3주년 기념식을 대구 문화극장에서 초라하게 거행

◆8.17 유엔군 사령부의 권고로 정부는 대구에서 부산으로 이전

◆8.30 미국 국무장관 에치슨은 북한군이 철수하면 유엔군이 38선 넘어 북진하지 않을 것을 공개적으로 천명

◆9.5 국회는 유엔 파견대표(신익희, 장택상, 정일형, 황성수, 김동성, 서민호) 선출

◆9.15 유엔군 7만 명과 전함 260척이 인천상륙작전 개시, 월미도 탈환, 맥아더 원수가 직접 진두지휘

◆9.23 김일성은 북한군에게 총후퇴명령 시달, 유엔군은 이화여대 뒤 고지 점령

◆9.29 이승만과 맥아더는 항공편으로 서울 입성, 이승만 대통령은 사적(私的)원한에 의한 살인, 폭행 금지 촉구성명 발표

(2) 유엔군은 압록강까지 진격하여 남북통일이 아롱거려

◆10.1 워커 미 제8군 사령관 국군에 38선 돌파 명령

◆10.4 국군이 38선을 돌파하고 고성을 점령, 에치슨 미국 국무장관은 북한은 항복이냐 전투냐의 갈림길에 섰으며 한국의 부흥 촉진이 유엔총회의 당면 임무라고 역설

◆10.5 정부는 백두산 봉오리에 태극기 날릴 때까지 방심 말고 총돌격하자고 격려, 애국지사 1만여 명의 소식이 묘연(杳然)

◆10. 5 국군의 파죽지세 북상, 최선발부대는 강원도 고성을 점령하고 원산시에 육박, 공비와 북한 주구들을 무자비하게 소탕하자고 홍보

◆10.7 90일간의 학살, 납치, 피신으로 서울의 부재시민 42만 명, 서울시 주변 산야에는 시체 누적

◆10.8 공비(共匪)의 발악적 만행, 부상병 1천여 명을 생화장, 서울 잔류 외국인은 평양으로 납치

◆10.9 유엔 총회는 38선 이북으로 진격을 승인, 자유통일정부 수립 결의안을 가결

◆10.11 신성모 국방부장관은 멸공성전 수행 결의를 피력(披瀝), 미국 함재기 북한지역을 통폭(痛爆)

◆10.15 유엔군 평양 포위, 미국 기갑사단 원산에서 평양으로, 악조건을 극복하고 용맹 과감하게 분전한 원산탈환부대를 표창

◆10.16 한국위원회는 전국 총선거로 통일정부 수립 시까지 북한 전역을 유엔이 관할키로 결의, 이승만 대통령은 한국 정부의 권리의 침해라고 반발

◆10.18 미국 트루먼 대통령은 정일권, 양국진, 강문봉, 장도영 장군 등에게 훈장 수여

◆10.21 평양 완전 탈환, 김일성 도당은 평북 희천으로 도망, 모란봉에 휘날리는 태극기

◆10.24 이승만 대통령은 뭉치면 살고 흩어지면 망한다며 납북 동포는 협조하라고 담화

◆10.26 국군은 청천강을 도하하여 희천과 영변을 탈환, 유엔보다 대한민국 통치를 이북 전 주민은 열망

◆10.28 국군은 압록강에 도달하여 평북 초산 점령, 함남 풍산과

함북 성진도 탈환

◆10.31 이승만 대통령은 평양 환영대회에 참석, 천지를 뒤흔드는 평양 시민들의 환호성

◆11. 1 평북 정주, 함남 풍산 탈환, 중공군 2개 사단 출동 확인

◆11. 4 이번 전쟁으로 파괴가옥 31만 호, 인명 피해 15만 명, 재산 피해 1조 4천억원으로 집계, 백낙준 국무총리 인준안 부결

◆11.7 맥아더 장군은 중공군은 통고도 없이 북한에 침입하여 사상 초유의 국제법의 침범이라고 경고

◆11.8 임표 휘하의 중공군 30만 명 압록강변에 속속 집결, 신의주 상공에서 유엔군과 공중전 전개

◆11.18 미국의 트루먼 대통령은 중공의 평화 노력을 요망하며 한국 전란의 확대를 저지하라고 성명

◆11.19 이승만 대통령은 국회에서는 21표 대 100표로 부결한 백낙준 문교부장관의 국무총리 재심의를 요청

◆11.20 충남 논산군 성동면 이상태는 북한군의 앞잡이가 되어 부락민 72명을 도끼로 타살하고 암매장

◆11.23 미군은 함남 혜산진 입성, 국군은 함북 청진을 육박, 피난민 6만 명을 서울시가 집단 수용

◆11.24 국회에서 찬성 148표 대 반대 6표로 국무총리 장면 인준

◆11.25 전시내각 보강, 법무에 김준연, 농림에 공진환, 사회에 허정 임명

◆11.28 이승만 대통령은 북한지역 선거로 1백 의석을 보강하고 전 국민은 통일 완수에 매진하라고 담화

◆11.29 중공군의 단말마적인 반격으로 유엔군 작전상 후퇴 개시라고 맥아더 사령관이 지시

◆12.1 2백만 전재민(戰災民)에게 식량 무상 배급을 계속, 남한지역의 잔비(殘匪) 토벌전 전개

◆12.2 미국 트루먼 대통령은 중공에 원자탄 사용을 고려하고 있으며 한국은 절대로 포기하지 않겠다고 밝혀

◆12.3 이승만 대통령은 자유독립 위한 최후결전 단계이므로 합심 협력하여 멸공 매진하자고 성명

◆12.5 중공은 유엔군의 38선까지 후퇴 요구, 유엔군은 동부와 서부 전선에서 영웅적 항전

◆12.6 중공군 27만 명 인해전술 남하로 유엔군은 대동강변에 신 방어선 구축

◆12.8 조병옥 내무부장관은 전국(戰局)은 점차 호전되고 있으니 일진일퇴에 동요 말라는 격문 공포

◆12.11 미군 8군 사령관 워커는 서울은 절대 포기 않겠으며, 서울 방위 결의는 공고하다고 밝혀

◆12.12 장진호 선봉부대 중공군과 혈전 끝에 포위망을 뚫고 흥남으로 철수, 우익단체를 가장한 적색 세포망 체포

◆12.16 유엔 총회에서 한국 정전안 가결, 이승만 대통령은 중공군의 격파를 확신하며 최후까지 투쟁하자고 격려

◆12.17 영국 처칠 경은 미국의 원자탄 사용 주저는 세계대전 발생을 촉진한다고 경고

◆12.18 트루먼 대통령은 미국 전역에 비상령을 선포하고 공산군 침략에 대항하여 통일적 노력 경주를 당부

◆12.18 17세에서 40세까지 국민방위군 편성, 한강 부교 3개 완성 그러나 자동차는 통행 금지

◆12.20 이승만 대통령은 임진강 방어선 후퇴는 전략이며 수도방어진은 철통이라며 총궐기를 강조

◆12.24 흥남에서 2만 5천 명 해상 철수, 미8군 워커 사령관이 교통사고 후유증으로 사망

◆12.28 워커 후임인 리지웨이 사령관은 한국을 포기할 수 없다며 방어선을 사수하라고 메시지

◆12.30 전선은 점점 호전되고 임진강 방어선은 날로 견고하며 안심하고 생업에 종사하라고 홍보

2. 전후방 없는 전쟁으로 전 국토가 초토화 (1951)

(1) 서울을 공산군에 또다시 넘겨준 것은 재앙

◆1. 4 중공군의 인해전술로 작전상 후퇴라지만 철통같은 수도방위선이 무너지고 서울을 공산군에게 넘겨주고 후퇴, 정부는 부산으로 도주

◆1.10 이승만 대통령은 중공군의 인해전술에 대항하여 제어할 수 없는 분격을 총궐기로 설원(雪冤)하자고 전 국민에 격문(檄文)

◆1.11 오산-원주-삼척의 신방어진지 구축, 임전무퇴의 국민정신 재무장 시급

◆1.14 제주도행 피난민 알선, 300만 명 수용 위한 식량과 수송 확보

◆1.16 국회에서 맡을 곳 없는 국가 간성(干城)인 제2국민병 처우 문제 추궁,

◆1.20 미국 트루먼 대통령은 중공을 침략자로 규정하고 침략은 철저히 분쇄할 것을 천명

◆1.26 유엔군 반격은 파죽지세로 38선에 육박, 공산군은 한강 남방에서 철퇴

◆1.29 대한국민당은 궤멸되고 한청의 민정동우회가 60명, 무소속

중심의 공화구락부가 46명, 기존의 민주국민당 25명이 국회에서 3각 편대를 형성

◆2.1 실패한 김일성 인해전술, 후방 교란 5열 작전으로 전환, 유엔은 중공은 침략자라는 결의안 채택

◆2.5 미국 국무성은 유엔군의 정책 목표는 침략 격퇴라며 38선 정지설을 부정

◆2.6 이승만 대통령은 38선은 이미 없어졌다면서 진격정지설을 반박, 38선 월경 문제는 서방제국 간 의견 불일치

◆2.10 이승만 대통령은 제3차 대전 폭발은 불원, 대통령직선제 개헌은 시급, 서울 탈환 시 즉시 환도할 것이라는 담화 발표

◆2.13 국군은 38선을 돌파, 서울 영등포 접근, 동부전선은 파죽지세로 북진

◆2.17 미군은 중부전선에서 네이팜탄 사용, 하루에 1만 2백여 명을 살상, 38선 진격은 현지사령관이 결정하라고 지령

◆2.23 수도쟁탈전 치열, 중공군과 한강방어선에서 최후의 일전, 한강 이남에 신수도(新首都)건설 검토

◆2.26 미국은 중공군이 대규모 공격을 감행할 경우 항모를 총동원하여 만주와 중국 본토의 폭격을 결의

◆3.6 살인적인 물가고, 북상하는 피난민 식량난 우심, 원산과 진남포 함포 사격

◆3.8 서울 포위작전 전개, 양평에서 한강 도하 개시, 유격대는 강화도 탈환

◆3.10 오산-충주-울진선 이남에 한하여 피란 농민들 귀향하라고 시달

◆3.13 북한군은 서울 방위선 포기, 중공군의 전체 저항선이 붕괴

(2) 서울은 수복됐지만 정부는 장기간 부산에 안주

◆3.16 서울 재수복의 환희, 70일의 수난 설욕, 폐허 위에 충일(充溢)하는 재건 의욕, 형골만 남은 서울

◆3.18 국군은 38선 지향 맹공세, 중공군은 38선 일대에 신진지 구축하고 하계 총공세 준비

◆3.20 부산 충무로에서 백만 군중이 38선 정전설에 격분하여 38선 북진에 총궐기대회 개최

◆3.23 미·영군 38선 돌파 합의, 중공군이 신반격 전개시에는 유엔군 대거 입북 진격, 서울시내 공가(空家) 봉인(封印)조치

◆3.26 맥아더 사령관은 유엔군에 38선 돌파 명령, 중공군 임진강 이북으로 궤주(潰走)

◆3.28 정부의 반대 물리치고 국회에서 부산과 대구의 비상계엄령 해제를 88표 대 4표로 압도적 가결

◆3.30 월남 공산군 새로운 공세에 대비하여 불란서군 16만 명 동원하여 결전 임박

◆3.30 괴벽보사건, 거창 양민학살사건, 국민방위군 횡령사건에 대한 진상 연이어 폭로

◆4.1 국회에서 거창 양민학살사건 재조사, 정부에서도 내무·국방·법무 합동조사반 설치

◆4.5 미군 대거 38선 돌파, 유엔군은 공산군 50만 명에 선타작전, 공산군도 공전(空前)의 대군을 38선에 집결

◆4.6 소련은 중공에 비행기 3천대 제공, 소련군은 만주에 대병력 집결, 한국전 참전 의혹

◆4.12 잔비(殘匪) 토벌전 치열, 귀순 잔비 1만여 명을 돌파, 피난민은 물경 172만여 명

◆4.13 맥아더 유엔군 사령관 해임, 후임에 리지웨이 중장 임명, 미국의 침략 격퇴의 결의는 확고, 한국은 침울한 비관적 침묵

◆4.14 압록강 철교 폭파, 양구에서 피아(彼我)대격전 전개 중이며 공산군은 70만 명으로 추정

◆4.15 맥아더는 유화 정책은 제3차 세계대전을 초래하며 세계평화를 위해 만주를 폭격하라고 주장

◆4.22 맥아더는 한국민은 노예가 되느니보다 죽음을 택하는 민족이라며 자주성을 격찬

◆4.24 북한군은 의용군 증강, 중공군의 총반격 개시로 전국(戰局)은 제3단계에 돌입, 국군도 전선 정비

◆4.26 "직간의 문호를 개방하고 간신배 등장 저지하시오"라며 조병옥 내무부장관, 김준연 법무부장관 사표

◆5.1 격론과 격투 끝에 찬성 88표로 국민방위군, 향토방위대 국회에서 해체 법안 의결

◆5.8 국군 장성들의 장관 유임 요청 연판장 문제가 된 신성모 국방부장관을 이기붕으로 교체

◆5.8 민족의 비극 국민방위군 의혹사건 진상이 백일(白日)하에 드러나, 윤익헌 부사령관 기밀비가 1일 3백만 원이라고 폭로

◆5.11 시위(尸位)에 앉아 소찬(素餐)을 먹는 심경이라며 민의에 부합하는 정치를 요망하며 이시영 부통령 사직

◆5.13 이승만 대통령은 차기 대통령선거에 재출마 의향이 없다고 처음으로 밝혀

◆5.16 대량 살상무기 속속 등장, 공산군의 제2차 공세 동원에 50만 명으로 추정, 피아간 간성-춘천-가평-의정부 전선에서 대치

◆5.17 제2대 부통령 김성수 78표로 당선, 이갑성 후보는 74표로 패배

◆5.20 유엔군 76만명 공산군과 대치, 만주에 37만명 공산 예비군 대기, 중·동부 전선은 유동상태 지속

◆5.20 이승만 대통령 대통령직선제, 국회 양원제의 추진을 개진

◆5.21 국회 각 정파의 대표들은 내각책임제로의 개헌 완전 합의, 구체적 성안에 착수

◆5.26 국군은 춘천 소양강 도하하여 인제에 육박, 개성과 춘천도 탈환

◆5.27 정부 대변인은 정전설(停戰說)에 대해 일절의 유화와 양보 단연 배제코 통일 완수하겠다고 천명

◆6.1 참전국 회의에서 화평제안론을 일축, 철원-화천-금화 철의 삼각지대에서 공방전 치열화

◆6.4 평화 깃드는 서울, 철수했던 난민들은 지뢰원(地雷原) 돌파코 귀가, 당국은 시기상조라고 불허

◆6.6 유화 정책은 제3차 대전 발발(勃發)을 촉진한다며 국회에서 정전설 반대 결의

◆6.12 적색(赤色) 광신하는 포로 부산 가두에서 인민항쟁가 고창(高唱)

◆6.12 미 마샬 국방장관은 정전설을 부인하고 대한(對韓) 작전은 현세를 유지하고 공산군의 남침 기도를 계속 격멸하겠다고 밝혀

◆6.21 우려되는 후방 치안, 공비 토벌은 고사하고 수비조차 위험, 경찰 기동 무장 시급

◆6.25 참전 우방 16개국은 한국의 평화를 염원, 전 전선은 교착화, 철의 삼각지대 고지 공방전 치열

◆6.28 이승만 대통령은 평화 제안은 무서운 전쟁의 서곡이 될 뿐이라며 수락하지 않겠다고 전 세계에 경고

◆7.1 정전을 배격하고 국토통일을 기원하는 국민총궐기대회 부산 충무로 광장에서 개최, 서울시 행정기관 복구, 다만 시민들의 귀환은 불가

(3) 정전회담을 진행해도 공산군과 백병전은 치열

◆7.2 유엔 정전 7항목 결정, 현 전선을 중심으로 폭 20리(8km)의 완충지대 설정

◆7.3 유엔군은 공산권의 정전 교섭을 수락하고 개성을 회담 장소로 제안, 당분간 현상 유지

◆7.9 쌍방 교섭대표 개성에서 예비회담 개최, 정식회담의 시일과 장소 결정에 국한

◆7.10 정전회담 개막, 쌍방 정전조건을 제시, 합의 시까지는 전투를 계속하기로

◆7.13 부산 송도 앞바다에서 여객선이 불비(不備)선체에 정원 초과로 침몰하여 승객 55명은 구출했으나 80여 명은 행방불명

◆7.16 초연(硝煙)을 헤치는 승리의 기적(汽笛)을 울리며 경부선 여객 열차가 정상 운행

◆7.20 국민방위군사건 관련 김윤근, 윤익현 등 5명에게 역사적인 사형 언도, 사형 집행은 대통령 재가 필요

◆7.21 공비소탕전 치열, 경찰의 1주일 전과가 641명 사살

◆7.23 정전회담 장기화 농후, 정전회담 불구하고 공산군은 남한에 유격 병력을 증강

◆7.29 유엔군 측 현 전선의 경계선 주장에 공산군 측 병력을 남하 집결중, 양측은 일면전투, 일면협상 재확인

◆8.8 리지웨이 유엔군 사령관은 현 전선을 절대 유지하라고 정전설에 강경한 성명 표명

◆8.14 김윤근과 윤익헌 정·부사령관 등 대구에서 사형 집행, 한때는 영화의 주인공들

◆8.15 이승만 대통령은 광복절 기념사에서 대통령 직선제와 국회 양원제 개헌안 요구

◆8.21 국회에서 암살범들 횡행 논란, 한현우는 내무부장관실 출입, 안두희는 현역 육군대령으로 복직

◆8.22 축하향연 받고 취한 신임지서 주임, 백주에 희롱 안 받은 유부녀를 사살

◆8.23 피난민 북상 말라고 미 제8군에서 또 요청, 휴전회담은 복잡화되고 전투는 치열, 전투기 100대가 공중전 전개

◆9.6 해병대가 야습 백병전으로 김일성 고지 탈환의 전과

◆9.8 비참한 농촌의 현황, 20여 종의 출연금과 과다한 잡부금에 신음, 영농자금은 호당 겨우 5천 원

◆9.10 대일강화조약 49개국이 조인, 미·일 안전보장조약도 체결, 소련 등은 불참

◆9.12 격추기에서 소련 병사 시체 발견으로 소련군의 개입 사실 확증, 중공군 군복을 입고 소련군 참전한 듯

◆9.21 회담 장소를 개성에서 판문점으로 변경하여 속개할 것을 공산군 측에서 수락

◆9.29 미국의 75억불 대외원조비 중 한국 재건비 겨우 4천 5백만불 포함

◆10.9 무장공비 토벌에 국군 1개 사단 배치, 경부선은 주간 운행, 전라선은 공비 출몰로 운행 차질

(4) 정전회담 장소를 개성에서 판문점으로 변경

◆10.11 판문점에서 쌍방 연락장교 예비회담 진행, 회담 중단 중 공산군 기습으로 손실 막대

◆10.18 국내외 신망을 실추하고 국법을 유린한 행동 자행 혐의로 국회에서 신성모 주일대사 소환 결의

◆10.20 후방 치안에 이상(異狀), 각지에서 공비 준동 우심(尤甚), 남원에선 열차 피습

◆10.21 한일회담 개막, 열의 없는 일본의 태도로 현안 해결에 난관 예상

◆10.25 판문점에서 정전회담 재개, 제공권 장악을 위해 피아 전투기 280대가 공중전

◆10.29 이승만 대통령은 내가 입후보자가 되리라고는 생각 않지만, 민국당에 대항하는 신당 결성을 적극 지지한다고 밝혀

◆11.6 유엔 파리총회 개막, 장면과 장택상 대표 참석, 한국 문제 해결책 강구

◆11.8 공비 습격으로 임실 오류역에서 열차 전복, 경관과 승객 등 16명 사망, 공비가 전국 각처에서 준동

◆11.14 정전선 위치는 현재 점령지로 점차 접근, 시기로 의연 예각적(銳角的)대립

◆11.24 휴전회담 귀추를 주시하며 미국 조야에서 만주 폭격 지지 여론이 점점 높아져 가고

◆11.25 리지웨이 장군은 공산군이 포로 8천 명을 학살했다고 유엔에 보고

◆11.26 한일회담에서 일본은 독도를 죽도(竹島)로 지칭하며 영유권을 주장

◆11.29 이승만 대통령은 30일간 임시휴전 합의에 재침 위험성이 농후하다고 경고

◆12.1 후방 치안 확보를 위해 공비 완전 소탕전을 전개하며, 부산 등 5개 지역에 비상계엄령 선포

◆12.2 이승만 대통령은 대통령직선제, 국회 양원제를 골자로 하는 개헌안을 제안, 국회에 통보

◆12.5 지리산 공비 소탕전 본격화, 남북 동시 포위작전 전개, 강력한 선무(宣撫)공작도 병행

◆12.8 동란 발생 이후 국군 14만 명, 민간인 1백만 명이 희생된 것으로 유엔군 사령부에서 추계

◆12.18 거창 양민학살사건에 오익균, 한동석엔 무기, 김종원에 3년 징역 구형

◆12.20 포로 명부 교환, 유엔군은 1만 1,559명(한국군은 7,142명)이며 공산군은 13만 2,474명, 미국은 행방불명자가 6만 명으로 8

천 명이 누락(漏落)됐다고 주장

◆12.24 이승만 대통령의 유시에 따라 원내자유당은 의장은 공석인 채 이갑성, 김동성, 김승환을 부의장으로 선임

◆12.24 원외자유당 결당대회, 당수에 이승만, 부당수에 이범석 선출, 김인선, 조광섭, 양우정 등 의원 20여 명 입당

◆12.29 임시휴전 종료로 고지 탈환전(奪還戰)재개, 전투 재개

3. 직선제 개헌으로 재집권에 성공한 이승만 (1952)

(1) 이승만 대통령은 전쟁보다 재집권에 더욱 집착

◆1.3 김포-인천에 적기(敵機)편대 출현, 영하 20도의 고량포 지구서 일대 백병전 전개

◆1.6 워싱턴에서 트루먼과 처칠, 스탈린과 모택동 4거두(巨頭)가 한국 문제 등 논의

◆1.13 허정 사회부장관을 국무총리 서리에 임명, 이순용 내무부장관은 체신부장관으로

◆1.14 이승만 대통령은 두 개의 자유당은 추태이며 오직 원외자유당만을 지지한다고 성명

◆1.19 이승만 대통령이 제안한 개헌안 찬성 19표, 반대 143표로 압도적 부결

◆1.20 이승만 대통령은 인접 해양 주권을 선언, 소위 평화선 이 line을 선언하여 우리나라 어족 보호

◆1.23 국회 상임분과위원장 선거에서 자유당 8명, 민우회 2명, 민국당 1명, 무소속 1명 당선

◆1.26 원내자유당 분열 위기, 20여 명 의원 개헌안 부결 계기로 탈당 기세

◆1.26 휴전회담은 지연 태세, 최대 난관은 포로 문제, 협정 성공은 쌍방 인내력이 좌우

◆2.2 병무국 광장에서 재향군인회 발족, 국민계병의 기반을 확립

◆2.3 지리산 공비 소탕 종결 발표, 사살 1천 6백여 명, 생포 7백여 명, 귀순 360명, 구출 1백여 명

◆2.6 보궐선거에서 배은희(달성), 최주일(김제을), 김제능(서산갑), 이한창(구례), 김문용(담양), 윤치영(공주을), 이범승(연기) 당선

◆2.10 개성지구 굴욕적 양보로 전 국민 분노 충천, 한국 대표 소환운동의 기운 농후

◆2.17 개헌안 반대 의원들을 역적(逆賊)처럼 비난하는 괴벽보 사건 규탄, 국회는 헌법 옹호를 절규

◆2.21 애국단체는 허구라는 논박에 이승만 대통령은 민의 문제 해결을 위해 국민투표를 해보자고 제안

◆2.23 거제도 포로수용소에 소요, 69명 민간인 수용자 사살

◆2.23 일본 공산당 대폭동, 오사카·나고야 등 5개 도시에서 경찰서·철도역 등을 습격

◆2.27 국회의 질문에 이승만 대통령 회답, 의원 소환 운동과 의원 비난 벽보 등 옹호, 김병로 대법원장은 의원 소환은 법적 근거가 없다고 주장

◆3.7 장관을 갈아본 댓자 쌀값 해결엔 별 수 없다는 윤영선 농림부장관을 함인섭으로 교체

◆3.7 이승만 대통령은 직선제 개헌을 해도 이번 대통령선거만은 국회에서 표결할지라도 나는 협동할 것이라는 성명을 발표

◆3.9 지리산에서 공비로서 귀순자 4천여 명을 일제히 석방하여 귀농 허가

◆3.13 협상은 참을 수 없는 지경, 연일 공중전 치열, 회담과 결전 병행

◆3.19 이승만 대통령은 모든 정객은 비밀공작을 하지 말고 대통령 후보를 공개 추천하여 정견을 공개하라고 담화

◆3.21 대의원 658명이 참석한 원외자유당 전당대회 개최, 당수 이승만, 부당수 이범석 선출, 당원은 65만 4,258명이라고 공개

◆3.28 이승만 대통령은 생일축하연에서 "나는 대통령 재선을 희망하지 않으며 출마하지 않을 것이다. 일개의 시민으로 국가에 봉사하고자 한다"고 밝혀

◆3.29 이기붕 국방부장관을 신태영 육군 중장으로 경질, 이교선(상공부), 조주영(체신부) 장관도 임명

◆3.31 미국 육군에서 한국 전란에 70억 불 소비했다고 발표

◆4.4 원내자유당은 당헌 문란혐의로 이갑성과 배성기를 제명하고 박영출, 조경규, 이교선, 조주영, 김종회, 남송학, 김정실, 박승하, 박성환을 정권조치

◆4.4 상이용사 중 자립불능자를 엄선하여 연 50만 원의 연금 지급을 국회에서 의결

◆4.7 원내자유당, 원외자유당, 대한국민당, 여자국민당은 자유당

으로 합당을 결의

◆4.7 소개민(疏開民)의 귀농에 편리를 도모하고 지방선거에 자유 분위기 보장을 위해 계엄령 일제 해제

◆4.14 미국 트루먼 대통령 불출마 선언, 민주당 분열을 방지하고 아이젠하워 원수와의 경쟁을 불원

◆4.16 내각책임제 개헌안 제의, 국회의원 123명(자유당 48, 민국당 39, 민우회 21, 무소속15)의 서명으로, 비 서명 의원은 60명

◆4.19 예산안 9천 8백 19억 365만 6천 4백 원 국회 통과, 정부안에서 17억여 원 삭감

◆4.20 세계 인구 23억 9천 9백 9십만 명, 아세아에 12억 7천 2백만 명 거주로 53% 점유

◆4.25 시·읍·면의원 1만 7천 5백 96명 선거 실시, 입후보자 3만 2천 96명의 40일 동안의 백열전도 종료

◆4.25 서민호 의원과 서창선 대위가 총격전 전개, 서창선 대위 절명, 서민호 의원 자수

◆4.28 대일강화조약 발효로 일본이 미국 군정의 쇠사슬을 벗고 주권 회복, 맥아더라인과 한국대표부 지위 문제 미해결

◆5.2 한국전쟁으로 유엔군 41만 9,456명, 공산군은 166만 6,069명이 희생된 것으로 판명, 월남(越南) 동포는 61만 명

◆5.3 변영태 외무부장관은 일본은 대한민국의 해양주권선언에 동의해야 한다고 성명

◆5.7 찬성 95표, 반대 81표로 장택상 국무총리 인준 가결

◆5.8 내각책임제 개헌안 공고, 국회부의장은 윤치영(56표) 후보를 꺾고 94표를 득표한 김동성 당선

◆5.10 전국 도익원 선거 실시(서울과 경기 제외), 정원은 306명에 입후보는 824명

◆5.14 정부에서 이미 부결된 대통령직선제, 국회 양원제 개헌안을 수정하여 국회에 제출, 즉시 공고

◆5.20 법원은 국회의 석방안 가결로 서민호 의원 석방 결정, 검찰은 항고

◆5.24 폭력화한 반민(反民)국회의원 축출운동 데모에 천여 명이 의사당 포위, 제지한 경찰대와 난투극, 경관 부상 84명

◆5.26 부산, 경남, 전남, 전북 23개 시·군에 공비의 조속한 소탕 명분을 내걸고 비상계엄령 선포

◆5.29 국회는 부산시 비상계엄령 해제안, 헌병대에 감금된 9의원 석방 동의안, 45명의 의원들을 압송한 책임자 출석요구안 가결

◆5.30 공보처는 유엔군 파견대장의 명령으로 국회 버스를 납치했다고 발표, 장택상 국무총리는 통수권에 속하는 문제라고 발뺌

◆5.31 유엔 한국위원회는 부산시 계엄령 해제, 구속의원 석방을 촉구하는 서한을 이승만 대통령에 전달

◆6.1 휴전회담은 완전 정돈 상태, 휴전회담 희망 희박화에 따라 지상 탐색전 점차로 격화

◆6.5 이승만 대통령은 국회를 해산시켰다는 전례를 만들지 않기 위해 국회 해산령을 정지하고 지연하고 있다고 협박성 담화

◆6.10 이승만 대통령은 대통령직선제 개헌안을 통과시킨다면 차기 대통령은 국회에서 선출해도 된다고 담화

◆6.12 거제 포로수용소에서 폭동, 31명 살해, 85명 부상, 극렬분자 분산 수용, 인민재판을 주도한 포로 두목 16명 체포

◆6.15 이종영 의원 의사당 앞뜰에서 민의(民意)를 비난하는 대성통곡하며 고함(高喊)

◆6.20 국제공산당사건 관련하여 국가보안법 위반 혐의로 7명의 의원의 군사재판 개정

◆6.21 삼우장파와 장택상 국무총리가 주도한 소위 발췌개헌안 상정, 정부의 제안 설명 직후 곧 산회

◆6.23 유엔사령부에서 남한 출신 민간인 억류자 2만 7천 명 석방 결정

◆6.24 위헌론을 도외시하고 대통령 임기 연기와 선거가 실시되지 않을 경우 계속 집무(執務)안 가결

◆6.26 지방의원 대표 1천여 명이 국회 해산, 대통령 직선제 개헌을 위해 노천(露天)에서 철야 농성

◆6.26 부산 충무로 광장 기념식 도중에 이승만 대통령 저격 기도, 국회의원 서상일을 비롯하여 김시현, 노기용 등도 체포

◆6.27 백주에 400명의 무장공비가 전남 장성에서 호남선 열차를 습격하여 91명을 살해하고 80명을 납치

◆6.29 김성수 부통령 사표 수리, 국회 해산결의안은 보류, 민족자결단이 국회의사당을 포위하여 80여 의원들이 감금

◆7.1 이승만 대통령은 국회 해산 협박, 신익희 국회의장은 호헌결의 요망

◆7.5 오월동주(吳越同舟)의 의원들, 이틀이나 철야하여 고달픈 심정에 밤비도 구슬피 내려

◆7.6 발췌개헌안 기립 표결로 통과, 개혁파 65명의 의원들이 현실 타개에 대한 도리 없음을 깨닫고 뜻을 굽혀 찬성

◆7.11 국회의장에 신익희 당선, 부의장엔 조봉암과 윤치영 당선, 배은희와 김동성은 석패

◆7.14 유엔군 평양을 2회에 걸쳐 대폭격, 북한지역에 1천 3백회의 파상적인 폭탄 세례도

◆7.16 한해(旱害)극복 응급대책으로 양수기 800대 분배, 대파(代播) 종자 7천 석도 각 도에 할당

◆7.18 이승만 대통령 원외 자유당수 취임 사실을 부인, 이범석 부통령 후보와 관련되어 파문 확대

◆7.20 제15회 올림픽이 핀란드 헬싱키에서 개최, 우리나라도 43명이 참가하여 32번째 입장

◆7.23 이범석 내무부장관, 이윤영 무임소 국무위원이 부통령 출마를 위해 사표 제출

◆7.24 국제구락부사건으로 김수선, 김용성, 이정래, 유진산, 최희송 등 27명 구속, 조병옥, 김창숙, 서상일은 불구속 기소

◆7.27 대통령엔 이승만, 조봉암, 이시영, 신흥우 후보 등록, 부통령엔 이범석, 조병옥, 임영신 등 9명이 난립

◆7.28 올림픽에서 김성집 선수 역도에서 최초의 동메달 획득

◆7.30 이승만 대통령은 부통령을 추천 않겠다고 담화, 조병옥은 대통령에 이시영 후보를 추대

◆7.31 국가보안법 위반 사건의 7명의 의원은 증거 희박을 인정하여 공소 취하, 원용덕 계엄사령관이 법정에 출정

(2) 이승만 대통령 재집권에 성공하고 경찰독재국가로

◆8.5 정・부통령선거, 대통령에 이승만, 부통령에 함태영 당선

◆8.8 경찰의 함태영 후보 선거운동으로 원외 자유당이 장택상 국무총리를 고발

◆8.15 정・부통령 취임식은 서울 중앙청 광장에서 광복절 경축식과 함께 거행

◆8.18 문화의 척도인 문맹(文盲) 인구 무려 3백만여 명, 성인교육은 이름뿐

◆8.27 중석불사건 대정부 질의전 심각, 이승만 대통령은 책임 문제 선처 약속, 300억 환의 행방 철저 추궁

◆8.30 서울시장 김태선, 내무부장관에 진헌식, 농림부장관에 신중목 임명

◆9.10 한강을 허가받지 않고 밀도강(密渡江)하다 15명이 희생, 10월에도 8명 익사

◆9.15 김제둑 붕괴로 조수에 휩쓸린 김제-만경 평야, 3천여 정보가 물바다, 3천여 명 주민 앞길이 막연

◆9.16 민국당 파괴공작이란 풍설을 뒤엎고, 이승만 대통령 저격사건의 김시현과 유시태에게 사형 언도

◆9.18 영등포역에서 경인선 통근 열차 전복, 사망 12명, 부상 127명의 참경(慘景)

◆9.21 고지(高地)쟁탈전 치열, 중공군이 4개 지점에서 전차대 투입 반격 내습

◆9.28 원외자유당 이범석과 이활 양파 대결 첨예화, 이승만 대통령 총재 취임 거절, 이활파 숙청 가결

◆10.1 종식해가는 뇌염, 환자 발생은 1,171명이며 사망자는 418명에 도달

◆10.3 제주도 포로수용소 소요로 45명이 사망하고 120명이 부상

◆10.10 장택상 국무총리 사표 수리, 이윤영을 국무총리에 지명

◆10.12 백마고지의 백병(白兵)의 혈투, 머리털로 겨우 피아 식별, 정상엔 중공군이 완강하게 고수

◆10.13 민주국민당 대의원대회, 지청천 전 최고위원은 친일파, 민족반역자 소굴인 민국당을 탈당하라고 신익희 의장에게 권고

◆10.18 이윤영 국무총리 또 인준 부결, 찬성 35표 대 반대 128표

◆10.31 중석불 특위의 제안에 따른 국무원 불신임 표결에서 가(可) 103표, 부(否) 45표로 20표 미달하여 부결

◆11.10 중부전선의 포격전 가열, 초연탄우(硝煙彈雨)로 지옥화, 피아간에 간단없는 맹교사(猛交射)

◆11.17 현실 도피의 유학생들, 70%의 유학생이 귀국에 불응하고 번화가에서 안일과 향락에 도취

◆11.21 이갑성 국무총리 인준 부결, 재석 173인 중 가(可) 76인으로 이윤영에 이어 두 번째 부결

◆11.26 대한민국의 체면과 국제 신망을 손상했다고 변영태 외무부장관 소환 결의(찬성 88표, 반대 31표로)

◆11.27 아이젠하워 미국 대통령 당선자 방한을 충무로 광장에서 4만 학도들이 환영대회, 민족 염원을 눈물로 호소

◆11.30 충남 성환에서 달리는 버스가 휘발유 인화로 화염에 휩싸여 승객 16명이 소사(燒死)

◆12.7 아이젠하워 미국 대통령 당선자 "한국은 방공의 보루(堡壘)다"면서 대한(對韓) 군원·경원 강화를 약속

◆12.11 영남 일대에 15년래의 대폭설, 각 방면 피해 심대, 최대 300cm까지 대폭설

◆12.17 봉암도 공산 민간억류소에서 3천여 명의 포로가 계획적 폭동을 일으켜 82명이 살해되고 120명이 부상

◆12.24 국군 가장한 무장공비, 기장역 습격 방화 6명 사상

4. 뿌려진 피의 대가도 헛되이 휴전협정 체결 (1953)

(1) 총리서리 체제 7개월만에 국무총리 임명

◆1.4 대전역 부근에서 미군 전용 열차가 과속으로 전복하여 20명이 즉사하고 40명이 부상

◆1.7 이승만 대통령 방일, 일본 이케다 수상과 회담, 대공(對共) 방위 공동책임 확인

◆1.11 부산-여수 간 여객선 창경호가 다대포 앞바다에서 침몰, 266명의 승객 익사, 생환자는 7명

◆1.17 유연탄 도입 두절로 화력발전소 가동이 여의치 아니하여 전력 사정이 악화 일로

◆1.25 주한미군 제8군 사령관을 밴프리트 대장에서 테일러 중장으로 교체

◆1.28 충남 서천에서 정원 초과 승선 탓으로 여객선이 전복하여 30명이 익사

◆1.29 무기명 비밀투표로 상임분과위원장 선출, 원외자유당 3명뿐 원내자유당과 민주국민당 등이 11명 당선

◆1.30 늘어나는 병역기피 군상(群像), 고의적인 단지(斷指) 성행, 기피 탄로가 두려워 살인도

◆2.1 부산 국제시장 대화재, 건물 1천 5백동 전소, 이재민은 7천여 명이며 발화 원인은 석유 등불

◆2.7 일본 어선 12척이 성어기 노리고 제주도 근해에 대거 침범, 한일 우호 촉진을 역행

◆2.16 원(圓)을 환(環)으로 변경한 화폐개혁을 단행, 거래 단위를 100분의 1로 인하, 대달러 환율은 60대 1로

◆2.17 정부미 5만석 방출, 전국 50만 영세 세대에 1두(斗)씩 배급, 식량 문제 긴급 조치

◆2.22 미국 아이젠하워 대통령은 휴전회담 재개엔 무관심, 군사적 압력으로 종전(終戰) 기대

◆2.27 경남 산청에 국군 가장 무장공비 출현, 버스 등 3대 피습

◆3.1 지상(地上)전투 치열화, 서부전선의 케리고지에서 격전, 미국 군함은 원산만 함포 사격

◆3.7 침략의 원흉으로 지탄받은 소련의 스탈린 수상 사망, 마렌코프로 후계결정

◆3.10 용초도 수용소에서 2천 명의 적색(赤色)포로들이 집단 폭동, 23명이 사망하고 65명이 부상

◆3.14 원외자유당은 장택상 입당 문제로 내부 균열, 족청과 비족청 분파 행동 점차 심각화

◆3.17 전국 중학입시 일제히 시행, 운명 좌우하는 90분

◆3.22 이승만 대통령 저격사건 결심공판에서 연극 여부로 대논전,

김시현과 유시태 피고에 사형 언도

◆3.27 벙커고지, 산고고지, 불모고지, 철마고지에서는 혈전을 전개 중이나 김일성고지, 단장능선, 피의능선, 덕수리고지, 수도고지, 지형능선, 저격능선, 삼각고지, 오백고지, 백마고지 등은 평온

◆4.1 중국 주은래 수상은 쌍방 포로교환, 휴전회담 재개와 중립국 관리위원회 구성 제의

◆4.5 눈물 없이 볼 수 없는 이 궁상(窮狀), 먹을 것이라곤 목피(木皮)뿐, 농민의 80%가 기아 상태

◆4.8 포로교환 예비회담 진전, 휴전 성립 전이라도 포로 송환에 합의

◆4.10 가장된 평화의 간계(奸計) 분쇄하고 통일 없는 휴전은 결사반대하는 국민대회 개최, 우리의 소원은 오직 통일 완수

◆4.12 남한 인구는 2천만 명으로 조사, 여자가 남자보다 40만 명 많은 것은 전쟁 탓

◆4.14 변영태 외무부장관은 우리 정부와 상의 없는 부상병 포로교환은 한국에 대한 주권 침해라고 주장

◆4.18 기아에서 헤매는 이 겨레의 참상, 전국적으로 2백만 명이 기아 상태이며 200명은 아사(餓死) 또는 자살

◆4.22 역사적인 부상병 500명 포로교환, 청색의 중국 제복을 벗고 백의(白衣)의 자유 몸으로 요양소에

◆4.23 북진 없이 조국통일 없다면서 국토 분할의 휴전반대 궐기대회를 백만 학도가 궐기하여 절규, 3천만 국민 총궐기대회도

◆4.25 백두진 국무총리 인준, 가(可) 103표로 부(否) 63표를 꺾고, 백두진 총리는 경제 안정과 부흥을 피력(披瀝)

(2) 휴전회담은 2년 2개월 허송세월 보내고 체결

◆4.30 전남 곡성과 순천에 이어 경남 산청에 공비 출현, 버스를 소각하고 12명을 살상

◆5.1 이승만 대통령은 분단 상태에서 휴전이면 국군은 단독으로 북진, 북한 공산 포로의 중립국 이송도 불원이라고 밝혀

◆5.4 귀환포로 증언, 북한수용소는 기아와 질병의 생지옥, 전우 2,538명이 사망했다고

◆5.29 중석불사건 피고 7명 전원 무죄, 앞으로 모리배 말은 안 듣도록 경고

◆6.1 공산군 서부 3개 진지에 포탄 6만발 포격, 유엔군 반격 개시, 전 전선에서 전투 치열화

◆6.3 이승만 대통령은 휴전 수락 조건으로 한·미 상호방위조약 체결과 대한(對韓) 대규모 군원·경원 공여 제안

◆6.9 포로 문제 잠정협정 조인으로 휴전 사실상 성립, 변영태 외무부장관은 한국 지지없는 협정 무효를 선언, 국민 실망은 최절정

◆6.10 지리산 공비 아직도 1천 명 잔존, 광양 백운산 등 6개 산봉 타고 준동

◆6.12 국회는 한국민의 총의로 휴전을 단호 반대의 메시지를 주요 우방 국가에 전달, 휴전반대 시위참가 여학생 12명 부상

◆6.17 공비가 삼랑진역 출현하여 증천교 폭파, 열차 7량 전복, 후방 치안 교란에 광적 발악

◆6.18 휴전을 앞두고 국토 쟁탈전 치열, 일개의 고지인들 빼앗길 소냐고 발악

◆6.19 이승만 대통령 2만 5천 명의 반공포로 석방 성명 발표, 아이젠하워 미국 대통령은 유엔군 사령부 권한 침범이라고 통고

◆6.25 국토를 피로 물들인 뼈에 사무친 민족 비극의 날 세 돌, 미군 사상자 13만 명 돌파

◆7.2 자유당 징계위원장 신형식은 김일성 장군을 따르자는 망언으로 구속, 자유당 내부 사찰도 강화

◆7.8 전국적인 폭우로 가옥 5천 호, 전답 27만 여 정보 침수 도괴(倒壞), 162명 사상, 호남선 열차 불통

◆7.9 한국 운명 중대 기로에, 이 대통령과 미국 대통령 특사인 로버트슨 회담은 불발, 공산권에서 미국의 단독 휴전 조인 수락

◆7.16 공산군의 서부와 중부전선에서 대대적인 공세로 반격전을 펼쳤으나 8km 정도 후퇴, 이승만 대통령은 촌토(寸土)도 포기 말라 격려

◆7.17 백두진 국무총리는 미국의 대한(對韓) 경원이 3개년에 10억불을 확신한다는 성명 발표

◆7.18 늘어나는 서울 주민 백만 명 돌파, 집값은 앙등(仰騰), 전

차 105대 운행

◆7.23 휴전 방해하지 않도록 미국 덜러스 국무장관이 이승만 대통령에 메시지 전달

◆7.25 이승만 대통령은 휴전 협정의 불방해 보장은 미국의 양보를 조건으로 한다는 성명을 발표

◆7.27 휴전협정 조인, 미국의 해리슨 중장과 북한의 남일 대표 서명, 전투는 중지하고 180일간 휴전키로, 동란 중 유엔군 40만 명, 공산군 135만 명 희생

◆7.28 총포성이 멈추고 비무장지대 철수 개시, 뿌려진 피의 대가도 헛되이 쓰러진 전우 안고 아군들은 눈물의 철수

(3) 휴전협정 후에도 서울 환도는 황소걸음

◆7.31 경부선 야간열차 운행, 정부 각 부처는 서울 환도 준비에 박차

◆8.1 미국 상원은 대한 경제원조 2억 달러 승인, 휴전 감시위원단 업무 개시

◆8.4 이승만 대통령은 유엔군이 통일 목적을 견지하는 한 한국의 단독 행동은 보류하겠다고 밝혀

◆8.9 한·미 상호방위조약 체결, 이승만 대통령과 덜러스 장관 서명, 공산군 재침 시 즉시 반격을 16개 참전국이 서약에 서명

◆8.10 북한에서 박헌영 등 남로당계를 이적행위 혐의로 숙청

◆8.12 유엔군 포로 2,700명이 아사하거나 학살당했다고 폭로, 외국 병사와 국군 병사의 차별 대우도 우심(尤甚)했다고

◆8.13 심각해진 서울의 주택난, 10만 명이 토막(土幕) 생활 중, 폭우로 6천 호가 침수

◆8.15 서울에서 이승만 대통령 참석하여 광복절 기념식 거행, 50만 시민 동원, 국군의 호화 사열식도

◆8.26 휴전협정 이후에도 경남 함양에 공비 출현, 양민학살

◆8.31 이승만 대통령은 통일 위한 투쟁은 포기할 수 없다며 불굴의 결의 천명(闡明)했으나 공허한 언어의 유희(遊戲)

◆9.7 포로 8만 8천 738명의 교환 일단락, 북한에 7만 5천여 명을 넘겨주고 북한에서 1만 2천여 명이 송환

◆9.9 송환(送還) 불원 포로는 유엔군 4백 명, 공산군 2천 3백 명으로 판명, 태도 주목

◆9.11 농촌 잡부금 문제가 비등하여 내무부장관 진헌식과 농림부장관 신중목을 파면 조치

◆9.12 이승만 대통령은 일체의 청년단을 폐지하고 민병단에 편입토록 하고, "민족청년단원은 하나도 선거하지 말 것"을 자유당과 국민회에 특별 지시

◆9.16 인도군에 이관된 반공포로 총궐기, 공산 측 대표에 투석 등 유혈적 폭동도 발생

◆9.21 지리산 무명고지에서 무장공비 총두목 이현상을 사살

◆9.22 국회 환도 후 첫 본회의 개의, 한·미 상호방위조약 비준, 추경예산 수정 의결 처리

◆9.24 성어기 노린 일본 어선단 1천 72척이 평화선을 침범

(4) 전쟁 후속처리 중에도 자유당 집권의욕은 불타올라

◆10.4 포로를 관리한 인도군 중립성이 의아, 포로 살상은 휴전협정 위반, 손원일 국방부장관은 비인도적 행위라고 비난

◆10.7 신익희 국회의장은 "인도는 자유 진영의 공적(公敵), 한국에서 추방하자"고 역설, 인도군 폭거에 민족 분노 폭발

◆10.8 절름발이 격(格)의 문교행정, 국민학교의 45%가 교사(校舍) 없어 방황, 3부제도 어렵다고

◆10.9 양유찬 주일대사는 "평화선 절대 불철폐, 일본의 재한(在韓) 재산권 주장은 부당"하다고 역설

◆10.11 중립성을 잃은 인도군 행동, 친공 선전을 자행, 자유의사 표시하면 발포하고 살상

◆10.18 진헌식 내무부장관에게 뇌물을 준 간첩 정국은 사건과 관련하여 양우정 의원을 구속

◆10.23 한일회담 결렬, 한국 대표는 일본의 교만한 태도를 비난, 일본 외무성도 한국에 책임 전가

◆10.31 동란(動亂) 이후 피난민 287만 명, 전사상자 300만 명(한국군 41만 명, 미국군 21만 5천 명)

◆11.2 북한송환 불원 포로들 북한 설득 요원들에 거친 항의, 폭동 전야 방불, 북한은 포로 설득 중단

◆11.3 세계에서 으뜸가는 유아 사망률, 전체 사망자의 88%를 차지, 당국의 획기적 조치 필요

◆11. 13 미국 닉슨 부통령 내한 "통일과 민주 건설 사업에서 세계의 위대한 상징이 되라"고 격려

◆11.25 민국당 전당대회, 위원장에 신익희, 부위원장에 최두선과 김도연 선출, 30명의 중앙위원 발표

◆11.26 공비가 백주에 의령읍 관공서를 기습, 경찰서장 등을 살해하고 6명을 납치

◆11.29 이승만 대통령 돌연 대북(臺北) 방문, 장개석 총통과 회담, 한·중 유대 더욱 공고히 하고 대공산투쟁 강화

◆11.29 부산 영주동에 대화재, 2천 6백호 소실, 이재민 2만 7천여 명, 발화 원인은 풍로(風爐) 부주의

◆12.2 국민회 전국 대의원 대회, 총재에 이승만, 최고위원에 이기붕, 배은희, 이갑성 피선

◆12.8 전력 사용을 강력 제한, 시간 외는 도청(道廳)에도 단전, 상공부는 비상전력 수급안 작성

◆12.11 긴급 구속건 남용 현저, 구속자의 63%가 불기소, 세계 인권의 날을 맞아 주목

◆12.11 자유당은 족청계인 이범석, 진헌식, 안호상, 이재형, 양우정, 윤재욱, 신태악 등을 제명 처분

◆12.16 한미 신(新)환율은 180대 1로 60대 1이 엊그제였는데 벌써 3배

◆12.22 전국 문맹 퇴치 운동도 공염불, 탁상 계획만 하는 문교부는 예산 통과되지 않아 못하겠다고

◆12.27 반공포로 2만 2천여 명 공산 측의 세뇌 공작이 실패, 설득을 거부하여 월북자는 300여 명에 불과

◆12.30 민의원 분과위원장 선거에서 자유당이 12석을 석권하고 야권은 임흥순, 홍익표 등 2석만을 건져

5. 자유당이 과반의석을 넘긴 제3대 총선 (1954)

(1) 초대 대통령 종신제 개헌을 비밀리에 추진

◆1.3 인도군 중립성 방기(放棄), 반공포로 125명 강제 북송, 인도군의 배신을 규탄, 회색(灰色)인도는 중립국의 간판 사수

◆1.15 실향 사민(私民)교환에 준비 진척, 2월에 명부 교환, 3월엔 매일 100명씩 교환키로

◆1.21 반공포로 2만 2천 명 자유의 품속으로, 태극기 휘날리며 출문하여 남진, 공산군은 방관

◆1.21 간첩 정국은 사형 집행, 진헌식 전 장관은 달면 삼키고 쓰면 뱉고라고 투덜

◆1.25 국회의원 선거에 연고지제를 채택, 3년 이상 본적이나 주소를 가진 25세 이상을 피선거권자로 한정, 국무회의서 거부

◆1.31 자유당 족청계 연병호, 김정식, 여운홍, 박세동, 박제환, 이석기, 태완선, 윤재근 등 15명의 의원 제명 의결

◆2.1 휴전선 155마일 일대에 요새 진지를 구축, 4km의 비무장지대 설정

◆2.2 오산역에서 열차와 버스가 충돌, 54명 즉사, 80여 명 중상, 트럭이 먼저 횡단하려다 발생

◆2.7 달리는 열차에 불, 열선 송유관에서 발화, 방직기 등을 만재한 열차 6량이 전소

◆2.10 총선 출전을 위해 김법린, 윤성순, 정재설, 한희석, 인태식, 서정원, 임명직, 진의종, 허윤수, 조광희, 천세기 등 26명의 공무원이 사직

◆2.20 8천 명을 기대했던 사민(私民) 환송에 우리는 70명, 북한은 외국인만 10명 명단 상호교환

◆2.24 물의(物議) 많던 인도군 귀국, 74명의 포로 해결 못한 채

◆2.26 수복지구에 농민 복귀 허용, 총 4천 6백 세대, 속초와 인제 등에서 경작

◆2.27 평양을 비롯한 도처에서 반공데모, 북한 정권에 항거, 각 지역에 계엄령 선포

◆3.1 이승만 대통령은 휴전 협정은 치욕적 굴욕이라며 단독 북진으로 남북통일의 의지를 재천명

◆3.8 총선 출마 예상자 1천 3백여 명으로 추산, 자유당과 무소속이 5백여 명으로 필두

◆3.12 덕수궁에서 8만 납북인사 구출대회 개최, 내 가족을 보내라며 적구(赤狗)들의 만행을 규탄, 북한은 외국인 9명만 송환

◆3.17 아시아 반공회의 서울에서 개최, 중국, 말레이시아, 캄보디아 참가, 반공 역량을 강화

◆3.20 초대 대통령 종신 집정 등 개헌안을 돌연 비밀리에 급속 추진, 자유당은 전연 무관하다고 담화

◆3.21 이승만 대통령은 총선에 입후보자 난립은 불가라며 자유당은 각 선거구에 1명만 천거하라고 지시

◆3.22 이승만 대통령은 차기 선거에서 청백하고 진실한 사람에게 투표하라고 강조

◆3.27 이승만 대통령은 비밀리에 추진하고 있는 초대 대통령 종신 개헌 추진을 유보토록 지시

(2) 자유당은 종신집권 개헌선 확보를 위해 전력투구

◆4.8 지리산에 평화가, 공비 주력부대 거의 섬멸하여 보급 루트 차단 전술이 주효

◆4.15 자유당 158개 지역구 이승만 총재 공천 재가, 현역의원 40명 포함, 국민방위군사건 관련자 모두 탈락

◆4.16 민국당은 67개 지역구 공천 후보자 발표, 136개 지역구 선정은 보류

◆4.27 민국당은 정부의 일대 반성이 없는 한 입후보를 재고하겠다고 성명

◆4.29 제3대 총선 입후보자 1,291명 등록, 무투표 당선 경북 군위 박만원 후보가 유일

◆5.1 원주에 정체불명의 테러단 훈련, 출마자에 협박 삐라, 깨뜨려진 선거의 자유 분위기

◆5.5 이승만 대통령은 경찰관들에게 치안과 법률만 지키라며 선거 간섭 불가라는 담화 발표

◆5.13 이승만 대통령은 당선시키지 말아야 할 분자를 열거한 담화 발표

◆5.13 자유당 부여 갑구 한광석 후보는 "자유당은 대한민국이 공인한 공산당"이라고 정견 발표장에서 망언

◆5.15 자유당은 대통령이 승인한 자에게 투표하라고 홍보전 전개

◆5.20 제3대 민의원 선거, 민주주주 척도(尺度)를 측정, 자유-민국-무소속 후보들의 3파전

◆5.22 충남, 충북, 강원 등 지방은 자유당 일색, 야당 지도자 거개 당선, 전국 투표율은 91%, 자유당 114명, 무소속 67명, 민국당 15명 당선

제2장 1,291명의 후보들이 난립한 제3대 총선

1. 자유당을 위한 자유당에 의한 제3대 총선

2. 탄압 대상인 민주국민당보다 무소속을 선호

3. 자유로운 분위기를 강조했지만 역시 공염불

1. 자유당을 위한 자유당에 의한 제3대 총선

(1) 이란성 쌍둥이가 자유당의 용광로 속으로

1951년 8.15 경축사에서 이승만 대통령은 종래의 지론이던 정당무용론을 돌연 일축하고 농민과 노동자를 위한 정당의 활발화를 유시했다.

이것은 다가오는 대통령 선거전에 대비한 하나의 정략적 포석일 수도 있고, 민주정치에의 정상적 코스를 지향하려는 심경일 수도 있었다.

대한독립촉성국민회를 모태(母胎)로 하는 국민회가 중심이 되어 대한부인회, 대한노총, 농민총연맹 등을 중심으로 대통령의 분부에 충성을 다짐하며 자유당 창당을 추진했다.

원외자유당은 군정시절 조선민족청년단(族靑)을 결성하여 국무총리와 국방부장관에 등극해 위세를 떨치다가 중국대사에 임명됐으나 주중국대사를 사직하고 귀국한 이범석이 가세하여 위세를 더욱 떨치게 됐다.

부산 동아극장에서 결성된 원외자유당은 당수에 이승만, 부당수에 이범석을 추대하고 이활(총무부), 정현모(재정부), 채규항(조직부), 목성표(연락부), 양우정(정책부), 신태악(감찰부), 문봉제(선전부), 박영복(부인부)등이 부장으로 활약했다.

한편 이승만 대통령의 유시(諭示)를 받들어 원내에서도 이갑성, 오위영, 엄상섭 등이 원내자유당을 결성하여 이란성 쌍둥이인 원내자유당이 탄생했다.

원내자유당은 의장은 공석으로 두고 이갑성, 김동성, 김승환을 부의장으로 선임하고 오위영, 이재학, 민영수, 이종욱, 성문흠, 이상철, 조대연, 엄상섭, 김정실 의원들이 중추적인 역할을 담당했다.

홍익표(의원부), 이재형(재정부), 박승하(총무부), 오성환(조직부), 정헌주(선전부), 김용우(조사부), 김봉재(재정부), 우갑린(훈련부), 윤성순(섭외부), 오종식(문화부), 배성룡(시민부), 반성환(노동부), 강진국(농민부), 안상한(어민부), 김판석(청년부), 김철안(부녀부) 등이 부장으로 발탁되어 활약했다.

원외자유당은 족청계의 조직을 활용하여 땃벌떼, 민중자결단 등을 조직하여 이승만 대통령의 재집권을 위한 직선제 개헌에 장택상 국무총리, 이범석 내무부장관, 원용덕 헌병사령관과 함께 지대한 공헌을 하였지만, 원내자유당은 이승만 대통령을 명목상의 대통령에 추대하고 장면 국무총리에게 정권을 주도케 하는 국무원책임제 개헌에 집착했다.

급기야 이승만 대통령은 원외자유당만이 진정한 정당이라고 선언하여 원내자유당은 합당추진파와 합당반대파로 분열됐다.

양우정, 배은희 중심의 원외자유당 합당추진파인 삼우장파는 원내자유당을 각개 격파하여 자유당이라는 거대 정당이 탄생할 수 있었다.

(2) 이승만 대통령 숙청의 제물이 된 조선민족청년단

이승만 대통령의 특명에 의한 청년운동의 단일화 정책으로 족청은 위축됐지만, 청년운동의 지도적 이론을 제공한 안호상의 주축으로 재결집한 족청은 최초로 실시된 지방의원 선거에서 위력을 발휘했고, 의원 사망에 따라 실시된 보궐선거에서 조병옥, 서상일 등 야당의 맹장들을 일패도지(一敗塗地)하는 데 공헌했다.

발췌개헌안 통과로 결실을 맺은 정치파동 40일간 이범석 내무부 장관의 활동은 초인적이었으며 백골단, 땃벌떼 등 유격대를 동원하여 자유당에 깊숙이 뿌리를 내리고 대한노총, 대한청년회, 농민회를 거쳐 국민회에 이르기까지 화려한 투쟁보를 자랑했다.

자유당 제3차 전당대회에서는 신형식 징계위원장이 대임을 맡아 정통파이며 창당의 공신인 비족청계 이활 등 21명을 반(反)당책모의 죄명을 씌워 제명코자 했으나, 이승만 대통령의 파쟁을 일삼지 말라는 호령으로 수포로 돌아갔다.

이승만 대통령은 "자유당 안에 민족청년단의 세력이 부식되어 자유당 자체가 분규 상태에 이르렀고 통일 정신이 약하게 되어 족청계를 일소하라"는 담화로 족청계는 서리 내리는 조락(凋落)의 가을을 맞이했고, 정국은 간첩사건에 관련되어 양우정, 진헌식, 이재형 등이 마지막 장사를 지내는 장송곡이 되었다.

족청계는 정치파동 때 백골단, 땃벌떼까지 만들어 이루어진 수훈을 과신하고 정치세력 부식에 광분했으나, 사회단체협의회가 장택상의 신라회와 결탁하여 자유당 내에서 족청계 격파에 나섰다.

진헌식 내무부장관은 경찰을 동원하여 반대당, 반대파의 정치인을 미행할 뿐만 아니라 관련 기업체의 대출 기회 박탈, 이유 없는 호출과 문초 등 갖은 억압을 자행하고, 이를 비판하는 기자까지 탄압한 것으로 알려졌다.

징계위원장으로 숙당(肅黨)을 주도한 신형식은 "위대한 영도자 김일성 장군의 뒤를 따르라"는 연설을 공공연하게 감행했다.

의원들은 "지방에서는 경찰보다 자유당 족청계가 착취와 행패를 부린다"는 개탄의 목소리가 광주의 유응, 여수의 남병일 통비(通匪)분자들의 체포와 결합되어 축출의 빌미를 제공했다.

족청파의 제거에 성공한 자유당이 민주세력의 대동단결을 기획하여야 할 것임에도 내분은 계속됐다.

호랑이굴에 들어가 호랑이를 잡겠다는 장택상은 자유당의 헤게모니를 쥐고 있는 배은희와 이갑성파의 기탄외원(忌憚外遠)으로 침투에 어려움을 겪었다.

자유당은 12월 9일 중앙위원회에서 부당수였던 이범석을 위시하여 족청계 거물 인사 90명을 민족 분열분자로 규정하여 제명을 의결했다.

진헌식 전 내무부장관, 안호상 전 한청단장, 이재형 전 상공부장관, 양우정 의원, 전 조직부장인 원상남, 서울시당 부위원장인 윤재욱, 중앙감찰부장인 신태악 등도 포함됐다.

자유당은 선거를 앞두고 족청계라는 사유로 연병호(괴산), 여운홍(양평), 김정식(영주), 우문(김천), 서장주(양산), 김인선(북제주), 김제능(서산), 박세동(강릉), 엄병학(임실), 김준희(진안), 박제환

(부천), 김정두(순창), 태완선(영월), 이석기(부여), 윤재근(강화) 의원 등 15명을 제명하고 최주일(김제), 정헌조(영광) 의원들은 조사 미진으로 보류했다.

이승만 대통령의 결재 과정에서 15명의 의원 중 7명은 기사회생하여 정치 생명을 이어갈 수 있었다.

그러나 자유당의 특별 배려로 자유당 공천을 받은 김제능, 김정두, 최주일, 정헌조 의원들은 물론 무소속으로 출전한 연병호, 여운홍, 김정식, 엄병학, 태완선, 윤재근 후보들 모두 낙선하여 정치 생명이 위태로워졌다.

(3) 이승만 대통령의 재가를 얻어 158개 선거구 공천 후보자 결정

족청계를 일소한 자유당은 이승만 대통령 충성파 결집체로 변모했으나 이갑성, 배은희의 노장파, 이기붕 중심 소장파, 장택상의 조직인 신라회의 암투가 있었지만, 이승만 대통령의 절대적 신임을 받은 이기붕의 장중(掌中)으로 녹아내렸다.

자유당은 이기붕, 김창수, 조경규, 임철호, 박영출, 조영환, 문봉제 등 7인의 선거대책위원회를 구성하여 시·군당위원장의 선거를 주도하고 자유당의 공천자를 결정했다.

자유당이 203개 선거구 중 45개 선거구를 보류하고 158개 선거구의 공천자를 이승만 대통령의 재가를 얻어 발표했다.

현역의원 40명이 포함됐으며 박승하, 박용만, 진승국 등 자유당 간부들과 배은희 의원이 제외됐다. 국민방위군 관련 인사들이 대부분 공천에서 탈락했다.

공천을 받지 못한 채 입후보하는 경우에는 철저히 비행(非行)을 조사하고 공천자에 대한 민심을 귀일시킬 것으로 진망됐다.

후보자들은 대통령 각하의 지시와 당 정책을 절대 복종하고 민의에 의한 당 결정의 개헌을 절대지지할 것을 맹서하는 서약서에 도장을 찍고 공천장을 수령했다.

서울의 임철호(중구갑), 김을길(중구을), 전호엽(동대문), 김재광(성동갑), 이기붕(서대문을), 오성환(마포갑), 남송학(용산갑), 황성수(용산을), 조광섭(영등포갑), 조영환(영등포을), 김일(성북)

경기의 김종섭(인천을), 표량문(인천병), 정존수(수원), 한동석(고양), 김종규(양주갑), 이진수(양주을), 윤성순(포천), 구필회(양평), 이봉구(여주), 김병철(이천), 신의식(용인), 이교선(안성), 황경수(평택), 손도심(화성갑), 최병국(화성을), 이영섭(시흥), 장경근(부천), 배용문(김포), 윤일상(강화), 정대천(파주)

충북의 최순용(청주), 홍순일(청원갑), 곽의영(청원을), 김석우(보은), 권복인(옥천), 최순주(영동), 이학림(음성), 김기철(충주), 이태용(제천), 김중회(단양)

충남의 정상열(대전), 송우백(대덕), 유지원(연기), 염우량(공주갑), 김달수(공주을), 신태권(논산갑), 김용표(논산을), 한광석(부여갑), 조남수(부여을), 나희집(서천), 정명선(청양), 김화준(홍성), 나창헌(서산갑), 유순식(서산을), 홍순철(아산), 한희석(천안)

전북의 임차주(순창), 김창수(정읍갑), 진의종(고창갑), 신기원(부안), 임종권(김제갑), 최주일(김제을), 지연해(옥구), 김형섭(익산갑), 이진우(익산을), 박정근(전주), 김춘호(이리), 이존화(완주갑), 손권배(완주을), 이복성(진안), 송영준(장수), 박세경(임실), 양영주(남원)

전남의 유정두(목포), 노인환(광주), 문균(여수), 김종하(순천), 이정휴(광산갑), 조순(곡성), 이한창(구례), 손문경(고흥갑), 송경섭(고흥을), 구흥남(화순), 김성호(강진), 김병순(해남갑), 박기배(해남을), 유인곤(영암), 박창수(무안갑), 유옥우(무안을), 김종순(나주갑), 정명섭(나주을), 윤인식(함평), 김태성(완도), 조병문(진도), 황병규(여천), 이형모(승주)

경북 서석현(대구갑), 손인식(대구을), 이갑성(대구병), 심문(김천), 박만원(군위), 박영출(의성갑), 권병로(의성을), 권중순(안동갑), 김익기(안동을), 한국원(영양), 윤용구(청송), 김원규(영덕), 박순석(영일갑), 김익로(영일을), 안용대(경주갑), 김상도(영천갑), 조규생(영천을), 김진영(청도), 이영균(성주), 김철안(금릉), 육홍균(선산), 석회관(상주갑), 정문흠(봉화), 최병권(울릉)

경남 김례준(부산을), 정기원(부산병), 정재설(부산정), 이영언(부산무), 김종신(마산), 김인중(진주), 이영희(의령), 신영주(창령), 김형덕(밀양갑), 윤술용(밀양을), 임기태(양산), 안덕기(울산갑), 김법린(동래), 배상갑(김해갑), 김성삼(창원갑), 이용범(창원을), 김정실(고성), 정갑주(사천), 조주영(남해), 강봉옥(하동), 정태운(산청)

강원 홍창섭(춘천), 이종순(춘성), 최헌길(강릉을), 김진만(삼척), 전만중(울진), 유기수(정선), 이형진(평창), 김형기(횡성), 이재학

(홍천)

제주 김영린(북제주갑), 강창용(북제주을), 강경옥(남제주)등이 주자로 선정됐다.

(4) 자유당은 20개 지구를 보류하고 183명의 후보를 공천

자유당은 추가로 함재훈(원주), 최봉하(종로을), 강창희(서대문갑), 김재곤(인천갑), 신의식(용인), 오형근(가평), 최인규(광주), 이충환(인천), 한광석(부여갑), 김용철(군산), 김상현(무주), 신용욱(고창을), 임병철(보성), 정헌조(영광), 박영종(담양), 민병기(광양), 유인곤(영암), 유옥우(무안갑), 박창수(무안을), 이정희(영주), 최용근(경주을), 조장희(상주을), 우인기(칠곡), 김영삼(거제), 황남팔(거제), 박정규(함양), 신중목(거창), 이정갑(합천갑), 최창섭(합천을) 후보 등을 공천하여 183명의 공천 후보자를 결정하고 20개 지구를 무공천 지역으로 남겨됐다.

자유당은 20개 무공천지역의 자유경쟁은 허락하되 산하단체인 국민회, 대한부인회, 대한노동총연맹, 농민총연맹, 농민회 등의 기관단체명으로 출마하는 것은 엄금하고 정당정치에 무소속 입보자는 있을 수 없다면서 제명을 처분하겠다고 사퇴를 종용했다.

자유당의 엄금에도 불구하고 각종 단체의 명의로 57명이 출전하여 자유당 소속을 밝힌 후보는 277명에 달했다.

자유당은 공천을 받지 아니하고 등록한 자, 또는 공천 후보자에 비협조자 등 36명을 제명 처분했다. 여기에는 황호현 등이 포함됐다.

자유당이 무공천한 포항(김판석, 이종형, 최준봉), 경산(허동식, 배태준, 박주현), 고령(김홍식, 신현두, 전규현, 정남택, 박성배), 예천(현석호, 이호근, 권우섭), 부산 갑(김지태, 하원준), 울산 을(이규옥, 안준기, 정해영), 종로 갑(백홍균, 송태희, 김일휴), 성동 을(유성권, 진영하), 마포 을(함두영, 강지도), 괴산(안동준, 박원식), 보령(김영선, 김상억), 예산(성원경, 최익열, 한건수, 이영근, 이원하, 한중희), 당진(김용재, 인태식, 구을회), 정읍을(김종진, 한병일), 금산(정준용, 임명직, 오승근), 광산을(박홍규, 이재수), 장흥(백쌍암, 손석두), 장성(김태종, 박래춘, 김금룡), 영월(태완선, 전공우, 엄정주, 정규상, 최면한), 강릉갑(최용근, 전환자, 박건원, 김진백, 박세동)에서는 자유당 후보들이 자유로운 경쟁을 펼쳤다.

자유당 공천을 받지 아니하고 이영균(성주), 채대식(문경), 박용만(영주), 지산만(통영), 반성환(거제), 황순주(사천), 이찬우(춘성), 이정우(성동갑), 강태연(광주), 김형기(군산), 김문용(담양), 이상관(담양) 후보들이 출전했다.

2. 탄압 대상인 민주국민당보다 무소속을 선호

(1) 당세가 위축된 민주국민당은 77명만을 공천

미군 군정의 지지세력이며 지주 계급의 대명사였던 한국민주당이 신익희의 대한국민당과 결합하여 민주국민당이 출범하여 제헌국회를 주도했다.

그러나 제2대 총선에서 24석의 초라한 성적을 거둔 민주국민당은 총선을 앞두고 임홍순 의원 등 13명 의원들이 탈당을 결행하여 더욱 위축됐다.

자유당과 경찰의 탄압이 우려되어 비밀을 유지하여 왔던 민국당은 자유당이 158개 선거구의 후보자를 공천하자 민주국민당도 1차로 67개 선거구의 공천자를 발표했다.

제헌의원 10명과 현역의원 14명이 포함됐다.

민주국민당 공천자는 서울 윤보선(종로갑), 이영준(동대문), 김도연(서대문갑), 김산(서대문을), 김상돈(마포갑), 이민국(마포을), 함상훈(영등포을)

경기 백봉운(시흥), 문봉기(양주을), 최석화(평택), 김노묵(안성), 신익희(광주), 김인봉(포천)

충북 박찬희(옥천), 신각휴(충북)

충남 이상돈(천안), 이문세(당진), 이은봉(공주을), 임종복(논산갑),

윤담(논산을), 안만복(서산을)

전북 이석주(완주을), 김판술(군산), 이춘기(이리), 소선규(익산갑), 윤택중(익산을), 노긍식(옥구), 조기승(부안), 나용균(정읍갑), 송영주(정읍을), 조한백(김제갑), 진직현(임실), 이용기(남원)

전남 김용환(광주), 윤추섭(곡성), 김양수(순천), 이정래(보성), 고영완(장흥), 양병일(김제), 박민기(화순), 정순조(광산갑), 조석래(여천), 김병수(장성), 정중섭(목포), 조영규(영광), 김재순(해남을), 김준연(영암), 조병순(무안을)

경북 서동진(대구갑), 조병옥(대구을), 조재천(달성), 서기원(청송), 이병하(문경), 임문석(영천갑), 곽태진(고령), 오윤근(의성갑), 배섭(금릉), 박종림(청도), 박재희(상주갑)

경남 최양기(부산무), 황장오(마산), 이찬순(창원을), 최원호(김해갑), 서순영(거제), 신도성(거창), 최천(통영), 박동주(양산) 후보 등이다.

민주국민당은 추가로 10명의 후보자를 공천하여 77명의 후보들이 선거전에 뛰어들었으나, 선거의 분위기는 자유당에서는 자유당 입후보자에 투표하는 것, 즉 공천후보자는 이승만 대통령이 옥쇄를 찍어 승인한 입후보자라고 선전했다.

토지개혁에 의한 지주 계급의 몰락으로 경제적 토대가 상실된 민주국민당은 탈당분자가 속출되고 당세가 악화되어 해체론이 대두됐으나 관권 탄압의 모면을 최대의 화두로 삼고 정당의 정강정책보다 개인의 인물 본위로 투표하는 성향을 기대하며 고군분투했다.

민주국민당은 "총선거와 관련하여 개헌을 추진한다는 것은 자유 분위기를 파괴하는 것"이라며 정부의 반성을 촉구하면서, 이를 시정되지 않는 한 입후보를 재고려하겠다고 엄포를 놓았다.

그러나 자유당은 개헌추진 국민대회가 자유선거에 지장을 준다는 것은 궤변(詭辯)이라고 반박했다.

이승만 대통령도 애국적인 민중대회를 비방하는 것은 사대주의자들의 사주에 의한 것으로 추단된다면서 민중운동은 민의의 표현이라고 강변했다.

이번 선거를 진정한 자유 분위기 그대로 방치한다면 야당 일색이 되고 말 것이 명약관화하다는 민주국민당은 국민 대중의 굳은 의지로서의 강력한 비판과 권력의 탄압이 어느 정도 이완(弛緩)되어질 것을 기대했다.

(2) 총선 출전을 위해 47명의 장성, 관료가 사표 제출

이번 총선의 출마 예상자는 1천 3백 명으로 추정되고 있다. 자유당이 500명, 민주국민당이 170명, 국민회가 80명, 조선민주당 등 소수 정당과 단체에서 50명, 그리고 탄압에서 보다 자유로운 무소속으로 550명이 출전할 것으로 예상되었다.

총선에 출전하기 위해 총선을 3개월 앞두고 7명의 장성과 41명의 관료들이 사표를 제출했다.

이번 총선 출전을 위해 인태식(관재청장), 진의종(상공부 광무국장), 유기수(체신부 보험관리국장), 한희석(내무부차관), 김재곤(교통부 인천해사국장), 천세기(내무부 경무과장), 여성구(양평군수),

오형근(장단군수), 서정원(법무부 포획심판소장), 정중섭(전남대 상과대학장), 김진영(대전지검 판사), 김재규(체신부 전무국장), 최용근(강릉농고 교장), 임명직(문교부 문화국장), 최성길(용산 경찰서장), 최천(내무부 치안국장), 강일상(밀양농고 교장), 신정호(충북도 서무과장), 신학상(밀양 교육감), 정존수(수원지검 검사), 김법린(문교부장관), 윤성순(교통부장관), 정재설(농림부차관), 정준모(보건부차관), 허윤수(농림부 양정관리과장), 조광희(농림부 농지개량과장), 배철세(농림부 농지관리국장), 황남팔(경남도 사회과장), 김성삼(국방부 해군참모부장), 정재완(법무부차관), 최현배(문교부 편수국장) 등이 사직했다.

(3) 이번 총선에 1,291명의 후보들이 등록하여 혼전을 전개

이번 총선에는 당초 1,207명이 등록했으나 임상애(진도), 김종순(나주), 박흥규(광산갑) 등 84명이 추가 등록하여 1,291명의 후보들이 혼전을 전개하게 됐다.

경북 군위 박만원 후보는 무투표 당선됐지만, 종로 갑구는 13대 1, 영등포 갑구, 부산 을구, 상주 갑구, 대전이 12대 1, 경북 봉화와 충남 대덕이 11대 1의 높은 경쟁률을 자랑했다.

여자 후보는 전항자(강릉갑), 이정숙(부산병), 송기석(부산갑), 박영(부산갑), 편정자(상주갑), 임영신(금산), 노마리아(공주갑), 김철안(금릉), 고수선(북제주갑), 박순천(종로갑) 등 10명에 불과했다.

현역의원 176명 가운데 이번 선거에 조봉암, 장홍염, 최국현, 성득환, 변광호, 이도영, 신광균, 박양재, 김태희, 오의관 등 27명이 출마를 포기하고 149명이 출마했다.

중구 갑구(윤치영, 이용설), 종로 을구(김동성, 여운홍), 경북 칠곡(장택상, 김정식), 경북 밀양(최성웅, 김형덕), 전남 순천(김양수, 김정기) 등 5개 선거구는 현역의원들이 맞대결을 벌였다.

이번 총선의 입후보자는 1,291명이며 무소속 후보가 797명으로 전체의 66%를 차지했다. 자유당이 242명, 민주국민당이 77명, 국민회 48명, 대한국민당 15명이 출전하여 당선자를 배출했다.

그러나 농민회(9명), 조선민주당(6명), 대한노동총연맹(5명), 민중자결단(2명), 제헌국회의원 동지회(1명), 여자국민당(1명), 어민회(1명), 유도회(1명), 불교(1명), 독립노농당(1명)에서는 당선자 배출에 실패했다.

조선당은 월남 피난민을 중심으로 구성되고 있어 선거 기반이 견고하지 못하여 중견 인물을 피난민의 집결구에 배치할 계획이지만 인물을 구하지 못해 6명의 공천자를 배출했을 뿐이다.

대한독립촉성회가 기원이 된 국민회는 정당의 성격보다는 국민계몽단체 성격이 짙고 대한국민당은 윤치영 등이 중심이 되어 집권 여당 노릇을 했던 정당이다.

조선민주당으로 한근조(평양시장), 이종현(농림부장관), 권희벽(부산시의원) 후보들이 출전했고, 대한국민당으로 서성달(제헌의원), 이인(2대의원), 유홍열(제헌의원), 이규갑(2대의원), 박명제(경북경찰국장), 박재홍(해양소년단 본부장), 박인재(독립운동가)들이 출전했다.

국민회로 유홍(2대의원), 송진백(제헌의원), 유진문(경찰서장), 남궁현(제헌의원), 김동호(군수), 김채용(변호사), 천수봉(전남도의원), 정도영(제헌의원), 최영두(경북도의원), 김영상(군지부장), 임무영(군지부장), 황호현(제헌의원) 후보들이 출전했고, 제헌동지회로 박기운(제헌의원), 농민회로 박정근(2대의원), 여자국민당으로 임영신(2대의원), 불교로 박성하(2대의원) 후보들이 출전했다.

후보자들의 학력은 한문수학, 소졸 출신이 153명으로 12.6%이며 중학교 중퇴 또는 졸업이 370명으로 30.6%, 대학 졸업한 후보는 430명으로 35.6%이다.

직업은 농업이 402명으로 33.3%이고 현역의원이 126명 출전하여 43명이 당선됐다.

후보자의 연령은 20대가 64명으로 5.4%, 30대가 340명으로 28.2%, 40대가 463명으로 38.4%인 반면, 70세 이상도 2명이 출전했다.

3만 표 이상을 득표하여 당선된 후보자가 3명인 반면, 5천 표 미만 득표자가 7명이며, 1만 표 미만의 득표로 당선된 후보자가 54명으로 26.6%를 점유했다.

정당별 득표율은 자유당이 36.8%, 민주국민당이 7.9%, 국민회 2.6%, 대한국민당이 1.0% 수준이다.

3. 자유로운 분위기를 강조했지만 역시 공염불

(1) 전국 도처에서 폭력, 협박, 불법 삐라들이 성행

자유 분위기는 자유당 공천 후보자들에게는 절대적으로 보장되어 있지만, 야당 후보자의 선거운동원들은 장기간 구속, 불시에 호출, 문초 등으로 경찰이 선거에 개입하고 있다. 이러한 사태가 대다수 선거구에서 속출되고 있는 실정이다.

그러나 경찰은 좌익 관련자, 징병이나 징용 기피자, 범죄 사실이 역력한 범죄자들을 그대로 방임할 수 없는 실정이라고 변명하고 있을 뿐이다.

후보자에 대한 협박과 폭행, 운동원 간의 난투극, 테러단의 협박 삐라, 운동원의 체포 등이 연일 꼬리를 물고 일어나고 있다.

이번 선거를 진정한 자유 분위기 그대로 방치하여 둔다면 야당일색으로 되고 말 것이 현재 국민의 동태로 보아 명약관화한 사실이기 때문이다.

민주국민당으로 나서자니 탄압이 무섭고 자유당으로 나가자니 당선이 어려운 상황에서 간섭도 없고 후원도 없는 평탄한 입장에서 자유로운 표를 실력으로 얻어 보자는 심산에서 무소속을 선호하는 경향이 엿보였다.

정당정치의 확립과 구현이라는 기치를 내걸고 공천제를 실시하여 정당정치를 지향한 것은 이번 선거의 성과이며, 지방선거를 석권한 자유당과 정부 비판을 주무기로 삼고 있는 민주국민당, 백전불굴의 기개로 최후의 승리를 기대한 무소속 후보들이 치열한 3파전을 전개하고 있다.

원주에서 백혈단이라는 이름으로 "윤길중 도당들아 4월 28일까지 완전히 청산하지 않으면 잠들 것을 각오하라"는 협박장과 "공산당의 앞잡이 윤길중은 믿을 수 없다"는 요지의 삐라가 살포됐다.

또한 윤길중은 빨갱이니 투표하지 말고 자유당 공천 함재훈에 투표하라고 강요했다.

충북 제천의 김경 후보를 허위 선전문구 배포 혐의로 구속했다. 충북 보은에서 박기종 후보에게 등록을 취소하라는 협박장이 송부됐다.

대구에서는 애국청년결사대가 출현하여 후보자에게 협박, 벽보 훼손 등이 빈번하게 발생했다.

불순한 목적 달성을 위하여 조작된 민의로써 무의식의 군중을 동원하여 위협과 소란을 야기하고 불법적인 관권의 압박을 자행하여 한국의 민주주의를 소멸시켰다.

부여 갑구의 자유당 한광석 후보는 "자유당은 노동자, 농민을 위한 정당이며 공산당과 똑같은 이념을 가진 정당으로서 대한민국에서 공인한 공산당이 자유당이다"라는 망언을 쏟아냈다.

경남 창원 을구 설관수 후보는 "이북 김일성 정권도 썩었으며 대한민국도 썩어서 나라라고 할 수 없다"로 국가보안법 위반혐의, 경남 진양의 이영만 후보는 "자유당의 공천 입후보자들은 돈 보따리를 싸가지고 다닌다"고 주장하여 명예훼손 혐의로 구속됐다.

족청파로 제명처분을 받은 이재형, 원상남 후보 등이 활기를 띠고 김정식 의원이 칠곡에서 장택상 전 총리와 일전을 벼르고 있어 족청파 재건설이 파다하게 피어올랐다.

함평에서는 "자유당 공천 입후보자 절대지지" 등 서약서를 쓰고 경찰서에서 석방되고, "자유당 공천 후보가 80% 표가 나오지 않으면 전부 징용을 보낸다"고 협박하기도 했다.

경기도 광주에서는 "신익희 운동을 하여 주면 2대의 비행을 조사하여 입건하겠다"면서, "네가 최인규 선거운동을 하여 당선되면 복직하여 경위로 승진하여 주겠다"고 회유했다. 또한 합동연설회에 청중이 한명도 오지 않아 취소됐다.

경찰의 질서 유지를 구실로 투표소 감시 자진 요청에 대해 조병옥 후보는 왜 공포감을 주는가라는 성명을 발표했다.

춘천에서는 강원도지사가 계광순 후보는 성분이 나쁘니 홍창섭 후보에게 투표하여야한다고 강조했다.

울산에서는 정해영 운동원이 안준기 운동원을 집단 구타하고, 안준기 후보가 공천을 받으려는 기만적인 술책을 쓰다가 낙천되었다고 선전하자, 안준기 후보는 사실무근이라고 반박했다.

박정근 의원이 자유당 공천을 포기한 전주에서는 이철승은 선거사범에 걸렸으므로 당선돼도 무효이니 투표할 필요 없다면서 "명청하다 이우식, 먹고보자 박정근, 불쌍하다 이철승"이라는 동요가 만연됐다.

부안에서는 개헌 민중대회에서 "이 대통령이 승인한 후보자에게 투표하라"는 함성이 메아리쳤다.

(2) 이승만 대통령의 선거에 대한 훈육과 지도

이승만 대통령의 "현 의원을 재선시켜서는 안 된다"는 폭탄선언이 선거에 많은 영향을 미쳤고 현역의원들이 추풍낙엽이 됐다.

이승만 대통령은 민의원 선거에 많은 입후보자가 난립하는 것은 국가 체면을 손상케 할 뿐 아니라, 선거비용을 많이 씀으로 국내 경제 상태를 혼란케 하므로, 지조와 인격을 구비한 고상한 사람만이 국회에 들어가야 한다고 강조했다.

이승만 대통령은 당선시키지 말 분자를 열거하는 담화를 발표했다. 이북 공산당과 직접 통일하겠다는 음모를 하는 자, 사리사욕을 채운 자, 친일을 한 자, 이당 저당을 왔다갔다한 자, 정부를 모함하거나 대한민국을 위태롭게 하는 자들을 거론했다.

이승만 대통령은 개헌안을 입후보자에게 새 국회에서 통과한다는 조건부로 다짐을 받고 입후보케하고, 당선된 연후에 민의를 위반하면 소환한다는 조건을 붙여 놓고 공천하고서 겉으로는 고상한 사람에게 투표해주기 바란다는 담화도 발표했다.

이승만 대통령은 왜정시대 무엇을 하던 것을 가지고 친일이다 아니다 할 것이 아니고, 지금부터 무엇을 할 것인가를 그 사람의 의사와 행동으로 친일이다 아니다를 즉 현재의 행동으로 흑백을 가리라는 황당한 담화까지 발표했다.

이승만 대통령은 선거를 앞두고 세력이나 재력에 현혹되지 말고 진정한 애국자를 선출토록 하라는 담화도 발표했다.

이승만 대통령은 입후보자의 난립은 국가적 체면을 손상할 뿐 아니라 상당량의 화폐가 유통되어 인플레를 더욱 조장할 우려가 있다며 국회의원은 장관에 임명하지 않겠다는 담화를 발표했다.

이승만 대통령은 불법 행위나 치안상 방해 행위는 상부에 보고하고 선거 운동자를 구속하거나 방해하지 말라는 담화도 발표했다.

이승만 대통령은 선거 제도가 개량됨에 자유당 당원들을 치하하고 하늘이 부끄럽지 않게 투표하여 신성한 국회가 만들어지도록 명심해서 투표해주기 바란다는 담화까지 발표했다.

이승만 대통령은 이번 총선 후보자는 국민투표제, 국회의원 소환제 등 개헌을 확약(確約)해야하고, 친일분자는 명철한 관찰로 흑백을 가리라는 제5차 담화를 발표했다.

이승만 대통령은 사리(私利)에 몰두치 않는 참된 애국지사를 뽑되 연고자를 선출하라는 특별담화를 발표했다.

이승만 대통령은 한 선거구에 한 정당에서 한 명씩 출마할 것을 권고했고, "경찰은 어느 정당이나 개인을 돕지도 말고 해치지도 말고 오로지 치안과 법만을 엄수하라"는 선거 관련 8차 담화를 발표했다.

이승만 대통령은 "관권이 압박을 자행한다면 총선거를 보이콧할지도 모르겠다"는 경고에 대해, 민국당은 국회에 들어갈 희망이 없는 것을 완전히 각오하는 모양이다라고 비아냥대며, 민국당에 대해 민중은 이들의 심리를 알고 더욱 애국심을 발휘해서 이 사람들이 회개하도록 해야 할 것이라며 민중의 추앙받는 정당이 되라고 반박했다.

(3) 이승만 대통령의 종신집권 개헌이 선거의 화두로

자유당의 공천만 받으면 경찰의 후원으로 문제없이 당선되고 반여당적 행위를 한 후보는 탄압을 면치 못할 것이라고 쑥덕거렸다.

민주국민당은 총선거와 관련하여 개헌을 추진한다는 것을 자유 분위기를 파괴하는 것이라며 정부의 반성을 촉구하면서, "과거 정치파동 때와 같이 민의를 발동시켜 선거를 방해하는 일이 있다면 입후보를 재고할지 모른다"고 거듭 경고했다.

"자유당은 이번 개헌운동과는 아무런 관련이 없다"던 자유당과 민중자결단, 국민회 등이 뭉쳐 개헌추진위원회 간판을 내걸고 활동했다.

민중자결단은 "전 국민의 의사로 구성되는 민의를 압박하려는 것이 반민주주의다"라고 반박했고, 자유당은 "민중이 자발적으로 행동하는 민의를 억압하는 것은 민주국가에서 있을 수가 있느냐"고 거듭 반발했다.

이승만 대통령은 "이번 선거에 입후보한 자는 개헌을 찬성한다는 공약을 받도록 하라"는 담화를 발표하여 초대 대통령 종신제를 추진했다.

이승만 대통령은 "현 국회는 제멋대로 자기 사사 이익만 알고 국가를 위하는 마음이 없기때문에 일을 제대로 못하였으므로 차기 국회에서는 반드시 개헌을 해야 한다"고 강조했다.

자유당은 초대 대통령 종신제 개헌을 감춘 채, 국민투표제 및 국회의원 소환제, 3권 분립의 확립과 조정, 경제조항 개정 등의 개헌 취지를 홍보하기 위한 국민대회 개최를 추진했다.

백두진 국무총리는 5개 항의 개헌 중 "국회의원이 선거민과 공약을 무시할 때에는 선거민들은 의원을 소환할 권리를 가져야 한다"고 부연 설명했다.

이승만 대통령은 자신에 대한 종신(終身)집정은 원치 않으나 개헌될 경우 봉사할 용의가 있다면서 자유당의 개헌공작에 대하여는 경고하는 노회(老獪)함을 보였다.

개헌추진위원회가 민권수호추진위원회로 개칭하고 초대대통령 종신대통령 조항과 국회해산권 조항을 포기하고 국회의원 소환권과 경제개헌 등만 추진하겠다고 밝혔다.

"각 지방에 연고를 가진 사람이 그 지방을 대표하도록 연고지제를 채택하라"는 이승만 대통령의 지시로 국회에서는 연고지제를 채택하는 선거법 개정안을 의결하였음에도, 정부가 거부권을 행사하여 이승만 대통령이 선거법 개정안을 폐기시키는 이중성을 보였다.

개정선거법에서는 호별 방문 사실이 확정되는 경우 당선무효 처분을 받게 되고, 4년 동안 해당구의 민의를 대변한 구역을 연고지로 간주한다는 규정으로 윤성순, 이동환, 이진수, 배은희 의원들이 희생을 입게 되었으나 개정안의 폐기로 환호하게 됐다.

제3장 자유당이 경찰독재정권의 기반을 구축

1. 자유당이 203석 중 56%인 114석을 확보

2. 제3대 총선에서 당선된 영광의 얼굴들

1. 자유당이 203석 중 56%인 114석을 확보

(1) 강원과 충청권에서 자유당 공천은 곧 당선으로 직결

이번 총선에서 당선자는 자유당 후보들이 114명, 민주국민당 15명, 국민회 3명, 대한국민당 3명, 무소속 68명으로 자유당 이외에는 교섭 단체를 등록할 정당을 갖지 못하게 됐다.

정당별 득표율은 자유당이 36.8%를 득표했고, 민주국민당이 7.9%, 국민회가 2.6%, 대한국민당이 1.0%를 득표했다. 의원 배출에 실패한 정당들도 3.8%의 득표율을 올렸다.

당선자의 학력별 분포는 한문 수학 3명, 소학교 졸업 22명, 중학교 중퇴자 6명, 중학 졸업자 59명으로 전체의 44.3%인 90명이 중학 졸업 이하의 학력 소지자이다. 전문학교 중퇴나 졸업이 22명, 대학 중퇴나 졸업이 91명이다.

강원 홍천의 이재학 후보는 4만 표 이상을 득표했지만, 1만 표 미만으로 득표하고도 54명이나 당선됐다.

이승만 대통령의 종신집권을 위한 헌법 개정을 내걸고 출전한 이갑성, 배은희 등 거물급 후보들이 낙선한 반면, 민주국민당 신익희, 김도연 후보들을 비롯하여 조병옥, 김준연, 윤보선, 조재천, 김상돈, 신각휴, 유진산, 최천, 서동진 후보들이 당선됐다.

또한 정성태, 정재완, 이철승, 곽상훈, 이우줄, 전진한 등 야당 투사들도 무소속으로 당선됐다. 그러나 강원도와 충남북 등 지방은 자유당 일색으로 변모했다.

현역의원으로 재당선된 의원은 43명으로 영광의 3선의원은 신익희(광주), 곽상훈(인천을), 윤치영(중구갑), 전진한(부산무), 이재학(홍천), 김익기(안동갑), 김익로(영일을) 등 7명이다.

다만 윤치영, 전진한 의원들은 2대 총선에서는 낙선했으나 보궐선거에서 당선되어 3선의원 영광의 대열에 합류했다.

전직 장관 출신들은 장택상, 윤치영, 윤보선, 김도연, 이기붕, 이인, 최순주, 김준연, 김법린, 조병옥, 전진한, 윤성순, 장석윤, 한희석, 장경근, 정준모, 인태식 등 17명이나 된다.

최고령 당선자는 전상요(정선) 후보로 70세이고, 최연소 당선자는 김영삼(거제) 후보로 26세이다.

자유당은 소속의 당선자 114명을 결속시키는 동시에 헌법 개정에 필요한 135석을 확보하기 위해 전력을 기울일 공작을 하였다.

이번 선거에서 투표율은 91.1%였으며 무효표가 무려 20만 6천여 표에 달했다.

지역별로 보면 서울, 경기에서 자유당 후보들은 53.8% 당선된 반면, 강원과 충청권에서는 76.7% 당선율을 자랑했다.

영남권에서는 자유당 후보들이 반타작한 반면, 호남권에서는 45% 당선율에도 미치지 못하여 호남권에서는 반이승만 정서가 가장 높은 것으로 나타났다.

(2) 기라성같은 후보들이 총선의 옹벽을 넘지 못하고

자유당 창당공신이며 노장파의 거두인 이갑성, 배은희 후보들의 낙선은 정치권에 충격으로 받아들여졌으며, 현역의원이거나 전직 장관들의 낙마도 많았다.

이번 총선에서 낙선한 주요 인물들은 서울에서 임철호(변호사), 신태악(자유당 감찰부장), 이용설(2대의원), 장기영(체신부장관), 장후영(고등고시위원), 주요한(동아일보 편집국장), 박순천(2대의원), 한근조(평양시장), 김동성(2대의원), 여운홍(2대의원), 이영준(세브란스병원장), 전호엽(사회부 노동국장), 신기석(고려대 정치대학장), 서범석(2대의원), 김용우(2대의원), 나명균(마사회장), 오성환(2대의원), 김익준(강원도 경찰국장), 전봉덕(헌병사령관), 윤명운(서울시 경찰국장), 함상훈(저술가), 조광섭(2대의원), 유홍(2대의원) 후보들이 낙선했다.

경기도에서도 이종현(농림부장관), 홍길선(2대의원), 최인규(회사원), 이동근(운수부 해사국장), 이진수(2선의원), 홍익표(2선의원), 목성표(국무총리 비서실장), 이교선(2대의원), 최석화(제헌의원), 김인태(2대의원), 이재형(상공부장관), 박제환(2대의원), 윤재근(2선의원) 후보 등이 낙선했다.

충청권에서는 박찬희(동아일보 편집국장), 연병호(2대의원), 조대연(2대의원), 정해준(제헌의원), 송석두(충남도 경찰국장), 이범승(서울특별시장), 박충식(2대의원), 김용화(2대의원), 남궁현(제헌의원), 이종순(2대의원), 이훈구(제헌의원), 이상철(2대의원), 유승준(2대의원), 윤병구(제헌의원), 김제능(2대의원), 안만복(2대의원),

이경진(대전일보 사장), 김용재(제헌의원), 구을회(2대의원), 서용길(제헌의원), 이규갑(2대의원), 이상돈(제헌의원) 후보들이 낙선했다.

호남권에서 이춘기(2대의원), 박정근(2대의원), 유청(전주상고 교장), 이석주(제헌의원), 김준희(2대의원), 임영신(상공부장관), 임명직(고시위원회 고시국장), 김봉두(제헌의원), 진직현(제헌의원), 엄병학(2대의원), 조정훈(2대의원), 박환생(전북도 관재국장), 김정두(2대의원), 홍영기(육군대령), 나용균(제헌의원), 진의종(상공부 광무국장), 조한백(제헌의원), 최주일(2대의원), 지연해(2대의원), 윤택중(2대의원), 박철웅(조선대 총장), 임기봉(2대의원), 김대중(목포상선 사장), 김우평(외자구매청장), 김정기(2대의원), 김양수(2대의원), 박종남(제헌의원), 정순조(2대의원), 이필선(헌병대 촉탁), 김문용(2대의원), 이한창(2대의원), 엄상섭(2대의원), 황병규(2대의원), 조경한(임정 국무위원), 박팔봉(2대의원), 박민기(2대의원), 고영완(2대의원), 양병일(2대의원), 윤영선(2대의원), 박기배(2대의원), 유인곤(2대의원), 배길도(조선대 교무과장), 주도윤(변호사), 김종순(2대의원), 서상덕(2대의원), 윤인식(전남도의원), 정헌조(2대의원), 정남국(2대의원) 후보 등이 낙선했다.

영남권에서도 최희송(경북도지사), 박성하(2대의원), 이갑성(2대의원), 김판석(2대의원), 박준규(교수), 배은희(고시위원장), 김규만(입법의원), 권병로(2대의원), 김봉조(2대의원), 한국원(2대의원), 김은호(변호사), 최원수(2대의원), 안용대(2대의원), 이협우(2대의원), 임문석(전남도 내무국장), 정도영(제헌의원), 박주현(남대구 경찰서장), 김준태(변호사), 곽태진(2대의원), 이호석(대구시장), 배상연(2대의원), 김정식(2대의원), 우돈규(밀양지청장), 여영복(2대의원), 육홍균(2대의원), 김동석(오상고 교장), 이병하(변호사),

이호근(2대의원), 황호영(재무부 관재국장), 박용만(자유당 선전부장), 서이환(2대의원), 허정(국무총리 서리), 김응주(항만협회 이사장), 정재설(농림부장관), 허윤수(마산시장), 권태욱(2선의원), 유덕천(2대의원), 하만복(2대의원), 이시목(2대의원), 신영주(충남도 경찰국장), 최성옹(2대의원), 오위영(2대의원), 김택천(2대의원), 최원호(2대의원), 김봉재(2대의원), 배철세(농림부 농지관리국장), 서상호(2대의원), 서순영(2대의원), 이채오(2대의원), 김정실(2대의원), 정헌주(2대의원), 조주영(체신부장관), 박정규(2대의원), 신중목(농림부장관), 노기용(2대의원), 김명수(2대의원) 후보들도 낙선했다.

강원도에서도 계광순(강원도 내무국장), 이종순(제헌의원), 박승하(2대의원), 안상한(2대의원), 윤길중(2대의원), 태완선(2대의원), 엄정주(경찰서장), 황호현(내무부차관), 박세동(2대의원), 최헌길(제헌의원), 김광준(2선의원) 후보들이, 제주도에서도 강창용(2대의원), 강성익(군수) 후보들이 낙선했다.

2. 제3대 총선에서 당선된 영광의 얼굴들

| 자유당: 114명 |

◆서울(5명): 김일(성북, 국민회 선전부장), 이기붕(서대문을, 국방부장관·서울시장), 함두영(마포을, 서울농민회장), 남송학(용산갑, 2대의원), 황성수(용산을, 2대의원)

◆경기(16명): 김재곤(인천갑, 인천해사국장), 표양문(인천병, 인천시장), 정존수(수원, 변호사), 한동석(고양, 총무처장), 김종규(양주갑, 양주군수), 윤성순(포천, 교통부장관), 오형근(가평, 가평군수), 김병철(이천, 이천읍의원), 신의식(용인, 사회부 노동국장), 황경수(평택, 경남 수리조합장), 손도심(화성갑, 단국대 교수), 최병국(화성을, 오산면장), 이영섭(시흥, 안양중 이사장), 장경근(부천, 국방부차관), 윤일상(강화, 양도면의원), 정대천(파주, 경전 노총위원장)

◆충북(8명): 곽의영(청원을, 2대의원), 김선우(보은, 국민회 지부장), 최순주(영동, 재무부장관), 이충환(진천, 2대의원), 안동준(괴산, 육군대령), 이학림(음성, 2대의원), 김기철(충주, 제헌의원), 이태용(제천, 체신부 경리국장)

◆충남(17명): 정상열(대전, 군수), 송우범(대덕, 강원도 경찰국장), 유지원(연기, 한청단장), 염우량(공주갑, 지구당위원장), 김달수(공주을, 충남도의원), 신태권(논산갑, 변호사), 육완국(논산을, 충남

253

도 교육위원), 조남수(부여을, 광산경영), 나희집(서천, 서천면장), 김영선(보령, 2대의원), 정명선(청양, 대명광업 사장), 김지준(홍성, 동광제도 전무), 성원경(예산, 수리조합장), 나창헌(서산갑, 수리조합장), 유순식(서산을, 지구당위원장), 홍순철(아산, 충남도의원), 한희석(천안, 내무부차관)

◆전북(10명): 김춘호(이리, 이리시의원), 이존화(완주갑, 지구당위원장), 손권배(완주을, 전북도당 부위원장), 이복성(진안, 소방대장), 김상현(무주, 2대의원), 박세경(임실, 변호사), 양영주(남원, 제재업), 임차주(순창, 반탁투쟁위원장), 김창수(정읍갑, 자유당 중앙위원), 신용욱(고창을, 2대의원)

◆전남(15명): 이정휴(광산갑, 지구당위원장), 박홍규(광산을, 군수), 박영종(담양, 한청 전남도부단장), 조순(곡성, 2대의원), 김정호(광양, 육군준장), 이형모(승주, 양조업), 손문경(고흥갑, 숙명여대 교수), 송경섭(고흥을, 지구당위원장), 구흥남(화순, 한국통운 사장), 손석두(장흥, 국민회 장흥군회장), 김성호(강진, 전남도의원), 김병순(해남갑, 축산조합 전무), 유옥우(무안을, 전남도의원), 정명섭(나주을, 군수), 조병문(진도, 2대의원)

◆경북(17명): 박만원(군위, 2대의원), 박영출(의성갑, 2대의원), 김익기(안동을, 2대의원), 윤용구(청송, 지구당위원장), 김원규(영덕, 남선무역 사장), 박순석(영일갑, 2대의원), 김익로(영일을, 제헌·2대의원), 김상도(영천갑, 경북도의원), 김보영(청도, 청도읍의원), 김홍식(고령, 신흥공업 사장), 도진희(성주, 특무대과장), 김철안(금릉, 자유당 부인부장), 윤만석(문경, 검사장), 현석호(예천, 경성전기 전무), 이정희(영주, 교육감), 정문흠(봉화, 2대의원), 최병권(울릉, 신문기자)

◆경남(17명): 김지태(부산갑, 2대의원), 정기원(부산병, 2대의원), 이영언(부산무, 흥국산업 사장), 김종신(마산, 양조업), 황남팔(진양, 경남도 과장), 이영희(의령, 의령군당 부위원장), 조경규(함안, 2대의원), 김형덕(밀양갑, 2대의원), 조만종(밀양을, 금융조합장), 정해영(울산을, 회사중역), 김법린(동래, 문교부장관), 김성삼(창원갑, 해군소장), 이용범(창원을, 토건업), 김영삼(거제, 장택상의원 비서), 정갑주(사천, 청주경찰서장), 강봉옥(하동, 하동군당 부위원장), 최창섭(합천을, 제헌의원)

◆강원(8명): 홍창섭(춘천, 2대의원), 이재학(홍천, 제헌·2대의원), 함재훈(원주, 원주읍장), 정규상(영월, 광산경영), 이형진(평창, 평창군당 부위원장), 최용근(강릉갑, 고교 교장), 김진만(삼척, 중졸), 전만중(울진, 지구당위원장)

◆제주(1명): 강경옥(남제주, 2대의원)

민주국민당: 15명

◆서울(3명): 윤보선(종로갑, 서울시장·상공부장관), 김도연(서대문갑, 재무부장관), 김상돈(마포갑, 2대의원)

◆경기(1명): 신익희(광주, 제헌·2대의원)

◆충북(1명): 신각휴(옥천, 2대의원)

◆전북(2명): 김판술(군산, 농림부 과장), 소선규(익산갑, 2대의원)

◆전남(3명): 정중섭(목포, 전남도 국장), 김준연(영암, 제헌의원),

조영규(영광, 제헌의원)

◆경남(2명): 최천(통영, 경남도 경찰국장), 신도성(거창, 부통령비서)

| 국민회: 3명 |

◆경북(1명); 권오종(안동갑, 경북도의원)

◆경남(1명): 김영상(함양, 국민회지부장)

◆강원(1명): 임우영(춘성, 국민회지부장)

| 대한국민당: 3명 |

◆서울(2명): 윤치영(중구갑, 2선의원), 이인(영등포을, 2대의원)

◆경남(1명): 박재홍(김해갑, 해양소년단 본부장)

| 제헌의원동지회: 1명 |

◆충북(1명): 박기운(청주, 제헌의원)

| 무소속: 58명 |

◆서울(6명): 정일형(중구을, 2대의원), 김두한(종로을, 한청 건설국장), 민관식(동대문, 대한농잠 전무), 임흥순(성동갑, 2대의원), 김재황(성동을, 회사원), 윤재욱(영등포갑, 제헌의원)

◆경기(6명): 곽상훈(인천을, 제헌·2대의원), 강승구(양주을, 삼광정미 지배인), 천세기(양평, 국무총리 비서), 김의준(여주, 2대의원), 오재영(안성, 부통령 비서), 정준(김포, 제헌의원)

◆충북(2명): 신정호(청원갑, 충북도 과장), 장영근(단양, 회사장)

◆충남(2명): 육완국(논산을, 충남도 교육위원), 이석기(부여갑, 2대의원)

◆전북(10명): 이철승(전주, 체육회 이사), 유진산(금산, 국민당 최고위원), 정준모(장수, 보건사회부차관), 김택술(정읍을, 2대의원), 정세환(고창갑, 농업), 신규식(부안, 제대장병 보도), 송방용(김제갑, 2대의원), 윤제술(김제을, 남성고 교장), 양일동(옥구, 무역회사 사장), 강세형(익산을, 국방부 국장)

◆전남(12명): 정성태(광주, 교육가), 정재완(여수, 2대의원), 윤형남(순천, 외무부 과장), 이갑식(구례, 회사 중역), 김철주(여천, 군수), 김성복(보성, 총경), 민영남(해남을, 농림부 과장), 신행용(무안갑, 면장), 최영철(나주갑, 전남도의원), 김의택(함평, 전남도 경찰국장), 변진갑(장성, 2대의원), 김선태(완도, 변호사)

◆경북(13명): 이우줄(대구병, 대구시의원), 하태환(포항, 동지고 교장), 문종두(김천, 김천시보 사장), 박영교(의성을, 안계면장), 박종길(영양, 육군중령), 김철(경주갑, 2대의원), 이협우(경주을, 2대의원), 권중돈(영천을, 2대의원), 박해정(경산, 2대의원), 장택상(칠곡, 2대의원), 김우동(선산, 학원 이사장), 김달호(상주갑, 변호사), 백남식(상주을, 2대의원)

◆경남(11명): 전진한(부산을, 제헌·2대의원), 김동욱(부산정, 자유당 정책위원), 서인홍(진주, 남선화학 사장), 하을춘(창녕, 경남도 국장), 지영진(양산, 도기회사 사장), 김수선(울산갑, 제헌의원), 이종수(김해을, 2대의원), 최갑환(고성, 공업신문 사장), 윤병호(남해, 경남도 과장), 이병홍(산청, 2대의원), 유봉순(합천갑, 거창경찰서 사찰주임)

◆강원(3명): 장석윤(횡성, 내무부장관), 전상요(정선, 문묘 전교), 박용익(강릉을, 군수)

◆제주(2명): 김석우(북제주갑, 회사장), 김두진(북제주을, 회사 중역)

[제4부] 지역구별 불꽃 튀는 격전의 현장들

제1장 수도권 : 전형적인 여촌야도(與村野都)

제2장 영남권 : 자유당 후보 당선율은 50.0%

제3장 강원·충청권 : 자유당 후보들이 환호성을

제4장 호남·제주권 : 고전(苦戰)하는 자유당 후보들

제1장 수도권 : 전형적인 여촌야도(與村野都)

1. 자유당이 지역의 새로운 주역으로 등장

2. 수도권 39개 지역구 불꽃 튀는 격전의 현장으로

1. 자유당이 지역의 새로운 주역으로 등장

(1) 자유당 후보 21명이 당선의 영광을 차지

지난 2대 총선에서 수도권은 46명의 의원을 배출했다. 이들의 소속은 국민당이 7명으로 가장 많고 민주국민당이 5명이고 사회당이 2명이었다.

민족자주연맹(원세훈), 대한부인회(박순천), 노총(조광섭), 국민회(유홍), 일민구락부(신광균)에서도 각각 당선자를 배출했다.

그러나 북한지역에 넘겨진 7개 지역을 보류하고 실시한 이번 총선에서는 39명의 의원만을 배출했다.

이들의 소속은 자유당이 21명으로 53.8%를 차지하며 절반을 넘겼고, 민주국민당이 4명이고 국민당이 2명으로 줄어들었다.

지난 총선에서는 국민당이 수도권의 주류였지만, 이번 총선에서는 당연히 자유당이 주류세력으로 자리매김 됐다.

자유당 이외의 소속 정당을 가지고 당선된 후보들은 민주국민당 소속으로 윤보선(종로갑), 김도연(서대문갑), 김상돈(마포갑), 신익희(광주) 후보들이, 국민당 소속으로 윤치영(중구갑), 이인(영등포을) 후보들이 당선됐다.

그리고 정일형(중구을), 민관식(동대문), 임흥순(성동갑), 곽상훈(인천을), 천세기(양평), 오재영(안성) 후보 등 12명은 무소속으로 당선됐다.

수도권 46명의 의원 가운데 오하영(종로을), 원세훈(중구갑), 윤기섭(서대문을), 장연송(동대문), 조소앙(성북), 안재홍(평택), 김경배(연백갑), 백상규(장단), 김웅진(화성을) 의원 등 9명이 6.25 동란 때 납북되어 생사가 불명하고 지청천(성동갑), 이종현(마포을), 이용설(인천갑), 조봉암(인천병), 최국현(고양), 조시원(양주갑), 이종성(양평), 유기수(용인), 김웅진(화성을), 이교승(김포), 이동환(파주) 의원 등 13명이 출전을 포기했고 여운홍(양평)은 지역구를 아들에게 물려주고 서울 종로로 옮겨와 출전했지만 낙선했다.

그리고 김동성(개성), 김경배(연백갑), 김태희(연백을), 신광균(개풍), 백상규(장단), 서범석(옹진갑), 오의관(옹진을) 의원들은 지역구가 사라졌으나 서범석 의원은 성북으로, 김동성 의원은 종로 을구로 옮겨 출전했지만 낙선했다.

(2) 2대 의원 46명의 귀환율은 15.2%에 불과하고

현역의원 중에서 수성하고자 20명의 의원들이 출전하여 임흥순(성동갑), 정일형(중구을), 남송학(용산갑), 황성수(용산을), 곽상훈(인천을), 신익희(광주), 윤성순(포천), 김의준(여주) 의원 등 8명의 의원만 귀환하여 귀환율은 15.2%에 불과했다.

그러나 박순천(종로갑), 김용우(서대문갑), 오성환(마포갑), 조광섭(영등포갑), 유홍(영등포을), 서범석(성북), 이진수(양주을), 홍익표(가평), 이교선(안성), 이재형(시흥), 박제환(부천), 윤재근(강화),

여운홍(종로) 의원 등 13명의 의원들은 현역의원들의 이점을 살리지 못하고 낙선했다.

그리고 지난 총선에서는 낙선했지만 심기일전하여 윤치영(중구갑), 이영준(동대문), 김도연(서대문갑), 김상돈(마포갑), 함두영(마포을), 윤재욱(영등포갑), 표양문(인천병), 강승구(양주을), 천세기(양평), 오재영(안성), 황경수(평택), 최병국(화성을), 정준(김포), 윤일상(강화) 등 14명의 후보들은 오뚝이 기질을 발휘하여 당선을 일궈냈다.

(3) 1만 표 미만의 득표에도 13명의 후보들이 당선

신익희(광주), 윤일상(강화) 후보들은 2만 4천여 표를 득표하여 당선됐지만, 서울의 대부분의 후보들은 1만 표 미만의 득표로 당선을 일궈냈다.

윤치영(중구갑), 정일형(중구을), 윤보선(종로갑), 김두한(종로을), 민관식(동대문), 김일(성북), 김재황(성동을), 김도연(서대문갑), 김상돈(마포갑), 남송학(용산갑), 황성수(용산을), 이인(영등포을), 천세기(양평) 후보들이 1만 표 미만의 득표로 당선됐고, 정일형 후보는 4천 표를 득표하고 당선되는 행운아가 됐다.

당선자의 득표율에 있어서도 이영섭 후보는 74.3% 득표율로 당선된 반면, 정일형 후보는 20.6% 득표율로 당선됐다.

최병국(61.9%), 곽상훈(61.4%), 정준(60.4%), 이기붕(58.6%), 신익희(56.4%), 강승구(56.0%), 임흥순(55.5%), 오형근(55.4%), 윤

일상(53.7%), 황경수(53.6%), 표양문(53.5%), 함두영(53.3%), 정존수(52.8%), 한동석(52.6%), 김상돈(52.1%) 후보들이 50% 이상의 득표율로 당선된 반면, 민관식(23.6%), 김두한(28.6%), 김일(28.8%), 천세기(28.8%), 김병철(29.2%) 후보들은 30% 미만의 득표율로 당선됐다.

윤치영(중구갑), 정일형(중구을), 윤보선(종로갑), 김도연(서대문갑), 이기붕(서대문을), 황성수(용산을), 윤성순(포천) 후보 등은 미국이나 영국에서 유학했고, 김두한(종로갑), 김병철(이천), 오재영(안성), 정대천(파주) 후보는 소학교 졸업이고, 김일(성북), 임흥순(성동갑), 곽상훈(인천을), 김재곤(인천갑), 황경수(평택) 후보들은 중졸이지만 일본에 유학한 후보들을 꺾고 당당하게 당선됐다.

2. 수도권 39개 지역구 불꽃 튀는 격전의 현장으로

> 서울특별시

<중구 갑> 초대 내무부장관 출신으로의 명망과 제헌의원 선거 때부터 닦아 온 조직을 되살려 3선의원에 등극한 윤치영

지난 2대 총선에서는 북경대 출신으로 입법 의원을 지낸 민련(民聯) 원세훈 후보가 제헌의원 선거에서 당선된 국민당 윤치영, 항일독립운동을 펼쳤던 민국당 안동원 후보들을 꺾고 당선됐다.

일본 중앙대 출신인 변호사 신태악, 제헌의원 선거에도 출전했던 김선 등 6명의 후보들이 참전하여 9명의 후보들이 난전을 벌였다.

원세훈 의원이 납북된 이번 총선에서는 제헌의원 선거에서 함석훈, 박정근 등 12명의 후보들을 제압하고 당선된 윤치영 후보가 지난 총선에서 원세훈 후보에게 일격을 맞고 쓰러졌으나, 공주 을구 김명동 의원의 사망으로 실시된 보궐선거에서 민국당 조병옥, 국민회 염우량 후보들을 꺾고 재기에 성공했다.

윤치영 후보의 고토(故土) 탈환을 저지하기 위해 명치대 출신으로 한일회담 대표로 활약했던 임철호 후보가 자유당 공천을 받고, 세브란스 의과대학장 출신으로 지난 2대 총선에선 인천 갑구에서 당선된 이용설 의원이 출전하여 3파전을 전개했다.

제헌의원 시절부터 꾸며 놓은 조직을 활용하여 초대 내무부장관과 국회부의장을 지낸 윤치영 후보가 3선 고지를 점령했다.

의원내각제를 신봉했던 이용설 의원이 기름진 텃밭인 인천 갑구를 버리고 이 지역구로 옮겨 장렬하게 전사했고, 지난 2대 총선에도 출전했고 자유당 중앙감찰부장을 지냈지만 자유당 공천에서 제외된 신태악 후보가 분전했지만 당선권에서는 멀어졌다.

□ 득표상황

후보자	정당	연령	주요 경력	득표 (%)
윤치영	국민당	56	2선의원(중구,공주)	9,392 (47.6)
임철호	자유당	48	변호사, 명치대 졸	3,585 (18.2)
신태악	무소속	52	자유당 감찰부장	3,475 (17.6)
이용설	무소속	58	2대의원(인천 갑)	3,090 (15.7)
이희영	무소속	31	수원신문 기자	180 (0.9)

<중구 을> 2대 총선에서 승리한 여세를 몰아 대한청년단 중구단장인 김헌 후보를 격파하고 재선에 성공한 정일형

지난 2대 총선에서 분구된 이 지역구는 미국 뜌루대 출신으로 유엔 파리총회에 한국 대표로 참석했던 무소속 정일형 후보가 월남한 북한 출신들의 민심을 휘어잡아 명치대 출신으로 사회사업을 펼친 노총(勞總)의 김헌, 청년운동을 펼친 한청(韓靑) 문봉제 후보들을 큰 표차로 따돌리고 지역구의 주인 자리를 선점했다.

회사원인 민국당 김을길, 임시정부 국무위원으로 항일독립운동을 펼쳤던 민족자주연맹 최동오, 의사 출신으로 제헌의원 선거에는 조민당으로 출전했던 석리경 후보 등 6명의 후보들이 중위권을 형성했다.

이번 총선에서는 정일형 의원이 재선 고지를 향해 진군하자, 지난 2대 총선에서 낙선하고서 자유당 공천을 받은 김을길, 자유당 중구위원장을 지냈으나 공천에서 배제된 노일경, 대한청년단 중구단장으로 활약한 김헌, UN한국위원회 연락위원장으로 활동하고 체신부장관을 지낸 장기영, 변호사로서 부산시의원을 지낸 최대용 후보들이 저지에 나섰다.

지난 2대 총선에서 실향민들로부터 절대적인 지지를 얻어 진지를 구축한 정일형 후보가 지난 2대 총선에서도 도전했던 김헌, 김을길 후보들을 어렵게 제치고 철옹성을 쌓았다. 청년들의 지지를 받은 김헌 후보와의 표차는 116표에 불과했다.

　　□ 득표상황

후보자	정당	연령	주요 경력	득표 (%)
정일형	무소속	50	2대의원(중구 을)	4,090 (20.6)
김 헌	무소속	42	대청 중구단장	3,974 (20.0)
김을길	자유당	49	중구 동연합회장	3,443 (17.3)
장기영	무소속	50	체신부장관	3,041 (15.3)
노일경	무소속	58	중구 동연합회장	2,159 (10.9)
최대용	무소속	37	변호사, 부산시의원	1,203 (6.0)

김용호	무소속	41	수도경찰병원장	676 (3.4)
윤홍섭	무소속	61	대한해운공사 고문	594 (3.0)
이석참	무소속	32	사단 정훈과장	308 (1.5)
이화창	무소속	58	전재구국 본부장	296 (1.5)
김상만	무소속	45	경제신문 사장	109 (0.5)

〈종로 갑〉 제헌의원 선거에서는 충남 아산에서 낙선했지만 서울특별시장과 상공부장관을 지낸 화려한 경력과 민국당 공천을 내세워 등원에 성공한 윤보선

지난 2대 총선에서는 제헌의원 선거에서 당선된 조선민주당 이윤영 의원이 출전을 포기하자, 일본여자대학 출신으로 차점 낙선한 대한부인회 박순천 후보가 인물론과 동정여론을 일으켜 대한변호사협회장으로 활동하고 있는 장후영 후보를 꺾고 당선됐다.

종로구청장을 지낸 민국당 김진용, 의사인 오일승, 제헌의원 선거에는 자주독립당으로 출전했던 민국당 최진, 한의사 출신인 오삼식 후보 등 12명의 후보들이 난전을 벌였다.

이번 총선에선 서울특별시장과 상공부장관을 지낸 윤보선 후보가 민국당 공천을 받고 출전하자, 지난 2대 총선에서 자웅을 겨뤘던 박순천 의원과 장후영 서울변호사회장이 재출격하여 3파전을 전개했다.

동아일보 편집국장을 지낸 주요한, 체신부차관을 지낸 백홍균, 이

승만 대통령 수석비서관을 지낸 이상철, 국민회 총무부장을 지낸 김일휴 후보들도 얼굴을 내밀었다.

자유당이 공천을 포기하자 김일휴, 백홍균, 송태희 후보들이 출전했지만, 의미있는 득표력을 보여주지 못했다.

영국 에딘버러대 출신으로 서울특별시장을 지낸 명성과 야당을 육성하여 주어야 한다는 서울 민심을 업은 윤보선 후보가 지난 2대 총선에서 아쉽게 차점 낙선한 장후영 후보와 대한부인회장으로 활약한 박순천 의원을 꺾고 의정 단상에 올랐다.

□ 득표상황

후보자	정당	연령	주요 경력	득표 (%)
윤보선	민주국민당	56	서울시장, 상공장관	9,485 (32.4)
장후영	무소속	45	서울변호사 회장	4,468 (15.2)
박순천(여)	무소속	55	2대의원(종로 갑)	4,306 (14.7)
주요한	무소속	53	동아일보 편집국장	4,271 (14.6)
유석현	무소속	54	항일운동, 회사장	3,179 (10.8)
김일휴	자유당	57	국민회 총무부장	1,140 (3.9)
김재선	무소속	56	항일운동, 계몽사업	546 (1.9)
윤기주	무소속	48	미용사조합 회장	535 (1.8)
이상철	무소속	41	대통령 비서관	390 (1.3)
백홍균	자유당	53	체신부차관	315 (1.1)
남기성	무소속	29	상이군인회 창설	294 (1.0)
김형룡	무소속	31	아산중 교사	224 (0.8)
송태희	자유당	33	한청 재무부장	165 (0.6)

〈종로 을〉 김좌진 장군의 아들이라는 명성과 자유당에서 제명당한 투사 이미지로 평양시장 출신인 한근조 후보를 무너뜨린 김두한

제헌의원 선거에서는 입법의원 장면 후보가 당선됐으나, 장면 의원이 주미대사에 임명됨에 따라 실시된 보궐선거에서 초대 법무부장관을 지낸 이인 후보가 조도전대 출신인 민국당 백남훈, 초대 외무부장관을 지낸 장택상 후보들을 꺾고 당선되어 의원직을 승계했다.

이인 의원이 영등포로 지역구를 옮겨간 지난 2대 총선에서는 기미독립선언 33인으로 추앙받던 오하영 후보가 70세의 고령에도 불구하고 무소속으로 출전하여 지난 보궐선거에서 차점 낙선한 민국당 백남훈 후보를 6천여 표차로 따돌리고 당선됐다.

오하영 의원이 납북된 이번 총선에는 자유당 중앙위원으로 활약했지만 제명처분을 받은 김두한 후보와 명치대 출신으로 평양시장을 지낸 조선민주당 한근조 후보가 한판 승부를 벌였다.

종로구 동연합회장으로 자유당 공천을 받은 최봉하, 합동통신 사장으로 개성에서 지난 2대 총선에 당선됐으나 지역구가 북한에 편입된 김동성, 여주에서 2대 총선에 당선됐으나 자유당 공천에서 제외되자 지역구를 옮긴 여운홍 후보들이 무주공산에 뛰어들었다.

김좌진 장군의 아들로 종로를 주름잡았던 김두한 후보가 자유당에서 제명당한 투사 이미지를 부각시켜, 변호사로서 명망이 높은 한

근조 후보를 463표차로 꺾고 국회에 등원했다.

양평을 아들에게 물려주고 "이번 선거에는 돈 안 쓰고 당선되는 좋은 표본을 보여주겠다"는 여운홍 후보는 자유당 공천자인 최봉하 후보를 꺾고 동메달을 차지했으나, 개성을 떠난 김동성 후보는 중도에 사퇴했다.

□ 득표상황

후보자	정당	연령	주요 경력	득표 (%)
김두한	무소속	36	자유당 중앙위원	8,762 (28.6)
한근조	조선민주당	58	평양시장, 고시위원	8,299 (27.1)
여운홍	무소속	62	2대의원(양평)	5,450 (17.8)
최봉하	자유당	55	서울연료 부사장	5,340 (17.5)
박주명	무소속	54	경성여객 취체역	1,769 (5.8)
김옥천	무소속	45	반도병원 원장	556 (1.8)
김복록	무소속	36	국민회 원의과장	428 (1.4)
김동성	무소속	64	2대의원(개성)	사퇴

〈동대문〉 30대 패기를 앞세운 민관식 후보가 제헌의원 선거부터 줄곧 출전한 이영준과 전호엽 후보들을 꺾고 정계의 기린아로 성장

지난 2대 총선에서는 입법의원을 지낸 장연송 후보가 사회부 노동

국장을 지낸 전호엽, 제헌의원을 지낸 민국당 이영준 후보들을 꺾고 2전3기의 뚝심을 발휘했다.

장연송 후보는 갑·을구로 분구된 제헌의원 선거에서 을구에 출전하여 세브란스의전 교수인 이영준 후보에게 전호엽 후보와 함께 패배했고, 갑구에서 당선된 이승만 의원의 대통령 취임에 따라 실시된 보궐선거에 출전하여 보성전문대 교수인 홍성하 후보에게 전호엽 후보와 함께 또 다시 낙선했다.

13명의 후보들이 난립한 선거전에서 군정청 체신부 차장을 지낸 국민당 백홍균, 노총을 업고나온 우갑린 후보들의 성적은 초라했지만, 동장을 지낸 김진영, 한민당 중앙위원을 지낸 이혁 후보들의 선전이 돋보였다.

장연송 의원이 납북된 이번 총선에는 세브란스병원장 출신으로 제헌의원을 지낸 이영준 후보가 민국당 공천으로, 사회부 노동국장 출신으로 자유당 공천을 받고 네 번째 출전한 전호엽 후보가 재격돌을 펼친 와중에 조선농약 전무 출신으로 고려시보 사장인 민관식 후보가 혜성처럼 등장하여 3파전을 전개했다.

기미독립선언 전국대회 선전부장을 지낸 이화, 동경 조선청년회 위원장으로 항일운동을 펼친 은주표, 동대문구 동연합회장을 지낸 송창열, 미군 야전병원장을 지낸 황진후 후보들도 출전했다.

무소속 민관식 후보가 경성제대 출신임을 내세우며 풍부한 자금을 활용하여 점조직을 활성화해 30대 패기를 기반으로 제헌의원 시절부터 빠짐없이 출전하여 민국당과 자유당으로 나뉘어 쟁패전을 벌인 이영준과 전호엽 후보들을 함께 꺾고, 국회에 등원하여 정계의 기린아로 발돋움했다.

□ 득표상황

후보자	정당	연령	주요 경력	득표 (%)
민관식	무소속	36	고려시보 사장	8,999 (23.5)
이영준	민주국민당	57	제헌의원(동대문 을)	7,870 (20.5)
전호엽	자유당	52	사회부 노동국장	6,616 (17.2)
송창열	무소속	45	동대문 동연합회장	5,302 (13.8)
이 화	무소속	47	독립선언 선전부장	4,954 (12.9)
황진후	무소속	46	미군 야전병원장	2,982 (7.8)
은주표	무소속	44	동경청년회 위원장	981 (2.6)
이철민	무소속	31	극동타임즈 사장	670 (1.7)

〈성동 갑〉 성동구 동연합회장이란 지명도와 조직으로 성동 을구에서 성동 갑구로 옮겨도 거뜬하게 당선된 임흥순

지난 2대 총선에서는 일본 육사 출신으로 대동청년단장을 거쳐 민국당 최고위원을 지낸 지청천 후보가 이청천에서 성씨를 바꿔 청산리 전투에서 얻은 명성으로 항일 독립운동가인 민족자주연맹 김명준 후보를 큰 표차로 꺾고 2연승을 이어갔다.

성동 갑·을구가 통합된 제헌의원 선거에서는 한민당 백남훈 후보에게 압승을 거두었고, 2대 총선에서는 조민당 선우훈, 단국대 이사장인 장형, 대한노총 유종남, 상공부 배전과장 석의증, 노농당 이만규, 한민당 최요한 등 13명의 후보들이 지청천 후보의 2연승

을 저지하기 위해 출전했으나 무위였다.

지청천 의원이 납북되어 무주공산이 된 이번 총선에는 지난 2대 총선에서는 성동구 동연합회장 출신으로 성동 을구에서 당선을 일구었던 임흥순 후보가 민국당을 탈당하고 지역구를 옮겨 출전하자, 지난 2대 총선에 출전하여 낙선한 한성피혁 사상으로 자유당 후보임을 내세운 유종남, 신문기자로 활동한 최요한 후보들이 도전했다.

또한 해인대 교수인 정필선, 흥문공립학교를 설립하여 운영중인 허범극, 이시영 부통령 비서실장을 지내고 자유당 후보임을 내세운 이정우, 신당동회장 출신인 정철영 후보들도 얼굴을 내밀었다.

성동구 동연합회장으로 지명도와 조직을 구비한 임흥순 후보가 부통령 비서실장으로 자유당 후보임을 내세운 이정우 후보를 가볍게 꺾고 재선의원이 됐다.

자유당은 김재광 후보를 공천했으나 김재광 후보의 후보직 사퇴로 이정우, 유종남 후보들이 자유당으로 출전하게 됐다.

□ 득표상황

후보자	정당	연령	주요 경력	득표 (%)
임흥순	무소속	58	2대의원(성동 을)	12,072 (55.5)
이정우	자유당	48	부통령 비서실장	3,363 (15.5)
정필선	무소속	39	해인대학 학장	2,334 (10.7)
유종남	자유당	45	한성피혁 사장	1,714 (7.9)
최요한	조선민주당	45	신문기자	996 (4.6)
정철영	무소속	59	신당동 동회장	888 (4.1)

| 허범극 | 무소속 | 48 | 흥문공립학교장 | 381 (1.7) |

⟨성동 을⟩ 자유당 공천 경쟁에서 밀리고 제명처분까지 받아 동정여론으로 유성권 자유당 공천 후보를 꺾어버린 김재황

지난 2대 총선에서 신설된 이 지역구에서는 성북구 동연합회장을 지낸 민국당 임흥순 후보가 대한농민회 감찰위원을 지낸 진영하 후보를 큰 표차로 제압했다.

숙명여대 교수로서 농림부 농지관리과장을 지낸 김형규, 대구지방 행정청장을 지낸 권희창 후보들이 추격전을 전개했다.

민국당을 탈당한 임흥순 의원이 갑구로 옮겨 무주공산인 이 지역구에 자유당이 공천보류지역으로 결정하여 서울동연합회 부회장으로 활동한 유성권 후보와 자유당 감찰위원인 진영하 후보가 자유당으로 출전했고, 자유당 공천을 기대했던 시장연합회 부회장 김재황 후보는 무소속으로 출전했다.

유성권 후보의 독주가 예상됐으나 선거가 중반권에 접어들자 자유당으로부터 제명처분을 받았다는 동정여론에 휩싸인 김재황 후보가 자유당 공천을 내세운 유성권 후보를 꺾은 이변을 만들어냈다.

자유당 감찰위원을 지낸 진영하 후보는 상대적인 고령으로 한영고교 교사인 채영철 후보에게 3위 자리를 내어주었다.

☐ 득표상황

후보자	정당	연령	주요 경력	득표 (%)
김재황	무소속	42	시장연합회 부회장	9,509 (37.9)
유성권	자유당	39	성동 협동조합장	7,316 (29.2)
채영철	무소속	28	한영고 교사	3,422 (13.7)
진영하	자유당	61	서울연료 취체역	3,266 (13.0)
박순기	무소속	50	경찰병원 재무관	715 (2.9)
김기곤	국민당	45	약사	335 (1.3)
염천배	무소속	30	제대장병협회 분실장	323 (1.3)
김재호	무소속	27	기자사령부 조사관	183 (0.7)

〈성북〉 국민회 선전부장 출신으로 자유당 공천을 받고 지역구를 옮긴 서범석, 서성달 전·현직 의원들을 꺾어버린 김일

동대문구에서 분구된 지난 2대 총선에서는 일본 명치대 출신으로 상해임시정부 외교부장을 지내고 한독당 부위원장으로 활약한 조소앙 후보가 군정청 경무부장을 지낸 민국당 조병옥 후보를 2만여 표차로 꺾은 대승을 거두었다.

상해임시정부 대의원 출신으로 고양 갑구에서 제헌의원에 당선된 노총 서성달, 청년운동을 펼친 대한청년단 유화청 후보들도 출전했다.

조소앙 의원의 납북으로 무주공산이 된 이번 총선에는 국민회 선전부장 출신인 김일 후보가 자유당 공천을 받고 선점하자, 지난 2

대 총선에선 옹진 을구에서 당선됐으나 지역구가 사라져버린 서범석, 상해임정 대의원 출신으로 지난 2대 총선 때부터 지역구를 옮긴 서성달, 고려대 정치대학장을 지낸 신기석 후보들이 야멸차게 도전했다.

민국당에서는 중학교 교감과 치안국 경감 출신인 박수해 후보를 공천하여 선전을 기대했으나 탈꼴찌를 벗어나지 못했다.

자유당 공천 후보임을 내세운 김일 후보가 경기도에서 지역구를 옮긴 서범석, 서성달 전·현직 의원은 물론 고려대 교수인 신기석, 변호사인 이몽 후보들을 제치고 등원에 성공했다.

신기석, 서범석 후보들의 대결이 될 것이라는 예상을 뒤엎고 당선된 김일 후보와 서범석 후보의 표차는 1,154표에 불과하여 서범석 후보의 설욕을 기대하여본다.

□ 득표상황

후보자	정당	연령	주요 경력	득표 (%)
김 일	자유당	53	국민회 선전부장	9,838 (28.8)
서범석	무소속	51	2대의원(옹진 갑)	8,684 (25.4)
신기석	무소속	46	고려대 정치대학장	7,246 (21.2)
원상남	무소속	49	항일운동	3,264 (9.6)
서성달	국민당	63	제헌의원(고양 갑)	2,183 (6.4)
나병옥	무소속	32	상이군인회 지부장	1,683 (4.9)
이 몽	무소속	46	정경신문 회장	665 (2.0)
박수해	민주국민당	46	옥천중 교감	573 (1.7)

〈서대문 갑〉 초대 재무부장관을 지낸 김도연 후보가 한국무역협회장, 민국당 공천 갑옷을 입고 설욕전을 승리로 장식

지난 제2대 총선에서는 미국 남가주대 출신으로 주택영단 이사장을 지낸 김용우 후보가 30대의 패기를 내세워, 제헌의원 선거에서 이화여대 총장을 지낸 김활란, 항일독립운동가인 안동원, 한국마사회장인 나명균 후보들을 꺾고 초대 재무부장관을 지낸 민국당 김도연 후보를 제압하는 이변을 만들어냈다.

출판인인 김윤하, 언론인인 이창섭, 변호사인 권혁영, 신문기자인 한오혁 후보들도 출전했으나 양(兩) 거두에 가려 빛을 발휘하지 못했다.

이번 총선에는 지난 2대 총선에서 자웅을 겨뤘던 김용우 의원과 김도연 후보가 재격돌을 펼쳤고, 조선운수 사장으로 자유당 공천을 받은 강창희, 주한미군 고문단 연락관을 지낸 고병억, 군정청 사법부에 근무했던 김규선 후보들이 출전하여 두 후보의 결투를 지켜봤다.

초대 재무부장관과 한국무역협회장을 지낸 김도연 후보가 민국당이라는 갑옷을 입고 등장하여, 지난 2대 총선에서 패배의 아픔을 주었던 김용우 의원을 큰 표차로 꺾고 의원 배지를 되찾았다.

☐ 득표상황

후보자	정당	연령	주요 경력	득표 (%)
김도연	민주국민당	59	제헌의원(서대문)	9,681 (39.7)
김용우	무소속	42	2대의원(서대문 갑)	6,677 (27.4)
강창희	자유당	59	조선운수 사장	6,271 (25.7)
고병억	무소속	59	주한미군 연락관	1,251 (5.1)
김규선	무소속	39	군정청 근무	510 (2.1)

〈서대문 을〉 조봉암 후보의 등록을 무산시키고 김산 후보를 5천여 표차로 물리치고 국회의장까지 내달린 이기붕

신설된 지난 2대 총선에서는 신흥무관학교 교관 출신으로 입법의원을 지낸 윤기섭 후보가 중학교장 출신으로 YMCA 총무로 활약한 신흥우, 연세대 교수 출신으로 군정청 기획처장을 지낸 이순탁 후보들을 큰 표차로 제압했다.

동국대 교수인 박충진, 국민당 선전부장인 선우기성, 소청국장을 지낸 이주연, 흥신사 사장인 민국당 오성환 후보 등 12명의 후보들도 추격전을 전개했다.

윤기섭 의원이 납북된 이번 총선에는 서울특별시장을 지내고 국방부장관으로 거창 양민학살 사건과 국민방위군 사건을 처리하여 국민들로부터 선망(羨望)을 얻은 이기붕 후보가 자유당 공천으로 출전하자 조봉암 후보가 등록하려다 추천인들의 추천 취소로 좌절됐다.

민국당은 중국 무창 중산대 출신으로 한민당 중앙상임위원으로 활동한 김산 후보를 내세웠고, 독립운동가로 한국마사회 회장으로 활동한 나명균 후보가 제헌의원 선거에 이어 재도전했다.

자유당의 조직을 활용하며 지명도가 높은 이기붕 후보가 기관의 압력이 있을수록 더욱 유리하다는 김산 후보를 5천여 표차로 따돌리고 국회의장까지 달려갔다.

김산 후보는 정견발표회장에서는 청중들의 열광적인 박수갈채로 압도적인 승리를 기대했으나, 개표 결과는 너무나 판이했다.

□ 득표상황

후보자	정당	연령	주요 경력	득표 (%)
이기붕	자유당	57	서울시장, 국방장관	12,923 (58.6)
김 산	민주국민당	55	한민당 중앙위원	7,329 (33.3)
나명균	무소속	56	한국마사회장	1,278 (5.8)
오경환	무소속	45	향토방위대장	508 (2.3)

<마포 갑> 제헌의원 선거 때부터 맞붙어 1승 1패를 기록한 자유당 오성환 후보를 3천여 표차로 꺾고 의원 배지를 되찾은 민국당 김상돈

제헌의원 선거에서 대결을 펼쳤던 김상돈, 오성환, 이성근, 최순택, 강병학 후보들이 재대결을 펼친 제2대 총선에서는 동경대 중

퇴생으로 동장과 민족대표대회 대의원을 지낸 국민당 오성환 후보가 현역의원은 무조건 배제한다는 민심의 동향을 업고 현역의원인 민국당 김상돈 의원을 꺾고 설욕전을 승리로 장식했다.

변호사인 이봉구, 대학교수인 국민당 이재갑 후보 등 6명의 후보들도 새롭게 참가했다.

이번 총선에서도 자유당 공천을 받은 오성환 의원과 반민특위 부위원장으로 활약한 민국당 김상돈 후보가 세 번째 맞대결을 펼쳤다.

전매청 총무국장을 지낸 지덕영, 영희임산 사장인 노동규, 공보처 선전강사로 활동한 한창열 후보들도 출전했다.

이승만 정부에 대한 민심이반을 등에 업은 김상돈 후보가 국민회 집행위원으로 활약한 오성환 의원을 3천여 표차로 설욕하여 4년 전 맡겨두었던 금배지를 되찾았다.

□ 득표상황

후보자	정당	연령	주요 경력	득표 (%)
김상돈	민주국민당	52	제헌의원(마포 갑)	9,835 (52.1)
오성환	자유당	46	2대의원(마포 갑)	6,485 (34.3)
지덕영	무소속	40	전매청 총무국장	1,589 (8.4)
한창열	무소속	43	공보처 선전강사	648 (3.4)
노동규	무소속	51	영희임산 사장	338 (1.8)

〈마포 을〉 자유당 공천을 받지 못했는데도 자유당 공천을 받았다는 삐라를 살포한 구설수에 휘말렸으나, 압도적인 득표로 당선된 함두영

신설된 지난 2대 총선에서는 강원도지사와 농림부장관을 지낸 이종현 후보가 우편국장 출신으로 신수동회장을 지낸 국민회 함두영 후보를 1,670표차로 꺾고 당선됐다.

한성학원 이사장인 이정안, 사회사업가인 이종연, 변호사인 심상붕, 사회당 한장경 후보 등 16명의 후보들이 출전하여 난타전을 전개했다.

이번 총선에서는 마포구 동연합회장을 지내고 지난 2대 총선에서 석패한 함두영 후보가 자유당 후보임을 내세워 선두를 굳건하게 유지한 가운데, 민중일보 사장인 김우정, 조도전대 출신으로 대한일보 이사인 유영희, 국부군 육군소장으로 활약한 유무, 항일운동과 사회사업을 펼쳤던 김종연, 마포동회장을 지낸 강지도 후보들도 출전했다.

민국당은 전국청년지도회 선전부장으로 활동한 이민국 후보를 공천했으나 득표력은 한계를 보였다.

자유당 공천을 받지 못했는데도 자유당 공천을 받았다는 삐라를 살포한 함두영 후보가 선거법 위반 조사를 받고 있다는 소문을 뒤로하고, 이종현 의원의 인천으로의 전구(轉區)와 지난 2대 총선에서 석패에 따른 동정여론으로 50%가 넘는 득표율로 대승을 거두고 국회에 등원했다.

□ 득표상황

후보자	정당	연령	주요 경력	득표 (%)
함두영	자유당	49	마포동련회장	10,065 (53.3)
김우정	무소속	57	민중일보 사장	2,700 (14.3)
유영희	무소속	45	대동신문 이사	2,333 (12.3)
이민국	민주국민당	49	민국당 중앙위원	1,489 (7.9)
김종연	무소속	37	항일운동, 사회사업	1,370 (7.3)
강지도	자유당	59	도화동 회장	509 (2.7)
유 무	무소속	46	국부군 육군소장	425 (2.2)

<용산 갑> 현역의원으로 자유당 공천을 받은 남송학 후보가 국민회 중앙위원이었던 박국헌, 신광여중고 교장인 최영휘 후보들을 가볍게 꺾고 재선의원에 등극

지난 제2대 총선에서는 외무부 정보국장을 지낸 황성수 후보가 이승만 의원의 대통령 취임으로 실시된 동대문 갑구 보궐선거에서 당선된 민국당 홍성하, 노동운동을 펼쳐 기반을 구축한 노총 주종필, 광산업자인 대한노농당 임봉길 후보들을 꺾고 당선됐다.

나재하, 김용길, 문무술, 주운성, 김찬 후보들도 출전하여 9명의 후보들이 난립됐다.

이번 총선에는 지난 총선에서 용산 을구에서 김동원 제헌의원 등을 꺾고 당선된 남송학 후보가 지역구를 황성수 의원과 맞바꾸어 자유당 공천으로 출전했다.

단일구였던 제헌의원 선거에서 김동원 후보에게 아쉽게 패배했지만, 2대 총선에서 설욕에 성공한 남송학 의원에게는 정견발표에서는 낭패(狼狽)하였지만, 조도전대 출신으로 국민회 중앙위원인 박국헌, 신광여중고 교장인 최영휘 후보들은 너무나 손쉬운 상대 후보들이었다.

□ 득표상황

후보자	정당	연령	주요 경력	득표 (%)
남송학	자유당	50	2대의원(마포 을)	8,760 (41.9)
최영휘	무소속	39	신광여중 교장	7,771 (37.2)
박국헌	무소속	40	개척사업 이사장	4,362 (20.9)

<용산 을> 지역구를 맞바꾼 황성수 의원이 용산구 동연합회장인 김원만, 강원도 경찰국장인 김익준 후보들을 어렵게 따돌리고 재선의원으로 달려

지난 제2대 총선에서는 대한독립촉성국민회 재정부장을 지낸 국민당 남송학 후보가 제헌의원 선거에서 5,717표차로 당선된 민국당 김동원 후보를 설욕전에서 꺾고 당선됐다.

사회사업가로 명성을 쌓은 국민당 김성주, 독립운동가로 알려진

명제세, 회사장인 노동당 장예학, 제재업자인 민국당 강성진, 출판업자인 대한노농당 김상덕, 의사인 신학진, 조민당 최윤서, 서울대 총장을 지낸 이춘호 후보 등 14명의 후보들이 벌리는 난타전에서 남송학 후보가 725표차로 사회사업가인 김성주 후보에게 신승을 거두었다.

지역구를 맞바꾼 자유당 황성수 의원은 용산구 동연합회장인 김원만, 조민당 조직부장인 조성식, 조선공업협회 이사장인 강석천, 강원도 경찰국장을 지낸 김익준 후보들의 도전에 직면했다.

능변가로 널리 알려진 황성수 후보가 자유당의 조직에 힘입어 용산구 동련회장인 김원만, 강원도 경찰국장 출신인 김익준 후보들을 어렵게 따돌리고 재선의원이 됐다.

□ 득표상황

후보자	정당	연령	주요 경력	득표 (%)
황성수	자유당	37	2대의원(용산 갑)	5,273 (35.4)
김원만	무소속	45	용산 동연합회장	4,864 (32.7)
김익준	무소속	38	강원도 경찰국장	3,303 (22.2)
강석천	무소속	53	내무부 차관보	975 (6.6)
조성식	조선민주당	39	조민당 조직부장	470 (3.1)

<영등포 갑> 목사로서 기독교인들의 전폭적인 지지로 현역의원, 헌병사령관, 유명 언론인, 서울시 경찰국장, 영등포경찰서장 등을 꺾고 재선 고지에 오른 윤재욱

영등포가 갑·을구로 분구된 지난 제2대 총선에서는 대한노총 영등포구 위원장인 조광섭 후보가 의사 출신인 국민당 윤재욱 후보에게 제헌의원 선거에서 2,409표차로 패배를 안겨준 설움을 되갚아주었다.

현역의원인 윤재욱 후보는 고교 교사, 교수를 거쳐 회사장으로 기반을 닦은 이강현 후보에게 뒤져 3위로 주저앉았다.

이번 총선에는 제헌의원 선거 때부터 1승 1패의 전적을 안고 자유당 조광섭 의원과 무소속 윤재욱 후보가 세 번째 대결을 펼쳤다.

이 대결장에 헌병사령관으로 활약한 전봉덕, 사회사업가로 대구 박애원 이사장인 김병섭, 영등포경찰서장을 지낸 최성길, 서울시 경찰국장을 지낸 윤명운, 언론인으로 민국당 중앙상무위원인 함상훈 등 쟁쟁한 후보들이 새롭게 출전했다.

영등포구 동연합회장 출신으로 목사로서 기독교인들의 전폭적인 지지를 받은 윤재욱 후보가 자유당으로 무장한 조광섭 의원을 7천여 표차로 설욕하고 금배지를 되찾았다.

윤재욱, 윤명운, 조광섭 후보들의 자유당 내전의 혈투 속에 헌병사령관을 지낸 전봉덕, 민국당 공천을 받은 함상훈 후보들은 선전했지만, 서울시 경찰국장을 지낸 윤명운, 영등포경찰서장을 지낸 최성길 후보들은 중위권으로 밀려났다.

□ 득표상황

후보자	정당	연령	주요 경력	득표 (%)
윤재욱	무소속	43	제헌의원(영등포 갑)	11,922 (35.8)

조광섭	자유당	49	2대의원(영등포 갑)	3,408 (10.2)
전봉덕	무소속	44	헌병사령관	3,239 (9.7)
함상훈	민주국민당	50	민국당 중앙위원	3,186 (9.6)
이강현	무소속	66	상공회의소 위원	2,634 (7.9)
윤명운	무소속	42	서울시 경찰국장	2,241 (6.7)
김병섭	무소속	43	오류중 설립자	1,964 (5.9)
최성길	무소속	41	영등포 경찰서장	1,809 (5.4)
안우석	무소속	51	신문사 주간	1,308 (3.9)
이승진	무소속	43	국제흥신 사장	729 (2.2)
이자순	무소속	46	대흥기업 사장	438 (1.3)
강진국	무소속	49	산업경제연구소장	420 (1.3)

〈영등포 을〉 법무부장관 출신으로 제헌의원 선거 때부터 출전하여 토박이로 발돋움한 유홍 의원을 꺾어버린 이인

신설된 지난 제2대 총선에서는 전북 고창 출신으로 삼화피혁 사장인 국민회 유홍 후보가 제헌의원 선거에서 3위로 낙선한 아픔을 딛고 지역 토박이로 명망을 얻은 엄우룡, 직물 공장을 운영하는 유린, 노총의 지원을 받은 노재철 후보들을 꺾고 기사회생했다. 토건업자인 이기환, 변호사인 국민당 오승근, 사회사업가인 조민당 김병섭 후보들도 출전했다.

이번 총선에는 국민회 유홍 의원이 재선을 향해 달려가자, 명치대

출신으로 법무부장관을 지내고 제헌의원 보궐선거에서 당선된 이인 후보가 명성을 믿고 연고가 없는 이 지역구에 출전했다.

조선전기 사장인 엄규진, 청년신문 주필로서 자유당 공천을 받은 조영환, 사회사업가인 손공린, 기독교문화사 영업국장인 백홍종 후보들도 출전했다.

자유당 공천 후보의 부진 속에 법무부장관 출신이라는 명성을 발판 삼은 국민회 이인 후보가 제헌의원 선거 때부터 줄곧 출전하여 토박이로 발돋움한 유홍 현역의원을 큰 표차로 꺾고 재선의원이 됐다.

이인 후보는 장면 의원의 주미대사 부임에 따른 종로 을구 제헌의원 보궐선거에서 당선됐지만, 지난 2대 총선때는 양주 갑구에 출전하여 조소앙 의원의 동생인 사회당 조시원 후보에게 패배했었다.

자유당 중앙선거대책위원으로 자유당 공천권을 휘둘렀던 조영환 후보의 득표력은 초라하여 자유당에 대한 민심이반을 엿볼 수 있었다.

□ 득표상황

후보자	정당	연령	주요 경력	득표 (%)
이 인	국민당	57	제헌의원(종로 을)	8,420 (35.8)
유 홍	국민회	54	2대의원(영등포 을)	5,736 (24.4)
조영환	자유당	42	청년신문 주필	3,556 (15.1)
엄규진	무소속	39	조선전기 사장	2,380 (10.1)
김득황	무소속	38	보건부 총무과장	994 (4.2)
손공린	무소속	54	사회사업	892 (3.8)

| 백홍종 | 무소속 | 29 | 출판업, 육군중령 | 853 (3.6) |
| 홍영선 | 무소속 | 57 | 함경남도 산업부장 | 721 (3.0) |

경기도

<인천 갑> 자유당 공천을 받고서 인천 토박이를 내세워 강원도지사와 농림부장관을 지낸 현역의원인 이종현 후보를 75표차로 꺾은 김재곤

지난 제2대 총선에서는 세브란스 의학전문대 학장 출신으로 과도정부에서 후생부장으로 활약한 이용설 후보가 인천에 뿌리를 내리고 지역 기반을 다진 표양문, 함효영, 정해궁 후보들을 어렵게 꺾고 등원에 성공했다.

이용설 의원이 서울 종로로 옮겨간 이번 총선에는 강원도지사와 농림부장관을 지내고 지난 2대 총선에서 마포 을구에서 당선됐던 이종현 의원과 인천시 해사국장 출신으로 자유당 공천을 받은 김재곤 후보가 한판 승부를 펼쳤다.

국방부 병무국 이사관 경력을 지니고 지난 2대 총선에도 출전했던 함효영 후보가 추격전을 전개했으나 무위에 그쳤다.

자유당 공천을 받고서 인천 토박이를 내세운 김재곤 후보가 농림부장관을 지낸 이종현 의원을 서울 국회의원으로 몰아붙여 75표차로 꺾고 국회에 등원했다.

□ 득표상황

후보자	정당	연령	주요 경력	득표 (%)
김재곤	자유당	41	인천 해사국장	13,596 (37.2)
이종현	조선민주당	51	2대의원(마포 을)	13,521 (37.0)
함효영	무소속	49	국방부 이사관	5,666 (15.5)
김장원	무소속	50	수혈협회 부장	1,599 (4.4)
이홍식	무소속	39	자유노총 위원장	1,240 (3.4)
이우관	무소속	46	신화공사 대표	888 (2.4)

〈인천 을〉 제헌의원 선거 때부터 다져진 조직으로 자유당 김종섭 후보를 가볍게 꺾고 3선의원 반열에 오른 곽상훈

제2대 총선에서는 신문사 지국장 출신으로 제헌의원 선거에서 인천 갑구에서 당선된 곽상훈 의원이 조선차량 전무 출신인 김선근 후보를 2,090표차로 꺾고 재선의원이 됐다.

회사장인 국민당 김성국, 변호사인 민국당 방준경, 입법의원인 하상훈, 판·검사로 활동한 김무영, 노동운동가인 노총의 박경용 후보들도 함께 뛰었다.

이번 총선에는 3선 고지를 점령하기 위해 진군한 곽상훈 의원에게 동양기선회사 사장으로 자유당 공천을 받은 김종섭 후보와 연백군 청운면장을 지낸 홍용환, 육군중령 출신인 김홍열 후보들이 도전했다.

제헌의원 선거 때부터 지역 기반을 다지며 조직을 구축한 곽상훈 의원이 자유당 공천자임을 내세우며 추격을 전개한 김종섭 후보를 가볍게 꺾고 3선의원 반열에 올라섰다.

□ 득표상황

후보자	정당	연령	주요 경력	득표 (%)
곽상훈	무소속	57	2선의원(인천)	18,512 (61.4)
김종섭	자유당	54	동양기선 사장	10,164 (23.7)
홍용환	무소속	41	연백군 청운면장	1,476 (4.9)
김홍열	무소속	31	육군중령	사퇴

〈인천 병〉 지난 2대 총선에는 인천 갑구에 출전하여 차점 낙선한 표양문 후보가 이번 총선에는 지역구를 인천 병구로 옮겨 자유당 후보임을 내세워 등원에 성공

제2대 총선에서는 입법의원 출신인 하상훈, 인천시장을 지낸 임홍재 후보들을 제헌의원 선거에서 꺾은 모스크바대 출신인 국민당 조봉암 후보가 초대 농림부장관에 발탁된 경력을 내세워 제헌의원 선거에서도 차점 낙선한 김석기, 인천시장을 지낸 임홍재 후보들을 또 다시 꺾고서 재선의원이 됐다.

숙명여대 교수인 김영배, 노동운동가인 노총의 유경원, 회사원인 민국당 이필상 후보 등 12명의 후보들이 등록하여 혼전을 전개했다.

재선의원인 조봉암 의원이 서울 서대문구에서 이기붕 후보와 대결을 준비하다가 여의치 아니하여 출전을 포기한 이번 총선에는 인천시장 출신으로 지난 2대 총선에는 인천 갑구에 출전하여 이용설 후보에게 패배했던 표양문 후보가 자유당 공천을 받고서, 북경대 출신으로 부평 특경대장 출신인 무소속 김훈 후보를 2,248표차로 꺾고 국회에 등원했다.

□ 득표상황

후보자	정당	연령	주요 경력	득표 (%)
표양문	자유당	47	인천시장	17,331 (53.5)
김 훈	무소속	44	부평 특경대장	15,083 (46.5)

〈수원〉 재선의원인 홍길선 의원이 중도에 사퇴하여 당선을 향해 진군나팔을 우렁차게 불어댄 자유당 정존수

수원읍이 수원시로 승격되어 독립선거구가 된 제2대 총선에선 수원금융조합장 출신으로 제헌의원 선거에서 수원 갑구에서 당선된 민국당 홍길선 후보가 수원농대 교수인 국민당 윤태중, 태고토건 사장인 윤긍열, 의사로서 명성을 날린 진두일 후보들을 꺾고 재선의원이 됐다.

목사로서 노총을 업고나온 정등운, 수원읍장 출신인 조용구, 회사원인 차재화, 출판업자인 이희영 후보들도 참전했다.

이번 총선에는 서울지법 판사 출신인 정존수 후보가 자유당 공천을 받고 지역을 휩쓸자, 제헌의원 선거에서는 수원 갑구에서, 지난 2대 총선에서는 수원에서 당선됐던 홍길선 의원이 무소속으로 등록했다 중도에 사퇴하여 정존수 후보의 당선의 길을 닦아줬다.

중학교사 출신인 황칠성, 수원시의회 의장을 지낸 유기설, 재민(災民)농원 이사장인 최생준 후보들이 추격전을 전개해보았으나 역부족이었다.

□ 득표상황

후보자	정당	연령	주요 경력	득표 (%)
정존수	자유당	44	판사, 변호사	13,562 (52.8)
황칠성	무소속	28	중학교 교사	6,632 (25.8)
유기설	무소속	63	수원시의회 의장	4,038 (15.7)
최생준	무소속	56	재민농원 이사장	958 (3.7)
김구배	무소속	50	회사원	503 (2.0)
홍길선	무소속	49	2선의원(수원)	사퇴

<고양> 신익희 국회의장 비서장으로 지난 총선에서 낙선하고 이번 총선에서도 자유당의 조직과 금력에 무너진 유광열

갑구와 을구가 통합된 제2대 총선에서는 경향신문 사무차장으로 제헌의원 선거에서 대동청년단 부단장인 이성주 후보 등을 제압한 최국현 후보가 독립운동가로 명망이 높은 민련 김성숙, 회사원인 국민당 원창식, 의사인 김성섭, 목사인 오인환 후보 등 12명의 후

보들을 꺾고 재선의원이 됐다.

면장 출신인 한영수, 노총위원장인 채규환, 언론인인 유광열, 민국당을 업고나온 권태겸, 고양군수를 지낸 정장해 후보들도 출전했다.

최국현 의원이 출전을 포기한 이번 총선에는 총무처장을 지낸 자유당 한동석 후보와 지난 2대 총선에도 출전하여 낙선한 무소속 유광열 후보가 한판 승부를 벌였다.

신익희 국회의장 비서장을 지내고 태양신문 논설위원으로 활약한 유광열 후보가 자유당의 조직과 재력에 이번 총선에서도 1,233표 차로 한동석 후보에게 무릎을 꿇었다.

□ 득표상황

후보자	정당	연령	주요 경력	득표 (%)
한동석	자유당	45	총무처장	12,344 (52.6)
유광열	무소속	54	민의원의장 비서장	11,111 (47.4)

〈광주〉 자유당 갑옷을 걸친 최인규 후보도 신익희 국회의장의 적수가 되지 못해 3선의원 등극을 바라만 볼 수밖에

제2대 총선에서는 일본 조도전대 출신으로 상해임시정부 내무부장을 지내고 입법의원으로 활동하고 제헌의원 선거에서 무투표 당선되어 국회의장을 지낸 민국당 신익희 의원이 회사장인 강태연, 목

사인 이강목 후보들을 제치고 재선 의원이 됐다.

경찰관 출신인 김낙규와 선정식, 유도회 이창선, 국민회 안재정 후보들도 출전하여 300~400표를 각각 득표했다.

신익희 의원이 3선 고지를 향해 진군하자 뉴욕대 출신으로 세계무역진흥회 한국대표로 활약했던 최인규 후보가 자유당 공천을 받고 도전했고, 전남과 전북의 관재국장 출신으로 지난 2대 총선에 출전하여 차점 낙선한 강태연 후보가 자유당 공천에서 탈락하자 자유당으로 등록했으나, 중앙당의 권유로 중도에 사퇴하여 두 후보가 진검승부를 펼치게 됐다.

광주경찰서장이 "신익희 후보 운동을 하면 비행을 조사하여 입건하겠다", "최인규 후보가 당선되면 경위로 승진시켜주겠다"고 협박하고 회유한 사실을 신익희 후보 선거사무장이 선거관리위원회에 고발하는 사태도 벌어졌다.

3.15 부정선거를 진두지휘하는 등 권모술수와 조직 장악력이 우수한 것으로 정평이 나 있는 최인규 후보도 신익희 국회의장의 적수가 되지 못했다.

□ 득표상황

후보자	정당	연령	주요 경력	득표 (%)
신익희	민주국민당	59	2선의원(광주)	24,218 (56.4)
최인규	자유당	35	무역진흥 한국대표	18,712 (43.6)
강태연	자유당	50	전남도 관재국장	사퇴

<양주 갑> 지난 2대 총선에서 겨뤘던 14명의 기라성같은 후보들이 사라진 벌판에서 양주군수 시절의 인연과 조직, 자유당의 공천으로 압승을 거둔 김종규

제2대 총선에서는 국민의회 대의원 출신으로 사회당 선전부장으로 활동한 조시원 후보가 검찰총장과 법무부장관을 지낸 이인 의원과 이 지역구에서 제헌의원에 당선된 김덕열 의원, 조선일보 사장인 방응모 후보 등을 꺾고 당선됐다.

군수 출신인 김정제, 청년운동가인 노총 정동호, 학교장 출신인 박점성, 신문사 주필인 장희문 후보 등 14명의 후보들이 출전하여 열띤 경쟁을 펼쳤다.

이번 총선에서는 지난 2대 총선에서 격전을 벌였던 김덕열, 조시원, 이인, 방응모 등 14명의 후보들이 사라지고, 지난 2대 총선 때에는 양주 을구에서 5위로 낙선한 양주군수를 지낸 자유당 김종규 후보와 육군대 교관 출신인 무소속 강영훈 후보들이 출전하여 양강구도를 형성했다.

운수부 해사국장을 지낸 이동근, 서울지검 검사 출신인 김병완, 육군 소위였던 김용택, 경북 고등군법회의 심판관으로 활약했던 홍종익 후보들이 새롭게 출전했다.

농촌 지역을 휩쓸어버린 자유당의 위세를 타고 양주군수 시절의 조직과 인연으로 김종규 후보가 압승을 거두고 당선되어 이 지역구는 초대에는 김덕열, 2대에는 조시원 등 총선 때마다 당선자가 교체됐다.

□ 득표상황

후보자	정당	연령	주요 경력	득표 (%)
김종규	자유당	49	양주군수	16,424 (39.1)
강영훈	무소속	26	육군대 교관	10,036 (23.9)
김병완	무소속	44	서울지검 검사	4,937 (11.8)
홍종익	무소속	61	군법회의 심판관	4,643 (11.1)
이동근	무소속	49	운수부 해사국장	3,933 (9.4)
김용택	무소속	36	육군 소위	1,987 (4.7)

〈양주 을〉 지난 2대 총선에서 낙선에 따른 동정여론과 문중 등 토박이 표를 파고들어 재선의원을 무너뜨린 강승구

제2대 총선에서는 서울 약학대 이사장인 이진수 후보가 한민당 청년부장 김산, 극동기업 사장인 남궁련 후보들을 제헌의원 선거에서 꺾은 기세를 몰아 16명이나 난립한 기라성같은 후보들을 어렵게 따돌리고 재선고지에 올랐다.

양조장을 운영하는 신성희, 한의사인 홍종기, 목사로서 문화학원 장인 민국당 김산, 양주군수를 지낸 김종규, 대학총장을 지낸 이흥학, 광주(光州)에서 제헌의원에 당선된 정광호, 제헌의원으로 경북도지사를 지낸 정현모, 해운공사 사장인 남궁련, 대동청년단장을 지낸 강승구 후보들이 이진수 재선 도우미 역할을 담당했다.

이번 총선에는 지난 2대 총선에서 맞붙었던 이진수 2선의원과 삼

광정미소 지배인인 강승구 후보가 재대결을 펼쳤고, 제헌의원 선거 때도 출전했던 사립학교 교사로 활동했던 구중서 후보가 파수꾼 역할을 수행했다.

일본대 출신이자 2선의원으로 서울에 거주하는 이진수 의원이 방심한 틈새를 비집고 들어선 강승구 후보가 지난 2대 총선에서 출전했다 사퇴한 데 따른 동정여론과 진양 강 씨를 중심으로 하는 토박이 표를 파고들어 재선의원을 무너뜨리는 쾌거를 이뤄냈다.

☐ 득표상황

후보자	정당	연령	주요 경력	득표 (%)
강승구	무소속	50	삼광정미 지배인	15,897 (56.0)
이진수	자유당	53	2선의원(양주 을)	10,934 (38.6)
구중서	무소속	40	와부면서기, 교원	1,530 (5.4)

〈포천〉 18명의 후보들을 꺾고 2대의원에 당선된 윤성순 의원이 이번 총선에도 9명의 후보들을 꺾고 재선의원에

지난 제2대 총선에서는 상공부 광공국장을 지낸 윤성순 후보가 독립운동가로 제헌의원에 당선된 서정희 의원 등 19명의 후보들을 꺾고 등원에 성공했다.

중학교장을 지낸 이범영, 청년운동가인 국민회 이활, 입법의원 출신인 국민회 문진교, 대학교수인 권일중, 민국당을 업고나온 장석화, 한의사인 이동백, 지방법원 판사로 활약한 김윤수, 신흥대학

원장인 이규창 후보들도 출전했다.

이번 총선에는 윤성순 의원이 자유당이라는 철갑을 두르고 재선 고지를 향해 진군하자, 지난 2대 총선에 출전하여 낙선했던 18명의 후보들은 바람같이 사라지고 새로운 인물 9명이 출전하여 저지에 나섰다.

강원과 충남 경찰국장을 지낸 황학성, 수원농대 강사인 임대순, 민국당 포천군당위원장 김인봉, 수원경찰서장 등을 지낸 이해진, 국민학교 교장을 지낸 서희석 후보 등이 출전했으나 득표력은 미약했으며 윤성순 후보 재선 도우미 역할밖에 할 수 없었다.

□ 득표상황

후보자	정당	연령	주요 경력	득표 (%)
윤성순	자유당	55	2대의원(포천)	10,481 (41.6)
황학성	무소속	36	강원, 충남 경찰국장	3,974 (15.8)
임대순	무소속	49	수원농대 강사	3,000 (11.9)
김인봉	민주국민당	52	포천군당위원장	2,045 (8.1)
이해진	무소속	49	포천, 부평경찰서장	2,014 (8.0)
이규웅	무소속	39	동성고 교사	1,137 (4.5)
서희석	무소속	44	국민학교 교장	855 (3.4)
문진모	무소속	41	사진보도 사장	742 (3.0)
장윤우	무소속	26	회사원	495 (2.0)
이근오	무소속	46	동양산업 취체역	440 (1.7)

〈가평〉 국회의원과 군수로 인물에서 결코 뒤지지 않는다는 여론과 자유당의 조직으로 재선의원을 무너뜨린 오형근

지난 제2대 총선에서는 경성제대 출신으로 제헌의원 선거에서 무투표 당선된 홍익표 의원의 재선 고지 점령을 저지하기 위해 14명의 후보들이 나섰으나 모두 실패했다.

가평역장과 면장을 지낸 조용석, 회사 중역인 원세영, 청년운동을 펼치다 면장을 지낸 최승덕, 양조장을 경영한 김종관, 항일독립투사로 알려진 신숙, 가평군수를 지낸 이윤세, 경찰 출신으로 면장을 지낸 박영수 후보들이 턱밑까지 추격했으나 홍익표 후보의 재선을 막아내지 못했다.

경성제대 출신으로 제헌의원과 2대의원으로 활약한 홍익표 의원이 3선 고지를 향해 질주하자, 일본대 출신으로 옹진, 장단 및 가평군수를 지낸 오형근 후보가 자유당 공천을 받고 길목을 지켰다. 두 후보의 결투를 조도전대 출신으로 고등공민학교장인 구동식 후보가 지켜봤다.

인물론에서 결코 뒤지지 않는다는 여론과 자유당의 조직을 활용한 오형근 후보가 홍익표 의원을 큰 표차로 따돌리고 새로운 지역의 주인으로 떠올랐다.

☐ 득표상황

후보자	정당	연령	주요 경력	득표 (%)
오형근	자유당	52	옹진, 가평군수	13,998 (55.4)
홍익표	무소속	44	2선의원(가평)	7,958 (31.5)

| 구동식 | 무소속 | 51 | 고등공민학교장 | 3,295 (13.1) |

<양평> 2대 총선에 출전하여 낙선한 지명도와 동정여론으로 자유당 공천을 받은 구필회 후보를 어렵게 따돌린 천세기

지난 2대 총선에서는 과도정부 시절 입법의원을 지내고 사회민주당수를 지낸 여운홍 후보가 혜성처럼 나타나 제헌의원 선거에서 혈투를 전개했던 제헌의원 국민당 유래완, 회사원인 국민회 양남환, 의사 출신인 국민당 구필회 후보들을 꺾고 당선됐다.

충남도지사 비서였던 강대성, 경찰관 출신인 천세기, 목사 출신인 반병섭 후보 등 12명의 후보들이 새롭게 참전했다.

아들인 여성구 후보에게 지역구를 물려주고 여운형 의원이 서울 종로 을구로 옮겨 장렬하게 전사한 이번 총선에서는 지난 2대 총선에서는 비록 4위로 낙선했지만 총경으로 국무총리 비서실에 근무했던 천세기 후보가 지역구를 선점하자, 의사로 인술을 베풀어 덕망을 쌓은 구필회 후보가 자유당 공천을 받고 출전하여 자웅을 겨루게 됐다.

일본대 출신으로 경무부 수사부국장을 지낸 이만종, 양평군수와 대학교수로 활약한 여성구, 조도전대 출신으로 대학교수인 홍건원 후보 등 기라성같은 후보들이 출전했다.

지난 2대 총선에 출전하여 지명도를 높인 천세기 후보가 덕망이 높은 자유당 구필회 후보를 524표차로 물리쳤고, 이만종과 여성구 후보들도 당선권을 넘나들었다.

□ 득표상황

후보자	정당	연령	주요 경력	득표 (%)
천세기	무소속	32	국무총리 비서, 총경	9,152 (28.8)
구필회	자유당	38	의사, 총선 3회 출전	8,628 (27.1)
이만종	무소속	40	경무부 수사부국장	5,701 (17.9)
여성구	무소속	31	양평군수, 대학교수	5,605 (17.6)
홍건원	무소속	36	사립대 교수	2,709 (8.5)

<여주> 명치대 출신, 판사, 국회의원이란 명성을 내세워 자유당의 조직과 풍부한 자금을 활용하여 추격전을 전개한 이봉구 후보를 어렵게 따돌린 김의준

지난 2대 총선에서는 서울지법 판사를 지낸 김의준 후보가 제헌의원 선거에서 당선된 일민구락부 원용한 후보를 꺾고 의원직을 승계했다.

한청 여주군단장인 오덕섭, 임시정부 감사위원이었던 이종택, 여자국민당 강신상 후보들도 출전했다.

김의준 의원이 재선을 향해 질주한 이번 총선에는 지난 2대 총선에 도전했던 6 후보는 사라지고 새로운 3 후보가 출전했다.

양조업자로서 여주여중 교장인 자유당 이봉구, 국산장려회 중앙위원인 신철회 후보들이 재선 저지를 위해 분투했고, 농감(農監)출신인 신용진 후보는 선거 도중 사퇴했다.

명치대 출신으로 판사를 거친 변호사로서 명성을 되살린 김의준 후보가 자유당 공천자임을 내세우고 풍부한 재력을 활용하여 여주여중 학부형들을 파고든 이봉구 후보를 1,555표차로 어렵게 따돌리고 재선의원이 됐다.

□ 득표상황

후보자	정당	연령	주요 경력	득표 (%)
김의준	무소속	45	2대의원(여주)	15,970 (47.2)
이봉구	자유당	47	양조업, 여중교장	14,415 (42.6)
신철회	무소속	39	국산장려회 위원	3,483 (10.3)
신용진	무소속	56	농감(農監)	사퇴

〈이천〉 이종성 의원의 납북으로 무주공산인 지역구에 자유당 공천을 받은 여세를 몰아 대승을 거둔 김병철

지난 2대 총선에서는 검찰총장과 대법관을 지낸 이종성 후보가 면장 출신으로 제헌의원에 당선된 대한국민당 송창식, 미군 군정청 고문관으로 활약한 최하영, 국민회에서 활동한 최병희 후보들을 꺾고 국회에 입성했다.

소방대장으로 활동한 박준배, 노농당 최고위원인 주태도, 광복군

부관이었던 유남수 후보들도 출전했다.

이종성 의원의 납북으로 무주공산이 된 이 지역구에는 양정고 교사였던 김원영, 모가면장을 지낸 권영탁, 설성면장을 지낸 조종호, 자유당 공천을 받은 김병철, 세일합명회사 전무인 박경환, 서해어선조합 이사장인 이윤풍, 자유당군당부위원장인 여동수, 육군특무대 출신인 고종훈 후보 등 올망졸망한 후보들이 무더기로 출전하여 당선권을 넘나들었다.

선거전은 여느 농촌 지역과 같이 자유당의 위세가 대단하여 자유당 공천을 받은 김병철과 자유당 공천에서 탈락한 여동수, 면장 출신으로 지역을 대표한 조종호, 권영탁 후보들이 선두권을 유지했다.

비록 양정중학 중퇴생이지만 청년운동을 펼친 김병철 후보가 자유당의 조직을 활용하여 대승을 거두고 등원에 성공했다.

□ 득표상황

후보자	정당	연령	주요 경력	득표 (%)
김병철	자유당	55	양정중 중퇴, 상업	10,058 (29.2)
여동수	무소속	53	자유당 부위원장	5,295 (15.4)
조종호	무소속	38	설성면장	4,665 (13.5)
권영탁	무소속	57	모가면장	4,590 (13.3)
김원영	무소속	32	양정고 교사	4,012 (11.6)
최 일	무소속	39	전문학교 중퇴	2,646 (7.7)
이윤풍	무소속	56	어선조합 이사장	1,730 (5.0)
박경환	무소속	59	합명회사 전무	954 (2.8)

고종훈	무소속	34	육군특무대 근무	507 (1.5)

〈용인〉 사회부 노동국장을 지낸 신의식 후보가 출현하여 2대 총선에 낙선한 구철회와 목성표 후보들을 가볍게 제압

지난 2대 총선에서는 제헌의원 선거에서 낙선한 유기수 후보가 와신상담하며 동정여론을 일으켜 제헌의원 선거에서 당선된 민경식 의원을 꺾고 설욕했다.

민경식 의원은 현역의원들에 대한 민심이반으로 국무총리 비서실장을 지낸 목성표, 신문기자인 구철회, 면장을 지낸 신용철 후보들에게도 뒤진 5위에 머물렀다.

유기수 의원의 납북으로 무주공산이 된 이 지역구에 지난 2대 총선에서 차점 낙선한 목성표 후보와 3위로 낙선한 구철회 후보가 재대결을 펼친 와중에, 사회부 노동국장 출신으로 자유당 공천을 받은 신의식, 순경 출신인 손주석 후보들이 새롭게 도전하여 4파전을 전개했다.

자유당 경기도당 부위원장으로 활약이 돋보인 신의식 후보가 자유당의 조직과 권위를 되살려 능변가로서 수원신문 부사장인 구철회, 국무총리 비서실장을 지낸 목성표 후보들을 가볍게 제치고 등원에 성공했다.

□ 득표상황

후보자	정당	연령	주요 경력	득표 (%)
신의식	자유당	44	사회부 노동국장	18,345 (47.4)
구철회	무소속	38	수원신문 부사장	13,691 (35.4)
목성표	무소속	35	국무총리 비서실장	5,933 (15.4)
손주석	무소속	35	순경	707 (1.8)

〈안성〉 지난 2대 총선에서 낙선한 동정여론과 30대의 패기를 결합하여 상공부장관을 지낸 자유당 이교선 현역의원을 무너뜨린 오재영

지난 2대 총선에서는 제헌의원 선거에서 당선된 김영기 의원이 불출마하자 낙선한 김노묵, 이선섭 후보들을 비롯하여 16명의 후보들이 대나무 숲처럼 죽립(竹立)했다.

미국 컬럼비아대 출신으로 식량영단 이사장을 지낸 이교선 후보가 한청 안성군단장을 지낸 이상은, 의사 출신인 국민당 이상열, 안성읍장을 지낸 국민당 윤진영, 이시영 부통령 비서를 지낸 오재영, 신문기자인 민국당 최창혁 후보들을 제치고 의정 단상에 올랐다.

이번 총선에는 지난 2대 총선에서 대결을 펼쳐 당락이 엇갈렸던 이교선 의원과 오재영, 이상열, 김노묵 후보들이 재대결을 펼쳤다.

판사 출신 변호사인 김종근, 주정회사 사장인 목항상 후보들도 새롭게 출전했다.

부통령 비서 출신으로 신문사 사장인 오재영 후보가 30대의 패기와 불굴의 투지를 앞세운 열렬한 선거운동으로 컬럼비아대 출신으로 상공부장관을 지내고 자유당 갑옷을 입은 이교선 현역의원을 꺾은 이변을 연출했다.

재선에 대한 자신감에 사로잡힌 이교선 의원은 방심으로 2위 자리마저 김종근 신진 후보에게 넘겨주고 3위로 주저앉았다.

□ 득표상황

후보자	정당	연령	주요 경력	득표 (%)
오재영	무소속	34	부통령비서,신문사장	12,689 (30.0)
김종근	무소속	59	판사, 변호사	9,742 (23.0)
이교선	자유당	51	2대의원(안성)	8,024 (19.0)
이상열	무소속	49	안성읍의회 의장	6,411 (15.1)
목항상	무소속	53	주정회사 사장	4,163 (9.8)
김노묵	민주국민당	55	안성읍 의원	1,320 (3.1)

〈평택〉 지난 총선에서는 4위로 낙선했지만 자유당이라는 철갑을 두르고 제헌의원인 최석화 후보를 꺾어버린 황경수

지난 2대 총선에서는 미군정 시절 민정장관을 지내고 국민당 당수로 활약한 안재홍 후보가 제헌의원 선거에 출전하여 승패가 엇갈렸던 최석화 의원, 최명환과 황경수 후보들을 일거에 잠재우고 등원했다.

면장 출신인 우국노인회 김대경, 천도교 대종사 이병헌, 평택군수를 지낸 장범교, 의사인 국민당 이익호, 민중시보 사장인 반공연맹 최규설 후보들도 출전했다.

민정장관을 지낸 안재홍 의원의 납북으로 무주공산이 된 이 지역구는 안재홍 의원과 겨뤄 낙선한 최석화, 황경수, 이병헌, 양재현 후보들의 재대결이 펼쳐졌다.

패자부활전인 선거전에서 지난 2대 총선에서 4위를 한 경남 수리조합장인 황경수 후보가 5위를 한 전매청 총무과장을 지낸 이병헌, 3위를 한 포승면장과 제헌의원을 지낸 최석화 후보들을 꺾고 의정단상에 올랐다.

자유당 공천 후보로서 자유당의 조직과 경찰력을 동원한 황경수 후보가 면장 출신으로 제헌의원을 지낸 최석화 후보에게 승리한 것은 농촌 지역에서는 어쩌면 당연한 선거 결과일지도 모른다.

□ 득표상황

후보자	정당	연령	주요 경력	득표 (%)
황경수	자유당	47	경남 수리조합장	21,456 (53.6)
이병헌	무소속	57	행정신문 사장	9,844 (24.6)
최석화	민주국민당	42	제헌의원(평택)	5,837 (14.6)
양재현	무소속	37	평택군 진흥면장	2,472 (6.2)
윤부섭	무소속	31	경찰관	457 (1.1)

<화성 갑> 단국대 교수인 손도심 후보가 현역의원을 밀쳐내고 자유당 공천을 받은 여세를 타고 대승을 거두고 등원

제헌의원 선거에서 당선된 홍길선 의원이 수원으로 옮겨간 제2대 총선에서는 9명의 후보들이 용쟁호투를 벌여 수원군 산업과장을 지낸 김인태 후보가 팔탄면장을 지낸 이승재, 대한청년단 나창근 후보들을 꺾고 당선의 기쁨을 맛보았다.

화성군수 출신인 민태정, 회사원인 사회당 이왕래, 금융조합 직원인 최홍식 후보들도 출전했다.

김인태 의원이 자유당 공천에서 밀려나자 을구로 지역구를 옮긴 이번 총선에는 상공부장관 비서 출신으로 단국대 교수인 손도심 후보가 혜성처럼 출현하여 자유당 공천을 받고 지역구를 선점했다.

지난 2대 총선에서 차점 낙선한 팔탄면장 출신인 이승재 후보가 도전해보았으나 역부족이었고, 금강전기 사장인 홍사혁, 인천일보 편집부장인 박상묵, 국민대 교수인 홍봉진 후보들도 출전하여 선전했다.

□ 득표상황

후보자	정당	연령	주요 경력	득표 (%)
손도심	자유당	33	상공장관 비서, 교수	16,667 (48.9)
홍사혁	무소속	40	금강전기 사장	7,073 (20.8)
이승재	무소속	50	화성군 팔탄면장	4,372 (12.8)
박상묵	무소속	37	경성일보 기자	3,376 (9.9)

| 홍봉진 | 무소속 | 50 | 국민대 교수 | 2,602 (7.6) |

〈화성 을〉 2대 총선에서는 차점 낙선했지만 자유당 공천을 받고서 공천에서 탈락한 김인태 의원을 크게 앞지른 최병국

토건업으로 기반을 구축한 김웅진 후보가 제헌의원 선거에서는 청년운동을 펼친 홍수환 후보를, 제2대 총선에서는 오산면장 출신인 최병국, 봉담면장 출신인 최상헌 후보들을 꺾고 재선의원 고지를 점령했다.

정남면장을 지낸 김헌봉, 동탄면장을 지낸 박규서, 장안면의 대표 주자인 서태원, 대한노농당 김만길 후보들도 출전했다.

김웅진 의원이 출전을 포기한 이번 총선에선 지난 2대 총선에서 갑구에서 당선된 김인태 후보와 을구에서 차점 낙선한 최병국 후보, 을구에서 6위로 낙선한 서태원 후보가 3파전을 전개했다.

조도전대 출신이자 오산면장 출신으로 자유당 공천을 받은 최병국 후보가 자유당 공천에서 밀려난 김인태, 고등공민학교장인 서태원 후보들에게 대승을 거두고 등원했다.

□ 득표상황

후보자	정당	연령	주요 경력	득표 (%)
최병국	자유당	48	화성군 오산면장	22,980 (61.9)
서태원	무소속	30	고등공민교 교장	5,990 (16.1)

| 김인태 | 무소속 | 46 | 2대의원 (화성 갑) | 5,805 (15.6) |
| 이 항 | 무소속 | 36 | 금융조합 이사 | 2,351 (6.3) |

〈시흥〉 제헌의원 선거에서는 비록 차점 낙선했지만, 이번 총선에서는 자유당 공천을 받고서 대승을 거둔 이영섭

일본 유학파로 제헌의원 선거에서 신동면장 출신인 이영섭, 수안면장 출신인 유지연 후보를 꺾고 당선된 국민당 이재형 의원이 제2대 총선에서도 이영섭 후보를 2,089표차로 따돌리고 재선의원이 됐다.

방직공장 공장장인 김규설, 청년운동을 펼친 한청 양서홍, 목사인 김상기 후보들도 출전했다.

이번 총선에선 자유당이 제헌의원 선거 때 이재형 의원에게 밀려 차점 낙선한 안양중학 이사장인 이영섭 후보를 공천하자, 공천에서 밀린 상공부장관을 지낸 이재형 후보가 무소속으로 등록했다가 여건이 불리하자 선거를 포기하고 사퇴하여 이영섭 후보의 당선을 도와줬다.

회사 중역인 백봉운 후보가 민국당 공천을 받고 이영섭 후보의 당선을 저지해보았으나 역부족이었다.

재선의원으로 상공부장관으로 발탁된 이재형 후보는 이범석의 조선민족청년단 계열로 지목되어 자유당에서 제명처분을 받아 정계의 뒤안길로 사라질 수밖에 없었다.

□ 득표상황

후보자	정당	연령	주요 경력	득표 (%)
이영섭	자유당	54	안양중 이사장	24,359 (74.3)
백봉운	민주국민당	30	회사 중역	8,433 (25.7)
이재형	무소속	39	2선의원(시흥)	사퇴

〈부천〉 국방부와 내무부차관 출신으로 자유당의 공천을 받고 현역의원을 2천여 표차로 따돌리고 기염을 토한 장경근

지난 2대 총선에서는 수리조합연맹 경기도지부장인 박제환 후보가 제헌의원 선거에서 격돌하여 당선된 이유선 의원과 낙선한 전종남 후보들을 꺾고 당선됐다.

여중 교사인 김수천, 의사 출신인 석보경, 농업인인 장정근 후보들도 출전했다.

이번 총선에는 동경제대 출신으로 내무부차관과 국방부차관을 지낸 장경근 후보가 자유당 공천을 받고, 한강수리조합장 출신으로 현역의원인 박제환 후보와 한판 승부를 벌였다.

제헌의원 선거 때부터 출전하여 당선된 이유선 후보와 차점 낙선한 대한청년단 부천군단장을 지낸 김종남 후보들도 세 번째 출전했다.

판사 출신 변호사인 장경근 후보가 자유당 공천 후보임을 내세워

경찰 공무원들의 충성심에 힘을 얻어 현역의원을 2천여 표차로 꺾은 기염을 토해냈다.

세 번째 출전한 김종남, 이유선 후보들의 득표력은 당선권에서 멀리 떨어져 있었고, 민족청년단원 출신이라는 이유로 자유당에서 제명당한 박제환 의원의 고군분투는 처절했을 뿐이다.

□ 득표상황

후보자	정당	연령	주요 경력	득표 (%)
장경근	자유당	43	내무부, 국방부차관	12,992 (35.3)
박제환	무소속	49	2대의원(부천)	10,927 (29.7)
김종남	무소속	44	한청 부천군단장	6,472 (17.6)
이유선	무소속	50	제헌의원(부천)	3,918 (10.6)
김종벽	무소속	40	육군 소령	2,525 (6.8)

〈김포〉 제헌의원 시절부터 닦아 온 조직과 지명도를 활용하여 자유당 배용문 후보를 가볍게 꺾고 재선에 등극한 정준

지난 2대 총선에서는 20년 동안 교원 생활을 하고 김포면장을 지낸 이교승 후보가 전국기독청년회 총무로 활동한 제헌의원 정준 후보를 가볍게 제치고 의원직을 승계했다.

교원 출신인 국민당 김송묵, 회사원인 심하택, 회사 중역인 심현대, 경찰관이었던 문광일, 저술가인 서달 후보들도 출전했다.

이번 총선에서는 제헌의원인 정준 후보와 이교승 현역의원을 제치고 자유당 공천을 받은 배용문 후보가 혜성처럼 등장했다.

제헌의원 선거와 제2대 총선에 줄기차게 출전했던 임성구 후보와 교육위원으로 활동한 최종호 후보들은 무소속으로 출전하여 두 후보의 결전을 지켜봤다.

제헌의원 선거 시절부터 닦아 온 조직을 재구축하며 그동안 쌓은 지명도를 활용하여 기독교인들을 결집시킨 무소속 정준 후보가 경성전기 총무부장을 지내고 자유당 공천을 업고 출전한 배용문 후보를 큰 표차로 따돌리고 재선의원이 됐다.

□ 득표상황

후보자	정당	연령	주요 경력	득표 (%)
정 준	무소속	39	제헌의원(김포)	21,828 (60.4)
배용문	자유당	44	경전 총무부장	11,838 (32.8)
최종호	무소속	52	교육위원	1,715 (4.7)
임성구	무소속	61	농업	742 (2.1)

〈강화〉 지난 총선에서 158표차로 낙선했던 윤일상 후보가 자유당 공천을 받고 윤재근 재선 의원을 3,291표차로 꺾어

화도면장 출신으로 파평 윤 씨 문중들의 집중지원을 받아 제헌의원에 당선된 윤재근 의원이 제2대 총선에서도 중학교사 출신으로

양도면의회 의장을 지낸 국민회 윤일상 후보를 158표 간발의 차로 진땀승을 거두고 재선 의원이 됐다.

금융조합 이사인 조정룡, 직물조합장인 대동청년단 송정헌, 기획국 물가국장을 지낸 박장순, 인천신문 사장인 권충일 후보들도 출전했다.

이번 총선에는 지난 2대 총선에서 맞붙어 승패가 엇갈렸던 윤재근 의원과 윤일상 후보가 재결투를 벌인 진검승부를 펼쳤다.

지난 2대 총선에서 국민당 윤재근 후보는 11,812표를 득표하여 재선의원이 됐고, 교원 출신으로 양도면의회 의장을 지낸 국민회 윤일상 후보는 11,654표를 득표하여 낙선했으며 두 후보의 표차는 158표였다.

이번 총선에서는 자유당 공천을 받은 윤일상 후보가 지난 2대 총선에서 낙선에 따른 동정여론과 자유당 조직을 활용하여 족청계 의원 숙청 때 자유당에서 제명처분을 받은 윤재근 재선의원을 3,291표차로 꺾고 의원직을 승계했다.

□ 득표상황

후보자	정당	연령	주요 경력	득표 (%)
윤일상	자유당	45	양도면의회 의장	24,160 (53.7)
윤재근	무소속	43	2선의원(김포)	20,869 (46.3)

〈파주〉 경성전기 노조위원장으로 지난 2대 총선에선 낙선했지만, 자유당 공천을 받은 이번 총선에서는 당선된 정대천

제2대 총선에서는 김웅권 제헌의원이 불출마하자 제헌의원 선거에서 낙선한 우종봉, 노규창 후보등 14명의 후보들이 출전했으며 7명의 후보들이 3천 표 이상을 득표하며 당선권을 넘나들었다.

파주군수를 지낸 이동환, 금융조합 직원 출신으로 회사 중역인 이명규, 대한농민회 총무과장인 국민당 김영기, 파주군수 출신으로 설욕을 다짐한 우종봉, 경성전기 직원인 정대천, 민국당 파주군당위원장인 황옥, 의사인 윤치형, 국민당 파주군당위원장인 노규창 후보들의 경쟁에서 이동환 후보가 11.8%인 4,436표 득표로 당선되는 행운아가 됐다.

지난 총선에서 4,436표를 득표하여 당선된 이동환, 3,018표를 득표하여 낙선한 정대천, 1,108표를 득표하여 낙선한 구자경 후보들이 경합을 벌인 자유당 공천은 정대천 후보가 낙첨을 받자, 파주군민들의 간청에도 불구하고 이동환 의원은 출전을 포기했고, 구자경 후보는 무소속으로 등록했다.

경성전기 노총위원장 출신인 정대천 후보가 자유당 공천을 받은 여세를 몰아 해군 중령 출신으로 지역민에 뿌리를 내린 백남표 후보를 3천여 표차로 따돌리고 의정 단상에 올랐다.

□ 득표상황

후보자	정당	연령	주요 경력	득표 (%)
정대천	자유당	44	경전 노총위원장	15,959 (41.9)
백남표	무소속	30	해군 중령	12,861 (33.8)
구자경	무소속	47	한청 탄현면 단장	9,286 (24.3)

제2장 영남권 : 자유당 후보 당선율은 50.0%

1. 무소속 당선자가 74.2%에서 37.9%로 격감

2. 영남권 66개 지역구 불꽃 튀는 격전의 현장으로

1. 무소속 당선자가 74.2%에서 37.9%로 격감

(1) 자유당 후보가 33명이나 당선된 영남권

영남권은 경북이 34개구, 경남이 32개구로 66개의 선거구를 가지고 있으며 경북의 인구가 경남보다 상대적으로 적지만 선거구가 많은 것은 인구가 적은 군이 많기 때문이다.

지난 2대 총선 때 당선된 66명의 소속 정당이나 단체는 한청이 6명으로 가장 많고, 국민회가 3명, 민주국민당이 3명, 국민당이 2명이다.

대한국민당, 일민구락부, 불교가 각각 1명으로 무소속 후보가 49명 당선되어 전체 의석의 74.2%를 차지했다.

이번 총선에서는 자유당 후보들이 전 지역구의 절반 33개 지역구에서 당선되고, 민주국민당이 5석, 국민회가 2석을 차지하여 무소속 후보 점유율은 39.4%로 급격하게 감소했다.

66명의 당선자의 절반인 33명이 자유당 출신이고 무소속 당선자가 25명으로 37.9%를 차지했다.

민주국민당 소속은 서동진(대구갑), 조병옥(대구을), 조재천(달성), 최천(통영), 신도성(거창) 후보 등 5명이고 권오종(안동갑), 김영상(함양) 후보 등 2명은 국민회 소속이고 박재홍(김해갑) 후보는 국민당이다.

경북 달성의 권오훈 의원과 부산 무구의 최원봉 의원이 사망하여 실시된 보궐선거에서 배은희(국민회), 전진한(대한노총) 후보들이 당선되어 의원직을 이어갔다.

박성우(상주갑), 조규설(영천을), 양재하(문경), 김칠성(부산을), 이상경(하동), 신용훈(창녕), 조헌영(영양) 등 7명의 의원들이 납북되어 새로운 주인을 맞이하게 됐다.

이번 총선에 김시현(안동갑) 의원이 이승만 대통령 암살 미수 혐의로 구속되어 불출마하고 한국원(영덕), 방만수(경산), 우문(김천), 장건상(부산을), 양우정(함안), 김형덕(밀양을), 서장주(양산), 김범부(동래), 김병진(창원갑), 이상경(하동), 김명수(합천을) 후보들은 자의반 타의반 여러 사정으로 불출마했다.

(2) 제 2대 의원 재당선율은 22.7%에 불과

2대의원 가운데 박만원(군위), 박영출(의성갑), 김익기(안동을), 김익로(영일갑), 이협우(경주을), 권중돈(영천을), 장택상(칠곡), 백남식(상주을), 정문흠(봉화), 김지태(부산갑), 정기원(부산정), 전진한(부산을), 조경규(함안), 이종수(김해을), 이병홍(산청) 의원 등 15명의 의원들만 재당선되어 재당선율은 22.7%에 불과했다.

박성하(대구을), 이갑성(대구병), 배은희(달성), 권병로(의성을), 김봉조(청송), 김판석(포항), 최원수(영일을), 안용대(경주갑), 김준태(청도), 곽태진(고령), 배상연(성주), 육홍균(선산), 여영복(금릉), 이호근(예천), 서이환(울릉), 권태욱(마산), 유덕천(진주), 하만복(진양), 이시목(의령), 최성웅(밀양갑), 오위영(울산갑), 김택천(울산을), 최원호(김해갑), 김봉재(창원을), 서상호(통영), 이채오(거제), 김정실(고성), 정헌주(사천), 조주영(남해), 박정규(함양), 신중목(거창), 노기용(합천갑) 의원 등 32명이 재당선을 노렸으나 낙선의 고배를 마셨다.

김정식(영주) 의원은 지역구를 칠곡으로 옮겨 장택상 의원과 맞붙었으나 패전의 굴레를 벗어날 수 없었다.

지난 2대 총선에서의 패배를 딛고 서동진(대구갑), 이우줄(대구병), 윤용구(청송), 김철(경주갑), 김상도(영천갑), 박해정(경산), 김철안(금릉), 김동욱(부산정), 조만종(밀양을), 김수선(울산갑), 박재홍(김해갑), 최천(충수), 최갑환(고성), 정갑주(사천), 김영상(함양), 유봉순(합천갑) 등 16명의 후보들은 재기에 성공했다.

(3) 1만 표 미만의 득표에도 15명의 후보들이 당선

부산진 을구 전진한 후보는 31,278표를 득표하고 당선되는가 하면 1만 표 미만의 득표를 하고도 하태환(포항), 문종두(김천), 박종길(영양), 이협우(경주을), 김홍식(고령), 김달호(상주갑), 백남식(상주을), 윤만석(문경), 정문흠(봉화), 최병권(울릉), 서인홍(진주), 조만종(밀양을), 지영진(양산), 강봉옥(하동), 최창섭(합천을) 후보들은 당선됐다.

득표율에 있어서도 장택상 후보는 79.5%로 당선된 반면, 서인홍 후보는 18.8% 득표율로 당선됐다.

김익로(72.2%), 조병옥(67.3%), 이용범(61.3%), 김상도(55.8%), 박순석(54.1%), 김원규(53.4%), 이종수(52.4%), 이정희(51.7%), 이우줄(51.6%), 김성삼(50.8%), 김수선(50.6%) 후보들이 50% 득표율 이상인 반면 이협우(19.4%), 조만종(21.2%), 정문흠(21.6%), 문종두(21.7%), 백남식(23.9%), 김달호(23.9%), 김동욱(26.0%), 김보영(27.3%), 도진희(28.5%), 권오종(29.5%) 후보들은 30% 미만의 득표율로 당선됐다.

조병옥(대구을), 장택상(칠곡), 정기원(부산병) 후보 등은 미국이나 영국에서 대학을 졸업했지만 서동진(대구갑), 이협우(경주을), 박종길(영양), 김홍식(고령), 백남식(상주을), 정문흠(봉화), 김영상(함양), 조만종(밀양을), 강봉옥(하동) 후보들은 중졸 출신이다.

김원규(영덕), 김익로(영일을), 김상도(영천갑), 김동욱(부산정), 이영희(의령), 최갑환(고성), 하을춘(창녕) 후보들은 소학교 출신임을 밝혔지만, 도진희(성주), 이용범(창원을), 최천(통영), 이병홍(산청) 후보들은 독학이거나 한문수학으로 학력을 소개했다.

2. 영남권 66개 지역구 불꽃 튀는 격전의 현장으로

경상북도

〈대구 갑〉 조경규 의원의 함안 전구(轉區)에 힘입어 지난 2대 총선에서 차점 낙선하고 대구의 야당세를 업고 등원에 성공한 서동진

지난 제2대 총선에서는 청년운동을 펼친 병원장으로 제헌의원 선거에서 중국 육사 출신으로 광복운동을 펼친 최윤동 후보에게 패배한 조경규 후보가 최윤동 현역의원, 최희송 전 경북도지사, 서동진 경북후생회 회장, 장영모 경복궁 장학회장을 꺾고 설욕전에서 승리했다.

변호사 이응수, 이재영 구세의원 원장, 김성국 민국당 대구시당위원장, 이병주 대학교수, 김종열 신문사 주간, 방한상 한약무역상, 구입본 신문지국장 등 16명의 후보들이 등록하여 혼전을 전개했다.

조경규 의원이 경남 함안으로 옮겨간 이번 총선에는 지난 2대 총선에서 차점 낙선한 민국당 서동진 후보와 3위로 낙선한 무소속 최희송 후보가 재대결을 펼쳤다.

회사장인 자유당 서석현, 성광고교 이사장인 국민당 김충학, 대구시의원인 국민회 최성환 후보들도 새롭게 도전했다.

대한웅변회 부회장인 이병휘, 재향군인회 경북부지부장인 김지현, 경북도의원인 송두환 후보들도 무소속으로 출전했다.

지난 2대 총선에서 차점 낙선한 문총 경북연합회장인 민국당 서동진 후보가 경북도지사를 지낸 최희송 후보를 대구의 야당세에 힘입어 7천여 표차로 꺾고 등원에 성공했다.

경찰의 비호를 받은 자유당 서석현 후보의 득표력은 야당 지지세에 눌려 힘을 발휘하지 못했다.

□ 득표상황

후보자	정당	연령	주요 경력	득표 (%)
서동진	민주국민당	54	문총 경북회장	21,211 (41.3)
최희송	무소속	60	경북도지사	13,356 (26.0)
서석현	자유당	48	회사장, 대구시의원	7,043 (13.7)
최성환	국민회	51	대구시의원	4,301 (8.4)
송두환	무소속	61	경북도의원	2,634 (5.1)
김충학	국민당	50	성광고교 이사장	1,150 (2.3)
김지현	무소속	47	재향군인회 간부	1,097 (2.1)
이병휘	무소속	27	웅변협회 부회장	548 (1.1)

〈대구 을〉 내무부장관으로 6.25 동란 때 대구를 사수한 인연으로 출전하여 대승을 거두고 국회 등원에 성공한 조병옥

지난 2대 총선에서는 제헌의원 선거에서 3위로 낙선한 박성하 후보가 경북 불교교무원 총무국장 직함을 활용하여 국회에서 산업위원장으로 선임된 민국당 서상일 의원을 46표차로 설욕하고 국회 등원에 성공했다.

기독교 청년회장 국민당 손인도, 채수한 노총 감찰위원장, 신문사를 경영하는 독립노농당 최영호 후보들도 출전하여 선전했다.

이번 총선에서는 내무부장관을 지낸 조병옥 후보가 6.25 동란 때 대구 사수를 성공적으로 수행한 인연으로 이 지역구에 민국당으로 출전하여 파란을 일으켰다.

현역의원인 박성하, 의사로서 자유당 공천을 받은 손인식 후보와 3파전을 전개했다.

일본대 출신인 국민회 최영호, 대구시의원을 지낸 농민회 김봉문, 청구대 출신인 무소속 김동학, 대구부(府)의원을 지낸 국민당 임상조 후보들도 출전했다.

민국당 조병옥 후보가 대구를 사수한 공로를 인정한 유권자들과 대구의 야당세가 결합되어 67%가 넘는 득표율로 대승을 거두고 국회에 등원했다.

조병옥 후보는 2대 총선에서는 서울 성북에서 사회당 조소앙 후보에게 패배하고, 공주 을구 보궐선거에 출전하여 외무부장관을 지낸 윤치영 후보에게 패배한 아픈 기억을 씻을 수 있었다.

"자유당 후보자를 선출해야 한다"는 경찰서의 계몽강연이 성행하고, 모든 벽보나 포스터에 붉은 잉크로 '패배' '천안행'으로 단장되고, 심야에 선거운동원 집의 장독과 유리창이 깨지는 험악한 선거

분위기에서 이겨낸 값진 승리였다.

□ 득표상황

후보자	정당	연령	주요 경력	득표 (%)
조병옥	민주국민당	59	내무부장관	29,805 (67.3)
손인식	자유당	60	의사	8,177 (18.5)
김봉문	농민회	33	대구시의원	3,153 (7.1)
박성하	불교	46	2대의원(대구 을)	1,249 (2.8)
김동학	무소속	32	고학생 경북위원장	1,204 (2.7)
최영호	국민회	42	국민회 집행위원	683 (1.6)
임상조	국민당	67	대구 부(府)의원	사퇴

〈대구 병〉 제헌의원 선거와 2대 총선에서 낙선에 따른 동정 여론과 자유당 후보에 대한 반여정서를 결합시켜 국회 등원에 성공한 무소속 이우줄

지난 제2대 총선에서는 기미독립선언 33인 중 1인으로 입법의원인 이갑성 후보가 기독교 장로로 입법의원을 지낸 민국당 백남채 현역의원, 대구시의회 의원인 이우줄, 대구대 학장인 노총 조용기, 경찰청 총무과장을 지낸 조태영 후보들을 꺾고 등원에 성공했다.

회사 중역인 서병무, 양조장을 경영하는 서진수, 수리조합 이사인 도경훈, 농림부 농정국장을 지낸 강진국, 민국당 중앙위원인 우근

호 후보 등 18명의 후보들이 난립하여 혼전을 전개했다.

이번 총선에는 현역의원인 자유당 이갑성 후보와 일본대 출신으로 대구시의원을 지낸 무소속 이우줄 후보가 한판 승부를 벌였다.

경북도의원 출신인 김재권 후보는 민국당으로, 한국공론사 사장인 손원상, 경북도의원인 조병관, 명치대 출신으로 국립정양원장을 지낸 조태영 후보들은 무소속으로 출전했다.

자유당에 대한 무조건인 반감과 제헌의원 선거에 출전하여 동메달, 지난 2대 총선에서는 은메달을 차지하여 석패에 대한 동정여론을 듬뿍 받은 이우줄 후보가 기미독립선언 33인으로 유명한 이갑성 후보를 큰 표차로 꺾고 국회에 등원했다.

이우줄 후보는 자유당 최고위원을 낙선시켜서는 안되겠다는 자유당원들의 결사적인 분투와 합동정견발표회장에서의 테러와 선거사무장의 밤거리에서의 피습을 이겨낸 값진 승리였다.

□ 득표상황

후보자	정당	연령	주요 경력	득표 (%)
이우줄	무소속	40	대구시의원	26,650 (51.6)
이갑성	자유당	64	2대의원(대구 병)	17,182 (33.3)
조태영	무소속	43	국립정양원장	2,804 (5.4)
조병관	무소속	46	경북도의원	2,026 (3.9)
김재권	민주국민당	56	경북도의원	1,951 (3.8)
손원상	무소속	42	한국공론사 사장	1,031 (2.0)

〈포항〉 동지고교 교장으로 인망과 반자유당의 지역정서를 등에 업고 현역의원으로부터 의원 배지를 인수한 하태환

포항읍이 포항시로 승격되어 독립선거구가 된 지난 제2대 총선에서는 청년운동을 펼친 한청(韓靑) 포항시단장인 김판석 후보가 포항소방서장을 지낸 강청석, 영일 갑구에서 제헌의원에 당선된 박순석 후보들을 꺾고 당선됐다.

제염업자인 배수인, 한국공론사 취체역인 김일조, 신문사 지국장인 최이봉, 여의사인 변석화, 포항전매서장을 지낸 김민돈, 포항중 교감을 지낸 최준봉 후보 등 13명의 후보들이 출전하여 난전을 벌였다.

이번 총선에는 일본 입명관대 출신으로 동지고교 교장인 하태환 후보가 혜성처럼 등장하여 김판석 2대의원과 한판 승부를 벌였다.

숙명대 강사인 김호롱, 소방서장 출신인 문달식, 대한노총 포항시위원장인 김해진, 포항시의원인 이상조, 경북도의원인 강청석은 무소속으로, 포항시의원인 이국형, 포항중학 교감인 최준봉은 자유당으로 출전했다.

자유당이 무공천지역으로 보류했지만 자유당 후보의 당선을 위해 자유당 이국형, 최준봉 후보와 무소속 김호롱, 이상조 후보들이 선거운동 중 줄줄이 사퇴했다.

동지고교 교장으로서 인망과 자유당에 대한 비우호적인 지역정서를 업고 하태환 후보가 자유당 김판석 현역의원을 2,978표차로 꺾고 의원 배지를 인계받았다.

하태환 후보는 영일 을구에 제헌의원 선거에 출전하여 중도 사퇴했으나 제2대 총선에서는 차점 낙선하여 2전3기를 이뤄냈다.

□ 득표상황

후보자	정당	연령	주요 경력	득표 (%)
하태환	무소속	41	동지고 교장	9,531 (45.0)
김판석	자유당	35	2대의원(포항)	6,553 (31.0)
문달식	무소속	37	소방서장, 수산업	3,209 (15.2)
강청석	무소속	48	경북도의원	1,642 (7.8)
김해진	무소속	35	노총 포항시위원장	230 (1.1)
김호룡	무소속	49	숙명여대 강사	사퇴
이국형	자유당	28	포항시의원	사퇴
이상조	무소속	34	포항시의원	사퇴
최준봉	자유당	35	포항중 교감	사퇴

〈김천〉 제2대 총선에 출전했던 5명이 사라지고 올망졸망한 새로운 후보자 6명의 각축전에서 65표차로 승리를 거머쥔 무소속 문종두

김천읍이 김천시로 승격되어 독립선거구가 된 지난 2대 총선에서는 서울 명성여고 교무주임인 국민당 우문 후보가 혜성처럼 나타나 제헌의원 선거 때 김천 갑구에서 당선된 권태희, 홍익대 학장인 정열모, 축산조합중앙회 이사인 이병관, 전재민(戰災民)협회 김

천지부장인 이돈근 후보들을 민족청년단원들의 적극적인 지원과 풍부한 선거 자금을 활용하여 꺾고서 승리를 엮어냈다.

족청계 의원으로 제명처분을 받은 우문 의원을 비롯한 제2대 총선에 출전한 5명의 후보들이 사라진 이번 총선에는 올망졸망한 6명의 후보들이 각축전을 전개했다.

김천시의원인 조필호, 조선방직 중역인 자유당 심문, 양조회사 사장인 국민회 안충기, 김천시보 사장인 문종두, 재건타임스 부사장인 백운붕, 김천시의원인 박영원 후보들이 출전하여 당선권을 넘나들었다.

일본의 명치대, 경응대, 중앙대 유학파들인 조필호, 심문, 문종두, 백운붕 주자들이 마지막까지 혈투를 전개하다가, 김천시보를 운영하면서 지역 기반을 다진 문종두 후보가 자유당으로 출전하여 이승만 대통령 지지세를 규합한 심문 후보를 65표차로 꺾고 등원에 성공했다.

□ 득표상황

후보자	정당	연령	주요 경력	득표 (%)
문종두	무소속	37	김천시보 사장	3,242 (21.7)
심 문	자유당	54	회사중역	3,177 (21.3)
안충기	국민회	45	양조장 사장	2,657 (17.8)
조필호	무소속	33	김천시의원	2,495 (16.7)
백운붕	무소속	33	재건타임즈 부사장	2,016 (13.5)
박영원	무소속	45	김천시의원	1,353 (9.1)

〈달성〉 경북도지사를 지낸 지명도를 활용하여 자유당 창당 주역인 배은희 현역의원을 꺾고 국회 등원에 성공한 조재천

지난 2대 총선에서 제헌의원 선거에 935표차로 패배한 독립촉성국민회 활동을 펼친 권오훈 후보가 유도회 소속인 제헌의원 김우식 의원을 제압하고 의원직을 승계했다.

농촌경제연구회장인 김찬기, 대학교수인 이인세, 대륜중 교사인 이정우, 기신(基信)청년회장인 박성현, 동림문예 동지회장인 유근수, 한의사인 김명조, 의사인 조선민주당 강문휘, 현풍항교위원장인 김준영 후보 등 16명의 후보들이 난립했다.

권오훈 의원의 사망으로 실시된 보궐선거에는 지역 연고가 전혀 없는 대한국민당 배은희 후보가 달성군수와 달성 경찰서장의 눈물겨운 지원과 이인세, 백성욱 후보의 사퇴에 힘입어 민국당 실세로 활약했지만 대구 을구에서 석패한 서상일 후보를 3천여 표차로 꺾고 당선되어 발췌개헌을 주도할 수 있었다.

이번 총선에는 2대 총선에서 구름처럼 몰려들었던 국민회 총무부장인 김두권 후보를 제외한 15명의 주자들이 말끔히 사라지고 새로운 주자 8명이 몰려들었다.

경북도지사를 지낸 민국당 조재천, 뉴욕 시튼홀 대학 출신으로 대학교수인 박준규, 경북도의원인 최한덕, 자유당 창당의 주역인 배은희 후보들이 선두권을 형성했고, 반민특위 조사관인 양기식, 달성광산 노총위원장인 김영환, 국제통신 사장인 구자권 후보들도

함께 뛰었다.

권오훈 의원의 사망으로 실시한 보궐선거에서 제헌의원인 서상일, 광진회사 사장인 백성욱 후보들을 꺾고 당선된 배은희 후보는 수성의 입장에서, 경북도지사를 지낸 조재천 후보는 공성의 입장에서 격돌하여 자유당과 민국당의 명예를 걸고 한판 승부를 벌였다.

선거운동원들을 달성경찰서에서 까닭없이 호출하여 문초하고, 지서에서도 투표할 사람을 적어오라고 협박한 선거전에서, 경북도지사를 지낸 명성과 대구의 반자유당 정서를 끌어안은 조재천 후보가 큰 표차로 배은희 의원을 꺾고 국회에 등원했다.

□ 득표상황

후보자	정당	연령	주요 경력	득표 (%)
조재천	민주국민당	41	경북도지사	21,446 (40.5)
배은희	자유당	67	2대의원(달성, 보궐)	13,059 (24.7)
박준규	무소속	29	대학교수	6,720 (12.7)
최한덕	무소속	38	경북도의원	5,537 (10.5)
구자권	무소속	31	자유신문 사장	2,141 (4.0)
양기식	독립노동당	36	반민특위 조사관	1,913 (3.6)
김두권	무소속	52	국민회 총무부장	1,756 (3.3)
고계식	무소속	49	동촌면 서기	379 (0.7)
김영환	대한노총	33	달성광산 노총위원장	사퇴

〈군위〉 지난 2대 총선에서 3,939표를 득표하여 17명의 후보

들을 꺾었고, 이번 총선에서는 무투표 당선된 박만원

박준 제헌의원이 출전을 포기한 지난 2대 총선에서는 18명의 후보들이 우후죽순처럼 난립하여 혼전을 전개했다.

은행지점장인 박만원, 공업신문 취체역인 이순, 대한교육연합회 이사인 사공환, 농민회 총대인 이상택, 민국당 중앙집행위원 박두인, 성결교회 목사인 천서봉, 군위군수를 지낸 최두경, 국민학교 교장을 지낸 유세형, 대한국권회 이사인 문명호, 산성면장 출신인 이영우 후보들이 출전했다.

은행지점장으로서 풍부한 재력을 활용한 박만원 후보가 15% 득표율에도 미치지 못한 3,939표로 당선되는 행운을 거머쥐었다.

이번 총선에는 식산은행 대구지점장을 지낸 박만원 의원이 자유당 소속으로 입후보하자 당선이 어렵다는 것을 인식한 후보들이 모두 출전을 포기하여 무투표 당선됐다.

☐ 득표상황

후보자	정당	연령	주요 경력	득표 (%)
박만원	자유당	42	2대의원(군위)	무투표

<의성 갑> 지난 2대 총선에서 금, 은, 동메달을 차지한 후보들이 이번 총선에도 서열이 변함없는 금, 은, 동메달을 차지한 박영출, 김규만, 신기훈

지난 2대 총선에서는 숭덕공업사 사장인 박영출 후보가 넉넉한 자금을 활용하여 14명의 후보들이 혼전을 벌인 선거전에서 제헌의원 선거에서 혈투를 전개한 의성읍장을 지낸 정우일, 입법의원을 지낸 김돈, 동아일보 지국장인 오윤근 후보들을 꺾고 14.4%의 득표율로 당선됐다.

의성군수를 지낸 신기훈, 부산세관 총무과장을 지낸 박노수, 농민회 총대로 활동한 김규만, 경북 맹아병원장인 오기수, 기독교 장로인 권중수 후보들도 참전했다.

이번 총선에는 지난 2대 총선에서 자웅을 겨뤘던 박영출 의원과 입법의원 출신인 김규만 후보가 재격돌을 펼친 와중에 경북도 관재국장 출신인 대한농민회 신기훈 후보가 추격전을 전개했다.

경찰관 출신인 오상직, 변호사인 오윤근, 예수교 장로인 권중수, 상인군인 정양원에 근무한 박태춘 후보들도 얼굴을 내밀었다.

지난 2대 총선에서 국민당으로 출전한 박영출 후보가 5,168표를 득표하여 농민회 총대로 대한청년단으로 출전한 김규만 후보를 392표차로 꺾었다.

이번 총선에서도 자유당이란 갑옷을 걸친 박영출 후보가 김규만 후보를 1,660표차로 또 다시 꺾고 연승을 이어갔다.

의성군수와 경북도 관재국장을 지낸 신기훈 후보는 이번에도 동메달을 차지하여 세 후보의 우열은 변함이 없었다.

☐ 득표상황

후보자	정당	연령	주요 경력	득표 (%)
박영출	자유당	45	2대의원(의성 갑)	12,027 (34.8)
김규만	무소속	49	입법의원	10,367 (30.0)
신기훈	대한농민회	45	군수, 관재국장	9,608 (27.8)
박태춘	무소속	34	정양원 보도위원	1,537 (4.4)
오상직	무소속	29	경찰관	668 (1.9)
오윤근	민주국민당	49	변호사	196 (0.6)
권중수	무소속	57	예수교회 장로	183 (0.5)

〈의성 을〉 제헌의원 선거과 2대 총선에서 석패에 따른 동정여론과 김진식 후보의 다인면 표의 잠식에 힘입어 2전3기에 성공한 무소속 박영교

지난 2대 총선에서는 의사 출신인 권병로 후보가 제헌의원 선거에서 2,117표차로 꺾었던 면장 출신 박영교 후보를 또 다시 꺾고 재선 의원이 됐다.

회사 중역인 김진환, 미군 공군 중위인 정운수, 대학 강사인 김제우, 포항 관재소장인 이철희 후보들도 참전했다.

이번 총선에서도 의사 출신인 권병로 후보와 안계면장 출신인 박영교 후보가 세 번째 맞대결을 펼쳤다.

제헌의원 선거와 제2대 총선에서는 권병로 후보가 일방적으로 승리했고 박영교 후보는 추격하는 데 급급했다.

한약국을 경영한 변재수, 중학교 교사였던 우홍구, 회사 중역인 김진식 후보들도 출전했다.

소지역 지역주의 대결이 펼쳐진 이번 선거전에서는 다인면에서는 권병로, 김진식 후보가, 안계면에서는 박영교, 변재수 후보들이 출전하여 팽팽한 접전이 펼쳐졌다.

2번이나 낙선한 동정여론이 자유당 갑옷을 걸친 현역의원을 무너뜨린 기폭제가 됐고, 김진식 후보가 다인면 표를 4천 표 이상 잠식한 것이 결정타 역할을 했다. 중학교사 출신인 우홍구 후보의 선전은 고향인 단북면민들의 지지표였다.

□ 득표상황

후보자	정당	연령	주요 경력	득표 (%)
박영교	무소속	48	의성군 안계면장	12,655 (38.2)
권병로	자유당	51	2선의원(의성 을)	9,044 (27.3)
우홍구	무소속	25	중학교 교사	5,747 (17.3)
김진식	무소속	43	회사 중역	4,520 (13.6)
변재수	무소속	58	경북도 평의원	1,183 (3.6)

〈안동 갑〉 명치대 법과 동문으로 안동 권씨 문중 내 대결에서 앞서 권중순 후보를 3번째 울리고 승리한 국민회 권오종

지난 2대 총선에서는 상해임시정부 요원으로 독립운동가라는 명망으로 민국당 김시현 후보가 제헌의원 선거에서 차점 낙선한 권중순 후보를 다시 한번 올리고 등원에 성공했다.

북후면장을 지낸 강철희, 회사원인 한청의 윤필영, 안동읍창을 지낸 박종완, 신문사 지국장인 오성 후보들도 출전했나.

김시현 의원이 이승만 대통령 암살미수 혐의로 구속된 이번 총선에는 명치대 출신으로 제헌과 2대 총선에서 차점 낙선한 권중순 후보가 안동 권씨 문중 표를 결집시켜 당선을 예약한 가운데, 경북도의원인 김병동과 권오종, 의사로 인술을 20년간 베푼 김호윤, 양조장을 경영하고 있는 김기업, 명치대 출신 변호사로 심계원 차장을 지낸 김완섭, 일제시대 경북도의원을 지낸 한국미창회사 총무부장인 권오훈 후보들이 저지에 나섰다.

안동 권씨 문중의 결집이 이뤄지지 못하고 권중순, 권오종, 권오훈 후보로 분산되었고 안동 김씨 문중 표도 김병동, 김호윤, 김기업, 김완섭으로 분산되어 문중 표를 기댄 선거 전략은 무너졌다.

동갑내기로 함께 명치대 법과 출신인 권중순, 권오종 후보들의 싸움은 문중 내 대결에서 앞서 일제시대 경북도의원을 지낸 국민회 권오종 후보가 자유당 갑옷을 입고 3번째 도전한 권중순 후보를 291표차 세 번째 차점 낙선으로 울리고 승리했다.

□ 득표상황

후보자	정당	연령	주요 경력	득표 (%)
권오종	국민회	53	경북도의원	10,171 (29.5)
권중순	자유당	53	명치대 졸	9,880 (28.6)

김호윤	무소속	45	의사	5,161 (15.0)
김완섭	무소속	56	심계원 차장, 변호사	3,732 (10.8)
김병동	무소속	40	경북도의원	3,205 (9.3)
권오훈	무소속	37	한국미창 총무부장	2,363 (6.8)
김기업	무소속	49	주류제조업	사퇴

〈안동 을〉 김익기 의원이 3선에 등극한 선거전에서 중졸 출신으로 25세인 무소속 박해충 후보가 턱밑까지 추격

지난 제2대 총선에서는 안동 갑구에서 제헌의원 선거에서 당선된 김익기 후보가 이 지역구의 터줏대감으로 제헌의원에 당선되고 경북도지사에 임명된 정현모, 보궐선거에서 장택상 외무부장관을 꺾은 임영신 후보들이 불출마한 틈새를 비집고 들어와 안동 을구로 옮겨 김씨 문중들의 집중지원을 받아 재선 의원이 됐다.

독로당 유림, 양조업자인 한청 정휘양, 명치대 출신으로 사법서사인 김중희, 덕대목재 사장인 김두화 후보들도 참전했다.

이번 총선에서는 김익기 의원에게 패배한 네 후보가 말끔하게 사라지고 새로운 네 후보가 김익기 의원에 도전장을 내밀었다.

중학교장을 지낸 권오경, 안동군수를 지낸 권한상, 대한항공소년단 이사인 25세의 박해충, 고등학교장인 오성 후보들이 출전했다.

중학교, 고등학교 교장 선생님, 군수들을 제치고 중졸 출신으로

약관 25세의 박해충 후보가 9천여 표를 득표하여 제헌, 2대의원을 바짝 추격한 것은 김익기 의원이 3선을 거둔 것만큼 경이로운 것이다.

□ 득표상황

후보자	정당	연령	주요 경력	득표 (%)
김익기	자유당	38	2선의원(안동)	13,933 (40.8)
박해충	무소속	25	항공소년단 이사	9,412 (27.6)
권오경	무소속	38	중학교 교장	5,575 (16.3)
오 성	무소속	39	고교 교장	3,620 (10.6)
권한상	무소속	53	안동군수	1,592 (4.7)

〈청송〉 제헌의원 선거와 2대 총선에서 차점 낙선에 따른 동정표와 자유당 공천 후보를 내세워 2전3기를 이뤄낸 윤용구

지난 2대 총선에서는 경북도 학무과장 출신인 김봉조 후보가 대동청년단 청송군단장으로 활약한 윤용구 후보를 제헌의원 선거에 이어 연파하고 재선의원이 됐다.

제헌의원 선거에서 두 후보의 표차는 7,842표였으나, 제2대 총선에서는 1,752표차로 간극이 좁혀졌다.

두 후보의 격전을 지켜보기 위해 국민회 조용소, 병원장인 권용준, 회사 중역인 신수대, 서울전지 사장인 심의열 후보 등 6명의 후보

들이 새롭게 출전했다.

이번 총선에서도 김봉조 의원과 윤용구 후보가 세 번째 맞대결을 펼친 와중에, 적십자 경북지사 부사장인 민국당 서기원, 흥아실업 취체역인 황하제, 대구대 재학생인 조규택 후보들이 새롭게 출전했다.

경북도 학무과장 출신으로 국회 문교분과위원장을 지낸 2선의원인 김봉조 의원이 대동청년단 청송군단장으로 활약하다가 자유당으로 활동하며 경찰력을 장악하고 2번이나 차점 낙선한 동정표까지 끌어 모은 윤용구 후보에게 의원 배지를 넘겨줄 수밖에 없었다.

□ 득표상황

후보자	정당	연령	주요 경력	득표 (%)
윤용구	자유당	39	대동청년단 단장	10,049 (40.1)
김봉조	무소속	49	2선의원(청송)	6,952 (27.7)
서기원	민주국민당	58	적십자사 부사장	3,822 (15.3)
황하제	무소속	34	대구대 재학	2,346 (9.4)
조규택	무소속	32	흥아실업 대표	1,887 (7.5)

〈영양〉 석보면민들의 열렬한 지지로 2대의원, 한청군단장, 영양군청 내무과장 출신들을 꺾고 등원에 성공한 박종길

지난 2대 총선에서는 한민당 재정부장 출신으로 제헌의원 선거에

서 무투표 당선된 조헌영 의원이 재출격하여 동해무역 사장인 이갑호, 한약종상인 민국당 권영우 후보들을 가볍게 제치고 재선의원이 됐다.

조헌영 의원이 납북된 이번 총선에서는 지난 2대 총선에 출전하여 낙선한 한약종상 권영우 후보를 비롯하여 의사로서 영덕에서 2대 의원에 당선된 한국원, 영양군 내무과장을 지낸 오현병, 한청 영양군단장으로 활약한 김도술, 중앙청에서 사무관으로 근무했던 조진기, 대구에서 변호사로 활동한 김은호, 육군 중령 출신인 29세의 박종길 후보들이 출전했다.

대한청년단 영양군단장, 영양군 내무과장 등 쟁쟁한 후보들을 제치고 29세의 예비군 육군 중령이 당선된 것은 석보면민들의 전폭적인 지원 외에는 달리 설명할 길이 없다.

영덕에서 제헌의원 오택열 등 쟁쟁한 8명의 후보들을 제치고 당선된 한국원 의원이 자유당 공천을 받고 지역구를 옮겨 출전한 것도 의아할 뿐만 아니라, 대구에서 명성을 쌓은 김은호 변호사가 중도에 사퇴한 것도 쉽게 이해되지 아니한 사실들이었다.

□ 득표상황

후보자	정당	연령	주요 경력	득표 (%)
박종길	무소속	29	육군 중령	6,477 (34.2)
한국원	자유당	48	2대의원(영덕)	4,087 (21.6)
오현병	무소속	58	면장, 군 내무과장	2,599 (13.7)
김도술	무소속	53	한청 영덕군단장	2,483 (13.1)
조진기	무소속	48	중앙청 사무관	2,151 (11.4)
권영우	무소속	42	한약종상	1,153 (6.1)

김은호	무소속	35	변호사		사퇴

〈영덕〉 소학교 졸업이지만 남선무역 사장으로서의 재력과 자유당 공천 후보라는 갑옷을 입고 대승을 거둔 김원규

지난 2대 총선에서는 경북의사회 회장으로 활동한 한국원 후보가 비행사로서 대한항공협회 이사인 김영수, 변호사인 박치호, 광산업자로 제헌의원 선거에서 무투표 당선된 오택열, 농민회 회장인 민국당 김중한 후보들을 제치고 등원에 성공했다.

민국당 집행위원인 박상호, 목사인 김웅조, 문화출판사 사장인 김구연 후보들도 참전했다.

한국원 의원이 영양군으로 옮겨 출전한 이번 총선에는 지난 2대 총선에 출전하여 차점 낙선한 비행학교장인 김영수 후보를 비롯하여 남선무역 사장인 김원규, 어업조합장인 김정한, 달성중석광산 총무과장인 신삼휴, 중고등학교장을 지낸 남건모, 영덕군수를 지낸 김무환 후보들이 뛰어들었다.

소학교 졸업이지만 남선무역 사장으로 풍부한 선거 자금을 활용하고, 자유당 공천 후보임을 내세운 김원규 후보가 50%가 넘는 득표율로 대승을 거두었다. 지난 2대 총선에 차점 낙선한 김영수, 영덕군수를 지낸 김무환 후보들의 득표력은 너무나 초라했다.

□ 득표상황

후보자	정당	연령	주요 경력	득표 (%)
김원규	자유당	43	남선무역 사장	19,824 (53.4)
신삼휴	무소속	35	달성광산 총무과장	5,589 (15.1)
김정한	무소속	60	어업조합장	4,193 (11.3)
남건모	무소속	49	중고교 교장	3,850 (10.4)
김영수	무소속	46	비행학교장	1,980 (5.3)
김무환	무소속	46	영덕군수	1,674 (4.5)

〈영일 갑〉 제헌의원으로 포항으로 지역구를 옮겼다가 낙선하고서 자유당 위원장의 갑옷을 입고 귀환하여 제헌의원 선거 때 경쟁 상대들을 가볍게 제압한 박순석

지난 2대 총선에서는 영일군수 출신인 최원수 후보가 제헌의원 선거에서는 4위에 머물렀지만, 박순석 의원이 포항으로 옮겨간 기회를 활용하여 3위였던 홍해중 이사장인 최태능 후보를 꺾고 값진 승리를 엮어냈다.

농민회 부회장인 이은우, 수리조합장인 박권조, 홍해중 이사장인 이홍규 후보 등도 출전했다.

이번 총선에서는 제헌의원 선거 때 영일 갑구에서 격전을 벌였던 목사로서 제헌의원에 당선됐던 박순석, 영일군수와 수리조합장으로 2대의원에 당선됐던 최원수, 홍해중 이사장인 최태능 후보들이 재격돌을 펼쳤다.

국민학교 사친회장인 최기윤, 청년단 영일군부단장인 최홍준, 일본대 출신인 황갑이 후보들도 출전했다.

지난 2대 총선에 포항으로 옮겨 3위로 낙선한 박순석 후보가 다시 지역구로 돌아와 기계면에 터전을 마련하고 자유당 영일군당위원장이라는 감투를 쓰고서, 2대 의원에 당선되고서 주소지를 포항으로 옮겨간 최원수 후보를 큰 표차로 따돌렸다.

제헌의원 선거 때부터 경쟁 상대였던 최태능 후보는 청년운동을 펼친 최홍준 후보가 흥해면민 표를 잠식하여 제헌의원과 2대 총선에서 3위였지만 4위로 추락할 수밖에 없었다.

□ 득표상황

후보자	정당	연령	주요 경력	득표 (%)
박순석	자유당	49	제헌의원(영일 갑)	19,529 (54.1)
최원수	무소속	41	2대의원(영일 갑)	7,172 (19.9)
최홍준	무소속	33	한청 영일군부단장	5,494 (15.2)
최태능	민주국민당	45	학원이사장	3,186 (8.8)
최기윤	무소속	56	국민학교 사친회장	473 (1.3)
황갑이	무소속	43	일본대 졸	226 (0.6)

〈영일 을〉 비록 소학교졸 출신이지만 신문사 지국장으로 제헌의원, 2대의원, 3대의원을 거침없이 내달린 김익로

지난 2대 총선에서는 신문사 지국장 출신으로 제헌의원 선거에서 당선된 김익로 의원이 학도호국단장 출신으로 제헌의원 선거에 등록했다가 중도 사퇴했으나 제2대 총선에 재출전한 하태환 후보를 888표차로 꺾고 재선의원이 됐다.

판사 출신 변호사인 서연순, 청년운동가인 한청의 최상수, 부산사업 사장인 김헌수, 양포 국민학교 후원회장인 장도수 후보들도 출전하여 추격전을 펼쳤다.

이번 총선에는 무적의 함대인 김익로 후보가 자유당 공천을 받고 3선을 향해 질주하자, 지난 2대 총선 때 5위로 낙선한 김헌수 후보가 회사장으로서의 재력을 활용하여 재도전했고, 교육시보 발행인인 권형조 후보가 처음으로 얼굴을 내밀었다.

영일면을 주축으로 지역 기반을 구축한 김익로 의원이 현역의원이란 위세에 자유당 공천 후보임을 내세워 70%가 넘는 득표율로 3선 의원에 등극했다.

☐ 득표상황

후보자	정당	연령	주요 경력	득표 (%)
김익로	자유당	49	2선의원(영일 을)	26,366 (72.2)
김헌수	무소속	47	회사장	9,161 (25.1)
권형조	무소속	52	교육시보 사장	999 (2.7)

〈경주 갑〉 이번이 마지막이라는 절규와 동정여론으로 군수 출신으로 자유당 갑옷을 입은 현역의원을 꺾고 고토를 되찾

은 무소속 김철

지난 2대 총선에서는 경주군수 출신으로 지역 기반을 닦은 안용대 후보가 세무서장 출신으로 제헌의원 선거에서 당선된 일민구락부 김철 의원을 꺾고 의원직을 승계했다.

분황사 주지인 국민회 최현순, 경주중 교사이자 목사인 김영락, 문화 중학교장인 허면, 감포읍장을 지낸 박수생, 교통부 해사국장 출신인 강학부, 경주읍장을 지낸 최병량, 변호사인 김주경 후보 등 쟁쟁한 후보들이 출전하여 열전을 전개했다.

이번 총선에서는 지난 2대 총선에서 격전을 펼쳤던 2대의원인 안용대, 제헌의원이었지만 낙선한 김철, 분황사 주지인 최현순 후보들이 재격돌을 펼쳤다.

세무서장 출신인 제헌의원과 군수 출신인 2대의원이 맞붙은 격전장에 분황사 주지가 심판을 보는 형세이다.

육군대령 출신으로 의사인 오정국, 경북도의원 출신으로 의사인 김종해, 감포읍장과 경찰서장을 지낸 김종선 후보들도 출전했다.

양조업자로 국민학교장을 지낸 이승태 후보는 지난 2대 총선에 이어 출전했다 승산이 없자 사퇴했다.

군수와 세무서장, 자유당과 무소속, 현역의원과 전직의원의 대결은 지난 2대 총선에서 패배에 대한 동정여론, 이번이 마지막이라는 절박한 호소로 민심을 휘어잡은 김철 후보가 어렵게 자유당 갑옷을 걸친 안용대 후보를 꺾고 고토를 회복했다.

□ 득표상황

후보자	정당	연령	주요 경력	득표 (%)
김 철	무소속	57	제헌의원(경주 갑)	15,116 (33.2)
안용대	자유당	41	2대의원(경주 갑)	12,557 (27.6)
최현순	무소속	56	분황사 주지	7,397 (16.2)
김종해	대한노총	32	의사, 경북도의원	4,994 (11.0)
오정국	무소속	40	의사, 육군 대령	3,287 (7.2)
강명도	무소속	25	운수업	1,103 (2.4)
김종선	무소속	42	감포읍장, 경찰서장	1,093 (2.4)
이승태	무소속	57	양조업, 국민학교장	사퇴

〈경주 을〉 뿌리가 깊지 아니한 자유당 공천자 등 10명의 후보들이 난립된 호기를 맞아 20% 미만의 득표율로 연승을 이어간 이협우

지난 2대 총선에서는 청년운동을 펼친 약관 29세의 한청 이협우 후보가 기라성 같은 후보들을 잠재우고 등원에 성공했다.

안강 농림중교장으로 제헌의원에 당선된 이석, 국민당 중앙위원인 김재섭, 사법서사인 이대곤, 목사인 국민당 박래승, 강동면장을 지낸 손석호와 손학익, 경주후생회 회장인 정병한, 경주군수를 지낸 최식, 학생연맹지부장인 민국당 김병준, 동아일보 지국장인 정

진구 후보들이 이협우 후보 당선의 도우미 역할을 했다.

이번 총선에서는 이협우 의원의 재선을 저지하기 위해 대한청년단장인 서영출, 국민학교장을 지낸 문궁준, 자유당 중앙당 청년부차장으로 활동한 최용근, 사회사업가인 손수덕, 국민회 지회장인 한상진 후보들이 출전했다.

선거전은 청년운동으로 표밭을 구축한 경주읍 출신 서영출과 내남면 출신 이협우 의원의 대결로 압축됐고, 안강읍장을 지낸 김진수 후보와 자유당 공천을 받은 최용근 후보들이 추격전을 전개했다. 자유당 공천을 받은 최용근 후보는 경주 최씨 문중 표 규합에 나섰으나 지역적인 뿌리가 너무나 옅었다.

경주읍민표는 서영출, 박화준 후보로, 안강읍민표는 김진수, 권용철 후보로, 내남면민표는 이협우, 문궁준으로 나뉜 선거전에서 현역의원의 이점을 살린 이협우 후보가 군웅이 할거한 호기를 맞이하여 20% 미만의 득표율로 연승을 이어갔다.

□ 득표상황

후보자	정당	연령	주요 경력	득표 (%)
이협우	무소속	33	2대의원(경주 을)	9,305 (19.4)
서영출	무소속	47	대한청년단장	8,179 (17.0)
김진수	무소속	45	안강읍장	6,277 (13.1)
최용근	자유당	37	자유당 청년부차장	5,233 (10.9)
정진구	무소속	46	신문지국장	3,812 (7.9)
박화준	무소속	59	참봉	3,525 (7.3)
한상진	무소속	57	국민회 지회장	3,080 (6.4)

문궁준	무소속	44	국민학교장	2,876 (6.0)
권용철	무소속	39	회사원	2,568 (5.4)
손수덕	무소속	32	사회사업	1,714 (3.6)
손정호	무소속	41	회사원	1,422 (3.0)

<영천 갑> 경북도의원 출신으로 지난 총선에서 낙선했지만 얻은 지명도와 자유당 공천 후보임을 내세워 승리한 김상도

지난 2대 총선에서는 무투표 당선된 정도영 의원이 을구로 지역구를 옮긴 기회를 포착한 경북도 노동국장을 지낸 권중돈 후보가 출전하여 국회통신 이사인 최효경, 무술회 부회장인 김상도, 민국당 중앙위원인 한윤덕 후보들을 꺾고 국회 진출에 성공했다.

물자조합 이사장인 하명룡, 은해사 주지인 차응준, 축산조합장인 장암권, 학교장을 지낸 이학문 후보들도 출전했다.

영천 을구 조규설 의원이 납북되어 궐위되자 권중돈 의원이 을구로 옮겨가 무주공산이 된 이 지역구에 이번 총선에서는 경북도의원으로 지난 2대 총선에서 3위로 낙선한 김상도 후보가 선점하자 전남도 내무국장을 지낸 임문석 후보가 민국당 공천을 받고 출전하여 한판 승부를 벌였다.

김상도 후보는 지난 2대 총선에서 4,573표를 득표하여 낙선했지만 지명도를 확보했고, 경북도의원으로 금호면을 주축으로 지역 기반을 구축한데다 자유당 공천까지 획득하여, 고위 관료 출신이지만 지역적 기반이 미약한 임문석 후보를 3천여 표차로 물리칠 수 있었다.

임문석 후보는 정견발표회장에서 "누가 박수를 치는지 조사하는 사람이 있으니 절대 박수를 치지 말라"고 주의를 환기시켰고, 김상도 후보는 "이승만 각하가 지지하는 후보를 선출해야 한다"고 강조했다.

□ 득표상황

후보자	정당	연령	주요 경력	득표 (%)
김상도	자유당	39	경북도의원	16,487 (55.8)
임문석	민주국민당	50	전남도 내무국장	13,036 (44.2)

<영천 을> 영천 갑구에서 영천 을구로 옮겨 국민회 정도영, 자유당 조규생 후보들을 꺾고 재선의원 고지에 오른 권중돈

지난 2대 총선에서는 제헌의원 선거에서 무투표 당선된 이범교 의원이 불출마하자, 식량영단 부이사장인 조규설 후보가 지역구를 선점하자 갑구에서 무투표 당선된 정도영 의원이 오랜 저울질 끝에 을구를 선택하여 건곤일척 한판 승부가 펼쳐졌다.

지역구를 선점한 조규설 후보가 지역구를 옮긴 정도영 의원을 비롯하여 영천읍장을 지낸 이정재, 금융조합 간사인 유인만, 국민당을 업고 나온 정종신 후보들을 가볍게 제압하고 등원했다.

조규설 의원이 납북되어 공석이 되자 갑구에서 당선된 권중돈 의원이 지역구를 옮겨 출전하여 지난 2대 총선에서 아쉽게 차점 낙선했던 정도영 후보가 출전해 양강구도를 펼쳤다.

경산경찰서장 출신으로 자유당 공천을 받은 조규생, 신문기자인 무소속 이우백 후보들도 출전했다.

일본 조도전대 출신으로 경북도 내무국장을 지낸 권중돈 후보가 갑구에서 무투표 당선된 제헌의원 국민회 정도영, 경산경찰서장을 지낸 자유당 조규생 후보들을 꺾고 재선의원이 됐다.

□ 득표상황

후보자	정당	연령	주요 경력	득표 (%)
권중돈	무소속	42	2대의원(영천 갑)	10,009 (32.3)
정도영	국민회	52	제헌의원(영천 갑)	9,036 (29.2)
조규생	자유당	43	경산경찰서장	6,287 (20.3)
이우백	무소속	55	신문기자	5,609 (18.1)

〈경산〉 제헌의원으로서의 지명도와 자유당 지지세들의 분산에 힘입어 재선의원에 등정한 무소속 박해정

지난 2대 총선에서는 경위 출신으로 파출소장인 방만수 후보가 경찰서장 출신으로 제헌의원 선거에서 당선된 박해정 현역의원을 꺾은 이변을 연출했다.

대한노총 대구부위원장으로 활동한 김도원, 안심면장을 지낸 장용환, 대학교수인 장기원, 경산면장을 지낸 이종봉, 의사인 박원득 후보들도 출전하여 선전했다.

방만수 의원이 출전을 포기한 이번 총선에서는 지난 2대 총선에서 차점 낙선한 박해정 후보가 선점하자, 자유당 경북도당 산업부장인 허동식, 내무부장관 비서로 활동한 배태준, 남대구경찰서장을 지낸 박주현 후보들이 자유당 후보임을 내세우며 거세게 도전했다.

경산면 토박이로 경찰서장 출신들이 맞대결을 펼친 박해정, 박주현 후보들의 혈전은 제헌의원으로서의 지명도를 활용한 박해정 후보가 자유당이 무공천 지역으로 선정하여 자유당세가 세 갈래로 분산에 힘입어 박주현 후보를 가까스로 제압하고 재선의원이 됐다.

□ 득표상황

후보자	정당	연령	주요 경력	득표 (%)
박해정	무소속	37	제헌의원(경산)	21,091 (40.6)
박주현	자유당	31	남대구경찰서장	18,401 (35.4)
배태준	자유당	33	내무부장관 비서	7,764 (14.9)
허동식	자유당	35	경북도당 산업부장	4,730 (9.1)

〈청도〉 자유당 공천자임을 내세워 지난 2대 총선에 출전한 금메달 김준태, 은메달 최태욱, 동메달 박봉현 후보들을 모두 꺾어버린 김보영

지난 2대 총선에서는 검사 출신 변호사로서 지역 기반을 구축한 김준태 후보가 조도전대 출신으로 금융조합 연합회장인 최태욱 후보를 꺾고 국회 등원에 성공했다.

제헌의원인 민국당 박종환, 신문사 편집국장인 박봉현, 상공부 가공과장인 이양춘, 목사인 정희섭, 치과의사인 박응달, 싱공부 행정관인 서영락 후보들도 출전했다.

김준태 의원이 재선 고지를 향해 질주한 이번 총선에는 제대장병 보도회 청도군회장인 김철수, 청도읍의회 의장인 김보영, 명치대 출신으로 금천중학교장인 박봉현 후보들이 저지에 나섰다.

제헌의원 선거 때부터 줄곧 출전했던 조도전대 출신으로 한국매일신문 사장인 최태욱, 민국당에서 활동한 박종림 후보들도 참전했다.

청도읍민들의 지원과 자유당 공천자임을 내세우고 경찰력을 동원한 김보영 후보가 지난 2대 총선에서 당선된 고등문관시험 사법과에 합격한 현역의원 김준태, 조도전대 출신으로 신문사 사장인 최태욱, 명치대 출신으로 중학교장인 박봉현 후보들을 꺾고 당선되는 행운아가 됐다.

□ 득표상황

후보자	정당	연령	주요 경력	득표 (%)
김보영	자유당	44	청도읍의회 의장	11,001 (27.3)
박봉현	무소속	47	금천중 교장	6,791 (16.9)
김준태	무소속	38	2대의원(청도)	6,692 (16.6)
김철수	무소속	29	제대장병 보도회장	5,233 (13.0)

최태욱	무소속	62	한국매일신문 사장	4,865 (12.1)
이광기	무소속	33	헌병사령부 고문	4,225 (10.5)
정운한	무소속	26	풍각중 교장	1,130 (2.8)
박종림	민주국민당	52	청도군당 위원장	355 (0.9)
박해재	무소속	36	한선물특 사장	사퇴

〈고령〉 자유당 지지세가 다섯 갈래로 나뉜 악조건에서도 민국당세가 위축되고 지역의 뿌리가 흔들린 곽태진 의원을 쉽게 꺾어버린 김홍식

지난 2대 총선에서는 민국당 경북도당위원장인 곽태진 후보가 제헌의원 선거에서 5,494표차로 패배한 김상덕 후보를 꺾고 설욕전을 승리로 장식했다.

고령중학교 후원회장인 정춘택, 대성중 교장인 유도회 홍재영 후보들도 출전하여 4파전을 전개했다.

이번 총선에는 민국당 곽태진 의원에게 자유당이 무공천지구로 배려하자 신흥공업 사장인 김홍식, 다사면장을 지낸 신현두, 쌍림면장을 지낸 전규현, 자유당 청도군당위원장인 정남택, 군정 시절 광공부장을 지낸 박성배 후보들이 자유당 간판을 내걸고 도전했다.

8명의 후보들이 난립한 선거전은 현역의원인 곽태진, 고령면의 대표주자인 김홍식, 다산면의 대표주자인 신현두 후보의 쟁패장으로 돌변했다.

고령면에 기반을 구축한 김홍식 후보가 양조업으로 재력을 쌓았으나 대구에 주소지를 둔 곽태진 의원을 4천여 표차로 꺾고 의원직을 인계받았다.

자유당이 다섯 후보로 나뉘어졌지만 우학봉과 문규용 무소속 후보들의 부진으로 당세가 위축된 민국당 곽태진 후보를 쉽게 제압할 수 있었다.

□ 득표상황

후보자	정당	연령	주요 경력	득표 (%)
김홍식	자유당	42	신흥공업 사장	9,606 (37.6)
곽태진	민주국민당	37	2대의원(고령)	5,240 (20.5)
신현두	자유당	41	고령군 다산면장	4,546 (17.8)
문규용	무소속	36	농업	1,854 (7.3)
정남택	자유당	42	고령군당위원장	1,745 (6.8)
전규현	자유당	52	고령군 쌍림면장	1,594 (6.2)
우학봉	무소속	39	의사	480 (1.9)
박성배	자유당	51	경북도 광공부장	460 (1.8)

〈성주〉 경찰특무대 출신임을 내세워 2전3기를 기대한 자유당 공천 후보 이영균, 제헌의원 이호석, 현역의원 배상연 후보들을 꺾어버린 도진희

지난 2대 총선에서는 제헌의원 선거에서 당선된 일민구락부 이호석 의원이 재선을 기대하자, 17명의 후보들이 우후죽순처럼 출전하여 재선 저지에 나섰다.

은행 감사역으로 활동했던 배상연 후보가 성주면민들의 지지를 업고 반민특위 조사위원인 정진용, 제헌의원 선거에도 출전했던 국민회 이영균, 의사로 명망을 쌓은 최성장 후보들을 11.9% 득표율로 어렵게 꺾고 당선됐다.

대가면장을 지낸 이한주, 월환면장을 지낸 도경기, 국민회 군지회장으로 활동한 서칠봉, 수리조합장인 석태영 후보들도 참전했다.

이번 총선에는 배상연 의원의 재선을 저지하고자 대구시장 출신으로 제헌의원을 지낸 이호석, 제헌의원 선거에서는 차점으로 낙선하고 2대의원 선거에서는 3위로 낙선했지만, 자유당 위원장으로 활동한 이영균 후보들이 설욕을 벼르며 출전했다.

특무대 서기관으로 활동한 도진희, 조도전대 출신으로 보건후생부 차관을 지낸 주병환, 선남면의원 출신인 이기면 후보들도 출전했다.

경찰특무대에서 활동한 도진희 후보가 자유당 후보임을 내세우고 경찰력을 총동원하여, 2전3기를 노리며 자유당 군당위원장 출신임을 내세운 이영균 후보를 1,171표차로 꺾고 국회 등원에 성공했다.

□ 득표상황

후보자	정당	연령	주요 경력	득표 (%)
도진희	자유당	36	특무대 서기관	11,131 (28.5)
이영균	자유당	48	성주군당위원장	9,960 (25.4)

주병환	무소속	49	보건후생부 차관	6,708 (17.1)
이호석	무소속	52	제헌의원(성주)	6,451 (16.5)
배상연	무소속	64	2대의원(성주)	4,000 (10.2)
이기면	무소속	28	선남면의원	889 (2.3)

〈칠곡〉 영주에서 2대의원에 당선된 김정식 의원이 무모하게 도전했으나 칠곡은 장택상 의원의 철옹성임을 확인

지난 2대 총선에서는 초대 외무부장관을 지낸 장택상 후보가 안동 보궐선거에서 낙선한 아픔을 떨쳐내고 고향으로 환향하여, 제헌의원으로 안동 장씨 문중의 지지로 당선된 장병만 의원을 꺾고 의원직을 인계받았다.

자동차 사업을 벌이고 있는 이환홍, 칠곡군수를 지낸 국민회 박태현, 대구매일신문 사장인 정명준, 산림조합 이사인 국민회 권영위 후보 등 11명의 후보들이 출전했다.

이번 총선에서는 영국 스코틀랜드 에딘버러대 출신으로 국무총리인 장택상 의원에게 영주에서 2대의원에 당선된 김정식 의원이 무모하게 도전했고, 국회 타임즈 사장인 우인기 후보가 자유당 공천 후보임을 내세우고 도전했다. 그러나 우인기 후보는 전과(前科)사실이 드러나 자유당 공천을 박탈당했다.

족청계 출신이라는 혐의로 자유당에서 제명당한 김정식 의원이 족청계와 대립관계에 있는 장택상 후보에게 무모하게 도전했고, 장

택상 후보는 당국의 처사가 지금껏 겪어온 수차에 걸친 어느 선거전에서도 경험한 바 없는 지나친 것이라고 불평을 토로하고도 79.5%의 득표율을 자랑했다.

□ 득표상황

후보자	정당	연령	주요 경력	득표 (%)
장택상	무소속	60	2대의원(칠곡)	27,426 (79.5)
김정식	무소속	39	2대의원(영주)	6,398 (18.6)
우인기	자유당	32	국회타임즈 사장	662 (1.9)

〈금릉〉 지난 2대 총선에는 1,874표차로 차점 낙선했지만 자유당 부인부장으로 자유당 공천 후보임을 내세워 11,373표차로 설욕한 김철안

지난 2대 총선에서는 구성면장 출신인 여영복 후보가 제헌의원 선거에 출전하여 차점 낙선한 대한부인회에서 활동한 김철안 후보를 꺾고 등원에 성공했다.

회사장인 문종두, 판사 출신 변호사인 우돈규, 신문지사장인 대한노총 안충기, 회사원인 배섭 후보들도 출전하여 당선권을 넘나들었다.

이번 총선에는 지난 2대 총선에서 격전을 벌여 당선된 구성면장 출신인 여영복, 낙선한 자유당 부녀부장인 김철안과 부산지검 밀

양지청장 출신인 우돈규 후보들이 재대결을 펼쳤다.

북선화학 사장인 이필영, 광산을 경영했던 김순, 일본 중앙대 출신으로 대한인보아동 이사장인 이현, 경북도 평의원인 조봉래 후보들도 새롭게 출전했다.

지난 2대 총선에선 대한부인회로 출전하여 8,031표를 득표하여 여영복 의원에게 1,874표차로 낙선했던 김철안 후보가 자유당의 갑옷을 입고 경찰력을 동원하여 여영복 의원을 11,373표차로 꺾고 당선됐다.

□ 득표상황

후보자	정당	연령	주요 경력	득표 (%)
김철안(여)	자유당	42	자유당 부인부장	20,078 (39.5)
여영복	무소속	48	2대의원(금릉)	8,705 (17.1)
우돈규	무소속	56	밀양지청장	8,593 (16.9)
이필영	무소속	47	북선화학 사장	7,892 (15.5)
조봉래	무소속	63	경북도 평의원	3,699 (7.2)
김 순	무소속	40	광산 경영	1,100 (2.2)
이 현	무소속	48	인보아동 이사장	823 (1.6)

〈선산〉 선산학원 재단이사장으로 범김씨 문중을 규합하여, 제헌의원 시절부터 구축한 철옹성에 자유당이란 철갑을 두른 육홍균 후보를 무너뜨린 무소속 김우동

지난 2대 총선에서는 독립촉성국민회 선산군지부장으로 활동하다가 제헌의원에 당선된 육홍균 의원이 오상중 교장인 김동석, 미곡 소매상인 신준원, 경북 경찰학교장을 지낸 이재기, 양조장을 운영한 이재현, 금융조합 이사인 김경환 후보들을 어렵게 꺾고 재선 의원이 됐다.

이번 총선에는 육홍균 의원이 자유당 공천을 받고 3선 고지를 향해 달려가자, 지난 2대 총선에서 차점 낙선한 오상중고 교장인 김동석 후보와 일본 구주대 출신으로 선산면의회 의장을 지낸 이재기 후보들이 설욕전을 펼친 가운데, 선산학원 재단이사장인 김우동, 국제웅변학회장인 김정준, 중앙정치비판 사장인 김여산, 조국사 부사장인 노승억 후보들이 새롭게 출전했다.

선산학원 이사장으로 풍부한 자금을 활용하여 범김씨 문중을 중심으로 한 지역 기반을 구축한 김우동 후보가 혜성처럼 출현하여, 제헌의원 선거 때부터 아성을 구축하고 자유당이란 철갑까지 두른 육홍균 의원을 너무나 쉽게 무너뜨렸다.

지난 2대 총선에서 차점 낙선한 김동석 후보는 장천면민들의 결집을 시도하다보니 표의 확장성에 한계를 보였다.

□ 득표상황

후보자	정당	연령	주요 경력	득표 (%)
김우동	무소속	51	선산학원 이사장	11,499 (38.5)
육홍균	자유당	53	2선의원(선산)	7,499 (25.1)
이재기	무소속	57	선산면의회 의장	4,519 (15.1)

김정준	무소속	30	국제웅변학회장	3,278 (11.0)
김여산	무소속	38	광복군전위대 사령	1,694 (5.7)
김동석	무소속	50	오산중고 교장	1,030 (3.4)
노승억	무소속	25	언론인	358 (1.2)

<상주 갑> 일본 고등문관시험에 합격하여 판·검사를 섭렵한 명성으로 자유당 공천 후보임을 내세운 석희관 후보를 416표차로 격파한 김달호

한엄회 제헌의원이 불출마한 지난 2대 총선에서는 대한농민회 중앙위원인 박성우 후보가 서울출판사 대표인 석재곤, 대한계몽협회 총재인 장홍원, 농민회 상주군 총대인 박남희, 충양전기 사장인 장두진, 실업신문 사장인 조응연 후보들을 제압하고 등원의 기쁨을 누렸다.

목사인 국민회 고봉윤, 농민회 직원인 추광엽, 상주청년회장인 박재희 후보들도 출전했다.

박성우 의원이 납북된 이번 총선에는 제헌의원 선거 때 출전했던 경북도의원 출신인 김대칠, 지난 2대 총선에 출전했던 서점상인 석재곤, 상주청년회장인 박재희 후보들을 제외한 9명의 후보들이 새롭게 출전하여 각축전을 전개했다.

동경중앙대 출신으로 판·검사를 섭렵한 김달호, 중학교장 출신으로 자유당 공천을 받은 석희관, 일본대 출신으로 육군 법무관을 지낸 김인태, 일본대 출신으로 농림부 과장을 지낸 조광희, 유엔 운크라 고문으로 활동한 편정희, 남산학원 재단이사인 박규하 후보들이 새롭게 출전하여 각축전을 전개했다.

일본 고등문관시험에 합격한 명성을 발판으로 문중을 기반으로 조직을 구축한 김달호 후보가 상주읍민들의 열렬한 지지를 받아, 자유당 공천 후보임을 내세우고 경찰력을 동원하여 공성면 출신으로 표의 확장성에 한계를 보인 석희관 후보를 416표차로 꺾고 당선했다.

영국 음악대 출신인 편정희 후보가 여성에 대한 편견을 깨고 동메달을 차지했고, 선거 경험을 지닌 석재곤, 박재희, 김대칠 후보들의 부진이 이채로웠다.

□ 득표상황

후보자	정당	연령	주요 경력	득표 (%)
김달호	무소속	42	판사, 검사	9,450 (23.9)
석희관	자유당	36	중학교 교장	9,034 (22.9)
편정희(여)	무소속	38	운크라 고문	6,406 (16.2)
김인태	무소속	37	육군 법무관	4,245 (10.8)
조광희	무소속	36	농림부 과장	3,985 (10.1)
송기학	무소속	32	중학교 교감	2,548 (6.5)
박규하	국민회	55	남산학원 재단이사	1,991 (5.1)
석재곤	무소속	36	서점 운영	650 (1.6)
박재희	민주국민당	37	상주군 청년회장	605 (1.5)
김대칠	무소속	56	경북도의원	547 (1.4)

| 조성목 | 무소속 | 31 | 상주읍의원 | 사퇴 |
| 장두진 | 무소속 | 44 | 일본전기 사장 | 사퇴 |

〈상주 을〉 금융조합장과 군수의 대결로 지난 2대 총선에선 164표차, 이번 총선에선 1,497표차로 연승과 연패를

초대 사회부장관을 지낸 전진한 의원이 부산으로 지역구를 옮겨간 지난 2대 총선에서는 제헌의원 선거에서 전진한 의원에게 패배한 금융조합장 백남식 후보가 심기일전하여 고령 군수를 지낸 김정근, 대학 교수인 권태휴, 정미업으로 기반을 구축한 김기령, 회사 중역인 성백효 후보들을 꺾고 등원에 성공했다.

사법보호위원인 정재하, 국민회 부위원장으로 활동한 박규하, 향교감리인 정한영, 회사장인 일민구락부 한감석 후보들도 출전했다.

이번 총선에서는 지난 2대 총선에서 자웅을 겨뤄 승패가 가려졌던 금융조합장 출신인 백남식 의원과 고령군수 출신인 김정근 후보가 재격돌을 펼쳤다.

두 후보의 표차는 164표였고 이안면과 함창면의 면대결이었다.

지난 2대 총선에 이어 정미업자인 김기령 후보는 재도전했고, 경북도의원인 이운하, 판사 출신으로 자유당 공천을 받은 조창희, 중학교사인 임재영, 경북도 농정국장을 지낸 김달경 후보들도 새롭게 도전했다.

이번 총선에서도 현역의원의 이점을 활용한 백남식 의원이 김정근 후보를 1,497표차로 두 번째 올리고 재선의원이 됐다.

김기령 후보도 재력과 선거 경험을 살려 자유당 공천을 받은 조창희 후보를 꺾고 동메달을 차지했다.

□ 득표상황

후보자	정당	연령	주요 경력	득표 (%)
백남식	무소속	51	2대의원(상주 을)	9,308 (23.9)
김정근	무소속	38	고령군수	7,811 (20.0)
김기령	무소속	38	경북도 교육위원	6,663 (17.1)
조창희	자유당	38	판사, 변호사	5,827 (14.9)
김달경	무소속	40	경북도 농정국장	3,017 (7.7)
임재영	무소속	32	중학교사	2,762 (7.1)
이운하	국민회	35	경북도의원	1,897 (4.9)
황돈주	무소속	41	회사원	1,021 (2.6)
이재하	국민회	41	보동면 의원	709 (1.8)

〈문경〉 검사장 출신으로 자유당 공천 후보임을 내세워 지난 2대 총선에서 혈전을 전개한 채대식, 이병하, 김훈 후보들을 꺾어버린 윤만석

지난 2대 총선에서는 제헌의원 선거에서 혈투를 전개한 조병한,

곽기원, 김은석 후보들을 비롯한 13명의 주자들의 혼전에서 신문사 사장인 양재하 후보가 경북농민회 서무과장인 이장화, 변호사로 지명도가 높은 이병하, 의사로서 인술을 베푼 채대식 후보들을 꺾고 의정 단상에 올랐다.

대한식량영단 인사처장을 지낸 고시복, 고려특수화학 사장인 김훈, 중학교장을 지낸 대한노총 오원근, 조도전대 출신으로 고교 교사인 조규팔, 제헌의원인 일민구락부 조병한, 주지로서 학교장인 곽기원, 전도사인 대한노총 김수용, 농민운동가인 김은석 후보들은 하위권을 맴돌았다.

양재하 의원이 납북당한 이번 총선에는 지난 2대 총선에서 낙선했던 판사 출신 변호사인 민국당 이병하, 의사로서 자유당 재정부차장으로 활동한 자유당 채대식, 회사장인 국민당 김훈의 재대결이 펼쳐졌다.

남북통일 촉진회장인 유시하, 보통문관시험 합격자로서 회사장인 권영달, 지방검사장을 지낸 윤만석, 자유당 위원장을 지낸 임영학, 문경면의원을 지낸 김병주 후보들이 새롭게 출전했다.

검사장 출신으로 자유당 공천을 받은 윤만석 후보가 문경면민들의 지지를 듬뿍 받아 지난 2대 총선에서 혈전을 전개한 자유당 채대식, 민국당 이병하, 국민회 김훈 후보들을 꺾고 새로운 주인으로 등극했다.

□ 득표상황

후보자	정당	연령	주요 경력	득표 (%)
윤만석	자유당	41	검사장, 변호사	9,608 (20.9)

채대식	자유당	49	자유당 재정부차장	9,045 (20.0)
이병하	민주국민당	40	판사, 변호사	8,851 (19.2)
김 훈	국민회	50	회사장	4,826 (10.5)
유시하	무소속	57	남북통일 촉진회장	4,335 (9.4)
임영학	무소속	58	자유당 군당위원장	4,249 (9.2)
권영달	무소속	45	회사장	2,827 (6.1)
김병주	무소속	36	문경면의원	2,262 (4.9)

<예천> 경선전기 전무로서 풍부한 자금을 활용하여 사실상 자유당 공천자임을 내세워 지난 2대 총선에서 혈전을 전개한 이호근, 장인석, 권우섭 후보들을 꺾어버린 현석호

지난 2대 총선에서는 대동청년단 지단장, 한청 예천군단장으로 활동한 이호근 후보가 제헌의원 선거 때 패배를 안겨준 일민구락부 박상영 의원을 꺾고 설욕전을 승리로 장식했다.

민보단 예천군단장인 장인석, 지보면장을 지낸 윤병식, 태평양구락부 이사인 권우섭, 조도전대 강사인 정인석, 소방서장을 지낸 변익, 국민회를 업고 나온 이만녕 후보들도 당선권을 넘나들었다.

그러나 남전 총무과장 출신인 김정식, 사회당 중앙위원인 정빈수, 개포면장을 지낸 백재흠, 국민신보 편집국장인 조장수, 경북도 산림과장을 지낸 권중호, 경찰관 출신으로 제헌의원 선거에도 출전했던 장성국 후보들은 하위권을 맴돌았다.

이번 총선에서는 지난 2대 총선에서 혈전을 전개하여 당선됐던 이호근, 국민회 예천지부장으로 차점 낙선했던 장인석, 예천 전매서장으로 5위로 낙선했던 자유당 권우섭 후보들이 재결투를 벌였다.

여기에 일본 입교대 출신으로 독립운동을 펼쳤던 김현구 후보와 경성전기 전무였던 현석호 후보가 새롭게 출전하여 5파전을 전개했다.

자유당이 공천을 포기하자 이호근, 권우섭, 현석호 후보들이 자유당 소속임을 내세워 내전을 벌인 선거전에서, 경성전기 전무로서 풍부한 자금을 활용하여 자유당 소속 후보임을 널리 홍보한 현석호 후보가 독립운동가인 무소속 김현구, 국민회 장인석 후보들을 꺾고 국회 등원에 성공했다.

□ 득표상황

후보자	정당	연령	주요 경력	득표 (%)
현석호	자유당	46	경성전기 전무	19,598 (36.2)
김현구	무소속	39	독립운동가	11,831 (21.8)
장인석	국민회	39	국민회 예천지부장	10,596 (19.5)
권우섭	자유당	42	예천 전매서장	8,448 (15.6)
이호근	자유당	38	2대의원(예천)	3,748 (6.9)

〈영주〉 영주교육감 출신이지만 자유당 공천 후보의 위력으로 자유당 선전부장을 사퇴시키고 재무부 관재국장 출신을 무너뜨린 이정희

제2대 총선에서는 제헌의원 선거에서 중도 사퇴한 사회사업가로 후생회 이사장인 한청 김정식 후보가 대동청년단 영주군단장으로 제헌의원 선거에서 당선된 최석홍 의원을 꺾고 의원직을 승계했다.

5관구 경찰청장을 지낸 강수창, 독립촉성국민회 영주지회장인 김준훈, 대통령 비서를 지낸 박용만, 성주·영양·안동 군수를 지낸 전봉빈, 영주군수를 지낸 엄종섭, 대구대 학장을 지낸 김광호 후보들도 출전했다.

김정식 의원이 장택상 국무총리에게 도전하기 위해 칠곡으로 옮겨간 이번 총선에서 자유당이 영주교육감을 지낸 이정희 후보를 공천하자, 중앙당 선전부장 출신인 박용만 후보가 자유당으로 출전하여 긴장감이 고조됐으며, 울산에서 의료업에 종사한 전성학 후보와 재무부 이재국장 출신인 황호영 후보가 무소속으로 출전하여 4파전이 전개됐다.

일본 중앙대 출신으로 지난 2대 총선에도 출전하여 낙선한 박용만 후보가 중도에 사퇴한 데 힘을 얻은 중졸 출신인 이정희 후보가 자유당 공천 후보의 위력을 발휘하여, 일본 경응대 출신인 황호영 후보를 3,935표차로 꺾고 대구와 멀리 떨어진 북부 산간지역에서는 자유당 공천 후보의 위력을 실감케 했다.

□ 득표상황

후보자	정당	연령	주요 경력	득표 (%)
이정희	자유당	50	영주교육감	23,262 (51.7)
황호영	무소속	34	재무부 관재국장	19,327 (42.9)

전성학	무소속	26	의료업	2,415 (5.4)
박용만	자유당	30	중앙당 선전부장	사퇴

〈봉화〉 자유당 공천을 받아 낙승을 기대했으나 경북도의원 출신인 최영두 후보에게 987표차로 추격당한 정문흠

지난 2대 총선에서는 제헌의원 선거에서 당선된 배중혁 의원이 불출마하여 1,310표차로 차점 낙선한 정문흠 후보가 내성면번영회 간사인 한청 손진명, 회사 중역인 정태성, 내성면장을 지낸 대한노총 권태국, 광산업자인 김상기 후보들을 꺾고 재기에 성공했다.

이번 총선에서는 정문흠 의원이 자유당 공천이라는 철갑을 두르고 재선 고지를 향해 진군하자, 10명의 후보들이 구름같이 모여들어 저지에 나섰다가 자유당 봉화군당위원장으로 활동한 유성수, 대구 계성대 재단이사장인 정태성 후보 등 2명이 사퇴하고 8명이 완주했다.

고교 교사 출신으로 대구매일 지국장인 배재룡, 국민회 봉화군회장인 심동국, 경북도의원인 최영두, 교통부장관 비서관 출신인 송두수, 옥방광산 소장으로 지난 2대 총선에도 출전했던 김상기, 건국청년회 봉화군회장인 이영식 후보 등이 추격전을 전개했다.

정문흠 의원의 압승이 기대됐으나 경북도의원 출신인 최영두 후보가 춘양면민들의 전폭적인 지원으로 987표차까지 육박했다.

송두수 후보가 춘양면표를 잠식하지 아니했더라면 승패가 엇갈렸

을 수도 있었으며 특이하게도 내성면 출신이 5명이나 출전했다.

□ 득표상황

후보자	정당	연령	주요 경력	득표 (%)
정문흠	자유당	60	2대의원(봉화)	7,458 (21.6)
최영두	국민회	48	경북도의원	6,471 (18.8)
배재룡	무소속	29	육군준장, 고교 교사	6,456 (18.8)
심동국	국민회	59	봉화군 국민회장	3,963 (11.5)
송두수	무소속	33	교통부장관 비서관	3,555 (10.3)
이영식	무소속	39	건국청년회 위원장	2,802 (8.2)
권승필	무소속	42	국민회 부위원장	1,716 (5.0)
김상기	무소속	43	광산업	1,341 (3.9)
김치수	무소속	66	양조회사 사장	641 (1.9)
유성수	무소속	41	자유당 군당위원장	사퇴
정태성	무소속	54	계성대 이사장	사퇴

<울릉> 2대 총선에서는 491표차로 낙선했지만 자유당 후보임을 내세워 426표차로 설욕전을 승리로 이끌어 낸 최병권

지난 2대 총선에서는 조도전대 출신으로 울릉도 도사(島司)를 지내고 제헌의원 선거에서 당선된 서이환 의원이 태양신문 지사장인 한청 최병권, 우체국장을 지낸 홍순엽, 사법서사인 김덕근, 제헌의원 선거에도 출전했던 기독세례회 김석규 후보들을 꺾고 재선

의원이 됐다.

지난 2대 총선에서 자웅을 겨뤘던 서이환 의원과 차점 낙선한 최병권 후보가 재대결을 펼친 이번 선거전에 경북도의원을 지낸 허필, 회사원인 이정윤 후보들이 도전하여 4파전이 전개됐다.

약종상인 김하우, 제대장병보도회 울릉군회장인 홍순칠, 울릉군 보건과장인 전석봉 후보들은 등록했다 사퇴했다.

신문기자 출신으로 자유당 위원장으로 활동하다 자유당 공천을 받은 최병권 후보가 제헌과 2대의원을 지낸 무소속 서이환 후보를 426표차로 꺾고 설욕전에서 승리했다.

지난 2대 총선에서는 두 후보의 표차는 491표차였으며, 서이환 의원이 6년간 서울에 계속 거주하는 동안 최병권 후보는 지역기반을 다져 지난 2대 총선에서의 득표 수준을 유지한 반면, 서이환 의원은 905표를 날려보낸 것이 승패의 갈림길이었다.

□ 득표상황

후보자	정당	연령	주요 경력	득표 (%)
최병권	자유당	40	울릉군당위원장	1,741 (32.1)
서이환	무소속	59	2선의원(울릉)	1,315 (24.2)
이정윤	국민회	26	회사원	1,251 (23.1)
허 필	무소속	36	경북도의원	1,119 (20.6)
김하우	무소속	63	약종상	사퇴
홍순칠	무소속	25	장병 보도회 지회장	사퇴
전석봉	무소속	39	울릉군 보건과장	사퇴

경상남도

<부산 갑> 자유당 공천경쟁자였고 신문사 사장인 하원준 후보를 5천여 표차로 꺾고 의원직을 이어간 김지태

지난 2대 총선에서는 부산일보 사장으로 부산상공회의소 회두인 김지태 후보가 경남도 상공국장 출신으로 제헌의원 선거에서 당선됐으나 경남도지사에 임명된 문시환, 문시환 의원의 사퇴로 실시된 보궐선거에서 당선된 허영호, 경북 상주 을구에서 당선되어 초대 사회부장관을 맡은 전진한 의원들을 제압하고 당선됐다.

토건노조 위원장인 이윤우, 청년운동가인 사회당 서형덕, 대한농민중앙회 이사인 박수일, 민족자주연맹 이사장인 임갑수 후보들도 출전했으며 임갑수 후보는 475표차로 김지태 후보에게 무릎을 꿇었다.

이번 총선에는 부산일보 사장인 김지태 후보가 자유당 갑옷을 입고 재선 고지를 향해 달려가자, 나도 자유당이라며 출전한 하원준을 비롯한 9명의 주자들이 출전했다.

학산여중고 교장인 박영, 경남도의원인 대한노총 이종남, 홍화공작소 직원인 옥영진, 지난 2대 총선에 출전하여 차점 낙선한 임갑수, 종교인으로 부인지도회장인 송기선, 웅변협회 조직부장인 윤구준, 재민(災民)고교 기성회장인 문도원, 부산시의원인 최병규 후보들이 구름처럼 모여들었다가 임갑수, 송기선 후보들은 중도에 사퇴했다.

선거전은 자유당이 공천을 포기한 가운데 자유당 후보를 내세운 김지태 의원과 공천 경쟁을 벌인 신문사 사장인 하원준 후보의 각축장에 경남도의원 이종남, 부산시의원 최병규 후보들이 추격하는 양상이다.

신문사 사장들의 경쟁에서 현역의원인 김지태 후보가 하원준 후보를 5,142표차로 꺾고 의원직을 이어갔다.

□ 득표상황

후보자	정당	연령	주요 경력	득표 (%)
김지태	자유당	45	2대의원(부산 을)	27,659 (34.0)
하원준	자유당	42	신문사 사장	22,517 (27.7)
이종남	대한노총	35	경남도의원	9,557 (11.8)
최병규	무소속	48	부산시의원	7,895 (9.7)
문도원	무소속	44	재민고 기성회장	5,349 (6.6)
옥영진	무소속	41	흥화공작소 직원	4,435 (5.5)
윤구준	무소속	37	웅변협회 조직부장	2,091 (2.6)
박 영(여)	무소속	52	학산여중고 교장	1,827 (2.2)
임갑수	무소속	33	2대 총선 차점 낙선	사퇴
송기선(여)	무소속	43	부인지도회장	사퇴

〈부산 을〉 경북 상주 을구, 부산 무구에서 당선되고 부산항 노조원들의 지지를 받아 자유당 공천자인 김예준, 국무총리

서리를 지낸 허정 후보를 격파한 전진한

허정 제헌의원이 불출마한 지난 2대 총선에서는 기미독립운동에 참가하고 상해임시정부 국무위원으로 활동한 장건상 후보가 경찰국장 출신으로 제헌의원 선거에서 차점 낙선한 김국태 후보를 비롯한 13명의 후보들을 제치고 등원에 성공했다.

아동보육원장인 양한나, 조도전대 출신으로 신문기자인 김근호, 목사인 김상순, 서울신문 기자인 이상철, 부산철도국장과 대학장을 지낸 이정수, 민보대 부산시단장인 유진학, 범일동장을 지낸 김용운, 경흥산업 취체역인 표문칠 후보들도 출전했으나 김근호 후보를 제외하고는 모두 2천 표 득표에도 실패했다.

장건상 의원이 납북되어 무주공산이 된 이번 총선에는 경북 상주 을구에서 제헌의원 선거에 당선되어 초대 사회부장관에 발탁되고, 지난 2대 총선에는 부산 갑구에 출전했다가 김지태 후보에 밀리고 부산 무구 최원봉 의원의 사망에 의한 보궐선거에 출전하여 당선된 전진한 후보가 출전했다.

전진한 의원의 3선 저지를 위해 이 지역구에서 제헌의원에 당선되고 국무총리 서리를 지낸 허정을 비롯한 10명 후보들이 구름처럼 몰려들었다.

부산공대 학장을 지낸 이정수, 동아신문 기자인 이상철, 진주농대 교수인 이종순, 민주신보 사장으로 자유당 공천을 받은 김예준, 동아일보 지국장인 이상창, 대한노총 경남위원장인 우갑린 후보들이 동참했다.

노동운동을 펼친 전진한 의원은 부산항 부두노동자들의 전폭적인 지원으로 자유당 공천 후보임을 내세운 김예준, 국무총리 서리를 지낸 허정 후보들을 큰 표차로 따돌리고 3선 고지를 점령했다.

교수 출신인 이정수, 이종순 후보들이 기자 출신인 이상창, 이상철 후보들보다 득표력에 훨씬 앞서는 양상을 보여주었다.

□ 득표상황

후보자	정당	연령	주요 경력	득표 (%)
전진한	무소속	52	2선의원(상주,부산)	31,278 (38.0)
김예준	자유당	46	민주신보 사장	23,434 (28.5)
허 정	무소속	58	제헌의원(부산 을)	13,399 (16.3)
이정수	무소속	53	부산공대 학장	4,980 (6.1)
이종순	무소속	48	진주농대 교수	3,378 (4.1)
김영환	무소속	42	함남피난민 심사위원	1,897 (2.3)
강길수	무소속	46	자유당 보강위원	1,086 (1.3)
이상창	무소속	40	동아일보 지국장	1,062 (1.3)
이상철	무소속	29	동아신문 기자	696 (0.8)
임영선	국민회	38	경남건설단 단장	614 (0.7)
우갑린	무소속	45	대한노총 경남회장	482 (0.6)
안학순	무소속	33	교문사 사장	사퇴

〈부산 병〉 지난 2대 총선에서는 부산 정구에서 당선됐지만 현역의원이라는 지명도와 인물론 그리고 자유당 공천 후보임

을 내세워 승리한 정기원

지난 2대 총선에서는 일본대 출신으로 지역 기반을 구축한 김칠성 후보가 지역구 조정으로 지역 기반이 흔들린 박찬현 제헌의원을 꺾고 의원직을 승계했다.

공무원 출신으로 하구(荷俱)협회 이사장인 김웅주, 대학 강사인 사회당 윤우현 후보들은 선전했으나 부평동장을 지낸 박경우, 일본 입명관대 출신으로 독립운동을 펼친 이중구, 부인신문 편집국장을 지낸 박주환 후보들은 하위권을 맴돌았다.

김칠성 의원이 납북되어 무주공산이 된 이번 총선에는 지난 2대 총선에 출전하여 낙선한 김웅주 후보를 비롯한 11명의 후보들이 출전하여 각축전을 전개했다.

백광화학 사장인 조용도, 경남도의원을 지낸 김임룡, 자유민보 사장인 김철수, 부산시의원 전희벽, 진주시장을 지낸 최태현, 부산 정구에서 제2대 총선 때 당선된 정기원, 민국당 중앙위원인 이정숙, 자유당 조직부 차장인 박진 후보 등이 출전했다.

지난 2대 총선에서 선전한 항만협회 이사장 김웅주, 동경 경응대 출신으로 자유민보 사장인 김철수, 미국 프린스턴대 출신으로 현역의원인 정기원 후보가 3파전을 전개하다가 현역의원의 이점과 자유당 공천 후보임을 내세운 정기원 후보가 선거구를 옮긴 약점을 딛고 승리하여 의원직을 이어갔다.

□ 득표상황

후보자	정당	연령	주요 경력	득표 (%)

정기원	자유당	55	2대의원(부산 정)	20,463 (36.2)
김철수	무소속	58	자유민보 사장	13,765 (24.4)
김응주	무소속	43	항만협회 이사장	13,211 (23.4)
김임룡	무소속	41	경남도의원	2,725 (4.8)
조용도	무소속	45	백광화학 사장	1,425 (2.5)
전희벽	조선민주당	24	부산시의원	1,294 (2.3)
이정숙(여)	민주국민당	32	민국당 중앙위원	1,228 (2.2)
박 진	무소속	43	자유당 조직부차장	983 (1.7)
서경석	무소속	32	사회운동	591 (1.1)
노승립	무소속	27	신문기자	530 (0.9)
최태현	무소속	59	진주시장	290 (0.5)

〈부산 정〉 소졸 출신으로 자유당 정책위원을 지냈고 자유당 공천에서 탈락했지만, 농림부장관을 지내고 자유당 공천을 받은 정재설 후보를 무너뜨린 기적을 창출한 김동욱

지난 2대 총선에서는 미국 프린스턴대 출신으로 미군정 시절 경남 군정청 고문으로 활약한 정기원 후보가 신문사 사장인 김환선, 청년운동가인 김동욱, 농림부차관을 지낸 정재설, 동장 출신인 민국당 박성주 후보들을 꺾고 당선됐다.

독립노동당 박춘식, 모스크바대 출신인 손공린, 목사인 국민당 김길창, 영남상고 교장인 황명구 후보들은 추격전을 전개했을 뿐이

다.

정기원 의원이 부산 병구로 옮겨간 이번 총선에는 지난 2대 총선에서 2위, 3위, 4위로 낙선한 부산매일신문 사장인 김환선, 소졸로서 자유당 정책위원인 김동욱, 동경제대 출신으로 농림부장관을 지낸 정재설 후보들이 3파전을 전개했다.

서울대 출신 새내기인 배수환, 부산철도경찰대장 정재용, 조도전대 출신인 배종하, 한의사인 정동조, 동연합회 부회장인 김기탁, 변호사인 김우영, 일본 중앙대 출신인 양승형 후보들도 출전했다.

소졸로서 자유당 정책위원으로 자유당 공천에서 탈락한 김동욱 후보가 농림부장관을 지낸 자유당 공천자인 정재설 후보를 726표차로 꺾은 기적이 일어났다.

물론 두 후보는 지난 총선에도 출전하여 김동욱 후보는 3위, 정재설 후보는 4위로 낙선했으며 두 후보의 표차는 1,930표였다.

□ 득표상황

후보자	정당	연령	주요 경력	득표 (%)
김동욱	무소속	36	자유당 정책위원	13,935 (26.0)
김환선	무소속	42	부산매일신보 사장	13,690 (25.6)
정재설	자유당	52	농림부장관	13,209 (24.7)
배수환	무소속	29	서울대학원 졸	3,741 (7.0)
김우영	무소속	67	변호사, 일본부영사	3,334 (6.2)
배종하	무소속	37	남전 사원	1,380 (2.6)
김기탁	국민회	45	동연합회 부회장	1,370 (2.6)
정재용	무소속	45	부산 철경대장	1,356 (2.5)

| 양승형 | 국민회 | 41 | 국민학교 교사 | 757 (1.4) |
| 정동조 | 무소속 | 33 | 한의사 | 729 (1.4) |

〈부산 무〉 전진한 의원이 부산 을구로 옮겨가자 흥국산업 사장으로 자유당 공천을 받은 이영언 후보가 의원직을 승계

지난 2대 총선에서 신설된 이 지역구는 국방부 검찰과장을 지낸 최원봉 후보가 민국당 영도구위원장으로 활약한 이만우, 경남 합천에서 제헌의원으로 당선됐다가 내무부차관으로 발탁된 민국당 김효석 후보들을 꺾고 국회에 등원했다.

경찰국장을 지낸 김봉호, 신문사 사장인 이홍래와 고천구, 의사인 조칠봉, 공무원 출신인 노동당 양창은, 동장을 지낸 김정행 후보들도 출전했다.

최원봉 의원이 사망하여 실시한 보궐선거에서 당선된 전진한 의원이 부산 을구로 옮겨간 이번 총선에는 지난 2대 총선과 보궐선거에 출전한 의사 출신인 조칠봉 후보를 제외한 올망졸망한 7명의 정치 신예들이 출전하여 각축전을 전개했다.

홍국산업 사장으로 자유당 공천을 받은 이영언, 가내수공업 사장인 이만우 후보가 선두경쟁을 벌인 선거전에 대한중석 고문인 우제하, 건설신문 논설위원인 전재홍 후보들이 추격전을 전개하는 양상이다.

자유당 공천을 받은 이영언 후보가 자유당 공천후보의 위력을 발

휘하여 이만우 후보를 어렵게 따돌렸다.

제헌의원 선거 때는 부산 정구에, 2대 총선과 보궐선거에 출전한 조칠봉 후보는 의사로서 인덕을 쌓았음에도 초라한 성적으로 4연속 패배의 아픔을 겪게 됐다.

□ 득표상황

후보자	정당	연령	주요 경력	득표 (%)
이영언	자유당	54	흥국산업 사장	15,631 (38.9)
이만우	무소속	46	가내수공업	14,700 (36.6)
우제하	무소속	34	대한중석 고문	3,230 (8.0)
전재홍	무소속	31	건설신문 논설위원	2,002 (5.0)
최종자	무소속	29	웅변협회 총무국장	1,627 (4.0)
한근홍	무소속	32	동진흥업 사장	1,260 (3.1)
조칠봉	무소속	42	병원장	1,108 (2.8)
정판수	무소속	26	가요보급협회장	630 (1.6)

<마산> 양조업자로서 자유당 공천의 위력으로 마산시장을 지낸 허윤수, 제헌 및 2대의원에 당선된 권태욱 후보들을 무너뜨린 김종신

치과재료상을 거쳐 마산공대 과학관장 출신으로 제헌의원에 당선된 권태욱 의원이 23명이 난립한 2대 총선에서 승리하여 재선 의

원이 됐다.

일본 중앙대 출신으로 자유민보 사장인 김순정, 학원이사장인 하석진, 마산상공회의소 국장인 윤창윤, 회사장인 박경률, 음식점조합장인 전지성, 노동운동가인 송원도, 경찰관 출신인 박명제, 양조장을 운영하는 이병진, 마산상공회의소 의장인 정방호, 군수를 지낸 안상이, 제헌의원 선거에 출전했던 입법의원을 지낸 손문기, 군정청 기획처 국장을 지낸 손봉조 후보 등 쟁재한 후보들이 뒤엉켜 혼전을 전개했다.

권태욱 의원이 3선 고지를 향해 달린 이번 총선에는 국민회 청년부장인 서점용, 마산시장을 지낸 허윤수, 양조업으로 부를 축적한 김종신, 경남도의원인 민국당 황장오 후보들이 3선 저지에 나섰다.

자유당 공천을 받은 김종신 후보가 마산시장을 지낸 허윤수, 제헌 및 2대의원인 권태욱, 민국당으로 지난 2대 총선에 이어 출전한 황장오 후보들을 꺾고 마산의 주역으로 등장했다.

야당 지지세가 많은 마산에서 자유당 후보가 승리한 것은 자유당 공천을 받자마자 경찰서로 달려가 절대로 야당의 탄압을 못하도록 부탁한 김종신 후보의 처세술도 한 몫을 차지했다.

□ 득표상황

후보자	정당	연령	주요 경력	득표 (%)
김종신	자유당	49	양조업	17,372 (40.0)
허윤수	무소속	45	마산시장	15,148 (34.9)
황장오	민주국민당	55	경남도의원	6,758 (15.6)
권태욱	무소속	46	2선의원(마산)	2,439 (5.6)

서점용	무소속	36	국민회 청년부장	693 (1.6)
윤시형	무소속	29	주간국제 상무	459 (1.1)
윤창권	무소속	45	기자	295 (0.7)
강신동	무소속	47	농업인, 한문수학	276 (0.6)

〈진주〉 남선화학 사장이라는 자금력으로 유덕천 현역의원, 정순종 진주시장을 무너뜨린 무소속 서인홍

지난 2대 총선에서는 진양군수 출신인 유덕천 후보가 제헌의원 선거에서 패배의 아픔을 맛보게 해 준 이강우 의원을 큰 표차로 제압하여 되갚아주고 의원직을 승계했다.

회사원인 노총의 김택조, 대학교수인 허명과 박인석, 제헌의원 선거에도 출전했던 변호사 조병래, 의사인 강석찬, 한의사인 강영순, 민족청년단 간부였던 김현대, 국민회에서 활동했던 박명래 후보 등 16명의 후보들이 출전하여 혼전을 전개했다.

이강우 제헌의원과 유덕천 2대의원 각축장이었던 이 지역구의 이번 총선은 유덕천 의원의 재선 고지 점령의 저지를 위해 11명의 후보들이 운집했다.

자유당 선전부에서 활동했던 조문찬, 협동조합 진주지부장인 이기한, 경남 애국단체 지부장인 허만채, 남선화학 사장인 서인홍, 한의사로 진주시의회 부의장인 정순석, 진주시장을 지낸 정순종, 육군 대령 출신인 장두권, 경남도의원으로 자유당 공천을 받은 김인

중 후보들이 참전했다. 진주시의회 의장인 문해술, 경남도의원인 김용진 후보들은 사퇴했다.

남선화학 사장으로 풍부한 선거 자금을 활용하여 자유당 공천의 위력으로 추격전을 전개한 김인웅, 현역의원인 유덕천, 진주시장을 지낸 정순종 후보들을 꺾고 무명의 서인홍 후보가 의정 단상에 올랐다.

□ 득표상황

후보자	정당	연령	주요 경력	득표 (%)
서인홍	무소속	36	남선화학 사장	4,802 (18.8)
장두권	무소속	53	육군 대령	3,908 (15.3)
허만채	민주국민당	51	애국단체 이사장	3,388 (13.3)
조문찬	무소속	54	자유당 선전부 근무	3,075 (12.1)
김인중	자유당	36	경남도의원	2,940 (11.5)
유덕천	무소속	49	2대의원(진주)	2,551 (10.0)
정순석	무소속	44	한의사, 진주시의원	2,511 (9.9)
정순종	무소속	46	진주시장	1,506 (5.9)
윤차수	무소속	29	진주 도립병원	495 (1.9)
이기환	무소속	50	협동조합 지부장	299 (1.2)
문해술	무소속	46	진주시의회 의장	사퇴
김용진	무소속	52	경남도의원	사퇴

〈진양〉 진주시 사회과장 출신으로 진주농고 동문, 장수 황씨

문중 표를 규합하여 당선을 일궈낸 자유당 황남팔

지난 2대 총선에서는 입법의원 출신으로 제헌의원 선거에서는 진주시에 출전하여 낙선했던 하만복 후보가 최윤호 의원이 불출마한 호기를 틈타 지역구를 옮겨, 변호사로 명성을 얻어 제헌의원 선거에서 차점 낙선한 최병석 후보를 75표차로 꺾고 당선의 영광을 차지했다.

일본대 출신으로 회사원인 황철중, 공무원 출신인 강대조, 15년 동안 공무원 생활을 한 김용진, 농업인인 허병호, 공장장인 임종후 후보들도 출전했다.

하만복 의원이 재선을 노린 이번 총선에는 지난 2대 총선에도 출전했던 경남도의원 출신인 허병호, 조도전대 수료생인 김기태, 조도전대 출신인 정종근, 진주시 사회과장 출신인 황남팔 후보들이 출전했다.

경남도의원인 이영만, 일본대 출신으로 경북도 경찰국장을 지낸 박명제 후보들이 석연치 않은 이유로 등록 후 사퇴했다.

황남팔 후보가 진주시 사회과장 출신이지만 자유당 공천자임을 내세워 국민당 박명제 후보의 사퇴라는 호기를 맞아 입법의원 출신으로 현역의원인 하만복 후보와 경남도의원 출신으로 지난 2대 총선에 출전하여 낙선하고 설욕전을 벼르고 있는 허병호 후보들을 꺾고 국회에 등원했다.

이영만 후보는 "북한 김일성 정권도 썩었으며 대한민국도 썩어서 나라라고 할 수 없다"고 연설하여 국가보안법 위반 혐의로 구속되자 후보직을 사퇴했다.

□ 득표상황

후보자	정당	연령	주요 경력	득표 (%)
황남팔	자유당	48	진주시 사회과장	19,904 (43.0)
하만복	무소속	40	2대의원(진양)	8,962 (19.4)
김기태	무소속	32	자유민보 논설위원	7,916 (17.1)
정종근	무소속	47	동아기업 취체역	4,870 (10.5)
허병호	무소속	33	경남도의원	4,632 (10.0)
이영만	무소속	42	경남도의원	사퇴
박명제	국민당	51	경북도 경찰국장	사퇴

〈의령〉 오로지 자유당 공천 후보임을 내세워, 당선권에 육박한 전용이 후보를 1,713표차로 꺾어 버린 이영희

지난 2대 총선에서는 명치대 출신으로 도기회사 사장인 이시목 후보가 제헌의원 선거에서 패배를 안겨준 안준상 의원의 출전 포기에 힘입어 명치대 출신인 전병호, 부림면장을 지낸 안국제 후보들을 꺾고 재기에 성공했다.

조도전대 출신으로 가산광산 사장인 민족자주연맹 박종운, 일본입명관대 출신으로 변호사인 강권석, 의령군수를 지낸 윤치형, 유곡면장을 지낸 이철세 후보들도 출전했다.

이시목 의원이 재선 고지 점령에 나선 이번 총선에는 낙서면의원인 이원보, 국졸 출신으로 자유당원으로 활동한 이영희, 통신사 이사인 전용이, 부통령 비서를 지낸 김조경 후보들이 출전했다. 궁류면장 출신인 전형식 후보와 현역의원인 이시목 후보가 선거 도중 사퇴했다.

자유당 공천에서 탈락한 이시목 의원의 사퇴로 열기가 없는 선거전에서 의령에서 대성인 전 씨 문중을 결집하여 당선권에 육박한 전용이 후보를 의령면민들의 전폭적인 지원과 자유당 공천 후보임을 내세운 이영희 후보가 1,713표차로 꺾고 의정 단상에 올랐다.

□ 득표상황

후보자	정당	연령	주요 경력	득표 (%)
이영희	자유당	44	의령군당부위원장	12,020 (40.6)
전용이	무소속	28	통신사 이사	10,307 (34.8)
김조경	무소속	29	부통령 비서	4,347 (14.7)
이원보	무소속	34	낙서면 서기	2,910 (9.8)
이시목	무소속	54	2대의원(의령)	사퇴
전형식	무소속	62	양조업, 궁류면장	사퇴

〈함안〉 대구 을구에서 쟁쟁한 후보들을 꺾고 당선됐으나 고향을 찾아든 약점을 자유당 후보로 극복하고 재선 고지를 점령한 조경규

지난 2대 총선에서는 국민회 중앙당 선전부장으로 활약한 양우정 후보가 함안 조씨 문중 표의 분산을 틈타 조용옥 후보를 503표차로 꺾고 등원에 성공했다.

강욱중 제헌의원이 출전을 포기한 2대 총선에는 경무부차관을 지낸 변호사 한종건, 일본 조도전대 출신으로 잡지사를 경영한 황영환, 경찰 출신으로 제헌의원 선거에도 출전했던 박노일, 일본대 출신으로 출판업자인 조문태, 국민학교장을 지낸 이수조, 대한청년단장으로 제헌의원 선거에도 출전했던 조용옥, 경찰서장 출신으로 변호사인 조삼제, 조선민국청년단 군단장인 이몽룡 후보 등 13명의 쟁쟁한 후보들이 혼전을 전개했다.

양우정 의원이 퇴출된 이번 총선에선 대구에서 2대의원에 당선된 조경규 후보가 자유당 공천을 받고 고향을 찾아들었다.

지금껏 함안 고을을 지켜왔던 변호사 이영개, 교사 출신인 하태환, 경남도의원인 박노일, 육영사업가인 윤효량, 자동차회사장인 일본대 출신 이병우 후보들이 고향 지키기에 나섰다.

그러나 선거전은 서울에서 활동한 조경규, 부산에서 변호사로 활약한 한종건, 부산에서 자동차회사장인 강낙중 후보들이 선두권을 형성했다.

당초의 공천에서 제외됐으나 추가로 자유당 공천을 받은 조경규 후보가 자유당 공천 후보의 위력을 발휘하여 변호사인 한종건, 노련위원장인 윤효량 후보들을 가볍게 꺾고 재선의원이 됐다.

한종건 후보는 지난 2대 총선에 이어 낙선했고, 박노일 후보는 세 번 도전하여 세 번 낙선했다.

□ 득표상황

후보자	정당	연령	주요 경력	득표 (%)
조경규	자유당	50	2대의원(대구 을)	14,154 (33.5)
한종건	무소속	51	변호사	9,293 (22.0)
윤효량	무소속	37	육영사업	8,692 (20.5)
이병우	무소속	43	구국단 부단장	3,023 (7.1)
강낙중	무소속	41	자동차 회사장	2,655 (6.3)
하태환	무소속	26	교사	1,612 (3.8)
이영개	무소속	47	변호사	1,475 (3.5)
박노일	무소속	59	경남도의원	1,397 (3.3)

〈창녕〉 문중 대결로 하신(河辛)대전을 펼친 선거전에서 경남도 문교사회국장을 지낸 하을춘 후보가 충남도 경찰국장을 지낸 자유당 신영주 후보를 1,645표차로 꺾고 승리

지난 2대 총선에서는 구중회 제헌의원이 불출마한 선거전에서 마산에 거주한 신용훈 후보가 제헌의원 선거에도 출전했던 독립중학교장인 김해권, 면장과 국민학교장을 지낸 성순영, 군수를 지낸 전홍석, 조선시대 참봉을 지낸 노정용, 면장을 지낸 하동석 후보들을 꺾고 등원에 성공했다.

신용훈 의원이 납북되어 무주공산이 된 이번 총선에는 지금껏 출전하지 아니한 정치신인 5명이 출전하였다가 일본대 출신으로 중

학교사였던 노형식 후보가 사퇴하여 4명의 후보들이 완주했다.

일본 동양대 출신인 임영택 후보와 대한노총 정치위원인 성보경 후보가 들러리 수준으로 전락한 선거전에서, 창녕의 대성인 신 씨와 하 씨가 문중 대결을 펼친 하을춘, 신영주 후보들의 소위 하신 대전이 펼쳐졌다.

경남도 문교사회국장을 지낸 하을춘 후보가 충남도 경찰국장을 지내고 자유당 공천을 받은 신영주 후보를 1,645표차로 꺾고 하신대전에서 승리를 장식했다. 이후 하 씨와 신 씨의 문중 대결은 숙명적으로 펼쳐졌다.

□ 득표상황

후보자	정당	연령	주요 경력	득표 (%)
하을춘	무소속	48	경남 문교사회국장	23,863 (47.2)
신영주	자유당	37	충남도 경찰국장	22,218 (43.9)
성보경	무소속	28	대한노총 정치위원	2,624 (5.2)
임영택	무소속	49	동화피복 지배인	1,848 (3.7)
노형식	무소속	35	중학교사	사퇴

〈밀양 갑〉 풍부한 재력과 자유당 공천이라는 위력으로 을구에서 갑구로 옮겼지만 현역의원을 무너뜨린 김형덕

지난 2대 총선에서는 일본 조도전대 출신으로 고아원 원장, 대동

신문 지국장, 대한청년단장으로 활약한 한청 최성웅 후보가 중학교장 출신으로 제헌의원에 당선된 일민구락부 이주형 의원을 꺾고 새로운 지역구의 주인이 됐다.

변호사로 지역 기반을 구축한 안종두, 대한청년단장으로 활동한 김석겸, 밀양읍장을 지낸 손용호, 기미독립운동에 참여하고 진주신문 사장인 박봉희, 내무부 서무과장을 지낸 백갑진 후보들도 출전했다.

최성웅 의원이 재선 고지를 향해 질주한 이번 총선에는 지난 2대 총선에서 낙선한 이주형 의원 등 10명의 후보들이 말끔히 사라지고 새로운 정치 신예 5명이 출전하여 재선 저지 운동에 나섰다.

밀양읍의회 의원인 진기훈, 밀양 을구에서 2대 의원에 당선된 김형덕, 부산시 사회국장을 지낸 이영규 후보들이 혈전을 전개했다. 일본 입명관대 출신인 손태목 후보는 선거 도중 사퇴했고, 민족계몽단 부총재로 회사장인 신현대 후보는 사망했다.

밀양 갑구의 최성웅, 밀양 을구의 김형덕 두 현역의원의 싸움은 부산에서 회사장으로 쌓아올린 재력을 활용하고 자유당 공천을 받은 위력을 과시한 김형덕 후보가 지역에 깊게 뿌리내린 최성웅 후보를 꺾고 재선의원이 됐다.

□ 득표상황

후보자	정당	연령	주요 경력	득표 (%)
김형덕	자유당	38	2대의원(밀양 을)	15,497 (46.1)
최성웅	무소속	33	2대의원(밀양 갑)	11,287 (33.6)
진기훈	무소속	52	밀양읍의원	4,591 (13.7)

이영규	무소속	47	부산시 사회국장	2,224 (6.6)
신현대	무소속	48	계몽단 부총재	사망
손태목	무소속	37	경제통신 이사	사퇴

〈밀양 을〉 김형덕 의원의 전구(轉區)에 힘입어 지난 2대 총선에서 낙선한 지명도를 바탕으로 자유당 윤술용 공천후보를 꺾어버린 조만종

제2대 총선에서는 14명의 후보들이 난립하여 혼전을 전개한 선거전에서 부산에서 대한비료와 남선고무 공장을 운영하는 김형덕 후보가 부산대 교수를 지낸 민병구, 무안면장을 지낸 조만종 후보들을 가볍게 제압하고 등원에 성공했다.

경찰서장을 지낸 예원해, 대동건설 사장인 신현대, 국민회 지회장으로 활약한 배상수와 박일현, 고등공민학교장을 지낸 윤술용, 밀양읍장을 지낸 유병수, 조선모직 사장으로 제헌의원인 신상학 후보들도 선거전에 참여했다.

김형덕 의원이 밀양 갑구로 옮겨간 이번 총선에서는 지난 2대 총선에서 패배한 밀양금융조합장인 조만종, 밀양배재중 교장인 윤술룡 후보들이 자유당 후보임을 내세우며 격전을 벌였다.

고교 교감인 우영창, 밀양교육감을 지낸 신학상, 한의사인 이헌정, 의사인 박권희, 지난 2대 총선에도 출전했던 문이호, 국제도서 취체역인 박일, 경남도의원인 김용태 후보 등 11명의 후보들이 출전

했다.

조만종 후보는 금융조합장으로서 풍부한 자금을 활용하고 지난 총선에서 3위로 낙선한 저력을 발휘하여 자유당 후보임을 내세워, 지난 2대 총선에서 9위로 낙선했음에도 자유당 공천을 받은 윤술룡 후보를 큰 표차로 따돌리고 국회에 등원했다.

□ 득표상황

후보자	정당	연령	주요 경력	득표 (%)
조만종	자유당	51	금융조합장	8,046 (21.2)
박권희	무소속	28	의사, 교육회원	6,355 (16.7)
신학상	무소속	45	밀양교육감	5,436 (14.3)
윤술룡	자유당	48	배재중 교장	3,743 (9.8)
김용태	농민회	40	경남도의원	3,033 (8.0)
진일범	무소속	31	교사	2,846 (7.5)
강일상	무소속	45	밀양 교육회장	1,918 (5.0)
문이호	무소속	45	학교 설립 운영	1,906 (5.0)
이헌정	국민회	45	한의사	1,871 (4.9)
박 일	무소속	27	언론인	1,587 (4.2)
우영창	무소속	26	고교 교감	1,295 (3.4)

〈양산〉 제헌의원 선거에서 차점 낙선한 지명도와 풍부한 재력을 활용하여 자유당 공천 후보인 임기태, 제헌의원인 정진근 후보들을 꺾어버린 무소속 지영진

지난 2대 총선에서는 청년방위대 편대장으로 지역 민심을 파고든 서장수 후보가 제헌의원 선거에 출전하여 당선된 정진근, 낙선한 배태성 후보들을 꺾고 지역의 새로운 주인이 됐다.

산업조합장인 김정표, 향교재단 이사장인 이신령, 직물공장 공장장인 안종석, 농약회사 과장인 최해택 후보들도 출전했다.

족청계 의원 혐의로 자유당에서 제명당한 서장수 의원이 출전을 포기한 이번 총선에서는 지난 2대 총선에 출전했던 배태성, 정진근, 김도홍 후보와 지영진, 임기태, 김동만, 문치선, 정운영, 유중홍, 박동주 후보 등 10명이 격전을 벌이다가 민국당 박동주, 무소속 김도홍과 유중홍 후보들은 사퇴하여 7명의 주자들이 완주했다.

대한도자기 사장인 지영진 후보가 제헌의원 선거에 출전하여 차점 낙선한 지명도와 풍부한 재력을 활용하여 경남도의원으로 자유당 공천을 받은 임기태 후보를 큰 표차로 따돌렸다.

양산면장이었던 김동만 후보와 제헌의원인 정진근 후보들은 선전했지만, 경남도 노동과장을 지낸 문치선, 명치대 출신으로 세 번째 출전한 배태성, 북경대 출신으로 회사원인 정운영 후보들의 득표력은 보잘 것 없었다.

□ 득표상황

후보자	정당	연령	주요 경력	득표 (%)
지영진	무소속	55	대한도기 사장	9,064 (43.2)
임기태	자유당	52	경남도의원	5,521 (26.3)
김동만	무소속	45	양산면장	2,508 (12.0)

정진근	무소속	46	제헌의원(양산)	2,399 (11.4)
문치선	무소속	52	경남도 노동과장	814 (3.9)
배태성	무소속	45	명치대 졸	424 (2.0)
정운영	무소속	32	한미방직 취체역	245 (1.2)
유중홍	무소속	77	농업	사퇴
박동주	민주국민당	62	경남도당위원장	사퇴
김도홍	무소속	59	대서업	사퇴

〈울산 갑〉 제헌의원 선거부터 출전하여 얻은 지명도와 울산 읍민들의 전폭적인 지원으로 안덕기 자유당 공천 후보를 무너뜨린 김수선

지난 2대 총선에서는 은행장 출신인 오위영 후보가 울산 을구에서 제헌의원으로 당선된 김수선, 감찰위원회 비서인 이종태 후보들을 가볍게 제압하고 의정 단상에 올랐다.

청년운동가인 민족자주연맹 송일환, 면장 출신인 이수관, 국민운동을 펼친 조형진 후보들도 출전했다.

이번 총선에서는 제헌의원인 김수선 후보와 김수선 후보를 꺾고 제2대 총선에서 당선된 오위영 후보가 재대결을 펼친 와중에 조선 제유 사장으로 자유당 공천을 받은 안덕기 후보가 출전하여 3파전을 전개했다.

자유당 공천에서 탈락한 오위영 의원이 중도 사퇴한 싱거운 선거

전에서 울산읍과 삼남면의 소지역대결이 펼쳐져 제헌의원을 지내고 지난 2대 총선에서 차점 낙선한 김수선 후보가 자유당 공천을 받은 안덕기 후보를 389표차로 꺾고 당선됐다.

□ 득표상황

후보자	정당	연령	주요 경력	득표 (%)
김수선	무소속	42	제헌의원(울산 을)	17,784 (50.6)
안덕기	자유당	39	조선제유 사장	17,395 (49.4)
오위영	무소속	52	2대의원(울산 갑)	사퇴

〈울산 을〉 자유당의 무공천으로 세 후보가 자유당으로 출전한 선거전에서 풍부한 재력을 활용해 승리한 정해영

지난 2대 총선에서는 울산읍장, 울산경찰서장을 지낸 김택천 후보가 국문학의 대가로 연희전문대 교수인 최현배 후보를 2,434표차로 꺾고 당선됐다.

청년운동을 펼친 박태륜, 방어진 어업조합장인 김두헌, 국민학교장 출신인 오영출, 민국당의 변동조, 면장 출신인 박곤수, 온산면장을 지낸 고기철, 수산업자인 백만술 후보들도 출전했다.

김택천 의원이 재선 고지를 향해 뛰어든 이번 총선에는 중학교사 출신인 박장집, 부산에서 변호사로서 명성을 쌓은 안준기, 연탄회사 사장인 정해영 후보들이 협공을 전개했다.

육군 중령인 이규옥 후보는 자유당으로 등록했다 중도에 사퇴했다.

자유당이 공천을 보류하여 자유당 후보들의 혈투장으로 돌변한 선거전에서 회사장으로 풍부한 자금을 활용하고 자유당 소속 후보임을 내세운 정해영 후보가 변호사로서 자유당 후보로 출전한 안준기, 현역의원인 무소속 김택천 후보들을 꺾고 국회에 등원했다.

□ 득표상황

후보자	정당	연령	주요 경력	득표 (%)
정해영	자유당	38	연탄회사 사장	16,325 (42.8)
안준기	자유당	38	변호사	11,420 (30.0)
김택천	무소속	55	2대의원(울산 을)	9,412 (24.6)
박장집	무소속	53	중학교사	1,029 (2.7)
이규옥	자유당	33	육군 중령	사퇴

〈동래〉 제헌의원 선거에서는 패배했지만 문교부장관, 자유당 공천 후보로 재무장하여 대승을 거둔 김법린

지난 2대 총선에서는 철학 강사인 김범부 후보가 항공협회 이사인 사회당 이규정, 정미업자이자 미곡상을 운영하는 오명호 후보들을 가볍게 제압하고 당선됐다.

경남도지사를 지낸 김병규 후보는 중도 사퇴했지만, 동래군수를 지낸 김찬구 후보는 완주했다.

이번 총선에는 지난 2대 총선에 출전하여 당락을 겨뤘던 8명의 후보들이 말끔히 사라지고 새로운 후보 5명이 출전했다.

문교부장관을 지낸 김법린, 동경대 출신으로 항공대 강사인 윤명찬, 장안면장인 김화덕, 삼신기업 사장인 서갑순, 우체국 사무원인 이상진 후보들이 격전을 벌였다.

제헌의원 선거에 출전하여 김약수 후보에게 패배했지만 문교부장관에 발탁된 행운을 잡은 김법린 후보가 자유당 공천이라는 갑옷을 걸치고 대승을 거두고 등원했다.

□ 득표상황

후보자	정당	연령	주요 경력	득표 (%)
김법린	자유당	54	문교부장관	13,989 (48.4)
윤명찬	무소속	39	항공대 강사	7,080 (24.5)
김화덕	무소속	41	장안면장	3,882 (13.4)
이상진	무소속	32	직조업	2,344 (8.1)
서갑순	무소속	54	삼신기업 사장	1,611 (5.6)

〈김해 갑〉 제헌의원 선거에서도 낙선하고 지난 2대 총선에서도 60표차로 낙선하여 얻은 지명도와 동정여론에 힘입어 2전3기를 이뤄낸 박재홍

지난 2대 총선에서는 일본 조도전대 출신으로 경북도 상공국장을

지낸 민국당 최원호 후보가 제헌의원 선거에서 청년운동가인 신상학 후보에게 164표차로 무너졌으나, 제2대 총선에서는 대동신문 지국장 출신인 박재홍 후보를 60표차로 꺾고 등원에 성공했다.

신상학 의원은 밀양 을구로 옮겨가고 대저면장을 지낸 윤기은, 대학교수인 김한용, 김해군수를 지낸 방진태, 법무부 서기관인 조돈찬, 총경인 문정규, 경찰서장을 지낸 김형숙, 중학교장을 지낸 배진호 후보 등 14명의 후보들이 각축전을 전개했다.

이번 총선에는 지난 2대 총선에서 격전을 벌였던 최원호 의원과 박재홍 후보가 제헌의원 선거에 이어 세 번째 맞대결을 펼쳤다.

지난 2대 총선에 함께 격전을 펼쳤던 윤기은 후보 등 대부분의 후보들이 사라지고, 새로운 5명의 후보들이 출전하여 뒤엉켜 접전을 벌였다.

2대 총선에도 출전했던 조돈찬, 농업인인 배상갑, 경찰관인 주영기, 대복장유 전무인 이봉학, 명치대 출신인 국민당 김영화 후보들이 참전했으며, 자유당 공천을 받은 배상갑 후보가 당선권을 넘나들었다.

지난 총선에서 60표차로 석패한 박재홍 후보가 동정여론에 힘입어 현역의원인 최원호 후보는 물론 자유당 공천 후보인 배상갑 후보를 꺾고 2전3기를 이뤄냈다.

□ 득표상황

후보자	정당	연령	주요 경력	득표 (%)
박재홍	국민당	51	해양소년단 본부장	12,044 (32.9)
배상갑	자유당	46	자유당 경남도 부장	11,205 (30.2)

최원호	민주국민당	56	2대의원(김해 갑)	7,856 (21.5)
이봉학	무소속	43	대복장유 취체역	3,204 (8.8)
조돈찬	무소속	33	여객운수 사장	1,330 (3.6)
주영기	무소속	37	경찰관	623 (1.7)
김영화	국민당	35	당 중앙집행위원	485 (1.3)

<김해 을> 30대 패기로 자유당 공천 후보임을 내세우며 추격전을 펼친 서정원 후보를 가까스로 제압한 무소속 이종수

지난 2대 총선에서는 일본 중앙대 출신인 이종수 후보가 녹산면장 출신으로 제헌의원에 당선된 조규갑 후보를 꺾고 의원직을 인수했다.

주촌면장을 지낸 조용환, 일본 중앙대 출신으로 중학교장을 지낸 박태흠, 명치대 출신으로 신문기자인 이철민, 국민학교장을 지낸 김도현, 대학교수인 엄귀현, 경찰서장을 지낸 송기대 후보 등 쟁쟁한 후보들이 출전했다.

이종수 의원이 재선을 향해 달린 이번 총선에는 포로심판소 서기국장을 지낸 서정원 후보가 자유당 공천을 받고 출전했다.

대한방직협회 부이사장인 이복수, 조선실업 부사장인 조희순 후보들은 무소속으로 등록했다 중도에 사퇴했다.

30대의 젊은 패기를 앞세운 이종수 후보가 현역의원의 이점을 살려 해운업으로 부를 축적한 서정원 자유당 후보를 1,627표차로 가까스로 제압하고 의원직을 이어갔다.

□ 득표상황

후보자	정당	연령	주요 경력	득표 (%)
이종수	무소속	33	2대의원(김해 을)	17,660 (52.4)
서정원	자유당	42	포획심판소 국장	16,030 (47.6)
이복수	무소속	32	방직협회 부이사장	사퇴
조희순	무소속	49	조선실업 부사장	사퇴

〈창원 갑〉 진해읍 출신인 주금용 후보의 사퇴에 힘입어 자유당 공천 후보임을 내세워 무소속 김정 후보를 780표차로 따돌린 진해읍 출신 김성삼

제헌의원 선거에서 915표차로 당락이 엇갈렸던 김태수, 김병진 후보들이 재대결을 펼친 2대 총선에서 김병진 후보가 대한청년단원들의 눈부신 활약으로 설욕전에서 경남도 상공과장을 지낸 안범수 후보를 54표 꺾은 아찔한 승리를 만끽했다.

마산에서 기반을 구축한 김시록, 청년운동을 펼친 주금용, 일민구락부의 송기용, 국민당의 김용완, 민족자주연맹 최관수, 독립당 임만지 후보들도 출전했다.

제헌의원 김태수, 현역의원 김병진 의원들이 출전을 포기한 이번

총선에는 해군소장 출신인 변호사 김성삼, 민주여론협회 경남지부장인 김정, 경남도의원 출신으로 지난 2대 총선에 출전했던 주금용 후보가 등록하여 3파전을 전개했다.

주금용 후보가 중도 사퇴한 싱거운 선거전에서 같은 진해읍 출신인 주금용 후보의 사퇴에 힘을 얻은 김성삼 후보가 사유당 공천 후보임을 내세워 무소속 김정 후보를 780표차로 어렵게 따돌렸다.

□ 득표상황

후보자	정당	연령	주요 경력	득표 (%)
김성삼	자유당	47	해군소장, 변호사	23,883 (50.8)
김 정	무소속	39	입명관대 졸	23,103 (49.2)
주금용	무소속	46	경남도의원	사퇴

〈창원 을〉 자유당 경남도당위원장이라는 직함을 들고 혜성처럼 나타나 금융조합장 출신으로 재력가이며 현역의원인 김봉재 후보를 1만 3천여 표차로 꺾어버린 이용범

지난 2대 총선에서는 일본 조도전대 출신으로 창원금융조합장인 김봉재 후보가 제헌의원 선거에서 창원 갑구에서 차점 낙선한 엄상섭, 창원 을구에서 차점 낙선한 이기섭 후보들을 꺾고 당선됐다.

노동운동가인 장수룡, 동면에서 지지기반을 다진 김종하, 한약방을 운영하고 있는 김태희, 명치대 출신인 이찬순 후보들도 출전했다.

김봉재 의원이 재선 고지를 향해 달린 이번 총선에는 토건업자로서 자유당 경남도당위원장인 이용범 후보가 혜성처럼 등장했다. 명치대 출신으로 수산업자인 이찬순, 마산부두노조 고문인 장수룡 후보들은 지난 2대 총선에 이어 재출전했고, 회사중역인 이주만, 조도전대 출신인 설관수 후보들은 새롭게 참전했다.

대산면을 주축으로 자유당 완장을 휘두른 이용범 후보가 재력가이며 현역의원인 김봉재 후보를 1만 3천여 표차로 꺾고 의원 배지를 승계했다.

경찰서에서는 김봉재 후보 운동원에 대한 호출과 억압이 극심했고 정견발표회장에서 힘센 장정들 수십명이 대취(大醉)하여 난장판을 만드는 것이 예사였으며, 설관수 후보는 "자유당 공천 입후보자들은 돈 보따리를 싸가지고 다닌다"고 주장했다가 명예훼손 혐의로 구속됐다.

□ 득표상황

후보자	정당	연령	주요 경력	득표 (%)
이용범	자유당	48	경남도당위원장	25,626 (61.3)
김봉재	무소속	44	2대의원(창원 을)	12,593 (30.1)
이주만	무소속	56	회사원	1,421 (3.4)
장수룡	무소속	43	마산부두노조 고문	1,076 (2.5)
설관수	무소속	55	조도전대 졸	751 (1.8)
이찬순	민주국민당	46	명치대 졸	339 (0.8)

〈통영〉 2대 총선에 출전하여 얻은 지명도와 경남도 경찰국장 출신으로 경찰들의 지원으로 승리한 민주국민당 최천

통영 갑·을구가 통영과 거제로 개명된 지난 2대 총선에서는 경남은행 전무로 제헌의원 선거에서 63표차로 김재학 후보에게 패배한 서상호 후보가 김재학 현역의원을 6,266표차로 꺾고 재기에 성공했다.

경찰국장을 지낸 최천, 국민회 위원장으로 활약한 이정규, 수산협회 이사인 지산만, 경남일보 총무국장이었던 노기만, 경찰서장을 지낸 박명국, 사회당 조벽래 후보들도 출전했다.

이번 총선에는 지난 2대 총선에서 격전을 벌인 서상호, 김재학, 최천, 이정규, 지산만, 노기만, 조벽래 후보들이 재대결을 펼쳤다. 박명국, 박두조 후보들이 출전을 포기하고 배철세, 정찬진, 지두호, 박중한 후보들이 새롭게 출전하여 12명의 후보들이 격전을 벌였다.

자유당 공천 경쟁에서 밀린 지산만 후보와 사회사업가인 노농당 조벽래 후보가 사퇴하고 제헌의원인 김재학, 현역의원인 서상호 후보가 당선권에서 멀어진 선거전에서 경남도 경찰국장 출신인 민국당 최천 후보와 농림부 농지관리국장 출신으로 자유당 공천을 받은 배철세 후보가 자웅을 겨뤘다.

지난 2대 총선에도 출전했던 노기만, 면장 출신인 이정규, 통영상고 이사장인 재일거류민단 동경단장인 정찬진 후보들이 추격전을 전개했다.

지난 2대 총선에 출전하여 3위로 낙선했지만 얻은 지명도와 경남 도경국장으로 경찰들의 간접적인 지원을 받은 최천 후보가 자유당 공천 후보임을 내세웠지만, 현지의 뿌리가 미약한 배철세 후보를 5천여 표차로 꺾고 등원에 성공했다.

□ 득표상황

후보자	정당	연령	주요 경력	득표 (%)
최 천	민주국민당	51	경남도 경찰국장	14,235 (33.0)
배철세	자유당	39	농림부 농지국장	9,080 (21.0)
노기만	무소속	46	통영상고 이사장	7,054 (16.3)
이정규	무소속	48	면장	4,790 (11.1)
정찬진	무소속	48	거류민단 동경단장	3,216 (7.4)
김재학	무소속	57	제헌의원(통영 갑)	1,901 (4.4)
서상호	무소속	65	2대의원(통영)	1,265 (2.9)
진평헌	무소속	56	통영 노련위원장	767 (1.8)
지두호	무소속	50	광산업	505 (1.2)
박중한	무소속	58	통영군수	396 (0.9)
지산만	무소속	41	원양어업 전무	사퇴
조벽래	노농당	35	노농당 발기위원	사퇴

〈거제〉 제헌의원 선거, 2대 총선에서 낙선한 자유당 반성환 후보의 사퇴에 힘입어 전국 최연소 당선을 일궈낸 김영삼

지난 2대 총선에서는 통영수산학교 동문들의 전폭적인 지원을 받은 이채오 후보가 제헌의원 선거에서 혈전을 전개하여 당선된 서순영, 낙선한 전홍기와 반성환 후보들을 꺾고 당선됐다.

이번 총선에는 제헌의원인 민국당 서순영, 현역의원인 무소속 이채오 의원과 자유당 경남도당 어민부장인 반성환 후보들이 재격돌을 펼친 선거판에 장택상 국무총리 비서 출신인 26세의 김영삼 후보가 장택상 총리의 후원에 힘입어 자유당 공천을 받고 출전했다.

두 번이나 낙선한 반성환 후보가 자유당으로 출전했으나 공인받지 못한 후보들은 제명한다는 엄포에 놀라 중도에 사퇴했다.

반성환 후보의 사퇴에 힘입어 자유당 공천을 받은 김영삼 후보가 제헌의원 서순영, 현역의원 이채오 후보들을 꺾고 전국 최연소 당선의 영광을 차지했다.

☐ 득표상황

후보자	정당	연령	주요 경력	득표 (%)
김영삼	자유당	26	장택상 의원 비서	20,770 (44.8)
서순영	민주국민당	58	제헌의원(통영 을)	14,110 (30.4)
이채오	무소속	38	2대의원(거제)	11,509 (24.8)
반성환	자유당	31	국민회 어민부장	사퇴

〈고성〉 제헌의원, 제2대 의원 선거에서 연거푸 낙선한 최갑환 후보가 동정여론과 최씨 문중 표를 결집시켜 자유당 공천을 받은 현역의원을 꺾고 2전3기 성공신화를 창조

이귀수 의원이 출전을 포기한 지난 2대 총선에서는 단국대 교무국장과 학장을 지낸 김정실 후보가 혜성처럼 등장하여 제헌의원 선거에서 은메달을 차지한 허재기 후보와 동메달을 차지한 최갑환 후보들을 꺾고 등원에 성공했다.

이번 총선에는 지난 2대 총선에서 승패가 엇갈렸던 김정실 의원과 최갑환 후보가 재대결을 펼쳤다.

지난 2대 총선에 출전했던 회사장인 정종희 후보와 대구 방송국장을 지낸 정종갑, 자유민보 전무인 정상도, 인쇄업조합 이사장인 김기용 후보들이 새롭게 참전했다.

제헌의원 선거에서는 동메달, 지난 2대 총선에서는 은메달을 차지했던 최갑환 후보가 동정여론을 일으키고 고성에서 대성인 최씨 문중 표를 결집시켜 자유당 공천이란 갑옷으로 재무장한 김정실 의원을 2,223표차로 꺾고 2전3기의 오뚝이 기질을 발휘했다.

□ 득표상황

후보자	정당	연령	주요 경력	득표 (%)
최갑환	무소속	44	공업신문 사장	16,308 (35.9)
김정실	자유당	50	2대의원(고성)	14,085 (31.0)
김기용	무소속	47	인쇄조합 이사장	7,994 (17.6)
정종갑	무소속	35	대구방송 국장	3,256 (7.2)
정종희	무소속	35	회사장	2,328 (5.1)
정상도	무소속	41	신문기자	1,485 (3.3)

〈사천〉 지난 2대 총선에서 59표차로 낙선했던 정갑주 후보가 자유당 공천을 받고 동정여론을 일으켜 정헌주 현역의원을 5,744표차로 꺾고 당선

제헌의원 선거에서 격돌하여 당선된 최범술, 차점 낙선한 정헌주, 동메달을 차지한 정갑주 후보들이 2대 총선에서도 재격돌했다.

삼천포여중고 교장으로 활약했던 정헌주 후보가 제헌의원 선거에서 3위로 바짝 추격한 정갑주 후보를 59표차로 제압하고 등원에 성공했다.

국민회 지원을 받은 천병식, 사천면민들의 지원을 기대한 이기선, 곤양면 출신임을 내세운 조경제, 약종상인 장성구, 신문기자인 최동수와 김기윤, 사천군수를 지낸 유태경, 의사로 인술을 베푼 황순주 후보들도 출전했다.

정헌주 의원과 정갑주 후보가 세 번째 대결을 펼친 이번 총선에서는 지난 2대 총선에도 출전했던 황순주 후보와 경찰관을 지낸 김태준 후보가 참전하여 4파전을 전개했다.

지난 2대 총선에서 59표차로 낙선한 정갑주 후보가 자유당 공천을 받고 자유당의 위세와 동정여론을 일으켜 정헌주 현역의원을 5,744표차로 꺾고 꿈에 그린 국회에 등원했다.

지난 2대 총선에서는 등록 취소됐던 황순주 후보가 공천 경쟁에서 밀렸으나 자유당 후보임을 내세우며 완주했다.

□ 득표상황

후보자	정당	연령	주요 경력	득표 (%)
정갑주	자유당	47	청주경찰서장	22,309 (45.1)
정헌주	무소속	38	2대의원(사천)	16,565 (33.5)
황순주	자유당	50	경남도의원	6,834 (13.8)
김태준	무소속	32	경위	3,734 (7.6)

<남해> 명치대 출신으로 체신부장관을 지내고 자유당 공천까지 받은 현역의원이 방심과 민심이반으로 60대 무소속 후보에게 의원직을 인계

제헌의원 선거에 출전한 4명의 후보들이 모두 사라지고 12명의 새로운 후보들이 출전한 2대 총선에서는 경무부 총무국장을 지낸 조주영 후보가 경찰관들의 적극적인 지원에 힘입어 11명의 후보들을 제압하고 등원에 성공했다.

수산업자인 박계윤, 회사원인 정재종과 백법권, 교원인 윤주선 후보들은 상위권을 형성했지만, 대한청년단장인 정용선, 신문기자인 박성재, 남해군청 직원인 김봉두, 교사 출신인 조용준, 민국당 박병옥 후보들은 하위권을 맴돌았다.

이번 총선에는 명치대 출신인 조주영 의원이 체신부장관을 지내고 자유당 공천을 받고 재선의 고지 점령을 향한 탄탄대로를 걷자, 경남도 농정과장을 지낸 윤병호, 육군본부 문관으로 활약한 정영섭, 경성일보 지국장인 박준민, 농축연구소 이사인 백법권 후보들이 무모하게 도전했다.

명치대, 장관 출신으로 자유당 공천까지 받은 조주영 현역의원이 잠자코 있어도 무난하게 당선되겠지하는 방심으로 경남도 과장 출신으로 60대의 무소속 후보에게 일격을 맞고 쓰러졌다.

남면민들의 전폭적인 지원을 받은 박준민 후보와 일본대 출신인 백법권 후보도 인물론을 내세워 선전했다.

□ 득표상황

후보자	정당	연령	주요 경력	득표 (%)
윤병호	무소속	64	경남도 농정과장	16,994 (38.3)
조주영	자유당	58	2대의원(남해), 장관	9,988 (22.5)
박준민	무소속	55	경성일보 지국장	8,724 (19.6)
백법권	무소속	44	농축연구소 이사	7,328 (16.5)
정영섭	무소속	26	육군본부 문관	1,395 (3.1)

〈하동〉 농림고 중퇴생이지만 자유당 공천 후보임을 내세워 명치대, 조도전대 출신 4명의 후보들을 무너뜨린 강봉옥

제헌의원 선거에서 승패가 갈렸던 강달수 의원과 이상경 후보가 재대결을 펼친 2대 총선에서는 이상경 후보가 일본 명치대 출신으로 국민회 하동군지부장의 경력을 내세워 강달수 의원을 꺾고 설

욕전을 승리로 장식했다.

진교면민들의 지지를 기대한 윤종수, 약종상으로 한의사인 이병대, 대학교수인 정순표, 전매지청장을 지낸 황기성, 대동청년단장인 오재인, 옥종면장을 지낸 조용백, 경찰청장 출신인 강보형 후보 등 17명의 후보들이 혼전을 전개했다.

이번 총선에는 이상경 의원의 납북으로 무주공산이 된 이 지역구에 새로운 정치신인 12명이 등록하여 각축전을 전개했다.

다만 자유당 하동군당 총무부장인 오재인, 중학교사였던 김도원, 옥종면 유지인 권병율 후보들은 지난 총선에도 출전했다.

조도전대 출신인 오재인, 세무서장을 지낸 김태진, 적량면장을 지낸 정석헌, 명치대 출신으로 해인대 교수인 이병주, 의사인 강석근, 화개면 의원인 박종원, 자유당 부위원장으로 활동한 강봉옥, 경남도 교육위원장인 전수일, 육군 중령 출신인 김치헌 후보들이 선두권을 형성했다.

금남면민들의 전폭적인 지지와 자유당 공천 후보임을 내세운 강봉옥 후보가 농림고 중퇴생이지만 학력과 경력이 출중한 후보들에게 대승을 거두고 등원했다.

□ 득표상황

후보자	정당	연령	주요 경력	득표 (%)
강봉옥	자유당	52	하동군당부위원장	9,584 (20.3)
김치헌	무소속	26	육군 중령	6,672 (14.1)
이병주	무소속	34	해인대 교수	5,836 (12.3)
오재인	무소속	35	조도전대 졸	5,772 (12.2)

전수일	무소속	42	경남도 교육위원장	4,917 (10.4)
정석현	무소속	47	하동군 적량면장	3,875 (8.2)
박종원	무소속	56	조도전대 졸	3,442 (7.3)
김태진	무소속	55	세무서장	2,701 (5.7)
강석근	무소속	56	의사	2,199 (4.7)
김도원	무소속	36	중학교사	951 (2.0)
권병율	무소속	44	농업	763 (1.6)
정한식	국민회	32	하동군 참사	568 (1.2)

〈산청〉 일본 중앙대 출신으로 부산시 교육위원으로 자유당 공천을 받은 정태운 후보를 꺾고 재선 고지를 점령한 이병홍

지난 2대 총선에서는 상해임시정부 요인으로 반민특위 조사부장으로 활약한 이병홍 후보가 제헌의원 선거에서 패배를 안겨준 강기문 현역의원을 꺾고 설욕전에서 당선됐다.

대한청년단 산청군단장인 오무상, 국민회 활동이 돋보인 박판성, 달성면민들의 지지를 기대한 조종호, 신문기자인 최의섭, 대학교수인 박승하, 중학교사였던 허정일, 신흥여객 부사장인 정태운, 달성면장을 지낸 한병우 후보들도 출전했다.

이병홍 의원이 재선을 향해 달리자, 지난 2대 총선에서 함께 뛰었던 명치대 출신인 박승하, 민주여론 지부장인 최의섭, 국민당 중앙집행위원인 박판성 후보들이 재도전했다.

생초면장을 지낸 국민회 정석두, 명치대 출신으로 마산중 교사인 홍한순, 일본 중앙대 출신으로 부산시 교육위원인 정태운, 국민회 활동이 돋보인 이기현, 삼화직물 지배인인 민영완 후보들이 새롭게 출전했다.

반민특위 조사부장 출신으로 현역의원인 이병홍 후보가 자유당 공천 후보임을 내세운 정태운 후보를 3천여 표차로 꺾고 재선의원이 됐다.

정태운 후보는 부산시 교육위원으로 부산에서, 정치대 부학장인 박승하 후보는 서울에서 활동하여 당선권에서 멀어졌다.

□ 득표상황

후보자	정당	연령	주요 경력	득표 (%)
이병홍	무소속	61	2대의원(산청)	13,516 (36.9)
정태운	자유당	46	부산시 교육위원	9,846 (26.9)
박승하	무소속	45	정치대 부학장	5,991 (16.4)
이기현	무소속	52	국민회 면지부장	2,257 (6.2)
최의섭	무소속	42	민주여론 지사장	2,245 (6.1)
정석두	국민회	54	면장, 경남도의원	1,534 (4.2)
홍한순	무소속	33	마산중 교사	823 (2.2)
박판성	국민당	42	국민당 중앙위원	417 (1.1)
민영완	무소속	31	삼화직물 지배인	사퇴

〈함양〉 2대 총선에서 375표차 패배에 따른 동정여론으로 현

역의원으로 자유당 공천을 받은 박정규에게 설욕한 김영상

지난 2대 총선에서는 국민회 지부장으로 활약한 박정규 후보가 제헌의원 선거에서 접전을 진개히여 당선된 김경도, 차점 낙선한 김영상, 동메달을 차지한 윤길현 후보들을 꺾고 새로운 지역의 주인으로 등장했다.

공보처 직원이었던 박상길, 중학재단 이사장인 이진언, 독립노농당의 최태호, 하동군수를 지낸 정재상, 면장 출신인 국민당 정빈 후보들도 출전했다.

이번 총선에서는 2대 총선에서 격전을 벌여 승패가 엇갈렸던 국민회 지부장인 김영상, 대한청년단 백전면 단장인 자유당 박정규, 국민회 함양군 회장으로 활동했던 이진언, 조도전대 출신인 윤길현 후보들이 재격돌을 펼쳤다.

농림부 농지과장을 지낸 허준, 하동고교 교장을 지낸 도석균 후보들도 새롭게 출전했다.

지난 2대 총선에서 국민회 함양군지부장으로 활동했음에도 아쉽게 패배한 김영상 후보가 동정여론과 석복면민들의 전폭적인 지원으로 자유당 현역의원 박정규 후보와의 설욕전을 승리로 장식했다.

2대 총선에서 두 후보의 표차는 375표차였으며, 당선자 박정규 후보와 4위로 낙선한 윤길현 후보의 표차도 1,004표에 불과했다.

☐ 득표상황

후보자	정당	연령	주요 경력	득표 (%)

김영상	국민회	47	국민회지부장	14,081 (33.9)
박정규	자유당	49	2대의원(함양)	12,609 (30.4)
이진언	무소속	48	국민회 함양군회장	5,011 (12.1)
허 준	무소속	42	농림부 농지과장	4,803 (11.6)
윤길현	무소속	53	조도전대 졸	3,656 (8.8)
도석균	무소속	33	하동고 교장	1,355 (3.3)

<거창> 지난 2대 총선에서 중도 사퇴했던 신도성 후보가 족청계로 농림부장관에서 파면당한 신중목 의원에게 대승을 거두고 국회에 등원

지난 2대 총선에서는 부통령 비서관을 지낸 신도성 후보의 사퇴에 힘입어 입법의원 출신인 신중목 후보가 제헌의원 선거에서 1,400 표차로 패배를 안겨 준 표현태 의원을 무려 21,753표차로 꺾고 의원직을 이어받았다.

중학교장을 거쳐 대학교수인 국민회 최성환, 북경대 출신인 임유동, 일본 중앙대 출신인 이용화 후보들도 출전하여 선전했다.

부통령 비서관을 지낸 신도성 후보는 거창 신씨 문중들의 압력으로 선거 도중 사퇴했다.

이번 총선에서는 농림부장관을 지낸 현역의원으로 자유당 공천을 받은 신중목 후보에게 지난 총선에서 사퇴했던 신도성 후보가 야멸차게 도전하여 문중의 중재와 논의가 필요하게 됐다.

이번에는 젊은 신도성 후보에게 물려주어야 한다는 문중의 여론에 힘을 얻은 신도성 후보가 대승을 거두었다. 신중목 의원은 조도전대 출신이고 신도성 후보는 동경제대 출신이다.

거창 대성중학 교장인 변경식, 마산시장을 지낸 장동은, 신원면장을 지낸 임주섭, 대구시 사회과장을 지낸 이시현 후보들도 출진하여 선전했고, 국무총리 비서를 지낸 신종윤 후보는 중도에 사퇴했다.

민족청년단원 척결을 위한 이승만 대통령의 신중목 농림부장관 파면이 이번 선거에 많은 영향을 미쳐 신중목 후보 낙선으로 이어졌다.

□ 득표상황

후보자	정당	연령	주요 경력	득표 (%)
신도성	민주국민당	36	부통령 비서관	18,165 (40.0)
신중목	자유당	51	2대의원 (거창)	9,366 (20.6)
이시현	무소속	41	대구시 사회과장	5,166 (13.4)
변경식	무소속	49	대성중 교장	4,916 (10.8)
장동은	무소속	55	마산시장	4,266 (9.4)
임주섭	무소속	35	거창군 신원면장	1,604 (3.5)
김성출	무소속	39	거창면장	1,226 (2.7)
김만세	국민회	58	한약상	690 (1.5)
신종윤	무소속	31	국무총리 비서	사퇴

〈합천 갑〉 지난 2대 총선에서 낙선하고 4년 동안 지역민들과 동고동락하며 지역기반을 닦아 제헌의원 이원홍, 현역의원 노기용, 자유당 공천 이정갑 후보들을 꺾어버린 유봉순

지난 2대 총선에서는 경찰서장 출신으로 합천 을구 보궐선거에 출전하여 낙선한 노기용 후보가 합천군수 시절 맺은 인연을 활용하여, 변호사로서 명성을 딛고 재선 의지를 불태운 민국당 이원홍 의원을 2,023표차로 꺾고 의원직을 인수했다.

합천읍장을 지낸 유봉순, 야로면민들의 지지를 기대한 하종구, 합천면장을 지낸 윤봉오, 정미업으로 기반을 구축한 이원용, 경찰관 출신인 대한노총 이희동, 사업가인 대한국민당 윤정훈 후보들도 참전했다.

대구지검 검사 출신인 제헌의원 이원홍, 합천군수 출신인 2대의원 노기용 후보들이 재대결을 펼친 이번 선거전에 지난 2대 총선에도 출전했던 거창경찰서 사찰주임인 유봉순, 농림부 과장을 지낸 이정갑 후보가 자유당 공천 후보로 변신해 재도전하여 4파전을 전개했다.

부산 부두노조 대의원인 변종철, 경북교육회 대의원인 이상신, 내무부에 근무했던 박문신 후보들도 새롭게 출전했다.

소졸 출신이지만 지난 2대 총선에서 낙선하고 4년간 지역민들과 동고동락하여 뿌리를 내린 유봉순 후보가 제헌의원인 이원홍, 현역의원인 노기용, 자유당 공천을 받은 이정갑 후보들을 큰 표차로 꺾고 재기에 성공했다.

☐ 득표상황

후보자	정당	연령	주요 경력	득표 (%)
유봉순	무소속	35	거창경찰서 사찰주임	12,691 (42.6)
이원홍	민주국민당	51	제헌의원(합천 갑)	6,303 (21.1)
노기용	민주국민당	56	2대의원(합천 갑)	4,080 (13.7)
이정갑	자유당	46	농림부 과장	3,285 (11.0)
변종철	무소속	26	부두노조 대의원	1,294 (4.3)
이상신	무소속	26	경북교육회 대의원	1,106 (3.7)
박문신	무소속	44	내무부 공무원	1,066 (3.6)

〈합천 을〉 4번이나 출전한 선거 경험, 자유당 공천 후보의 위세, 삼가면민들의 지원으로 현역의원을 꺾어버린 최창섭

제2대 총선에서는 제헌의원 선거와 보궐선거에서 맞붙었던 최창섭 의원과 김명수 후보의 재재대결에서 면장과 금융조합장을 지낸 김명수 후보가 최창섭 의원을 꺾고 2전3기를 이뤄냈다.

미군정청 고문을 지낸 강홍열, 쌍백면민들의 지지를 기대한 정기영, 청덕면민들의 지지를 기대한 차경현, 민국당 정용택 후보들도 출전했다.

제헌의원 선거에서는 독립촉성국민회에서 활동한 김효석 후보가 용천면장을 지낸 김명수, 일본대 출신으로 신문기자인 최창섭 후보들을 꺾고 당선됐으나 내무부차관 취임으로 보궐선거가 실시됐다.

보궐선거에서는 최창섭 후보가 김명수 후보와 합천군수를 지낸 노기용 후보들을 꺾고 당선됐었다.

이번 총선에서는 지난 2대 총선에서 맞붙었던 합천금융조합장 출신인 현역의원 민국당 김명수, 일본대 출신으로 제헌의원 보궐선거에서 당선된 자유당 최창섭 후보들이 재재대결을 펼쳤다.

지난 2대 총선에도 출전했던 민의원 비서 출신인 정용택, 기미독립운동에 참여했던 박인재 후보들도 참전했고, 협동조합 전무인 노갑술, 미군정청 경남도 고문관으로 활동한 강홍열 후보들도 출전했다.

당락 예측이 불가능한 혼전에서 4번째 출전한 선거 경험, 자유당 공천 후보, 삼가면민들의 전폭적인 지원으로 최창섭 후보가 재선 의원으로 발돋움했다.

□ 득표상황

후보자	정당	연령	주요 경력	득표 (%)
최창섭	자유당	55	제헌의원(합천 을)	9,540 (31.6)
강홍열	무소속	56	미군정청 고문관	7,021 (23.3)
정용택	무소속	33	국회의원 비서	4,942 (16.4)
노갑술	무소속	40	협동조합 전무	4,472 (14.9)
김명수	민주국민당	48	2대의원(합천 을)	3,073 (10.2)
박인재	무소속	52	독립운동가	1,104 (3.7)

제3장 강원·충청권 : 자유당 후보들이 환호성을

1. 자유당 공천은 곧 당선(當選)으로 직결

2. 43개 지역구 불꽃 튀는 격전의 현장으로

1. 자유당 공천은 곧 당선(當選)으로 직결

(1) 자유당 후보 33명이 당선되는 문전옥답(門前沃畓)

강원·충청권은 강원도가 12개구, 충북이 12개구, 충남이 19개구로 43개를 가지고 있어 전국적으로 점유율은 21.2% 수준이다.

지난 2대 총선에서의 의석 분포는 국민당 6석, 국민회 5석, 대한국민당 3석, 민주국민당 3석, 일민구락부 1석으로 무소속이 22석을 차지하여 51.2%를 점유했다.

이번 총선에서는 자유당이 전체 의석의 43석 가운데 76.7%인 33석을 차지하고 무소속이 7석을 차지했다. 국민회가 1석, 민국당 1석, 제헌의원 동지회가 1석으로 명함을 내밀었다.

임우영(춘성), 장석윤(횡성), 전상요(정선), 박용익(강릉을), 박기운(청주), 신정호(청원갑), 신각휴(옥천), 장영근(단양), 육완국(논산을), 이석기(부여갑) 당선자들은 자유당 공천후보가 아닐뿐이다.

조종승(단양), 김헌식(논산갑), 구덕환(서천), 박철규(예산) 의원들이 납북되고 이긍종(연기), 김명동(공주갑), 이종린(서산갑) 의원들이 사망하여 이범승(무소속), 윤치영(국민당), 김제능(자유당) 후보들이 당선되어 의원직을 승계했다.

(2) 현역의원의 귀환율은 16.3%에 불과

이번 총선에 이종욱(평창), 이종명(정선), 민영복(청주), 이도영(청원갑), 최면수(보은), 성득환(영동), 안필수(제천), 김종열(대전), 김종회(대덕), 윤담(논산을), 김용화(천안) 의원들은 불출마 결단을 내리고 윤담 의원 이외에는 정계의 뒤안길로 사라졌다.

다만 홍창섭(춘천), 이재학(홍천), 곽의영(청원을), 신각휴(옥천), 이충환(진천), 이학림(음성), 이석기(부여갑), 김영선(보령) 의원들이 당선되어 귀환율은 16.3%에 불과했다.

그러나 박승하(춘성), 안상한(횡성), 윤길중(원주), 태완선(영월), 박세동(강릉갑), 최헌길(강릉을), 임용순(삼척), 김광준(울진), 연병호(괴산), 조대연(충주), 박충식(공주갑), 이범승(연기), 이종순(부여을), 이상철(처양), 유승준(홍성), 구을회(당진), 김제능(서산갑), 이만복(서산을), 이규갑(아산) 의원 등 19명의 의원들이 낙선의 굴레를 벗어나지 못했다.

(3) 1만 표 미만의 득표에도 11명의 후보들이 당선

괴산의 안동준, 천안의 한희석, 홍천의 이재학 후보들은 3만 표 이상의 득표를 올리며 당선됐지만, 홍창섭(춘천), 임우영(춘성), 박기운(청주), 장영근(단양), 송우범(대덕), 유지원(연기), 김달수(공주을), 신태권(논산갑), 육완국(논산을), 이석기(부여갑), 유순식(서산을) 등 11명의 후보들은 1만 표 미만의 득표를 올리고도 당선됐다.

특히 단양의 장영근 후보는 4,770표로 당선되는 행운아였다.

득표율에 있어서도 이재학 후보는 85.7% 득표율로 당선된 반면, 육완국 후보는 19.1% 득표율로 당선됐다.

전만중(67.6%), 박용익(62.1%), 이태용(60.6%), 한희석(59.4%), 안동준(57.7%), 곽의영(56.3%), 함재훈(54.2%), 염우량(53.7%), 인태식(53.3%), 정명선(51.4%), 김영선(51.1%) 후보들이 50%가 넘는 득표율로 당선된 반면, 유순식(20.4%), 장영근(21.3%), 신태권(23.1%), 송우범(25.0%), 정상열(25.1%), 임우영(25.5%), 김기철(26.5%), 최용근(26.9%), 김달수(28.0%), 유지원(29.1%), 이석기(29.7%) 후보들은 30% 미만의 득표율로 당선됐다.

장석윤(횡성) 후보는 미국의 대학을 졸업했지만, 정규상(영월), 이형진(평창), 김진만(삼척), 전만중(울진), 이충환(진천), 이학림(음성), 장영근(단양), 염우량(공주갑), 김달수(공주을), 조남수(부여을), 나창헌(서산갑), 홍순철(아산) 등 12명의 후보들은 중졸 출신이고, 임우영(춘성), 박기운(청주), 신정호(청원갑), 김선우(보은), 나희집(서천), 김지준(홍성) 등 6명의 후보들은 소학교 졸업자이다.

또한 전상요(정산), 정명선(청양) 후보들은 한문수학으로 학력을 밝혀 당선자 43명 중 46.5%인 20명이 중졸 이하의 학력이다.

2. 강원·충청권 43개 지역구 격전의 현장으로

> 강원도

〈춘천〉 춘천시장 출신으로 자유당 공천을 받은 현역의원이지만, 정치신인인 계광순 후보에게 525표차 신승을 거두고 재선 고지에 오른 홍창섭

지난 2대 총선에서는 춘천시장을 지낸 홍창섭 후보가 국민회 강원도 지부장인 서상준, 춘천시 지부장인 이범래 후보가 함께 출전하여 국민회 지지세가 분산된 틈새를 비집고 들어가 진땀승을 거두었다.

최규옥 의원이 출전을 포기한 총선에 서울대 교수인 안영태, 중국 금릉대 출신으로 목사이며 신문사 사장인 한민당 김우종 후보도 참전하여 5파전을 전개했다.

이번 총선에는 춘천시장 출신으로 현역의원인 홍창섭 후보가 자유당 공천까지 받고 재선 고지를 선점하자, 강원도 내무국장 출신인 계광순 후보와 강원도 상공과장과 서무과장 출신인 유원준 후보들이 도전했다.

홍창섭 의원이 현역의원의 이점과 자유당 공천 후보임을 내세워 강원도 공무원들의 지지를 받은 계광순 후보를 525표차로 어렵게

따돌리고 재선의원이 됐다.

춘천농고 동문들의 전폭적인 지지와 춘천시장을 지낸 경력, 더구나 기세가 충천한 자유당 공천을 믿고 방심한 결과였다.

□ 득표상황

후보자	정당	연령	주요 경력	득표 (%)
홍창섭	자유당	49	2대의원(춘천)	9,045 (44.6)
계광순	무소속	45	강원도 내무국장	8,520 (42.0)
윤원준	무소속	45	강원도 서무과장	2,729 (13.4)

<춘성> 지난 2대 총선에서 194표차로 석패한 임우영 후보가 자유당 후보들의 내홍을 틈타 제헌의원과 현역의원을 꺾고 설욕전에서 승리

지난 2대 총선에서는 대동청년단 춘천시단장으로 활약했으나 제헌의원 선거에서 차점 낙선하자 지역구를 옮긴 박승하 후보가 이 지역구에서 당선된 이종순 의원 등을 꺾고 국회에 등원했다.

국민운동을 펼친 임우영, 민국당 강원도지부 총무를 지낸 이찬우, 강원도청 사무관이었던 홍순직, 춘성군수를 지낸 국민당 이석, 신북면장을 지낸 박윤원, 신동면장을 지낸 민삼식 후보들도 출전했으며, 국민회 임우영 후보와 박승하 당선자의 표차는 194표였다.

이번 총선에는 지난 2대 총선에서 격전을 벌였던 박승하, 임우영,

이찬우, 이종순 후보들이 재격돌을 펼쳤다.

중앙일보 기자인 유연대, 춘성군수를 지낸 임용준, 춘천상공회의 소장인 지규설, 전매서장을 지낸 신정균, 홍천군수를 지낸 김유실 후보들이 새롭게 출전했다.

제헌의원이었으나 지난 2대 총선에서 낙선한 이종순 후보가 자유당 공천을 받았지만, 통신사 임원으로 지난 2대 총선에서 3위로 낙선한 이찬우 후보가 공천에 반발하여 자유당 소속으로 출전하여 자유당 내에서 분란을 일으켰다.

지난 2대 총선에서 박승하 후보는 8,163표를 득표하여 당선됐고 임우영 후보는 7,969표를 득표하여 194표차로 차점 낙선했다.

이찬우 후보는 6,322표를 득표한 반면, 이종순 후보는 556득표에 머물렀지만 자유당 공천을 받은 것이다.

소졸이지만 국민회 지부장으로 활동했던 임우영 후보가 지난 2대 총선 석패에 따른 동정여론과 자유당 후보들의 내홍(內訌)의 틈새를 비집고 들어가 이종순 제헌의원을 605표차로 꺾고 설욕전에서 승리했다. 대동청년단 단장 출신인 박승하 의원은 민심의 이반을 실감했다.

□ 득표상황

후보자	정당	연령	주요 경력	득표 (%)
임우영	국민회	49	국민회 춘성지부장	6,677 (25.5)
이종순	자유당	62	제헌의원(춘성)	6,072 (23.2)
이찬우	자유당	36	회사원	3,791 (14.5)
박승하	무소속	40	2대의원(춘성)	3,590 (13.7)

임용준	국민회	54	춘성군수	2,526 (9.6)
유연대	무소속	52	중앙일보 기자	1,006 (3.8)
지규설	국민회	52	춘천 상공회의소장	939 (3.6)
김유실	무소속	43	홍천군수	866 (3.3)
신정균	무소속	52	전매서장	718 (2.8)

〈홍천〉 대법원 서기관 출신인 정동어 후보를 가볍게 제압하고 3연승을 이어가며 홍천에 철옹성을 구축한 이재학

지난 제2대 총선에서는 홍천군수를 지낸 이재학 후보가 제헌의원 선거에서 당선된 여세를 몰아 대한청년단 홍천군단장을 지낸 성낙신, 경찰국장을 지낸 국민당 조병계, 춘천 상공조합 이사장을 지낸 허명구 후보들을 제압하고 재선의원이 됐다.

이번 총선에도 홍천군수, 강원도지사 대리를 지낸 이재학 후보가 홍천에 철옹성을 구축하여 3선 고지를 선점했다. 강원도 지방과장을 지낸 도헌양 후보는 중도에 사퇴했으나 대법원에서 서기관으로 근무했던 정동어 후보는 완주하여 14%의 득표율을 올렸다.

이재학 후보는 제헌의원 선거에서는 유을남, 정종기 후보들을, 2대 총선에서는 성낙신, 조병계, 홍명구 후보들을 꺾었다.

☐ 득표상황

후보자	정당	연령	주요 경력	득표 (%)

이재학	자유당	49	2선의원(홍천)	41,747 (85.7)
정동어	국민당	52	대법원 서기관	6,988 (14.3)
도헌양	무소속	31	동국대 졸	사퇴

〈횡성〉 지난 2대 총선에서 511표차로 낙선한 장석윤 후보가 내무부장관으로 재무장하여 2대 총선에서 당선된 안상한 의원을 밀쳐내고 설욕전에서 승리

지난 2대 총선에서는 일본 북해도제국대 출신으로 부산수산대 교수인 안상한 후보가 국도신문 이사장인 장석윤 후보를 511표차로 꺾고 당선됐다.

신문지국장인 정호형, 제헌의원 선거에서 차점 낙선한 국민당 조수준, 국민회 지부장인 양덕인 후보들은 선전했으나 면장 출신으로 제헌의원에 당선된 원용균 의원의 득표력은 보잘 것 없었다.

이번 총선에는 지난 2대 총선에서 혈전을 전개했던 안상한, 장석윤, 양덕인 후보들이 재격전을 펼쳤다.

강원도 지방과장을 지낸 김형기 후보가 자유당 공천을 받고 새롭게 출전하여 승부를 벌였다.

지난 2대 총선에서 511표차로 석패했지만, 내무부장관으로 재무장한 장석윤 후보가 심기일전하여 안상한 의원은 물론 자유당 공천을 받고 출전한 김형기 후보들을 큰 표차로 따돌리고 설욕전에서

승리했다.

국민회 지부장으로 활약했던 양덕인 후보는 자유당 횡성군당위원장으로 활동했지만 공천에서 낙천되자 대한농민회 소속으로 출전하여 장렬하게 무너졌다.

□ 득표상황

후보자	정당	연령	주요 경력	득표 (%)
장석윤	무소속	50	내무부장관	11,760 (37.9)
김형기	자유당	38	강원도 지방과장	9,057 (29.2)
양덕인	대한농민회	44	자유당 횡성군위원장	6,068 (19.6)
안상한	무소속	47	2대의원(횡성)	4,109 (13.5)

〈원주〉 원주읍장 출신으로 자유당 공천을 받은 함재훈 후보가 윤길중 현역의원을 1만 7천여 표차로 제압

지난 2대 총선에서는 국회 법제조사 국장으로 활약한 변호사 윤길중 후보가 공립학교 교장 출신으로 제헌의원에 당선된 홍범희 후보를 719표차로 꺾고 국회에 등원했다.

원주군수를 지낸 함기섭, 연희전문대 교수인 한기준, 제헌의원 선거에도 출전했던 국민회 이정호 후보들도 참전했다.

이번 총선에는 윤길중 의원이 재선을 향해 달리자, 대학교수인 한기준, 원주읍장을 지낸 함재훈, 장기간 면장을 지낸 원정호 후보들이 저지에 나섰다.

자유당 공천을 받은 함재훈 후보가 지난 2대 총선에서 윤길중 후보가 홍범희 현역의원을 꺾고 당선된 전철을 밟아 윤길중 의원을 큰 표차로 따돌리고 국회 등원에 성공했다.

□ 득표상황

후보자	정당	연령	주요 경력	득표 (%)
함재훈	자유당	36	원주읍장	25,582 (54.2)
한기준	무소속	49	대학 교수	9,070 (19.2)
윤길중	무소속	37	2대의원(원주)	8,392 (17.8)
원정호	무소속	44	면장	4,178 (8.8)

〈영월〉 제헌의원 선거와 2대 총선에서 차점 낙선한 정규상 후보가 동정여론과 주천면민들의 지지로 당선을 일궈 내

지난 2대 총선에서는 장기영 의원의 불출마라는 호기를 맞아 제헌의원 선거에서 낙선했던 태완선 후보가 광산업으로 지역 기반을 잡아 제헌의원 선거에서 차점 낙선한 정규상, 영월경찰서장을 지낸 엄정주 후보들을 힘겹게 따돌렸다.

당선된 태완선 후보와 낙선한 정규상 후보의 표차는 184표에 불과했다.

이번 총선에는 지난 2대 총선에서 혈전을 전개했던 태완선, 정규상, 엄정주 후보들이 재격돌을 펼쳤다.

광산업자인 전공우, 노동운동가인 최면한, 청년운동가인 김명호 후보들도 출전하여 후발주자 3파전을 전개했다.

자유당이 공천을 보류하자 태완선, 정규상, 엄정주 후보는 물론 전공우, 최면한 후보들이 모두 자유당으로 출전하여 자유당 후보들이 5명이나 차지했다.

광산업자이자 사업가로서 성공한 정규상 후보가 제헌의원 선거와 2대 총선에서 차점 낙선에 따른 동정여론과 주천면민들의 전폭적인 지원으로 영월면민들의 지지를 분산한 태완선과 엄정주 후보들을 제압하고 지역구의 새로운 주인으로 등장했다.

태완선 의원은 족청계로 자유당으로부터 제명 결정을 받았으나 이승만 대통령의 도움으로 자유당에 잔류할 수 있었다.

□ 득표상황

후보자	정당	연령	주요 경력	득표 (%)
정규상	자유당	43	광업, 상업, 농업	13,121 (34.6)
엄정주	자유당	32	영월 경찰서장	10,947 (28.9)
태완선	자유당	39	2대의원(영월)	10,130 (26.7)
최면한	자유당	36	공무원	2,427 (6.4)
전공우	자유당	61	광산 경영	724 (1.9)
김명호	무소속	34	신문기자	560 (1.5)

<평창> 지난 2대 총선에서 차점 낙선한 이형진 후보가 자유당 공천을 받고서 제헌의원과 내무부차관을 지낸 황호현 후보를 꺾고 재기에 성공

지난 2대 총선에서는 월정사 주지로 오대산 임업사 사장인 이종욱 후보가 제헌의원 선거에서 당선된 황호현 의원을 큰 표차로 따돌리고 의원직을 승계했다.

농민회 평창군 기수로 발탁된 이형진, 국민회 평창군지부장인 엄정일, 중국 무관학교 출신인 장백야 후보들도 출전했다.

이종욱 의원이 출전을 포기한 이번 총선에는 제헌의원 선거에서 당선되어 내무부차관을 지낸 황호현 후보가 2대 총선에서 낙선하고 재기를 다짐하며 고토 회복에 나서자, 2대 총선에서 차점 낙선한 이형진 후보가 자유당 공천을 받고 황호현 후보와 재격전을 벌였다.

측량업자인 이문환, 국민회 연평면 지부장인 장춘근, 사업가인 김종근 후보들도 출전했다.

자유당 공천을 내세운 이형진 후보가 장춘근 후보의 국민회 지지세의 잠식에 힘입어 내무부차관을 지낸 황호현 후보를 꺾고 재기에 성공했다.

□ 득표상황

후보자	정당	연령	주요 경력	득표 (%)
이형진	자유당	42	자유당평창군위원장	15,275 (47.6)

황호현	국민회	43	제헌의원(평창)	11,404 (35.6)
장춘근	국민회	36	국민회 연평면지부장	2,566 (8.0)
김종근	무소속	43	상업	1,860 (5.8)
이문환	무소속	44	측량업	961 (3.0)

〈정선〉 제헌의원 선거에서 차점 낙선하고 지난 2대 총선에서도 석패에 따른 동정여론으로, 자유당 공천을 받은 이형진 후보를 꺾고 등원에 성공한 무소속 전상요

대동신문 기자 출신으로 제헌의원에 당선된 최태규 의원이 불출마한 지난 2대 총선에서는 조도전대 출신으로 대동신문 사장인 이종명 후보가 제헌의원 선거에서 낙선한 문묘전교인 전상요, 회사장인 원석산 후보들을 비롯하여 공무원 출신인 유기수, 신문사 사장인 김상은, 신문기자인 최승천, 광산을 경영하는 고근주 후보들을 꺾고 당선됐다.

이종명 의원이 출전을 포기한 이번 총선에는 지난 2대 총선에서 혈전을 전개한 유기수, 전상요, 최승천 후보들이 재격돌을 벌였고, 서울 영등포구 흑석동회장으로 활동한 엄익환 후보도 출전했다.

제헌의원 선거에 출전하여 차점 낙선하고 지난 2대 총선에서도 석패했던 전상요 후보가 문묘전교로서 유림의 전폭적인 지지를 받아 체신부 보험관리국장 출신으로 지난 2대 총선에서 차점 낙선하고 자유당 공천까지 받은 유기수 후보를 1천 3백여 표차로 꺾고 한복

에 갓을 쓰고 국회에 등원했다.

□ 득표상황

후보자	정당	연령	주요 경력	득표 (%)
전상요	무소속	70	문묘 전교	10,508 (45.9)
유기수	자유당	46	체신부 보험국장	9,124 (39.9)
최승천	무소속	45	유엔 한국협회 이사	2,629 (11.5)
엄익환	무소속	65	서울 흑석동 회장	625 (2.7)

<강릉 갑> 5명의 자유당 후보들이 난립된 선거전에서 강릉 최씨들의 결집으로 박세동 현역의원을 670표차로 꺾고 의정 단상에 오른 최용근

원장길 제헌의원이 출전을 포기한 지난 2대 총선에서는 대한청년단 강릉군단장을 지낸 박세동 후보가 10명의 후보들을 제치고 당선됐다.

명치대 출신인 최위집, 국민회 강릉지부장을 지낸 심상준, 한청 강릉군단장을 지낸 이석영, 대청 강릉군단장을 지낸 최병제, 민족정의단 이사장을 지낸 신의식, 호국군 대대장인 허견, 제헌의원 선거에 출전하여 차점 낙선한 최두집 후보들이 출전했다.

박세동 의원이 재선 고지를 향해 달린 이번 총선에는 지난 2대 총선에 출전하여 낙선한 10명의 후보들이 사라지고 새로운 후보 5명이 출전했다.

강릉농고 교장을 지낸 최용근, 대한부인회 강릉지부장인 전환자, 강원도지사를 지낸 박건원, 조도전대 출신으로 운크라 고문관으로 활동한 최용길, 대한청년단 강릉군단장으로 활동한 김진백 후보들이 출전했다.

자유당이 공천을 포기하여 최용근, 전환자, 박건원, 김진백, 박세동 후보들이 모두 자유당으로 출전하여 자유당의 세상임을 선포했다.

최용근 후보가 박건원 후보의 사퇴에 힘입어 강릉농고 교장으로서 제자들의 도움, 성덕면민들의 지지와 무엇보다도 강릉 최씨 문중들의 결집으로 청년운동을 펼친 박세동 현역의원을 670표차로 꺾고 의원직을 승계했다.

□ 득표상황

후보자	정당	연령	주요 경력	득표 (%)
최용근	자유당	34	강릉농고 교장	11,865 (26.9)
박세동	자유당	46	2대의원(강릉 갑)	11,195 (25.3)
전환자(여)	자유당	51	부인회 지부장	8,382 (19.0)
최용길	무소속	42	운크라 고문관	6,374 (14.4)
김진백	자유당	38	한청 강릉군단장	6,357 (14.4)
박건원	자유당	50	공군대령, 강원지사	사퇴

〈강릉 을〉 강릉군수, 강원도 상공국장을 지낸 인물론을 내세

워 현역의원으로 자유당 공천을 받은 최헌길 후보를 따돌리고 의원직을 승계한 박용익

지난 2대 총선에서는 주문진읍 출신으로 독립촉성국민회의 지원으로 대동청년단 강릉군단장인 최병용 후보를 꺾고 제헌의원에 당선된 최헌길 의원이 회사원인 윤시중, 입법의원을 지낸 정주교, 강릉군수를 지낸 권혁병, 국민회 주문진읍 지부장인 최병예, 노총 해상연맹위원장인 김기진, 피난민 주문진읍 지회장인 장후식 후보들을 꺾고 재선의원으로 발돋움했다.

최헌길 의원이 자유당 공천까지 받고 3선 고지를 향해 진군하자 강릉군수와 강원도 상공국장을 거쳐 대한농림개발 사장인 박용익 후보가 저지에 나섰다.

주문진읍과 사천면의 대결에서 풍부한 선거자금을 활용한 박용익 후보가 바꿔보자에 대한 여론과 6년간 의원직을 독점한 강릉 최씨에 대한 반감을 결합하고 인물론을 내세워 현역의원을 큰 표차로 따돌리고 의원직을 승계했다.

□ 득표상황

후보자	정당	연령	주요 경력	득표 (%)
박용익	무소속	49	강원도 상공국장	21,692 (62.1)
최헌길	자유당	53	2선의원(강릉 을)	13,256 (37.9)

〈삼척〉 김진구 제헌의원의 조직을 이어받아 임용순 현역의

원에게 형의 설욕전에서 승리한 자유당 김진만

제헌의원 선거에서 당락이 엇갈렸던 김진구 의원과 임용순 후보가 재대결을 펼친 2대 총선에서는 대한청년단 삼척지부장인 임용순 후보가 묵호읍 출신인 김진구 의원을 꺾고 설욕전을 승리하며 의원직을 승계했다.

노총위원장인 홍윤옥, 국민회 삼척군위원장인 김세영, 국민회 삼척군 부지부장인 이규진과 김동석, 국민학교장 출신인 김기덕 후보들도 출전했다.

임용순 의원이 재선을 향해 달린 이번 총선에는 회사원인 김진만 후보가 자유당 공천을 받고 임용순 의원의 대항마로 떠올랐다.

김진만 후보는 지난 2대 총선에서 임용순 의원에게 패배하고 의원직을 인계한 김진구 제헌의원의 동생으로서 임 의원에게 설욕전을 전개하게 된 것이다.

지난 2대 총선에서 낙선한 7명의 후보들이 사라지고 회사원인 김달하, 사업가인 최경식, 회사원인 나재하, 노동운동가인 김중열 후보들이 새롭게 출전했는데 공교롭게도 이번 총선에 출전한 6명의 후보가 모두 중졸 출신들이다.

김진구 제헌의원의 조직을 이어받고 삼척 김씨 문중들의 전폭적인 지원은 물론 자유당 공천 후보임을 내세운 김진만 후보가 양조업자인 임용순 의원은 물론 강릉 김씨 문중표를 결집시켜 추격전을 전개한 김달하 후보들을 꺾고 당선됐다.

☐ 득표상황

후보자	정당	연령	주요 경력	득표 (%)
김진만	자유당	35	회사원	16,721 (31.1)
김달하	무소속	51	회사원	12,713 (23.6)
임용순	무소속	47	2대의원(삼척)	7,227 (13.4)
김중열	무소속	48	노동운동가	6,555 (12.2)
최경식	무소속	37	상업	6,301 (11.7)
나재하	무소속	67	회사원	4,298 (8.0)

〈울진〉 중졸 출신이지만 자유당 공천을 받은 전만중 후보가 일본 중앙대 출신으로 제헌과 2대의원인 김광준 후보를 큰 표차로 제압하여 강원도는 자유당의 문전옥답임을 실증

일본대 출신으로 춘천경찰서장을 지낸 김광준 후보가 민족운동가인 전영직 후보를 제헌의원 선거에서는 463표차로 신승했으나 제2대 총선에서는 6,366표차로 대파하고 재선의원이 됐다.

농업서기관을 지낸 주세중, 청년운동가인 진기배, 의사이며 한청 울진군단장인 강상술, 회사장인 김준기 후보들도 출전했다.

김광준 의원이 3연승을 달리고자 조직 구축에 나선 이번 총선에는 자유당 공천을 받은 전만중 후보가 대항마로 떠올랐다.

청년운동을 펼치고 지난 2대 총선에도 출전한 진기배 후보가 파수꾼 역할을 수행했고, 공무원 출신인 이종만 후보는 등록했다 선거

운동 기간 중 사퇴했다.

중졸 출신이지만 자유당 공천을 받은 전만중 후보가 일본 중앙대 출신으로 춘천경찰서장을 지낸 제헌과 2대의원인 김광준 후보를 1만 6천여 표차로 꺾고 의원직을 승계했다.

□ 득표상황

후보자	정당	연령	주요 경력	득표 (%)
전만중	자유당	45	자유당 울진군위원장	25,574 (67.6)
김광준	무소속	38	2선의원(울진)	9,038 (23.9)
진기배	무소속	32	청년운동가, 광업	3,229 (8.5)
이종만	무소속	26	공무원	사퇴

충청북도

〈청주〉 제헌의원 시절부터 닦아 온 조직을 재구축하여 자유당 공천 후보인 최순룡, 충북도의원인 홍원길 후보들을 꺾고 재선의원에 등극한 제헌의원동지회 박기운

제헌의원 선거에서 승패가 엇갈렸던 박기운 의원과 민영복 후보가 재대결을 펼친 지난 2대 총선에서는 청주부윤, 국민회 청주지부장을 지낸 민영복 후보가 30대의 경찰관 출신으로 제헌의원 선거에서 당선된 박기운 의원을 꺾고 설욕전에서 승리했다.

제헌의원 선거에도 출전했던 신문기자인 홍원길, 대한국민당 최병덕 후보를 비롯하여 교원 출신인 민국당 김동환, 청년운동가인 한청 최순룡, 경찰관 출신인 민국당 신승휴 후보 등 15명의 후보들이 혈전을 전개했다.

민영복 의원이 출전을 포기한 이번 총선에는 2대 총선에 출전했던 홍원길, 최순룡, 박기운 후보들이 재출전 했을 뿐 12명의 후보들은 흔적 없이 사라졌다.

사회부 후생과장을 지낸 김춘성, 신문기자인 안성웅, 청원군수를 지낸 한찬석, 청주시의원을 지낸 홍순택 후보들은 완주했으나 변호사인 최병길 후보는 등록했다가 사퇴했다.

경찰 출신으로 제헌의원에 당선된 박기운 후보가 제헌의원 동지회 소속으로 출전해 옛날의 조직을 재구축하여 한청 충북도단장으로 자유당 공천을 받은 최순룡, 기자 출신으로 제헌의원에 출전하여 낙선하고 지난 2대 총선에서 차점 낙선하고서 충북도의원으로 활약한 홍원길 후보들을 꺾고 재선의원이 됐다.

최순룡 후보가 2대 총선에서 2,184표(9.6%) 득표에 머문 부진과 도시지역이란 특성으로 자유당 공천 후보의 위력을 보여주지 못하여 박기운 후보의 도우미로 전락됐다.

□ 득표상황

후보자	정당	연령	주요 경력	득표 (%)
박기운	제헌동지회	42	제헌의원(청주)	8,101 (33.2)
최순룡	자유당	38	한청 충북도단장	5,112 (20.9)
김춘성	무소속	39	충북도 서무과장	4,893 (20.1)

홍원길	무소속	38	충북도의원	4,607 (18.9)
홍순택	무소속	44	청주시의원	748 (3.1)
한찬석	무소속	48	군수, 저술가	648 (2.7)
안성웅	무소속	30	신문기자	287 (1.2)
최병길	무소속	34	변호사	사퇴

<충주> 유엔 한국재건단 정치고문인 이희승 후보는 제헌의원 선거에서 1,250표차, 2대 의원 선거에서 1,250표차, 이번 선거에서도 1,511표차로 차점 낙선

지난 2대 총선에서는 주포면장 출신인 조대연 후보가 제헌의원 선거에서 승패가 엇갈렸던 김기철 의원과 이희승 후보들을 제압하고 새로운 지역의 주인으로 등장했다.

이희승 후보는 제헌의원 선거에서는 김기철 후보에게 1,250표차로, 제2대 총선에서는 조대연 후보에게 1,250표차로 연거푸 패배했다.

판사 출신 변호사인 사회당 민영수, 학원장인 대한노총 유기태, 대학교수인 신종균, 국민운동가인 민국당 홍승창 후보들도 출전했다.

이번 총선에는 2대 총선에서 승패가 엇갈렸던 주포면장 출신인 조대연, 제헌의원 선거에서 당선된 김기철, UN 한국재건단 고문인 이희승 후보들이 재대결을 펼쳤다.

약종상인 이항기, 대학교수인 서천순, 충북도의원인 홍종한, 금가면 서기였던 윤길섭 후보들이 새롭게 도전했다.

김기철 후보는 제헌의원으로 지난 2대 총선에는 6위로 낙선했지만 자유당 공천을 받은 후보임을 내세워 조대연 2대의원을 가볍게 제압하고 고토를 회복했다.

UN 한국재건단 정치고문으로 활동한 이희승 후보는 제헌의원 선거에서는 1,250표차로, 2대 의원 선거에서도 1,250표차로 차점 낙선했고, 이번 총선에서도 1,511표차로 차점 낙선한 불우한 후보자가 됐다.

□ 득표상황

후보자	정당	연령	주요 경력	득표 (%)
김기철	자유당	36	제헌의원(충주)	15,404 (26.5)
이희승	무소속	40	유엔재건단 고문	13,893 (23.9)
서천순	무소속	52	대학교수	12,178 (20.9)
이항기	무소속	49	약종상	6,336 (10.9)
홍종한	무소속	54	충북도의원	5,302 (9.1)
조대연	무소속	65	2대의원(충주)	4,217 (7.2)
윤길섭	무소속	46	금가면서기, 농업인	844 (1.5)

〈청원 갑〉 남이면에서 양조장을 운영하여 표의 확장성의 한계로 자유당 공천의 위력을 발휘하지 못하고 낙선한 홍순일

지난 2대 총선에서는 경방 공장장인 이도영 후보가 임정요인인 국민회 신백우, 청원군수를 지낸 한정구, 의사로서 제헌의원 선거에서 당선된 국민당 홍순옥, 기독교인들의 지지를 기대한 차순달 후보 등 기라성같은 후보들을 제치고 당선되는 이변을 연출했다.

청년운동가인 한청 김홍설, 입법의원을 지낸 안종옥, 구장 출신인 박석규 후보들도 당선권을 넘나들었다.

이도영 의원 등 2대 총선에 출전했던 10명의 후보들이 말끔히 사라지고 5명의 정치신인들이 출전한 이번 총선에는 충북도 서무과장을 지낸 신정호, 예비역 육군 중령인 유부형, 한의사로서 약종상인 안승갑, 면장과 관재국장을 지낸 오병익, 양조장과 광산을 경영한 홍순일 후보들이 출전했다.

경찰관 출신으로 충북도 서무과장을 지낸 신정호 후보가 면장을 거쳐 충북도 관재국장을 지낸 오병익 후보를 위계를 무너뜨리고 796표차로 꺾고 당선됐다.

일본대 출신으로 자유당 공천을 받은 홍순일 후보는 남이면에서 양조장을 경영한 관계로 다른 지역을 공략하는 데 실패하여 자유당 후보의 위력을 발휘하지 못했다.

□ 득표상황

후보자	정당	연령	주요 경력	득표 (%)
신정호	무소속	39	충북도 서무과장	11,648 (30.8)
오병익	무소속	47	충북도 관재국장	10,852 (28.7)
유부형	무소속	29	육군 중령	7,137 (18.9)

| 홍순일 | 자유당 | 46 | 양조업, 광업 | 6,193 (16.4) |
| 안승갑 | 무소속 | 31 | 약종상, 한의사 | 1,950 (5.2) |

〈청원 을〉 제헌의원 선거와 2대 의원 선거에서 차점 낙선하고 충북도의원을 지낸 민병두 후보를 세 번째 울리고 재선의원에 등극한 자유당 곽의영

지난 2대 총선에서 충북도 과장과 청원군수를 지낸 곽의영 후보가 독립촉성국민회 위원장 출신으로 제헌의원 선거에서 함께 낙선한 민병두, 박정래 후보와 청원군수를 지낸 장응두 후보들을 꺾고 등원에 성공했다.

공무원 출신인 윤창석, 신문기자인 국민회 전병수, 변호사인 김태동, 면장을 지낸 하채홍 후보들도 출전하여 선전했다.

청원군수를 지낸 곽의영 의원이 자유당 공천을 받고 재선 고지를 향해 진군하자, 제헌의원 선거와 2대 총선에서 차점 낙선한 민병두 후보가 야멸차게 도전했다.

신문기자 출신으로 충북도의원을 지낸 전병수 후보와 강외면 의원으로 활약한 박재섭 후보들도 새롭게 출전했다.

충북도과장, 청원군수, 현역의원으로서의 지명도와 자유당 공천이라는 철갑을 두른 곽의영 후보가 집요(執拗)하게 도전하는 민병두 후보를 세 번째 울리고 재선의원에 등정했다.

□ 득표상황

후보자	정당	연령	주요 경력	득표 (%)
곽의영	자유당	42	2대의원(청원 을)	19,335 (56.3)
전병수	무소속	55	충북도의원	5,349 (15.6)
민병두	무소속	55	충북도의원	4,967 (14.5)
박재섭	무소속	30	강외면의원	4,687 (13.6)

〈보은〉 소졸 출신으로 자동차 운전사인 김선우 후보가 자유당 공천 후보임을 내세워 충북도의원, 고교 교장, 충북도 교육위원들을 꺾고 등원에 성공

지난 2대 총선에서는 제헌의원 선거에서 김교현 후보에게 패배한 항일동양의병대 참모로 활동한 최면수 후보가 동정여론을 일으켜 농림부장관을 지낸 정구홍 후보를 꺾고 등원에 성공했다.

학도병 출신인 박인수, 회사원 출신인 박기종, 신문기자인 조용국, 충북도 내무국장을 지낸 신철균, 청년운동가인 한청 김선우 후보들도 출전했다.

최면수 의원이 불출마한 이번 총선에는 2대 총선에서 함께 뛰어 낙선한 자동차 운전사로서 국민회 지부장으로 활동한 김선우 후보와 보은면의원과 충북도 교육위원으로 활약한 박기종 후보가 자웅을 겨뤘다.

사단사령부 정훈부장을 지낸 이병일, 고등학교 교장을 지낸 김기형, 중국군 중위로서 방위군 장교였던 양재형, 마노면장 출신으로 충북도의원을 지낸 구연홍 후보들이 새롭게 출전했다.

소졸 출신으로 자동차 운전사인 김선우 후보가 자유당 공천 후보임을 내세워 충북도의원, 고교 교장, 충북도 교육위원인 쟁쟁한 후보들을 꺾고 등원에 성공했다.

□ 득표상황

후보자	정당	연령	주요 경력	득표 (%)
김선우	자유당	38	자동차 운전사	11,564 (32.2)
박기종	무소속	42	정미업, 면의원	7,055 (19.7)
구연홍	무소속	38	면장, 충북도의원	5,252 (14.6)
김기형	무소속	50	고등학교장	4,256 (11.9)
이병일	무소속	37	교사	4,109 (11.4)
양재형	무소속	30	방위군 장교	3,669 (10.2)

<옥천> 2대 총선에서 1,896표차로 낙선했지만 자유당 공천으로 무장하여 신각휴 의원에게 858표차로 따라붙은 권복인

지난 2대 총선에서는 농민회 중앙위원인 민국당 신각휴 후보가 민국당 후보가 3명이나 출전한 어려운 여건에서도 회사원인 권복인, 판사 출신 변호사로 제헌의원 선거에도 출전했던 이종면 후보들을 꺾고 당선됐다.

국민회 지부장인 민국당 이봉식, 의사인 정구충, 식량영단 옥천지소장인 김준복, 체신부차관을 지낸 조종환 후보들도 출전했고, 제헌의원 선거에도 출전했던 이천종, 이병면, 금기만 후보들은 출전하여 하위권을 맴돌았다.

민국당 신각휴 의원이 재선의 문을 두드린 이번 총선에는 지난 2대 총선에서 차점 낙선한 권복인 후보가 충북도의원, 자유당 공천으로 재무장하여 도전해 격전이 벌어졌다.

청년운동을 펼친 조용구 후보는 완주했지만, 경찰관 출신으로 활약한 홍종한 후보는 등록했다가 사퇴했다.

중국 북경대 중퇴생으로 농민회 중앙위원 출신임을 내세워 지역구의 주인이 된 신각휴 의원이 은행원 출신으로 자유당 공천을 받고 도전한 권복인 후보를 858표차로 어렵게 따돌리고 재선의원이 됐다.

지난 2대 총선에서는 신각휴 의원과 권복인 후보의 표차는 1,896표였다.

□ 득표상황

후보자	정당	연령	주요 경력	득표 (%)
신각휴	민주국민당	57	2대의원(옥천)	13,427 (39.1)
권복인	자유당	42	충북도의원	12,569 (36.6)
조용구	무소속	33	청년운동	8,317 (24.2)
홍종한	무소속	36	경찰관	사퇴

〈영동〉 재무부장관을 지낸 최순주 후보가 자유당 공천을 받고 지난 2대 총선에서 차점 낙선한 박용하, 예비역 육군 대령인 김기형 후보들을 가볍게 제압

지난 2대 총선에서는 일본 중앙대 출신으로 민국당 중앙집행위원으로 활약한 성득환 후보가 체신부차관을 지낸 박용하 후보 등 20명의 후보들과 혼전을 전개하여 10.8% 득표율로 가까스로 당선의 열매를 맺었다.

병원장인 조중욱, 대동청년단 영동군단장으로 활약한 이준태, 영동군수를 지낸 손상현, 회사원인 정구중, 신문기자인 설의식, 제헌의원인 박우경, 청년단장인 손병운 후보들도 출전했다.

이번 총선에는 체신부차관 출신으로 차점 낙선한 박용하 후보가 재기를 다짐하여 재도전하고, 예비역 육군 대령인 김기형, 재무부장관을 지낸 최순주, 고교 교장과 영동군수를 지낸 정태철 후보들이 새롭게 출전했다.

재무부장관을 지낸 최순주 후보가 자유당 공천을 받고서 석유회사 사장으로 변신한 박용하 후보를 비롯한 김기형, 정태철 후보들을 가볍게 꺾고 국회에 등원했다.

□ 득표상황

후보자	정당	연령	주요 경력	득표 (%)
최순주	자유당	51	재무부장관	17,740 (42.3)
김기형	무소속	32	육군 대령	11,508 (27.4)
정태철	무소속	42	고교 교장, 영동군수	6,399 (15.2)

| 박용하 | 무소속 | 49 | 석유회사 사장 | 6,332 (15.1) |

<진천> 동아일보 편집국장 출신으로 제헌의원 선거 때부터 줄기차게 출전한 박찬희 후보를 세 번째 울리고 재선의원에 등극한 이충환

지난 2대 총선에서는 만주 대동학원 출신으로 고등문관시험에 합격한 이충환 후보가 혜성처럼 등장하여 청년운동을 펼치고 제헌의원에 당선된 송필만, 한민당 소속의 신문기자 출신으로 차점 낙선한 박찬희 후보들을 제압하고 새로운 지역의 주인이 됐다.

회사원인 김동휘, 제헌의원 선거에도 출전했던 박노열, 교원 출신인 국민당 음재원 후보들도 출전했다.

이번 총선에는 이충환 의원의 재선 저지를 위해 함께 뛰었던 동아일보 편집국장 출신인 박찬희, 약종상인 음재원 후보들이 다시 한 번 도전했다.

조선농민회 부회장이었던 홍순복, 충북도 교육위원인 안상욱, 금융조합 미창과장인 김영기, 고등공민학교장인 신형균 후보 등이 새롭게 출전했다.

송필만 제헌의원을 꺾고 의원직을 승계한 이충환 의원이 자유당 공천을 받고서, 제헌의원 시절부터 줄기차게 도전한 동아일보 편집국장인 박찬희 후보를 큰 표차로 따돌리고 재선의원이 됐다.

□ 득표상황

후보자	정당	연령	주요 경력	득표 (%)
이충환	자유당	37	2대의원(진천)	10,854 (42.3)
박찬희	민주국민당	57	동아일보 편집국장	5,648 (22.0)
신형균	무소속	34	고등공민교장	4,359 (17.0)
안상욱	무소속	62	진천군 교육위원	1,678 (6.5)
홍순복	무소속	55	조선농민회 부회장	1,357 (5.3)
김문화	무소속	47	한수, 농업인	772 (3.0)
김영기	무소속	53	금융조합 과장	708 (2.8)
음재원	무소속	58	약종상	287 (1.1)

〈괴산〉 30대의 육군 대령 출신인 안동준 후보가 패기와 자유당 공천 후보임을 내세워, 상해임시정부 선전부장 출신인 연병호 의원을 제압하고 의원직 승계

중국 북경대 출신으로 상해임시정부 선전부장을 지낸 연병호 후보가 제헌의원 선거에서는 의사로서 독립촉성국민회 지부장인 정승화 후보를, 2대 총선에서는 항일독립운동과 국민계몽운동을 펼친 경석조 후보를 꺾고 재선의원이 됐다.

회사원인 김의연, 변호사인 주세창, 의사인 정승화, 한청의 박원식, 금융조합이사인 윤시영, 면장을 지낸 김회문, 한의사인 김문배, 저술가인 김장희, 사회사업가인 이규학, 신문기자인 김진구

후보 등 18명의 후보들이 혼전을 전개했다.

지난 2대 총선에서 17명의 후보들을 꺾고 재선의원이 된 연병호 후보가 3선 고지 점령에 나서자, 육군 대령 출신인 안동준, 변호사인 김사만, 불정면의원 출신인 박원식 후보들이 3선 저지에 나섰다.

30대의 육군 대령 출신인 안동준 후보가 자유당 공천 후보임을 내세워 족청계 출신으로 자유당에서 제명처분 받은 연병호 현역의원을 큰 표차로 제압하고 의원직을 승계했다.

□ 득표상황

후보자	정당	연령	주요 경력	득표 (%)
안동준	자유당	35	육군 대령	30,452 (57.7)
연병호	무소속	59	2선의원(괴산)	10,250 (19.4)
김사만	무소속	35	판사, 변호사	9,144 (17.3)
박원식	자유당	46	불정면의원	2,895 (5.5)

<음성> 17명의 후보들을 제압하고 당선한 여세를 타고 자유당 공천까지 겹쳐 대승을 거두고 재선의원에 등극한 이학림

지난 2대 총선에서는 18명의 후보들이 난립한 선거전에서 오랫동안 교원 생활을 한 이학림 후보가 삼성면장을 지낸 권영직 후보를 114표차로 꺾고 11.9%의 낮은 득표율로 당선되는 행운아가 됐다.

음성군수를 지낸 장현팔, 독립촉성국민회의 지지 열기로 제헌의원에 당선된 이의상, 소이면장을 지낸 민태성, 원남면장을 지낸 반창섭, 맹동면장을 지낸 임무재, 문학박사로 대학교수인 정인소, 천도교 접주인 김성일, 경찰서장을 지낸 이줄, 세무서장을 지낸 김석룡 후보 등 쟁쟁한 후보들이 출전하여 선전했다.

17명의 후보들을 제치고 당선된 이학림 의원이 재선 고지를 점령하자, 삼성면장 출신인 권영직, 원남면장 출신인 반창섭, 대학교수인 정인소 후보들이 설욕하기 위해 출전했다.

음성군 내무과장을 지낸 정석헌, 조선일보 정치부장인 김주묵, 국립항공대 이사장인 송창집 후보들이 새롭게 도전했다.

중졸로서 교사 출신이지만 17명의 후보들을 꺾고 당선된 이학림 후보가 자유당 공천을 받고 대학교수인 정인소 후보를 비롯한 7명의 후보들을 가볍게 제압하고 재선의원이 됐다.

□ 득표상황

후보자	정당	연령	주요 경력	득표 (%)
이학림	자유당	41	2대의원(음성)	12,975 (33.1)
정인소	무소속	46	대학 교수	6,245 (15.9)
김주묵	무소속	36	조선일보 정치부장	5,802 (14.8)
정석헌	무소속	41	음성군 내무과장	4,206 (10.7)
권영직	무소속	65	음성군 삼성면장	3,513 (9.0)
반창섭	무소속	49	음성군 원남면장	3,168 (8.1)
송창집	무소속	41	항공대 이사장	2,609 (6.7)
홍길표	무소속	51	회사장	698 (1.8)

남기정	무소속	25	군인		사퇴

<제천> 체신부 경리국장 출신으로 자유당 공천을 받은 이태용 후보가 선거전을 면장과 군수 출신 대결로 몰고 가 대승을 거두고 등원에 성공

지난 2대 총선에서는 제천중학교장과 제천읍장을 지낸 한필수 후보가 청풍면장 출신으로 제헌의원에 당선된 국민당 유홍열 의원을 꺾고 의원직을 승계했다.

청년운동가인 김익동, 국민운동가인 대한의열단 문현승, 면장 출신인 이명구와 이종은 후보들도 참전했다.

한필수 의원이 출전을 포기한 이번 총선에는 청풍면장 출신으로 제헌의원으로 2대 총선에서 차점 낙선한 유홍열 후보에게 충북도의원인 김경, 음성군수와 체신부 경리국장을 지낸 이태용 후보가 도전했다.

자유당 공천을 받은 이태용 후보가 선거전을 면장과 군수 출신 대결로 몰아가 유홍열 후보를 8천여 표차로 꺾고 새로운 지역구의 주인으로 등장했다.

□ 득표상황

후보자	정당	연령	주요 경력	득표 (%)
이태용	자유당	45	체신부 경리국장	24,060 (60.6)

| 유홍열 | 국민당 | 47 | 제헌의원(제천) | 15,658 (39.4) |
| 김 경 | 무소속 | 35 | 충북도의원 | 사퇴 |

<단양> 조종승 의원의 납북으로 무주공산인 이 지역구는 장영근 후보가 풍요로운 선거자금으로 당선되어 등원

어상천면장을 지낸 조종승 후보가 어상천면민들의 변함없는 사랑으로 제헌의원 선거에 이어 2대 총선에서도 당선되어 재선의원이 됐다.

공무원 출신인 민국당 허련, 교사 출신인 이계추, 대한청년단 출신인 손희덕, 대한석탄공사 직원인 조일형 후보들이 재선을 저지하기 위해 출전했으나 역부족이었다.

조종승 의원이 납북되어 무주공산이 된 이 지역구에는 조종승 의원의 동생인 단양면의회 의장 조종호, 회사장인 장영근, 민족자결단원인 정도원, 단양군 내무과장인 이완구, 충북도의원인 김중희, 금융조합 전무이사인 나홍부, 회사원인 조일형 후보들이 출전했다. 충북도 기수들인 신현달, 허련 후보들도 동참했다.

당선의 윤곽이 밝혀지지 아니한 선거전은 9명의 후보들이 당선권을 오르락내리락 하였으나 부산에서 사업가로 성공한 장영근 후보가 여유로운 선거자금을 활용하여 충북도의원으로 자유당 공천을 받고 승세를 굳혀간 김중희 후보와 조종승 의원의 조직을 인수한 조종호 후보들을 가볍게 제압하고 등원에 성공했다.

□ 득표상황

후보자	정당	연령	주요 경력	득표 (%)
장영근	무소속	57	회사장	4,770 (21.3)
조종호	무소속	32	단양면의회 의장	3,246 (14.1)
허 련	무소속	49	농업기술원장	2,536 (11.4)
이완구	무소속	43	단양군 내무과장	2,405 (10.8)
김중희	자유당	35	충북도의원	2,390 (10.7)
조일형	무소속	49	회사원	2,073 (9.3)
정도원	민족자결단	31	웅변협회 이사	2,036 (9.1)
나흥부	무소속	49	금융조합 전무	1,466 (6.6)
신현달	무소속	31	충북도기수, 기사	1,390 (6.2)

충청남도

〈대전〉 제2대 총선에서 함께 뛰었던 12명의 후보들이 사라진 황야에서 대전시의원으로 자유당 공천을 받고서 새롭게 출전한 13명의 후보들을 따돌린 정상열

지난 2대 총선에서는 판사 출신 변호사인 김종열 후보가 기호 1번이라는 강점을 살려 충남도지사 출신으로 제헌의원인 성낙서, 민족청년단 충남도단장인 주기형후보들을 꺾고 등원에 성공했다.

제헌의원 선거에도 출전했던 부장판사 출신인 민국당 진형하, 일본대 중퇴생인 강재기, 충남도 위생과장을 지낸 민국당 변종구, 대학 강사인 김정일, 의사인 이봉호 후보들도 출전하여 선전했다.

이번 총선에는 지난 2대 총선에서 당선된 김종열, 낙선한 주기섭, 성낙서, 진형하 후보 등 12명의 후보들이 모두 바람처럼 사라지고 군수와 시장을 지낸 손영도, 교육감을 지낸 홍재은, 충남도의원인 송석렴 등 13명의 후보들이 새롭게 출전했다.

문필가인 주기형, 대전시의원인 홍기복, 금산에서 제헌의원에 당선된 정해준, 군수 출신으로 대전시의원인 정상열, 전쟁재해동포원호회 이사인 계성범, 인동 동회장인 오창헌 후보들도 참전했다.

충남도 산업연맹이사장인 정상열 후보가 자유당 공천 후보임을 내세워 자유 문필가인 주기형, 군수와 시장을 지낸 손영도 후보들을 꺾고 새로운 주인으로 등장했다.

□ 득표상황

후보자	정당	연령	주요 경력	득표 (%)
정상열	자유당	46	군수, 대전시의원	12,593 (25.1)
주기형	무소속	43	강사, 문필가	11,247 (22.5)
손영도	무소속	50	군수, 시장	7,526 (15.0)
이정근	무소속	47	철도교 설립 경영	6,271 (12.5)
송석렴	무소속	42	충남도의원	3,356 (6.7)
정해준	무소속	50	제헌의원(금산)	1,839 (3.7)
홍재은	무소속	45	대전 교육감	1,635 (3.3)
최찬영	무소속	31	민사원호처 직원	1,633 (3.3)

홍기복	무소속	42	대전시의원	1,420 (2.8)
오창헌	국민회	63	대전시 인동 동회장	826 (1.6)
김형섭	무소속	50	국기시정 회장	652 (1.3)
계성범	무소속	55	전재동포후원회 이사	601 (1.2)
정필제	무소속	67	한문수학	481 (1.0)

<대덕> 자유당 공천을 받은 송석두 충남 도경국장, 송진백 제헌의원을 꺾어버린 강원도 경찰국장 출신인 송우범

지난 2대 총선에서는 대한청년단 대덕군단장인 김종회 후보가 독립촉성국민회 활동을 펼쳐 제헌의원에 당선된 송진백, 충남도 경찰국장을 지낸 송석두 후보들을 꺾고 등원에 성공했다.

제헌의원 선거에도 출전했던 송을용, 교사 출신인 육갑수, 경찰관 출신인 신동희와 장학기 후보 등 16명의 후보들이 열전을 펼쳤다.

김종회 의원이 출전을 포기한 이번 총선에도 14명의 후보들이 난립되어 난전을 벌였다.

2대 총선에 출전했던 송진백, 송석두, 김준석, 강석범 후보들이 재도전했고 자유당 공천을 받은 송우범 후보 등 10명의 후보들이 새롭게 도전했다.

상이군인정양원 부원장인 송석홍, 충남도 경찰국장 출신인 송석두, 중학교사였던 강동준, 유천면장을 거쳐 충남도의원에 당선된 송예헌, 탄동면장과 중학교장을 지낸 김준석, 강원도 경찰국장을 지낸 송우범, 광산을 경영한 강석범, 예산군수 출신인 김영배, 제헌의원인 송진백 후보 등이 상위권을 형성했다.

여산 송씨와 은진 송씨의 집성촌인 이 지역구는 자유당 공천을 받은 강원도 경찰국장 출신인 송우범 후보가 자유당의 조직과 경찰들의 지원으로 충남도 경찰국장 출신인 송석두 후보와 제헌의원인 송진백 후보들을 꺾고 새로운 지역의 주인이 됐다.

□ 득표상황

후보자	정당	연령	주요 경력	득표 (%)
송우범	자유당	38	강원 도경국장	9,634 (25.0)
송석두	무소속	44	충남 도경국장	5,115 (13.3)
송예헌	무소속	41	면장, 충남도의원	5,050 (13.1)
김준석	무소속	41	탄동면장, 중학교장	4,326 (11.2)
송석홍	무소속	29	정양원 부원장	2,956 (7.7)
송진백	국민회	48	제헌의원(대덕)	2,848 (7.4)
강동준	무소속	28	중학교사	2,069 (5.4)
김영배	무소속	47	예산군수	1,997 (5.2)
강석범	무소속	50	광산 경영	1,687 (4.4)
심의섭	무소속	28	국민교 교사	1,188 (3.1)
이기하	조선민주당	46	회사원	1,107 (2.9)
박노화	무소속	61	농업인	483 (1.3)
송필수	무소속	34	방위사단장	사퇴
권서정	무소속	43	호서신문 사장	사퇴

〈연기〉 한청 중앙단장으로 활약하다가 자유당 중앙위원으로 변신하여 지난 보궐선거에서 당선된 서울시장 출신인 이범승 의원에게 설욕하고 의원직을 승계한 유지원

지난 2대 총선에서는 미국 컬럼비아대 출신으로 상공일보 사장인 이긍종 후보가 독립촉성국민회 조직부장 출신으로 제헌의원인 국민당 진헌식 의원을 꺾고 의원직을 승계했다.

민국정쟁부단장인 임지수, 면장을 지낸 한청 임봉수, 변호사인 임준수, 광복군사령관 부관을 지낸 최용근 후보들도 출전했다.

이긍종 의원의 사망으로 1952년 2월 실시된 보궐선거에서 양주경찰서장, 서울시장을 지낸 이범승 후보가 변호사 임창수, 제헌의원 출신인 김준연, 한청 연기단장인 유지원, 검사 출신인 김태동 후보들을 꺾고 당선됐다.

보궐선거에서 당락이 결정되었던 이범승, 유지원 후보들이 재대결을 펼친 이번 선거전에 국회 전문위원인 성태경, 신문기자인 홍순영, 조도전대 출신으로 민족자결단 조동근, 광복군협찬회 간사장이었던 유지수, 명신공민학교장인 황회주 후보들도 출전했다.

한청 중앙단장에서 자유당 중앙위원으로 변신한 유지원 후보가 자유당 공천 후보의 강점을 내세워, 서울시장을 지낸 이범승 현역의원을 꺾고 설욕전에서 승리하고 의원직을 승계했다.

☐ 득표상황

후보자	정당	연령	주요 경력	득표 (%)
유지원	자유당	41	자유당 중앙위원	9,507 (29.1)
이범승	무소속	66	2대의원(연기,보궐)	7,061 (21.6)
성태경	무소속	36	국회 전문위원	6,626 (20.3)
유지수	무소속	43	광복군협찬 간사장	4,510 (13.8)
조동근	민중자결단	53	주권사수 중앙위원	3,606 (11.1)
홍순영	민주국민당	54	신문기자	751 (2.3)
황회주	무소속	34	고등공민학교장	588 (1.8)

〈공주 갑〉 제헌의원 선거에서는 김명동 후보에게, 2대 총선에서는 박충식 후보에게 패배했던 염우량 후보가 자유당 공천을 받고 2전3기의 성공신화를

지난 2대 총선에서는 제헌의원 선거에서 3위로 낙선한 박충식 후보가 대한청년단 공주단장으로 제헌의원 선거에서 차점 낙선한 염우량 후보를 꺾고 당선의 기쁨을 맛보았다.

제헌의원 선거에서 당선된 김명동 의원이 공주 을구로 옮겨간 선거전에 변호사인 정경모, 김종석 후보들과 회사원인 서상무, 김제원, 신현상 후보들이 출전했다.

2대 총선에서 자웅을 겨뤘던 박충식, 염우량, 정경모 후보들의 3파전을 전개한 이번 총선에 충남도의원인 엄대섭, 회사장인 황한주, 대구여자경찰서장을 지낸 노마리아, 이인면장을 지낸 최영철,

홍성경찰서장을 지낸 윤계병 후보들이 새롭게 출전했다.

박충식 의원과 병원장인 김영룡 후보들은 선거운동 기간 중 사퇴했다.

제헌의원 선거에서는 김명동 후보에게, 2대 의원 선거에서는 박충식 후보에게 차점 낙선했던 염우량 후보가 자유당 공천을 받고 설욕전을 준비하자, 자유당 공천을 받지 못한 박충식 의원이 사퇴한 싱거운 선거전에서 대승을 거두고 2전3기를 이뤄냈다.

□ 득표상황

후보자	정당	연령	주요 경력	득표 (%)
염우량	자유당	42	자유당지구당위원장	14,227 (53.7)
정경모	무소속	43	변호사	3,561 (13.4)
엄대섭	무소속	39	도의원, 중학교장	2,955 (11.2)
윤계병	무소속	47	홍성경찰서장	2,063 (7.8)
최영철	무소속	32	공주군 이인면장	1,576 (5.9)
노마리아(여)	무소속	57	대구여자경찰서장	1,386 (5.2)
황한주	무소속	48	회사장	459 (1.7)
노천봉	무소속	50	목욕탕 경영	295 (1.1)
박충식	무소속	51	2대의원(공주 갑)	사퇴
김영룡	무소속	45	병원장	사퇴

〈공주 을〉 중졸로서 충남도의원을 지낸 김달수 후보가 자유당 공천 후보임을 내세워 공주군수, 의당면장, 장기면장, 일

정시 충남도의원, 2대의원 등을 꺾고 거뜬하게 당선

지난 2대 총선에서는 서당 선생 출신으로 공주 갑구에서 당선된 김명동 의원이 이 지역구로 옮겨, 제헌의원 선거에서 혈선을 선개하여 당선된 신방현 의원과 낙선한 이종백 후보들을 꺾고 당선되는 기염을 토해냈다.

경찰관 출신인 정인긍, 의당면장을 지낸 이은봉 후보 등 15명의 후보들이 출전하여 난전을 벌였다.

김명동 의원의 사망으로 실시된 보궐선거에서 당선된 윤치영 후보가 서울 종로로 회귀한 이번 총선에는 이은봉, 김평중 후보들을 제외한 신방현, 정인긍, 이종백 후보 등 13명의 후보들이 출전의 꿈을 접었다.

반면 공주군수와 충남도 과장을 지낸 김홍식, 공주사대 강사인 김학준, 정미업자인 박찬 후보 등 10명의 정치신인들이 참전했다.

충남도의원 출신으로 자유당 공천을 받은 김달수 후보가 자유당 위원장으로 활동한 김평중, 공주군수를 지낸 김홍식, 공주사대 강사인 김학준, 유구면의원인 장원길, 일정 시절 충남도의원을 지낸 심재욱, 장기면장을 지낸 이순하, 자유당 부위원장으로 활약한 박찬, 의당면장을 지낸 이은봉, 대한독립촉성회 본부 문화부장을 지낸 노수일 후보들을 가볍게 제압하고 의정 단상에 올랐다.

☐ 득표상황

후보자	정당	연령	주요 경력	득표 (%)
김달수	자유당	36	충남도의원	9,027 (28.0)

이순하	무소속	43	공주군 장기면장	4,033 (12.5)
박 찬	무소속	29	정미업	3,963 (12.3)
김학준	무소속	31	공주사대 강사	2,738 (8.5)
김평중	무소속	38	자유당 지구당위원장	2,681 (8.3)
심재욱	무소속	66	충남도의원(일제)	2,367 (7.3)
이은봉	민주국민당	47	공주군 의당면장	2,255 (7.0)
김홍식	무소속	44	군수, 충남도 과장	1,714 (5.3)
노수일	무소속	53	독촉 교화부장	1,688 (5.2)
장원길	무소속	34	유구면의원	1,175 (3.6)
김용화	무소속	53	2대의원(천안)	622 (1.9)
이의택	무소속	43	국민민보 사장	사퇴

<논산 갑> 자유당 공천이면 무조건 당선되는 농촌 지역에서 강경읍의원, 논산교육감, 의사, 논산읍의원, 충남도의원들을 가볍게 제압하고 당선된 자유당 신태권

지난 2대 총선에서는 의사로서 논산소방서장을 지낸 김헌식 후보가 제헌의원 선거 때는 논산 을구에 출전하여 3,633표를 득표하여 4위로 낙선했지만 지역구를 옮겨 이 지역구에서 당선된 유진홍, 차점 낙선한 김형원 후보들을 꺾은 오뚜이 기질을 발휘했다.

김형원 후보는 제헌의원 선거에서는 광석면장 출신인 유진홍 후보에게 446표차로, 제2대 총선에는 김헌식 후보에게 78표차로 낙선하는 불운을 곱씹었다.

의사인 국민회 육완국, 면장 출신인 양철식, 대학교수 출신인 이근창 후보들도 출전했다.

김헌식 의원이 납북되고 함께 출전했던 10명의 후보들이 사라진 이번 총선에는 충남도의원인 임승복, 강경읍의회 의장인 김공평 후보 등 10명의 정치신인들이 새롭게 출전했다.

변호사로서 자유당 공천을 받은 신태권 후보가 고교 교사인 윤권중, 소방대장인 최인택, 부전면의원인 김동식, 논산읍의원인 김태호, 의사인 방영헌, 논산교육감인 박원종, 강경읍의원인 김공평 후보들을 자유당 공천후보임을 내세워 가볍게 제압하고 당선됐다.

□ 득표상황

후보자	정당	연령	주요 경력	득표 (%)
신태권	자유당	38	변호사	8,635 (23.1)
김공평	무소속	49	강경읍의회 의장	7,559 (20.2)
박원종	무소속	48	논산교육감	4,979 (13.3)
방영헌	무소속	38	의사	4,705 (12.6)
김태호	무소속	46	논산읍의원	4,125 (11.0)
임승복	무소속	39	충남도의원	2,914 (7.8)
김동식	무소속	44	부적면의회 의장	2,307 (6.2)
최인택	무소속	39	소방대장	1,442 (3.8)
윤권중	무소속	30	교사, 신문사원	793 (2.1)

〈논산 을〉 지난 2대 총선에서 논산 갑구에서 낙선한 선거 경험을 살려 어업연맹 이사, 의사, 부면장, 자유당 공천 후보들을 무너뜨린 무소속 육완국

지난 2대 총선에서는 양조업으로 기반을 다진 국민회 윤담 후보가 연산면민들의 전폭적인 지지로 논산 농민회장 출신인 최운교 제헌의원을 꺾고 의원직을 승계했다.

회사원인 정재억, 공무원 출신인 김용주, 농업인인 김영숙, 사업가인 이달, 천적면 대표인 이충하, 도정업자인 손정석 후보들이 출전하여 소지역주의 대결을 펼쳤다.

2대 총선에서 당선된 윤담, 낙선한 제헌의원 최운교 후보 등 8명의 후보들이 불출전한 이번 총선에는 11명의 주자들이 각축전을 전개했다.

의사로서 예비역 육군 중령인 이성구, 의사로서 충남도 교육위원인 육완국, 어업연맹 이사인 서주식, 국회 전문위원인 조양환, 두마면 우체국장인 김영천, 채운면의회 의장을 지낸 손병국, 대한군원 총무부장인 김용표, 경찰서장인 유진문, 벌곡부면장을 지낸 이성구 후보들이 당선권을 넘나들었다.

지난 2대 총선에서 논산 갑구에서 낙선했던 육완국 후보가 낙선 경험을 살려 벌곡면 부면장을 지낸 이성구, 서울에 거주하며 지역에 뿌리가 미약한 서주식, 자유당 공천을 받은 김용표 후보들을 20%에 미달하는 득표율로 어렵게 제압했다.

☐ 득표상황

후보자	정당	연령	주요 경력	득표 (%)
육완국	무소속	41	의사, 충남 교육위원	7,878 (19.1)
이성구	무소속	31	별곡면 부면장	6,722 (16.3)
서주식	무소속	47	어업연합 이사	6,570 (15.9)
이성구	무소속	33	의사, 육군 중령	5,037 (12.2)
김용표	자유당	35	대한군원 총무부장	4,106 (10.0)
손병국	무소속	36	채운면의회 의장	3,871 (9.4)
김영천	무소속	50	두마면 우체국장	2,593 (6.3)
조양환	무소속	42	국회 전문위원	2,212 (5.4)
유진문	국민회	47	경찰서장	1,211 (2.9)
김성수	무소속	40	두마면 의원	1,029 (2.5)
이동주	무소속	51	한의사	사퇴
김용율	무소속	28	제대군인	사퇴

<부여 갑> 서울시 부시장인 이석기 의원이 변호사 유진영, 제헌의원 남궁현, 자유당 한광석 후보들을 꺾고 재선의원에

지난 2대 총선에서는 문교부장관 비서실장, 서울시 부시장 경력을 내세운 이석기 후보가 의사로서 독립촉성국민회 지부장을 지낸 남궁현 제헌의원을 꺾고 의원직을 이어받았다.

검사 출신 변호사인 조경교, 면장을 지낸 천병만, 농민회 기수로 선정된 김재종, 교원 출신인 주병건 후보들도 남궁현 의원의 재선

고지 점령 저지에 참여했다.

남궁현 제헌의원이 지난 2대 총선에서 이석기 의원에게 패배한 설욕전을 전개한 이번 총선에는 대전지법 부장판사 출신인 유진영, 청년운동가로 자유당 공천을 받은 한광석, 법원 서기관으로 활동한 김대수, 농업인인 김대덕 후보들이 출전했다.

서울시 부시장 경력이 돋보인 이석기 후보가 변호사인 유진영, 제헌의원인 남궁현 후보들을 꺾고 재선의원이 됐다.

자유당 한광석 의원은 합동연설회에서 "자유당은 노동자와 농민을 위한 정당이며 공산당과 꼭 같은 이념을 가진 정당으로서 대한민국에서 공인한 공산당이 자유당"이라고 발언해 청중이 아연실색했으며 민심을 현혹케 하는 언사라며 자유당으로부터 제재가 예견됐다.

이석기 의원이 족청계의원으로 자유당으로부터 제명처분을 받았지만 한광석 후보의 망언으로 의원직을 사수할 수 있었다.

□ 득표상황

후보자	정당	연령	주요 경력	득표 (%)
이석기	무소속	46	2대의원(부여 갑)	9,500 (29.7)
유진영	무소속	44	대전지법 부장판사	6,973 (21.8)
남궁현	국민회	42	제헌의원(부여 갑)	6,568 (20.5)
한광석	자유당	35	청년운동가	6,249 (19.5)
김대덕	무소속	26	농업인	2,234 (7.0)
김대수	무소속	46	법원 서기관	493 (1.5)

〈부여 을〉 광산업자로 자유당 공천을 받고 혜성처럼 나타나 제헌의원 김이수, 현역의원 이종순 후보들을 꺾은 조남수

지난 2대 총선에서는 보통문관시험에 합격하여 군수를 지낸 이종순 후보가 독립촉성국민회 활동이 돋보여 제헌의원에 당선된 일민구락부 김이수 의원을 꺾고 의원직을 승계했다.

회사장인 조대하와 허익, 목사인 장수원, 제헌의원 선거에도 출전했던 심상원, 면장을 지낸 서상익 후보들도 출전했다.

이종순 의원이 재선 고지를 향해 달리는 이번 총선에는 제헌의원인 김이수 후보가 고토 회복에 나섰다.

학교장인 정창화, 광산업자인 조남수, 승려로서 제헌의원 선거에서 차점 낙선한 충남도의원으로 호서대 교수인 이호철, 임천면장을 지낸 신하철, 의료업에 종사하는 김기승 후보들도 출전했다.

중졸로서 광산업자인 조남수 후보가 자유당 공천을 받고서 지난 2대 총선에는 출전했다 사퇴한 임천면장을 지낸 국민회 신하철 후보를 큰 표차로 꺾고 당선됐다.

2대 의원인 이종순, 제헌의원인 김이수 후보의 득표력은 보잘 것 없었으며, 충남도의원으로 교수인 이호철 후보의 득표력도 너무나 미약했다.

☐ 득표상황

후보자	정당	연령	주요 경력	득표 (%)

조남수	자유당	37	광산 경영	10,465 (36.2)
신하철	국민회	51	부여군 임천면장	8,134 (28.1)
이종순	무소속	45	2대의원(부여 을)	2,901 (10.0)
김이수	무소속	47	제헌의원(부여 을)	2,612 (9.0)
이호철	무소속	52	교수, 충남도의원	1,735 (6.0)
김기승	무소속	45	의업 종사	1,507 (5.2)
신승면	무소속	26	공무원	963 (3.3)
정창화	무소속	44	학교장	625 (2.2)

〈서천〉 면장 출신과 농림부장관의 대결에서 자유당 공천 후보의 위력으로 장관출신 이훈구 후보를 무너뜨린 나희집

지난 2대 총선에서는 제헌의원 선거에서 6,668표차로 패배한 국민회 구덕환 후보가 와신상담(臥薪嘗膽)하며 민심을 파고들어 군정 시절 농림부장관을 지낸 이훈구 제헌의원을 273표차로 꺾고 의원직을 승계했다.

수리조합 직원인 권영식, 우체국장을 지낸 나충하, 예수교회 장로인 송기선, 식량영단 지부장인 나철하 후보 등도 참전했다.

구덕환 의원이 납북되어 무주공산이 된 이번 총선에는 미군정 시절 농림부장관을 지내고 2대 총선에서 구덕환 후보에게 일격을 맞고 낙선한 이훈구 후보가 고토 회복에 나섰다.

서천면장 출신으로 충남도의원을 지낸 나희집, 대법원 사법행정처장을 지낸 노용호, 대학 조교수인 구병삭 후보들이 출전하여 4파전을 전개했다.

예상을 뒤엎고 자유당 공천을 받은 나희집 후보가 자유당원들의 결집과 경찰들의 도움으로 장관과 제헌의원을 지낸 이훈구 후보를 3,702표차로 꺾고 당선되어 면장 출신과 장관 출신의 대결에서 승리한 셈이 됐다.

□ 득표상황

후보자	정당	연령	주요 경력	득표 (%)
나희집	자유당	43	서천면장, 도의원	18,172 (35.8)
이훈구	무소속	57	제헌의원(서천)	14,470 (28.5)
노용호	무소속	49	대법원 행정처장	13,624 (26.9)
구병삭	무소속	27	대학 조교수	4,470 (8.8)

〈보령〉 충남도립병원장 출신으로 자유당 후보로 추격전을 전개했으나 김영선 의원의 옹벽을 넘어서지 못한 김상억

제헌의원 선거에서 혈전을 전개했던 7명의 후보들이 흔적 없이 사라지고 14명의 새로운 주자들이 출전한 지난 2대 총선에서는 경성제대 출신으로 군수를 지낸 김영선 후보가 6명의 후보들이 출전한 대천면 출신들의 불리함을 극복하지 못한 변호사로 명성을 얻은 이풍구 후보를 따돌리고 등원에 성공했다.

면장을 지낸 김재일, 의사인 이덕희, 광산업자인 국민당 백남진, 경찰서장을 지낸 이상률, 부통령 비서를 지낸 박창화, 대한매일신문 주필인 최익, 민국당 보도과장인 김승원 후보들도 출전했다.

김영선 의원이 재선 고지를 점령하고자 달리는 이번 총선에는 지난 2대 총선에서 함께 뛰었던 차점 낙선한 이풍구 후보들을 비롯한 13명의 후보들이 씻은 듯이 사라지고, 회사원인 백기홍, 의사인 김상억, 반민특위 조사위원으로 활약한 구연걸 후보들이 새롭게 출전했다.

자유당이 공천을 보류한 배려 속에 충남 도립병원장 김상억 후보가 턱밑까지 추격했으나, 경성제대 출신으로 보령군수를 거쳐 국회의원에 당선된 김영선 의원의 벽을 넘어서지 못했다.

□ 득표상황

후보자	정당	연령	주요 경력	득표 (%)
김영선	자유당	36	2대의원(보령)	21,963 (51.1)
김상억	자유당	61	충남 도립병원장	17,046 (39.7)
백기홍	무소속	28	회사원	2,376 (5.5)
구연걸	무소속	53	독립촉성 중앙위원	1,574 (3.7)

〈청양〉 광산업자인 정명선 후보가 자유당 공천을 받고서 이상철 명치대 출신 현역의원을 1만 3천여 표차로 제압

지난 2대 총선에서는 제헌의원 선거에서 대한청년단 청양군단장인 이종근 후보에게 패배한 명치대 출신인 이상철 후보가 현역의원에 대한 민심이반을 틈타 설욕하고 의원직을 승계했다.

적곡면장을 지낸 임동원, 사회사업가인 최병을과 김준식, 광산업자인 계성범, 토건업자인 박임서, 경찰관 출신인 안학순 후보들도 참전했다.

이상철 의원이 아성을 구축하고자 질주한 이번 총선에서 2대 총선에서 혈전을 전개했던 임동원, 계성범 후보 등 11명은 모두 사라지고 정치 신예 4명이 출전하여 이상철 의원 재선 저지에 나섰다.

양곡회사 사장인 김창동, 대명광업 사장인 정명선, 반공통일연맹 총무부장인 윤앙구, 고교 교사인 한일로 후보들이 출전한 선거전은 자유당 공천을 받은 정명선 후보가 풍부한 자금을 살포하고 행정력을 동원하여 명치대 출신 현역의원을 무려 13,739표차로 꺾고 당선됐다.

□ 득표상황

후보자	정당	연령	주요 경력	득표 (%)
정명선	자유당	59	대명광업 사장	21,458 (51.4)
이상철	무소속	61	2대의원(청양)	7,719 (21.4)
김창동	무소속	46	미창회사 사장	5,979 (16.5)
윤앙구	무소속	32	통일본부 총무부장	590 (1.6)
한일로	무소속	51	고교 교사	388 (1.1)

〈홍성〉 2대 총선에서 낙선했던 충북일보 사장인 김지준 후보가 자유당 공천을 받고서, 2대 총선에서 당선됐던 유승준 의원을 7천여 표차로 꺾고 설욕

지난 2대 총선에서는 문교부 교도과장을 지낸 유승준 후보가 제헌의원 선거에서 금, 은, 동메달을 차지한 손재학, 박준택, 이종순 후보들이 불출마한 호기를 맞아 충북신문 사장인 김지준, 법제처장 비서실장을 지낸 이응열 후보들을 제치고 당선됐다.

양조업자인 국민회 서창순, 제헌의원 선거에도 출전했던 김봉규, 명동학원 이사장인 윤홍섭 후보들도 출전했다.

2대 총선에서 격전을 벌였던 유승준, 김봉규, 김지준 후보들이 재출전한 이번 총선에는 충남도 보건과장을 지낸 김동주, 영일공업 사장인 정만교, 회사원인 전문수 후보들이 새롭게 출전하여 6파전이 전개됐다.

지난 2대 총선에서 낙선했던 동광제도 전무와 충북신문 사장인 김지준 후보가 자유당 공천을 받고서, 문교부 교도과장 출신으로 2대 총선에서 당선됐던 유승준 후보를 7천여 표차로 꺾고 설욕했다.

□ 득표상황

후보자	정당	연령	주요 경력	득표 (%)
김지준	자유당	44	동광제도 전무	16,918 (37.6)
유승준	무소속	44	2대의원(홍성)	9,494 (21.1)
전문수	무소속	37	회사원	7,775 (17.3)

김동주	무소속	38	충남도 보건과장	5,664 (12.6)
김봉규	무소속	45	중앙통신국장	4,053 (9.0)
정만교	무소속	40	영일공업 사장	1,096 (2.4)

<예산> 자유당이 공천을 보류한 선거전에서 자유당 소속 후보임을 내세운 성원경 후보가 제헌의원인 무소속 윤병구 후보를 대파하고 지역의 새로운 주인으로 등장

제헌의원 선거에서 혈투를 전개했던 윤병구, 백운룡, 박재영 후보들이 혈투를 전개한 2대 총선에서 경기도 학무과장 출신인 박철규 후보가 새롭게 출전하여 대한청년단 아산군단장인 백운룡 후보를 644표차로 꺾고 등원에 성공했다.

16명이 난립한 선거전에 회사원인 한건수, 민국당인 박종화, 학생인 이회권, 신문기자인 장준석 후보들이 참여하여 열전을 펼쳤다.

박철규 의원이 납북되어 출전이 불가능한 이번 총선에는 제헌의원으로 지난 2대 총선에서 낙선한 윤병구 후보가 고지를 선점했다.

예산 수리조합장인 성원경, 의사로서 보건진료소장인 최익열, 감찰위원회 직원이었던 한건수, 회사원인 이영근, 예산읍의원이었던 이원하, 목사인 박동선, 한약상인 한중희 후보들이 도전했다.

자유당이 공천을 보류한 이 지역구에는 성원경, 최익열, 한건수, 이영근, 이원하, 한중희 후보 등 6명의 후보들이 자유당 소속 후보임을 내세웠다.

자유당 소속 후보를 내세운 수리조합장 출신인 성원경 후보가 무소속으로 출전한 제헌의원 윤병구 후보를 1만 5천여 표차로 꺾고 새로운 지역의 주인으로 등장했다.

□ 득표상황

후보자	정당	연령	주요 경력	득표 (%)
성원경	자유당	60	예산 수리조합장	24,583 (44.7)
윤병구	무소속	42	제헌의원(예산)	8,809 (16.0)
이영근	자유당	41	회사원	6,290 (11.5)
한건수	자유당	32	감찰위원회 위원	4,692 (8.5)
최익열	자유당	40	보건진료소장	4,257 (7.7)
박동선	무소속	48	목사	3,349 (6.1)
이원하	자유당	31	예산읍의원	2,075 (3.8)
한증희	자유당	51	예산읍의원	920 (1.7)

〈서산 갑〉 이종린 의원 사망으로 실시된 보궐선거에서 자유당 김제능 후보에게 4,663표차로 패배했지만, 이번 총선에서는 자유당 공천을 받고 8,743표차로 되갚아준 나창헌

천도교 장로인 이종린 후보가 천도교인들의 변함없는 지원으로 제헌의원 선거에서는 인고면장 출신인 안만복 후보 등을 꺾었고, 2

대 총선에서도 충남도지사를 지낸 이정규 후보 등을 꺾고 재선의 원이 됐다.

신문기자인 이한용, 어업조합장인 국민회 전영석, 대동청년단 서산지단장으로 제헌의원 선거에도 출전했던 민국당 채택용, 농민회 서산군회장인 한동벽, 대한청년단 서산군단상인 김제능 후보들도 출전했다.

이종린 의원의 사망으로 실시된 보궐선거에서 한청 서산군단장으로 자유당 공천을 받은 김제능 후보가 국민회 지부장인 나창헌, 경남도의원 출신인 김경환, 충남도지사를 지낸 민국당 이정규, 국민보 사장인 대한국민당 김동준 후보들을 꺾고 당선됐다.

김제능 의원과 나창헌 후보가 재격돌한 이번 총선에는 2대 총선에 출전하여 차점 낙선한 평화신문 편집국장인 이한용, 서산읍장과 금융조합장을 지낸 전영석 후보들과 충남도 교육위원인 모호석, 공무원 출신인 최병칠 후보들이 출전했다.

자유당 공천으로 당선된 김제능 의원이 자유당에서 제명되어 탈락하고 국민회에서 활동했던 나창헌 후보가 자유당 공천을 받고서 무소속으로 출전한 김제능 의원에게 설욕전을 펼쳤다.

자유당이 위력을 발휘할 수 있는 여건이 구비된 지역에서 자유당 공천을 받은 나창헌 후보가 김제능 현역의원을 8,743표차로 꺾고서 설욕전에서 승리했다.

□ 득표상황

후보자	정당	연령	주요 경력	득표 (%)
나창헌	자유당	53	서산 수리조합장	16,662 (38.2)

김제능	무소속	43	2대의원(서산 갑)	7,919 (18.1)
전영석	무소속	56	금융조합장, 서산읍장	6,914 (15.8)
모호석	무소속	37	충남도 교육의원	5,638 (12.9)
이한용	무소속	36	평화신문 편집국장	4,408 (10.1)
최병칠	무소속	52	공무원	2,132 (4.9)

<서산 을> 한청 서산군단장으로 자유당 공천을 받고 제헌의원 김동준, 2대 의원 안만복 후보들을 꺾어버린 유순식

제헌의원 선거에서는 갑구에 출전하여 3위로 낙선한 안만복 후보가 2대 총선에서는 을구로 옮겨 제헌의원 선거에선 을구에서 16,260표차로 압승을 거둔 김동준 후보를 꺾은 이변을 만들어냈다.

태안면에서 지역기반을 구축한 이상희, 대전일보 사장인 이경진, 어업조합 연합회장인 홍일섭, 의사인 한청 안덕순, 문필가인 한독당 신항균 후보들도 출전했다.

안만복 의원이 민국당 공천으로 재선을 향해 달린 이번 총선에는 2대 총선에서 함께 뛰었던 국민회 원북면 지부장인 안덕순, 제헌의원이었던 김동준, 대전일보 사장인 이경진 후보들이 설욕전에 나섰다.

국민학교 교사인 이원우, 충남도의원을 지낸 채상근, 회사원인 양두희, 한청 서산군단장인 유순식, 반공공작대 총무부장인 박완교,

서울신문 지국장인 문제중 후보들이 새롭게 출전했다.

11명의 후보들이 당선권을 넘나들며 혼전을 전개한 선거전은 자유당 공천을 받은 유순식 후보가 자유당의 위세를 업고 제헌의원인 김동준, 현역의원인 안만복, 대전일보 사장인 이경진 후보들을 꺾고 새로운 지역구의 주인이 됐다.

□ 득표상황

후보자	정당	연령	주요 경력	득표 (%)
유순식	자유당	41	한청 서산군단장	7,854 (20.4)
이경진	무소속	44	대전일보 사장	4,532 (11.8)
김동준	민주국민당	48	제헌의원(서산 을)	3,756 (9.8)
채상근	무소속	36	충남도의원	3,741 (9.7)
안만복	민주국민당	44	2대의원(서산 을)	3,561 (9.3)
문제중	무소속	34	민중서관 편집부장	3,280 (8.5)
편중범	무소속	29	회사원	3,115 (8.1)
박완교	무소속	30	반공대 총무부장	2,620 (6.8)
안덕순	무소속	41	의사	2,084 (5.4)
양두희	무소속	63	상공회의소 의원	2,053 (5.4)
이원우	무소속	30	국민학교 교사	1,838 (4.8)

〈당진〉 자유당이 공천을 보류한 선거전에서 동북제대 출신으로 관재청장을 지낸 인태식 후보가 김용재 제헌의원, 구을회 2대 의원을 꺾고 새로운 주역으로 등장

제헌의원 선거에서 각축전을 전개하여 당선된 김용재 의원과 낙선한 구을회 후보가 재대결을 펼친 2대 총선에서는 김용재 후보의 사퇴에 힘입어 구을회 후보가 농림부차관을 지낸 민국당 원용석 후보를 꺾고 당선됐다.

사업가인 일민구락부 정형택, 의사인 민국당 이문세 후보들도 출전하여 선전했다.

자유당이 공천 후보를 내세우지 아니한 이번 총선에는 제헌의원으로 자유당 충남도당위원장인 김용재, 2대의원인 구을회, 관재청장을 지낸 인태식 후보들이 자유당 소속 후보임을 내세우며 각축전을 전개했다.

기독청년연합회 이사인 곽영주, 농업인인 전해관 후보들은 무소속으로 출전하여 자유당 세 후보의 혈투를 지켜봤다.

일본 동북제대 출신으로 관재청장이라는 현직을 사퇴하고 출전한 인태식 후보가 제헌의원 선거 때부터 혈투를 전개해왔던 김용재 제헌의원, 구을회 2대의원을 꺾고 새로운 주역으로 등장했다.

□ 득표상황

후보자	정당	연령	주요 경력	득표 (%)
인태식	자유당	51	관재청장	25,144 (53.3)
김용재	자유당	41	제헌의원(당진)	15,021 (31.9)
구을회	자유당	49	2대의원(당진)	3,327 (7.1)
곽영주	무소속	33	기독청년회 이사	1,887 (4.0)
전해관	무소속	38	농업인	1,777 (3.8)

〈아산〉 지난 2대 총선에는 국민회 소속으로 3,444표를 득표했지만, 이번 총선에서는 자유당 공천으로 20,081표를 득표하여 당선된 홍순철

서용길 제헌의원이 불출마한 지난 2대 총선에서는 목사로서 국민당 감찰위원장인 이규갑 후보가 배방면민들의 지원과 기호 1번이라는 행운을 잡고 8명이나 출전한 온양읍 출신들을 꺾고 등원하는 기쁨을 누렸다.

대한청년단 아산군단장인 채인석, 부통령 비서를 지낸 이정우, 민족대표인 민국당 이만종, 고등문관시험에 합격한 김학성 후보들도 당선권을 넘나들었다.

한청 아산군단장을 지낸 성기선, 한청 온양읍단장인 양문환, 일본대 출신인 강원식, 도지사비서를 지낸 이정진, 서울신문 정치부장을 지낸 김영상 후보들도 출전했다.

제헌의원 서용길, 2대 의원 이규갑 후보들이 맞붙은 이번 총선에는 한청 아산군단장인 성기선, 충남 후생단장인 홍석영, 충남도의원을 지낸 홍순철과 원용태, 아산군수와 충남도 광공국장을 지낸 김홍식 후보들이 출전했다.

국민회 아산지회장 출신으로 제헌의원 시절부터 줄곧 출전하여 낙선했던 홍순철 후보가 자유당 공천을 받고 한청 아산군단장인 성기선, 제헌의원인 서용길, 2대의원인 이규갑, 아산군수인 김홍식

후보들을 압도적인 표차로 제압했다.

지난 2대 총선에서 국민회 소속으로 출전하여 3,444표(3.4%)를 득표하여 6위로 낙선했던 홍순철 후보는 자유당 공천이라는 철갑을 두르고 39.9% 득표율로 당선의 열매를 맺었다.

□ 득표상황

후보자	정당	연령	주요 경력	득표 (%)
홍순철	자유당	59	충남도의원	20,081 (39.9)
성기선	무소속	34	한청 아산군단장	5,544 (11.0)
김홍식	무소속	47	충남도 광공국장	4,965 (9.9)
원용태	무소속	41	충남도의원	4,913 (9.8)
홍석영	무소속	39	충남 후생단장	4,440 (8.8)
윤상구	무소속	59	공무원	3,730 (7.4)
서용길	무소속	41	제헌의원(아산)	3,474 (6.9)
이규갑	국민당	65	2대의원(아산)	3,142 (6.3)
천 웅	무소속	44	농업인	사퇴

〈천안〉 김용화 의원이 공주 을구로 피신한 선거전에서 내무부차관을 지낸 한희석 후보가 자유당 공천을 받고 대승을

지난 2대 총선에서는 대법원의 선거무효 판결로 얼룩진 국민당 김용화 후보가 보궐선거에서 당선된 민국당 이상돈 의원을 꺾고 금

배지를 되찾아갔다.

천안군수를 지낸 윤상구와 이용규, 철도학교 교장을 지낸 나동찬, 노동당 유우석, 제헌의원 선거에 출전했던 한양수, 목사인 윤계상, 한약종상인 남길원 후보들도 출전했다.

제헌의원 선거에서 차점 낙선했지만 재선거에서 승리하고 지난 2대 총선에서도 차점 낙선한 이상돈 후보가 고토 회복에 나선 이번 총선에는 내무부차관을 지낸 한희석 후보와 광업회사 중역인 박영민 후보들이 출전했다.

김용화 의원은 자유당 공천에서 밀려나자 공주 을구에 출전하여 장렬하게 전사했고, 춘추문화 대표인 이중화 후보는 등록했다가 사퇴했다.

내무부차관을 지낸 한희석 후보가 자유당 공천을 받고 현역의원이 도피한 싱거운 선거전에서 이상돈, 박영민 후보들을 2만 표가 넘는 표차로 따돌리고 천안은 한희석의 아성임을 선포했다.

□ 득표상황

후보자	정당	연령	주요 경력	득표 (%)
한희석	무소속	44	내무부차관	33,032 (59.4)
이상돈	무소속	42	제헌의원(천안)	11,401 (20.5)
박영민	무소속	39	신한광업 회장	11,207 (20.1)
이중화	무소속	56	춘추문화 대표	사퇴

제4장 호남·제주권 : 고전하는 자유당 후보들

1. 반자유당 정서가 면면(綿綿)히 흐른 호남권

2. 호남·제주권 55개 지역구 격전의 현장으로

1. 반자유당 정서가 면면(綿綿)히 흐른 호남권

(1) 자유당 후보 당선율은 45.5%로 전국 최저 수준

호남·제주권은 전북이 22개구, 전남이 30개구, 제주도가 3개구로 55개 선거구로 전국의 27.1%를 점유하고 있다.

지난 2대 총선에서는 민주국민당이 10석, 국민회가 5석을 차지하여 민주국민당의 텃밭이었고 한청이 3석, 국민당이 3석, 대한노총이 2석, 여자국민당이 1석을 차지했다.

이번 총선에서는 자유당이 25석을 차지하여 제1정당으로 발돋움했고 민주국민당은 5석으로 위축됐고, 무소속 후보 당선자가 20명으로 36.4%를 차지했다.

민주국민당 소속은 김판술(군산), 소선규(익산을), 정중섭(목포), 김준연(영암), 조영규(영광)후보 등이고, 이철승(전주), 유진산(금산), 윤제술(김제을), 양일동(옥구), 정성태(광주), 정재완(여수), 윤형남(순천), 민영남(해남을), 김의택(함평), 김선태(완도) 후보 등은 무소속이지만 야당의 투사나 맹장으로 성장했다.

박영래(완주을), 신석빈(정읍갑), 최병주(부안), 정인식(광산을), 김용무(무안갑) 의원들은 납북(拉北)되고, 이판열(구례), 김홍용(담양) 의원들의 사망으로 이한창, 김문용 후보들이 보궐선거에서 당선되어 의원직을 승계했다.

(2) 2대 의원의 귀환율은 18.2%를 밑돌고

보궐선거에서 당선된 2명을 포함한 2대 의원 51명 가운데 변광호(군산), 박양재(완주갑), 김수학(고창갑), 정인식(광산을), 김낙오(보성), 장홍염(무안을), 서상국(함평), 김인선(제주갑) 의원 등 8명은 불출마했고, 이춘기(이리), 박정근(전주), 김준희(진안), 임영신(금산), 김우성(장수), 엄병학(임실), 조정훈(남원), 김정두(순창), 최주일(김제을), 지연해(옥구), 윤택중(익산을), 박철웅(광주), 임기봉(목포), 정순조(광산갑), 김문용(담양), 이한창(구례), 엄상섭(광양), 황병규(예천), 김양수(순천), 김정기(승주), 손문경(고흥갑), 박민기(화순), 고영완(장흥), 양병일(강진), 윤영선(해남갑), 박기배(해남을), 유인곤(영암), 김종순(나주갑), 서상덕(나주을), 정헌조(영광), 정남국(완도), 강창용(제주을) 의원 등 32명의 의원들은 모두 낙선했다.

김상현(무주), 김택술(정읍을), 신용욱(고창을), 송방용(김제갑), 소선규(익산갑), 조순(곡성), 정재완(여수), 변진갑(장성), 조병문(진도), 강경옥(남제주) 의원 등 10명의 의원들이 수성에 성공하여 귀환율은 18.2%를 밑돌았다.

다만, 지난 총선에서는 낙선했지만 심기일전하여 패배의 설움을 딛고 이철승(전주), 손권배(완주을), 이복성(진안), 유진산(금산), 신규식(부안), 강세형(익산을), 정성태(광주), 이정휴(광산갑), 박영종(담양), 이갑식(구례), 김철주(여천), 윤형남(순천), 손문경(고흥갑), 송경섭(고흥을), 손석두(장흥), 김병순(해남갑), 김준연(영암), 신행용(무안갑), 조영규(영광), 김선태(완도) 등 20명의 후보들이 기사회생했다.

(3) 1만 표 미만 득표에도 당선된 후보가 14명이나

조영규(영광), 유옥우(무안을), 김준연(영암) 후보 등은 2만 표 이상을 득표하고 당선됐지만, 김춘호(이리), 이존화(완주갑), 손권배(완주을), 정준모(장수), 김택술(정읍을), 윤제술(김제을), 정중섭(목포), 윤형남(순천), 민영남(해남을), 변진갑(장성), 김선태(완도), 조병문(진도), 김석우(북제주갑), 김두진(북제주을) 후보 등 14명의 후보들은 1만 표 미만의 득표로 당선됐다.

득표율에 있어서도 김병순 후보는 66.7% 득표율로 당선된 반면, 김선태 후보는 19.7% 득표율로 당선됐다.

조순(59.4%), 신용욱(55.5%), 이철승(53.9%), 김상현(53.2%), 김준연(53.1%), 이갑식(53.0%), 김정호(52.0%), 박영종(50.4%), 김성호(50.0%) 후보들은 50% 이상의 득표율로 당선됐지만, 변진갑(20.1%), 윤제술(20.8%), 손권배(21.0%), 김성복(23.0%), 김택술(23.4%), 김두진(23.6%), 민영남(24.6%), 정중섭(25.6%), 김의택(26.9%), 정준모(27.7%), 김창수(28.0%), 김석우(28.4$%), 이존화(29.1%) 후보들은 30% 미만의 득표율을 올리고 당선됐다.

강세형(익산을), 김준연(영암) 후보는 독일 백림대 출신이고, 김춘호(이리), 손권배(완주을), 이복성(진안), 박흥규(광산을), 신행용(무안갑), 김의택(함평), 김석우(북제주갑) 후보들은 중졸이지만 당선됐고, 송경섭(고흥을), 김성복(보성), 조병문(진도) 후보들은 소학교 졸업으로 당당하게 당선을 일궈냈다.

2. 호남·제주권 55개 지역구 격전의 현장으로

 전라북도

〈전주〉 박정근 의원이 완주로 옮긴 이번 총선에는 제헌의원 시절부터 닦아 논 조직과 지명도로 당선을 일궈낸 이철승

신성균 제헌의원이 불출전한 지난 2대 총선에서는 금강전구 사장인 박정근 후보가 대한청년단 전북지단장인 김승태, 전국반탁학련동지회 총재인 이철승 후보들을 꺾고 당선됐다.

27명의 후보들이 혼전을 전개한 선거전에 대한노총 전북위원장인 독립노동당 손용배, 전주소방서장을 지낸 한국독립당 이주상, 전주시 동연합회장인 대한국민당 김덕배, 승려생활 30년인 유재환, 한성일보 전북지사장인 차유황, 서울법대 출신으로 은행원인 이종진, 호국단 연대장인 민족자주연맹 조일근, 화가인 고장곤, 입법원 대의원을 지낸 정진희, 대학교수인 신동길, 목사인 김세열, 조도전대 출신으로 함흥방송국 사업과장을 지낸 최석계, 완주군 내무과장 출신인 대한국민당 이건재 후보들이 출전했다.

자유당 공천을 받은 박정근 의원이 불출마한 이번 총선에는 2대 총선에서 3위로 낙선한 대한체육회 이사인 이철승, 4위로 낙선한 전북도의원 출신으로 자유당 전주시당위원장으로 활동한 이주상 후보들이 재출격했다.

대법관 출신 변호사인 이우식, 조도전대 중퇴생으로 해인대 학장 대리인 유춘섭 후보들이 새롭게 출전하여 4파전을 전개했다.

제헌의원 시절부터 출전하여 닦아 논 조직을 기반으로 지명도를 활용한 이철승 후보가 대법관을 지낸 이우식 후보를 8천여 표차로 꺾고 국회 등원에 성공했다.

"멍청하다 이우식, 먹고보자 박정근, 불쌍하다 이철승"이라는 동요가 나돌다가 이철승 후보는 선거법 위반으로 입건되어 당선돼도 무효이니 투표할 필요가 없다는 선전이 선거구를 휘돌았다.

□ 득표상황

후보자	정당	연령	주요 경력	득표 (%)
이철승	무소속	32	대한체육회 이사	21,229 (53.9)
이우식	무소속	52	대법관, 변호사	13,199 (33.5)
이주상	무소속	46	자유당 시당위원장	3,116 (7.9)
유춘섭	무소속	51	해인대 학장 대리	1,844 (4.7)

〈군산〉 양조장을 경영한 군산약업 사장인 김용철, 군산어업 조합장인 김형기 후보들의 자유당 공천 경쟁의 틈새를 비집고 들어가 승리한 김판술

지난 2대 총선에서는 조도전대 출신으로 민국당 중앙위원을 지낸 변광호 후보가 약종상으로 입법의원을 지낸 제헌의원인 윤석구 후

보를 꺾고 의원직을 승계했다.

일본대 출신으로 언론인인 이철, 세무공무원 출신인 한독당 최병선, 병원장으로 10년을 봉사한 강윤홍, 군산시장을 지낸 김범초, 경성제대 출신으로 교사인 김재홍, 15년 동안 변호사로 활약한 김선득 후보들이 열전을 펼쳤다.

변광호 2대의원을 비롯하여 제헌의원인 윤석구 후보 등 지난 2대 총선에 출전했던 10명의 후보들이 불출마한 이번 총선에는 청구건설 사장인 김선태, 농림부 농정과장을 지낸 김판술, 양조장을 경영한 김용철, 일본대 출신인 김교완, 전북도의원으로 군산 어업조합장인 김형기 후보들이 출전하여 5파전을 전개했다.

경도제대 출신으로 민국당 공천을 받은 김판술 후보가 자유당 공천 경쟁에 힘을 쏟은 군산약업 사장인 김용철, 조도전대 출신으로 전북도의원인 김형기 후보들을 가볍게 제압하고 등원했다.

□ 득표상황

후보자	정당	연령	주요 경력	득표 (%)
김판술	민주국민당	45	농림부 농정과장	14,507 (47.6)
김용철	자유당	55	양조업, 회사장	9,744 (32.0)
김형기	자유당	62	군산 어업조합장	4,899 (16.1)
김선태	무소속	49	청구건설 사장	1,342 (4.4)
김교완	무소속	62	고교 이사	등록 취소

〈이리〉 자유당 이리시당 부위원장으로 시당위원장인 최경진

후보를 꺾고 자유당 공천을 받고서 이춘기 현역의원을 30표 차로 꺾어버린 김춘호

제헌의원 선거에서 승패가 엇갈렸던 배헌 의원과 이석기 후보의 재대결이 펼쳐진 제2대 총선에서는 제헌의원 선거에서 1,679표 차로 패배했던 한민당을 등에 업은 이춘기 후보가 국민당 배헌 의원을 1,158표 차로 되갚아 주고 의원직을 승계했다.

고교 교사였던 국민당 박영기, 노동운동을 펼친 노총의 김동진, 대한노총 위원장이었던 강갑수, 목사인 한독당 양윤묵, 이리중학 이사장인 김원룡 후보들도 출전했다.

이춘기 의원이 재선 고지를 향해 달리는 이번 총선에는 지난 2대 총선에서 3위로 낙선한 강갑수 후보가 이춘기 의원의 뒷덜미를 잡고 출전했다.

이리시의원 출신인 김춘호, 자유당 이리시당위원장으로 활약한 최경진, 한청 이리시당위원장인 박동섭, 연희전문대 출신인 이종만 후보들이 출전하여 5파전을 전개했다.

자유당 이리시당 부위원장으로 자유당 공천을 받은 김춘호 후보가 최경진 후보의 등록 취소에 힘입어 자유당 공천 후보임을 내세워 민국당 이춘기 현역의원을 30표 차로 꺾고 등원에 성공했다.

□ 득표상황

후보자	정당	연령	주요 경력	득표 (%)
김춘호	자유당	37	군산시의원	6,108 (33.6)

이춘기	민주국민당	48	2대의원(이리)	6,078 (33.4)
강갑수	무소속	33	철도국 직원	3,156 (17.3)
이종만	무소속	44	연희전문 졸	2,15(11.1)
박동섭	무소속	43	한청 이리시단장	842 (4.6)
최경진	무소속	37	자유당 시당위원장	등록 취소

<완주 갑> 전주에서 자유당 공천을 받았으나 자유당 공천장을 반납하고 고향을 찾아온 박정근 의원과 지난 총선에서 차점 낙선한 김규동 후보들을 꺾어버린 자유당 이존화

지난 2대 총선에서는 명치대 출신으로 금융조합 이사를 지낸 박양재 후보가 독립촉성국민회 완주지부장 출신으로 제헌의원에 당선된 유준상, 서울시 부시장을 지낸 김형민, 국민학교 교장을 지낸 김규동 후보들을 꺾고 당선됐다.

청년운동가인 한청 이덕엽, 신문기자인 국민당 강봉의, 경찰관 출신인 이강석과 최성림, 화가인 사회당 유채경, 의사인 한독당 김양묵, 노동운동가인 노총 안병성, 의사인 양해룡, 독일 유학파인 윤건중 후보 등 23명의 후보들이 난립하여 혼전을 전개했다.

박양재 의원이 불출마한 이번 총선에는 전주에서 당선됐던 박정근 의원이 자유당 공천을 받았다가 공천장을 반납하고 이 지역구로 옮겨와 농민회 후보로 출전했다.

지난 2대 총선에서 차점 낙선한 김규동, 불삼화학 상무인 국영호,

신문사업가인 이존화, 의사인 최병헌, 대학 강사인 송재규, 국민회 청년부장인 이우영 후보들은 완주했으나 일본 동양대 출신인 이의준 후보는 중도 사퇴했다.

정치운동을 펼쳐온 이존화 후보가 자유당 공천 후보임을 내세워 고향을 찾아온 현역의원 박정근, 지난 2대 총선에서 차점 낙선한 김규동 후보들을 꺾고 등원에 성공했다.

□ 득표상황

후보자	정당	연령	주요 경력	득표 (%)
이존화	자유당	40	자유당 군당위원장	9,270 (29.1)
박정근	농민회	56	2대의원(전주)	7,854 (24.7)
김규동	무소속	48	교원	4,943 (15.5)
최병헌	국민회	43	의사	3,888 (12.2)
국영호	무소속	37	북삼화학 상무	3,301 (10.4)
송재규	무소속	26	전북전시대 강사	1,692 (5.3)
이우영	무소속	49	국민회 회원	912 (2.9)
이의준	국민회	31	일본 동양대 졸	사퇴

〈완주 을〉 대동청년단 전북단장 출신으로 지난 총선에서는 낙선했지만 자유당 공천을 받고 제헌의원을 무너뜨린 손권배

27명의 후보들이 난립한 지난 2대 총선에서는 조촌면장 출신인

박영래 후보가 대한독촉농민총연맹으로 제헌의원 선거에서 당선된 이석주, 대동청년단 전북지단장을 지낸 손권배 후보들을 기적적으로 꺾고 당선됐다.

의사인 김영협, 대한국민당을 업고나온 김영진, 저술가인 민국당 박완, 승려인 불교 김재수, 면장 출신인 유택과 김병수, 대학 서무과장인 이봉구, 회사원인 한독당 이봉학 후보들이 출전했다.

대한국민당 후보가 5명이고 민국당 후보가 3명이고 한청 소속이 2명이었다.

박영래 의원의 납북으로 무주공산인 이 지역구에는 한청에서 활약했던 손권배 후보와 제헌의원으로 지난 2대총선에서 낙선한 이석주 후보가 재대결을 펼쳤다.

지난 2대 총선에서 27명의 후보들이 난립한 이 지역구는 이번 총선에도 11명의 후보들이 뛰어들었다.

명륜대 서무과장인 이봉구, 전주상고 교장인 유청, 신문기자인 송동선, 경찰 출신인 양봉원, 고등공민학교장인 홍태현, 농민회 전북도 축산과장인 배성기 후보들도 출전했다.

대동청년단 전북단장을 지낸 손권배 후보가 자유당 공천 후보임을 내세워 전주상고 교장인 유청 후보를 553표차로 꺾고 국회 등원에 성공했다.

경찰관 출신들인 양봉원, 김경두, 김인찬 후보들의 득표력은 보잘 것 없었다.

□ 득표상황

후보자	정당	연령	주요 경력	득표 (%)
손권배	자유당	37	한청 전북도단장	7,260 (21.0)
유 청	무소속	35	전주상고 교장	6,707 (19.4)
홍태현	무소속	41	고등공민학교장	4,144 (12.0)
이봉구	무소속	42	명륜대 서무과장	3,361 (9.7)
송동선	무소속	36	신문기자	2,172 (6.3)
배성기	무소속	37	전북도 축산과장	2,055 (5.9)
이석주	민주국민당	50	제헌의원(완주 을)	2,040 (5.9)
양봉원	무소속	54	정미업, 경찰관	1,931 (5.6)
정수철	무소속	38	면서기, 법원서기	1,780 (5.2)
김경두	무소속	38	경찰관	1,778 (5.2)
김인찬	국민회	38	경찰관	1,325 (3.8)

〈진안〉 지난 총선에서 낙선했지만 현역의원, 전북도의원, 전북재향군인회장 후보들의 사퇴로 대승을 거둔 자유당 이복성

제헌의원 선거에서 자웅을 겨뤘던 오기열, 김준희 후보들이 재대결을 펼친 2대 총선에서는 제헌의원 선거에서 672표차로 낙선한 김준희 후보가 군웅이 할거한 2대 총선에서 국민당 오기열 의원을 대파하고 의원직을 승계했다.

면장, 소방대장을 지낸 이복성, 진안군수로 활약한 허홍석과 허석철, 면장 출신인 국민회 박동식, 면장과 금융조합장을 지낸 전종

열 후보들도 출전했다.

당선한 김준희 의원과 차점 낙선한 이복성 후보가 재대결을 펼친 이번 총선에는 2대 총선에서 함께 뛰었던 12명의 후보들은 흔적 없이 사라지고 정치신인 9명이 새롭게 출전하여 격전을 벌였다.

남전 전주지점 직원인 송재열, 고등공민학교장으로 전북도의원인 김태주, 체신부 창고과장을 지낸 오재엽, 진안군수를 지낸 김재영, 상이군경 동지회장인 이희종, 산림조합 이사장인 고영추, 전북도의원인 정병희, 전북 재향군인회장인 양황현, 임산회사 사장인 김숙현 후보들이 출전했다.

진안면장과 소방대장을 지낸 이복성 후보가 자유당 공천 후보임을 내세워 당선 고지를 점령하자, 자유당에서 제명처분을 받은 김준희 의원을 비롯하여 전북도의원인 정병희, 전북 재향군인회장인 양황현 후보들이 줄줄이 사퇴하여 당선을 도와줬다.

산림조합 이사장인 고영추, 진안군수를 지낸 김재영 후보들이 7천여 표차까지 추격했을 뿐이다.

□ 득표상황

후보자	정당	연령	주요 경력	득표 (%)
이복성	자유당	51	소방대장, 진안면장	12,068 (40.6)
고영추	무소속	52	산림조합 이사장	4,802 (16.1)
김재영	무소속	41	전북도 과장, 군수	4,365 (14.7)
김태주	무소속	48	면장, 전북도의원	2,909 (9.8)
송재열	무소속	38	정미업, 남전 직원	2,524 (8.5)
이희종	무소속	26	상이군경 동지회장	1,119 (3.8)

오재엽	무소속	42	체신부 창고과장	1,035 (3.5)
김숙현	무소속	37	국민회 주천면지부장	930 (3.1)
김준희	무소속	50	2대의원(진안)	사퇴
정병희	무소속	46	전북도의원	사퇴
양황현	무소속	29	전북 재향군인회장	사퇴

<금산> 대동청년단을 이끌고 반탁운동을 전개했던 유진산 후보가 진산면민들의 전폭적인 지지로 임영신 의원에게 설욕

지난 2대 총선에서는 초대 상공부장관으로 안동 을구 보궐선거에서 장택상 초대 외무부장관을 꺾고 당선된 임영신 후보가 반탁운동의 기수로서 대동청년단을 이끌었던 유진산 후보를 꺾고 국회에 재입성했다.

기독교 장로로서 신문지국장인 유지한, 기미독립운동에서 선봉대장으로 활약한 임승환, 사회부 노동과장을 지낸 김준오, 대한청년단 금산군단장인 조권형, 금산읍장을 지낸 김석균, 일본대 출신으로 회사장인 김홍범, 금융조합연합회 전북지부장인 박해준, 독일에서 경제학박사 학위를 받은 정상종 후보 등이 출전했다.

지난 2대 총선에서 당선된 임영신 의원과 낙선한 유진산 후보가 재격돌한 이번 총선에는 추부면장과 수리조합장을 지낸 정준용, 고시위원회 고시국장을 지낸 임명직, 대한변호사협회 재무부장을 지낸 오승근 후보들이 출전하여 5파전을 전개했다.

대동청년단을 이끌고 반탁운동을 전개했던 유진산 후보가 진산면민들의 전폭적인 지지로 중앙대 총장, 상공부장관, 국회의원을 지낸 여자국민당 당수인 임영신 후보를 1,290표차로 꺾고 당선됐다.

자유당이 공천을 포기한 이 지역구에 정준용, 임명직, 오승근 후보들이 난립했다가 오승근 후보가 사퇴했으나 정준용, 임명직 후보들의 득표력은 보잘 것 없었다.

□ 득표상황

후보자	정당	연령	주요 경력	득표 (%)
유진산	무소속	48	민국당 최고위원	15,596 (44.4)
임영신(여)	여자국민당	54	2선의원(안동,금산)	14,306 (40.7)
임명직	자유당	47	고시위원회 고시국장	2,956 (8.4)
정준용	자유당	33	수리조합장, 면장	2,280 (6.5)
오승근	자유당	45	변호사	사퇴

<무주> 김상현 의원이 자유당 공천을 받고 재선 고지를 점령하자 신현돈, 김교중 전 의원들이 출전을 포기하고 묵인

지난 2대 총선에서는 상공부 상공장려관장을 지낸 김상현 후보가 혜성처럼 등장하여 의사로서 독립촉성국민회 무주군회장으로 활동하다가 제헌의원에 당선되고서 전북도지사에 임명된 신현돈, 대동청년단 무주군단장으로 신현돈 의원의 도지사 임명에 따른 보궐선거에서 당선된 김교중 의원을 꺾고 당선됐다.

전·현직 의원들의 쟁투장에서 어부지리를 챙긴 김상현 후보와 신현돈 후보의 표차는 821표였다.

한때 자유당 실세인 이기붕의 출마설로 술렁거렸으나 자유당 예비경선에서 김종대(46표), 이홍의(41표) 후보들을 152표로 압도적으로 따돌리고 승리한 김상현 의원이 건재함을 과시했다.

김상현 의원이 자유당 공천을 받고 재선 고지를 점령하자 김교중, 신현돈 전 의원들이 출전을 포기하고 목사로서 상공신문 사장인 국민회 김종대, 서울석탄 조합원인 무소속 이홍의 후보들이 도전해보았으나 역부족이었다.

□ 득표상황

후보자	정당	연령	주요 경력	득표 (%)
김상현	자유당	49	2대의원(무주)	12,266 (53.2)
김종대	국민회	45	상공신문사장, 목사	8,426 (36.5)
이홍의	무소속	47	서울석탄 조합원	2,386 (10.3)

〈장수〉 보건부차관을 지낸 정준모 후보가 제헌의원 김봉두, 2대의원 김우성, 자유당 공천 송영준 후보들을 꺾고 당선

제헌의원 선거에서 자웅을 겨뤘던 김봉두, 오일승 후보들이 재대결을 펼친 2대 총선에서는 계남면장 출신인 김우성 후보가 명치대 출신으로 대지건설 사장인 김봉두 의원과 장수면장 출신으로 재출

전한 오일승 후보들을 잠재우고 등원에 성공했다.

경찰 출신인 한두석, 농민회 과장인 오삼녀, 면장 출신인 정종현과 유동열, 등기소장을 지낸 이만섭, 의사인 김태진 후보들도 출전했다.

김봉두 제헌의원과 김우성 2대의원이 재결투를 벌인 이번 총선에는 계내면장, 전북도의원을 지낸 송영준, 의사로서 보건부차관을 지낸 정준모, 향교재단 이사장인 오일승, 한국조폐공사 사원인 장병운, 산내면장 출신인 김응만, 목사인 강인선, 교원과 경찰관으로 활동한 한범석 후보들이 출전했다.

동경제대 출신으로 보건부차관을 지낸 정준모 후보가 의사로서 명망을 되살려 전북도의원으로 자유당 공천을 받고 추격전을 전개한 송영준 후보를 1,323표차로 꺾고 당선됐다.

2대의원인 김우성, 제헌의원인 김봉두 후보들은 민심의 이반을 실감했을 뿐이다.

□ 득표상황

후보자	정당	연령	주요 경력	득표 (%)
정준모	무소속	49	보건부차관	6,622 (27.7)
송영준	자유당	35	면장, 전북도의원	5,299 (22.1)
김응만	무소속	38	진안군 산서면장	4,026 (16.8)
장병운	무소속	27	한국조폐공사 직원	2,615 (10.9)
김우성	무소속	40	2대의원(장수)	2,450 (10.2)
김봉두	무소속	48	제헌의원(장수)	1,762 (7.4)
오일승	무소속	60	향교재단 이사장	712 (3.0)

| 강인선 | 국민회 | 35 | 목사 | 447 (1.9) |
| 한범석 | 무소속 | 34 | 교원, 경찰관 | 사퇴 |

〈임실〉 자유당 공천을 받은 변호사 박세경 후보가 엄병학 2대의원, 진직현 제헌의원, 김진현 경찰서장들을 꺾고 당선

지난 2대 총선에서는 사법서사 출신으로 제헌의원 선거에서 3위로 낙선한 엄병학 후보가 국민당으로 기호 1번을 배정받아 재력이 풍부한 민국당 한태수, 금융조합장 출신인 김재두 후보들을 밀쳐내고 당선됐다.

변호사로 지역 기반을 다진 진직현 제헌의원과 제헌의원 선거에 출전했던 곽한영, 노병연 후보들은 민심의 이반으로 당선권에서 밀려났다.

군수 출신인 홍재표와 계용규, 목사인 신동욱, 신문사 사장인 백남홍 후보들이 새롭게 도전했다.

진직현 제헌의원과 엄병학 2대의원이 재대결을 펼친 이번 총선에는 지난 2대 총선에서 차점 낙선한 한태수 후보 등 11명의 후보들이 사라지고, 고등문관시험 합격자로서 변호사인 박세경, 유엔군 민사처 조사관인 홍춘식, 임실경찰서장을 지낸 김진현 후보들이 새롭게 출전했다.

현역의원을 밀쳐내고 자유당 공천을 받은 박세경 후보가 혜성처럼 나타나 자유당에서 제명당한 현역의원인 엄병학, 임실중 재단이사

장인 진직현, 경찰서장을 지낸 김진현 후보들을 가볍게 제압하고 등원에 성공했다.

□ 득표상황

후보자	정당	연령	주요 경력	득표 (%)
박세경	자유당	34	변호사, 고문 합격	11,796 (33.5)
엄병학	무소속	36	2대의원(임실)	7,654 (21.7)
홍춘식	무소속	29	유엔군 민사처 수사관	6,780 (19.2)
김진현	무소속	31	임실경찰서장	6,038 (17.1)
진직현	민주국민당	53	제헌의원(임실)	2,987 (8.5)

##〈남원〉 현역의원을 밀쳐내고 자유당 공천을 받은 양영주 후보가 자유당 조정훈 현역의원을 454표차로 격파

민족청년단 남원군단장으로 제헌의원 선거에서 당선된 이정기 의원과 대동청년단 남원군단장으로 낙선한 조정훈 후보가 재대결을 펼친 지난 2대 총선에서는 조정훈 후보가 이정기 의원을 대파하고 의원직을 승계했다.

전북도 관재국장을 지낸 국민당 박환생, 의사인 박원용, 국민회에서 활동한 양세환, 신문기자인 김희일 후보들도 출전했다.

조정훈 의원과 차점 낙선한 박환생 후보가 재대결을 펼친 이번 총선에는 국민회 남원지부장으로 활동한 양영주, 일본 동경대 출신으로 정미업자인 이용기, 농민회 감찰위원장인 소홍섭 후보들이 새롭게 출전했다.

제재업자(製材業者)로서 자유당 남원군당 부위원장으로 자유당 남원군당위원장이며 현역의원을 밀쳐내고 공천을 받은 양영주 후보가 현역의원인 조정훈 후보를 454표차로 꺾고 당선됐다.

전북도 관재국장 출신으로 지난 2대 총선에서 차점 낙선했던 박환생 후보는 이번 총선에도 3위로 밀려났다.

□ 득표상황

후보자	정당	연령	주요 경력	득표 (%)
양영주	자유당	39	남원군당부위원장	19,232 (31.3)
조정훈	자유당	40	2대의원(남원)	18,778 (30.6)
박환생	무소속	39	전북도 관재국장	15,508 (25.3)
소홍섭	무소속	45	농민회 감찰위원장	4,182 (6.8)
이용기	민주국민당	45	정미업	3,653 (6.0)

〈순창〉 반탁운동을 전개하다가 자유당 공천을 받고서 청년운동을 펼친 현역의원인 김정두, 변호사인 홍영기 후보들을 꺾어버린 임차주

노일환 의원이 국회 프락치 사건으로 퇴장한 지난 2대 총선에서는 대한청년단 순창지단장으로 활약한 김정두 후보가 조도전대 출신

인 민국당 나명균 후보를 꺾고 당선됐다.

순창면장을 지낸 신진우, 전북도 산업국장을 지낸 김민희, 경찰학교 교관을 지낸 배규식, 약종상인 김인술 후보들 모두가 순창면 출신으로 순창면 출신인 나명균 후보의 당선을 저지하는 도우미 역할을 했다.

김정두 의원이 재선 고지를 향해 달린 이번 총선에는 동북제대 출신으로 예비역 육군 대령인 홍영기, 반탁투쟁위원장으로 활약한 임차주, 노일환 제헌의원의 동생인 노국환 후보들이 출전했다.

자유당 공천을 받은 임차주 후보가 민족청년단 간부로 활동하여 자유당에서 제명당한 현역의원 김정두, 변호사로 기반을 닦은 홍영기 후보들을 3천여 표차로 따돌리고 새로운 지역의 주인으로 등장했다.

□ 득표상황

후보자	정당	연령	주요 경력	득표 (%)
임차주	자유당	35	반탁투쟁위원장	11,947 (38.7)
김정두	무소속	39	2대의원(순창)	8,050 (26.1)
홍영기	무소속	35	육군대령, 변호사	7,741 (25.1)
노국환	무소속	30	농업인	3,104 (10.1)

〈정읍 갑〉 자유당 전북도당위원장으로 제헌의원으로 민국당 정책위의장인 제헌의원 나용균 후보를 꺾어버린 김창수

지난 2대 총선에서는 전북도 내무국장 출신인 신석빈 후보가 현역 의원에 대한 민심이반을 틈타 영국 케임브리지대 출신으로 한민당 사무국장을 지내며 제헌의원 선거에서 무투표 당선된 나용균 의원을 2,201표차로 꺾고 의원직을 이어받았다.

교원 출신인 노총 이동선, 한민당에서 활동했던 박석규, 일본대 출신인 안재용 후보들도 얼굴을 내밀었다.

신석빈 의원의 납북으로 무주공산이 된 이 지역구에 제헌의원으로 지난 2대 총선에서 차점 낙선하고 재기를 꿈꾸고 있는 나용균 후보가 고토 회복에 나선 이번 총선에는 전북도의원인 김상술, 전북도 건설과장을 지낸 송정용, 중학교장인 박명규, 한청 정읍군단장으로 정주읍의원인 김세길, 상해대 출신인 자유당 김창수, 학도호국단 상임위원인 최홍술 후보들이 출전했다.

자유당 전북도당위원장인 김창수 후보가 자유당 공천 후보임을 내세워 조도전대 출신으로 제헌의원에 무투표 당선된 민국당 정책위의장인 나용균 후보를 2,239표차로 꺾고 지역구의 주인으로 등장했다.

□ 득표상황

후보자	정당	연령	주요 경력	득표 (%)
김창수	자유당	53	전북도당위원장	11,852 (28.0)
나용균	민주국민당	62	제헌의원(정읍 갑)	9,613 (22.7)
박명규	무소속	49	중학교장	8,975 (21.2)
김상술	무소속	34	전북도의원	5,116 (12.1)

김세길	무소속	35	한청단장, 읍의원	3,990 (9.4)
송정용	무소속	50	전북도 건설과장	1,798 (4.3)
최홍술	무소속	27	학도호국단 위원	932 (2.2)

〈정읍 을〉 제헌의원 시절부터 닦아온 기반을 바탕으로 민국당 송영주, 자유당 김종진 후보들을 꺾고 재선의원에 등극한 무소속 김택술

제헌의원 선거에서 신태인읍장 출신으로 동아일보 지국장인 김종순 후보가 당선됐고, 정읍군 촉진대장인 김홍기 후보가 은메달, 전북도 노동과장 출신인 김택술 후보가 동메달을 차지했다.

김종순 후보가 출전하지 아니한 지난 2대 총선에서는 노총 소속 김택술 후보가 노총 소속 김홍기 후보를 2,072표차로 꺾고 당선됐다.

중학교장을 지낸 김진영, 농민회장 출신인 임성근, 면장 출신인 유재익, 교사 출신인 송문섭 후보들이 중위권을 형성했고, 농업인인 신직한, 은주표, 박봉래, 김홍섭, 김현곤, 오선근 후보들이 하위권을 맴돌았다.

김택술 의원이 재선 고지를 넘보는 이번 총선에는 2대 총선에서 함께 뛰었던 교사 출신인 송문섭, 태인면장과 중학교장을 지낸 김진영 후보들이 재도전했다.

신태인읍장을 지낸 김종진, 경찰관 경력의 송영주, 조도전대 출신인 은성하, 면장과 전북도의원을 지낸 김요순 후보들이 새롭게 출전했다.

일본 중앙대 출신으로 제헌의원 시절부터 출전하여 지역 기반을 닦은 김택술 의원이 민국당 송영주, 자유당 김종진 후보들을 꺾고 재선 의원이 됐다.

□ 득표상황

후보자	정당	연령	주요 경력	득표 (%)
김택술	무소속	35	2대의원(정읍 을)	9,253 (23.4)
송영주	민주국민당	34	경찰관	7,911 (20.0)
송문섭	무소속	33	중학교사	5,863 (14.8)
김종진	자유당	44	신태인읍장	5,184 (13.1)
은성하	국민회	66	국민회 신태인읍회장	4,477 (11.3)
김진영	무소속	49	태인면장, 중학교장	4,456 (11.3)
김요순	무소속	38	면장, 전북도의원	1,956 (4.9)
이기창	무소속	46	서당 훈장	489 (1.2)
한병일	자유당	32	회사원	사퇴

〈고창 갑〉 상공부 광무국장 출신으로 자유당 공천을 받은 진의종 후보를 255표차로 기적적으로 꺾고 등원에 성공한 무소속 정세환

제헌의원 선거에 출전한 오의균, 김영동, 김기채 후보들이 재대결을 펼친 제2대 총선에 김수학, 정태환, 임창욱, 강무, 엄주승, 김영수, 정순묵 후보들이 새롭게 출전하여 10명의 후보들이 혼전을 전개했다.

상공부차관을 지낸 김수학 후보가 제헌의원인 김영동, 고창중학 이사인 정태환 후보들을 큰 표차로 따돌리고 등원에 성공했다.

제헌의원 선거에 출전했던 김기채, 인쇄업자인 임창욱, 성송면장 출신인 강무 후보들이 중위권을 형성했다.

김수학 의원이 불출마한 이번 총선에는 상공부 광무국장을 지낸 진의종, 일본 정치대 출신인 정세환 후보들이 무장면민과 대산면민들의 전폭적인 지지로 맞대결을 펼쳤다.

조도전대 출신으로 금융조합장을 지낸 임창욱, 대한나염공사 사장인 김영구 후보들이 추격전을 전개했다.

대산면장을 지낸 강무, 대한노총 고창군위원장인 신삼훈, 의사인 국민회 서형남 후보들도 출전했다.

동래 정씨 문중세를 규합한 정세환 후보가, 상공부 광무국장 출신으로 자유당 공천을 받고 출전한 진의종 후보를 255표차로 꺾은 기적을 만들어내고 국회에 등원했다.

□ 득표상황

후보자	정당	연령	주요 경력	득표 (%)
정세환	무소속	38	일본 정치대 졸	10,713 (33.3)
진의종	자유당	32	상공부 광무국장	10,458 (32.5)

임창욱	무소속	42	금융조합장	4,563 (14.2)
김영구	무소속	53	대한나염공사 사장	2,789 (8.7)
서형남	국민회	48	의사	1,443 (4.5)
강 무	무소속	57	만주개척단장	1,155 (3.5)
신삼훈	대한노총	47	고창 연맹위원장	1,079 (3.4)

〈고창 을〉 지난 2대 총선 때에도 함께 겨뤘던 명치대 출신인 홍순희 후보를 가볍게 꺾고 재선의원이 된 자유당 신용욱

지난 2대 총선에서는 대한항공 사장인 신용욱 후보가 동아일보 사장 출신으로 입법의원을 거쳐 제헌의원에 당선된 백관수 의원을 262표차로 꺾고 새로운 지역의 주인 자리를 차지했다.

홍덕면장 출신인 박홍근, 전북도 농지개량과장을 지낸 서정천, 공무원 출신인 홍순희, 토건업자인 원성용, 인쇄업자인 김봉수 후보들도 출전했다.

이번 총선에는 지난 2대 총선에서 6,360표를 득표하여 당선된 신용욱 의원과 4,821표를 득표하여 낙선한 홍순희 후보가 재격돌을 벌였고, 조도전대 출신으로 동양맥주 감사역인 민정식 후보가 새롭게 출전했다.

대한항공 사장으로 자유당 공천을 받은 신용욱 의원이 명치대 출신으로 홍해산업 전무인 홍순희 후보를 가볍게 제압하고 재선의원이 됐다.

□ 득표상황

후보자	정당	연령	주요 경력	득표 (%)
신용욱	자유당	52	2대의원(고창 을)	16,103 (55.5)
홍순희	무소속	41	홍해산업 전무	9,126 (31.4)
민정식	무소속	55	동양맥주 감사역	3,801 (13.1)

〈부안〉 최병주 의원이 납북된 이번 총선에는 지난 총선에서 차점낙선하여 얻은 지명도로 자유당 공천후보를 꺾은 신규식

조재면 제헌의원이 불출마한 2대 총선에서는 대법관을 지낸 변호사 최병주 후보가 국방부장관 비서실장을 지낸 신규식, 제헌의원 선거에서 차점 낙선한 김형일 후보들을 꺾고 국회에 등원했다.

대한노총연맹 부위원장인 조기승, 경남도지사를 지낸 유해진, 산내면장을 지낸 허연욱 후보들은 하위권을 맴돌았다.

최병주 의원이 납북되어 무주공산인 이 지역구에 지난 총선 때 차점 낙선한 신규식 후보가 선점하자, 국민회 부안군지부장으로 활동한 민국당 조기승, 자유당 부안군위원장으로 활동한 신기원, 부안군 농산과장을 지낸 김형표 후보들이 출전했다.

무소속 신규식 후보가 제대장병보도회 부회장으로 활동하며 지난 2대 총선에 출전하여 낙선했지만 얻은 지명도에 힘입어, 자유당 공천을 받고서 "이승만 대통령이 승인한 후보에게 투표해야한다"면서 지역을 누빈 신기원 후보와 부안군 농산과장으로 기반을 구

축한 김형표 후보들을 꺾고 등원에 성공했다.

□ 득표상황

후보자	정당	연령	주요 경력	득표 (%)
신규식	무소속	47	장병보도회 부회장	18,056 (37.7)
신기원	자유당	37	부안군당위원장	12,860 (26.8)
김형표	무소속	45	부안군 농산과장	12,203 (25.4)
조기승	민주국민당	54	국민회 부안지부장	4,840 (10.1)

<김제 갑> 여산 송씨 문중과 봉남면민들의 지지로 자유당 공천을 받은 임종권, 제헌의원인 조한백 후보들을 꺾고 재선 고지에 오른 송방용

지난 2대 총선에서는 전북도 농촌지도관을 지낸 경력과 봉남면민들의 전폭적인 지지를 받은 송방용 후보가 신문사 지국장 출신으로 제헌의원에 당선된 민국당 조한백, 동아일보 중역인 장현식 후보들을 제압하고 새로운 지역의 주인으로 등극했다.

사법서사인 국민회 이기호, 수원농대 강사인 최일운, 김제 을구에서 제헌의원에 당선된 민국당 홍희종, 전북도 과장 출신인 한독당 김주섭, 금구면장을 지낸 유도회 송석철 후보들도 출전했다.

민족청년단 지단장으로 김제 을구에서 당선된 홍희종 의원의 갑구로의 전구는 갑구에서 당선된 조한백 의원 낙선의 도우미로 전락했을 뿐이다.

이번 총선에는 지난 2대 총선에서 7,655표를 득표하여 당선된 송방용 후보와 5,322표를 득표하여 낙선한 제헌의원인 조한백 후보가 재대결을 펼쳤다.

전북도 수산과장을 지낸 김심원, 김제읍장을 지낸 조인앙, 동경입교대 출신인 임종권, 김제읍의원인 김선옥 후보들도 출전했다.

현역의원으로서 지명도를 활용하여 여산 송씨 문중을 결집시킨 송방용 의원이 자유당 공천 후보임을 내세운 임종권, 제헌의원으로 민국당 조직부장인 조한백 후보들을 꺾고 재선의원으로 발돋움했다.

□ 득표상황

후보자	정당	연령	주요 경력	득표 (%)
송방용	무소속	41	2대의원(김제 갑)	17,782 (36.0)
김선옥	무소속	38	김제군참사, 읍의원	10,196 (20.6)
조한백	민주국민당	46	제헌의원(김제 갑)	8,203 (16.6)
임종권	자유당	53	독촉 봉남면부회장	8,202 (16.6)
조인앙	무소속	42	김제읍장	3,897 (7.9)
김심원	국민회	45	전북도 수산과장	718 (1.5)
이기영	무소속	26	군산상대 졸	408 (0.8)

〈김제 을〉 이리남성고 교장 출신인 윤제술 후보가 파평 윤

씨, 백산면민들의 지지로 차점 낙선 단골인 강원용, 분산된 해주 최씨 문중표로 고전한 최주일 현역의원을 꺾고 당선

홍희종 의원이 갑구로 옮겨간 지난 2대 총선에서는 교원 출신으로 독립촉성국민회 지부장으로 활동하다 제헌의원 선거에서 차점 낙선한 최윤호 후보를 비롯하여 14명의 후보들이 출전하여 난전을 전개했다.

제헌의원 선거에서 낙선한 경험과 동정여론을 되살린 최윤호 후보가 고시위원회 과장을 지낸 최광식, 진봉면민들의 지지를 기대한 유동열, 청년운동가인 김병기, 사립학교를 개설한 강원용, 동국대 강사인 이규창, 일본대 출신인 곽남규, 김제군수를 지낸 오해건, 백학면장을 지낸 이완익 후보들을 제압하고 새로운 지역의 주인으로 등극했다.

최윤호 의원의 사망으로 실시된 보궐선거에서는 제헌의원 선거에 출전하여 낙선했던 대한청년단 최주일 후보가 지난 2대 총선에서 차점 낙선한 강원용, 3위로 낙선한 김병기, 김제 갑구 제헌의원인 민국당 조한백, 자유당 김성일 후보들을 꺾고 당선됐다.

최주일 의원이 재선 고지를 향해 달린 이번 총선에는 2대 총선과 보궐선거에서 차점 낙선한 강원용 후보와 교육위원인 곽탁 후보가 재출전했다.

이리 남성고 교장인 윤제술, 중학교 교장인 이동원, 농업고 교장인 최규련, 보통학교장인 최장열, 민중일보 편집국장인 정갑용 후보들이 출전했다.

파평 윤씨 문중세를 결집시킨 윤제술 후보가 해주 최씨 문중표가 최주일, 최규련, 최장열 후보들로 나뉜 틈새를 비집고 현역의원으로 자유당 공천이란 철갑을 두른 최주일, 두 번이나 차점 낙선한 강원용 후보들을 제압하고 등원에 성공했다.

□ 득표상황

후보자	정당	연령	주요 경력	득표 (%)
윤제술	무소속	50	이리남성고 교장	8,028 (20.8)
강원용	무소속	48	중앙대 서무과장	7,756 (20.1)
최주일	자유당	48	2대의원(김제 을)	6,907 (17.9)
이동원	무소속	37	죽산중 교장	6,541 (17.0)
최규련	무소속	34	농업고 교장	5,374 (13.9)
곽 탁	무소속	58	교육위원	2,473 (6.4)
정갑용	무소속	34	민중일보 편집국장	1,011 (2.6)
최장열	무소속	59	보통학교 교장	476 (1.2)

<옥구> 지난 총선에서 2,254표차로 낙선했던 양일동 후보가 지역 기반을 다져 자유당 공천자인 지연해 의원에게 설욕

지난 2대 총선에서는 옥구군수 출신으로 지역 기반을 다진 지연해 후보가 대한독촉 농민총연맹으로 제헌의원에 당선된 국민회 이요한, 무역회사 사장인 양일동, 제헌의원 선거에서 차점 낙선한 대야면장 출신인 강유진 후보들을 따돌리고 등원에 성공했다.

대학교수인 이종록과 김선태, 농림부 농지국장을 지낸 황정규, 옥산면장을 지낸 전세종과 문정태, 목사인 고평곤, 회현면장 출신인 문은철 등 16명의 후보들이 출전하여 난전을 펼쳤다.

이번 총선에는 지난 2대 총선에서 당선된 옥구군수 출신인 지연해, 회사장으로 낙선한 양일동 후보가 재격전을 펼쳤다.

지난 2대 총선에서 두 후보의 표차는 2,254표였다.

서울시 인사처장을 지낸 민국당 노긍식, 조도전대 출신으로 면장을 지낸 강정태, 전북도의원을 지낸 두준창 후보들도 출전했다.

지난 2대 총선에서 낙선한 양일동 후보가 4년간 지역구 구석구석을 누비며 지역 기반을 다져 현역의원으로 자유당 공천까지 받은 지연해 후보를 1,394표차로 꺾은 기적을 일으키며 새로운 지역의 주인으로 등장했다.

□ 득표상황

후보자	정당	연령	주요 경력	득표 (%)
양일동	무소속	41	무역회사 사장	14,663 (30.4)
지연해	자유당	41	2대의원(옥구)	13,269 (27.5)
노긍식	민주국민당	49	서울시 인사처장	9,120 (18.9)
강정태	무소속	52	면장	6,623 (13.7)
두준창	국민회	55	전북도의원	4,601 (9.5)

〈익산 갑〉 지난 2대 총선에는 익산 을구에 출전하여 낙선했

던 김형섭 후보가 지역구를 옮겨 자유당 공천을 받고 추격했으나 소선규 의원의 옹벽은 높기만

제헌의원 선거에서 당선된 대동청년단 익산지단장인 백형남, 낙선한 서울시 부시장 출신인 소선규 후보가 재대결을 펼친 2대 총선에서는 제헌의원 선거에서 9,868표를 득표하고도 낙선한 소선규 후보가 2대 총선에서는 7,303표를 득표하고도 당선됐다.

전북 수리조합장인 김원중, 북일면장을 지낸 김양수 후보들이 당선권을 맴돌았고, 제헌의원인 백형남, 신문업자인 천길선 후보들이 중위권을, 청년운동가인 사회당 차재길과 박형하 후보들이 하위권을 형성했다.

이번 총선에는 지난 2대 총선에서 소선규 의원에게 패배했던 11명의 후보들이 도전의 꿈을 버리자, 북일면장을 지낸 신정묵, 자유당 공천을 받은 김형섭 후보들이 새롭게 도전했다.

지난 2대 총선에서 익산 을구에 출전하여 5위로 낙선한 김형섭 후보가 지역구를 옮겨 자유당 공천을 받고 도전했으나 2,191표차로 소선규 의원에게 무릎을 꿇었다.

□ 득표상황

후보자	정당	연령	주요 경력	득표 (%)
소선규	민주국민당	50	2대의원(익산 갑)	15,601 (42.5)
김형섭	자유당	48	지구당위원장	13,410 (36.5)
신정묵	무소속	47	익산군 북일면장	7,727 (21.0)

〈익산 을〉 지난 총선에서 윤택중 의원에게 패배했으나 국방부 정훈국장으로 재무장하여 7,229표차로 되갚아준 강세형

국회 프락치 사건에 연루된 이문원 의원이 퇴장한 2대 총선에서는 제헌의원 선거에서 혈전을 전개한 6명의 후보들은 흔적 없이 사라지고 20명의 새로운 후보들이 출현하여 혼전을 전개했다.

전북도 교육국장을 지낸 윤택중 후보가 득표율 13.7%인 4,193표로 상해임시정부 국무위원인 한독당 조경한, 철학박사 학위를 받은 강세형 후보들을 꺾고 새로운 지역의 주인이 됐다.

용안면장을 지낸 이진우와 임규선, 청년운동가인 김형섭, 학술원 원장인 권중돈, 사회사업가인 정홍거, 의사인 이춘식, 회사장인 이병익 후보들도 출전했다.

이번 총선에선 지난 2대 총선에서 당선된 윤택중, 3위로 낙선한 강세형, 4위로 낙선한 이진우 후보들이 재격돌을 펼쳤다.

국민회 여산면 지부장을 지낸 이병룡 후보가 국민회 공천으로 새롭게 출전했다.

독일 백림대 출신으로 국방부 정훈국장을 지낸 강세형 후보가 동경 중앙대 출신으로 명륜대 학장을 거쳐 2대의원을 지낸 민국당 윤택중, 일본 중앙대 출신으로 용안면장을 지낸 자유당 이진우 후보들을 꺾고 당선됐다.

지난 2대 총선에서 윤택중 의원과 강세형 후보의 표차는 677표였

으나 이번 총선에서는 7,229표로 간극이 벌어졌다.

□ 득표상황

후보자	정당	연령	주요 경력	득표 (%)
강세형	무소속	54	국방부 정훈국장	15,169 (40.5)
이진우	자유당	39	익산군 용안면장	12,899 (34.5)
윤택중	민주국민당	40	2대의원(익산 을)	7,940 (21.2)
이병룡	국민회	62	국민회 여산면지부장	1,429 (3.8)

전라남도

〈광주〉 지난 2대 총선에서는 14,354표차로 패배했던 정성태 후보가 심기일전하여 박철웅 의원에게 12,270표차로 되갚아 주고 의원직을 승계

광주시장 출신으로 제헌의원 선거에서 무투표 당선된 정광호 의원이 고향을 찾아 경기도 양주로 옮겨간 지난 2대 총선에서는 12명의 정치신인들이 출전하여 혼전을 전개했다.

명치대 출신으로 조선대 학장인 박철웅 후보가 과도정부 시절 입법의원을 지낸 정성태 후보 등 11명의 후보들을 큰 표차로 따돌리고 지역의 주인이 됐다.

전라남도지사인 최영욱, 전남도 농지위원인 노총 고석룡, 호남신

문 사장인 정두범, 독립운동가인 조정관, 한의사인 조낙구 후보들도 출전했으나 당선권에서 멀어졌다.

이번 총선에는 지난 2대 총선에서 대결하여 승패가 엇갈렸던 박철웅 의원과 정성태, 노인환 후보들이 재대결을 펼쳤다.

사세청장을 지낸 최태근, 체신청장을 지낸 김재규, 민국당 간부로 활동했던 김용환, 농업인인 지창수 후보들이 새롭게 출전했다.

지난 2대 총선에서는 14,354표차로 패배했던 정성태 후보가 심기일전하여 4년간 지역 기반을 다져 조선대 총장이지만 자유당 공천에서 제외된 박철웅 의원을 12,270표차로 꺾은 기적을 만들어냈다.

지난 2대 총선에서 1,764표를 득표했던 노인환 후보도 자유당 공천 후보임을 내세워 6,131표 득표로 신장했다.

□ 득표상황

후보자	정당	연령	주요 경력	득표 (%)
정성태	무소속	38	교육가, 입법의원	21,164 (41.1)
박철웅	무소속	41	2대의원(광주)	8,894 (17.3)
김용환	민주국민당	54	인쇄업	8,429 (16.4)
노인환	자유당	36	회사원	6,131 (11.9)
최태근	무소속	53	사세청장	3,522 (6.8)
김재규	무소속	46	체신청장	2,907 (5.6)
지창수	무소속	46	농업인	470 (0.9)

〈목포〉 현역의원들에 대한 불신 풍조를 업고 전남도 학무과장을 지낸 정중섭 후보가 자유당 유정두 후보를 꺾고 당선

제헌의원 선거에서 목사인 이남규 후보가 목포상공회의소 회두인 강선명 후보를 꺾고 당선됐으나 전남도지사로 임명됐다.

이남규 의원의 사퇴로 실시된 보궐선거에서 강선명 후보가 대법원장을 지낸 김용무 후보를 꺾고 당선됐다.

이남규, 강선명 후보들이 재대결을 펼친 2대 총선에서는 목사로서 노총 부위원장으로 활약한 임기봉 후보가 노조원들의 열렬한 지지로 전남도지사를 지낸 이남규, 현역의원인 강선명 후보들을 제압하고 등원했다.

국민회 지부장인 오재균, 검사 출신 변호사인 한독당 박팔천, 재무부 세관국장을 지낸 민국당 김현규, 면장 출신인 정남진, 변호사인 천주교연맹 양덕표 후보들도 출전했다.

임기봉 의원이 재선 고지 점령에 나선 이번 총선에는 지난 2대 총선에서 낙선했던 전남도의원을 지낸 홍익선, 외자관리청 목포사무소장인 안길호, 전남도 학무과장과 전남대 상과대학장을 지낸 정중섭, 목포시의회 의장을 지낸 유정두, 호남의원 원장인 박희정, 목포상선 사장인 김대중, 목포 해상연맹위원장인 신유돈 후보들이 출전했다.

현역의원에 대한 불신 풍조가 만연해 임기봉 현역의원이 당선권에서 멀어진 선거전에서 민국당 집행위원인 김현규 후보의 사퇴에 힘입어 전남대 교수로서 명망을 얻은 민국당 정중섭 후보가 자유

당 공천 후보임을 내세운 유정두, 외자청 목포소장인 안길호 후보들을 꺾고 국회 등원에 성공했다.

목포상선 사장인 김대중 후보도 출전하여 3,392표를 득표하여 5위로 낙선했다.

□ 득표상황

후보자	정당	연령	주요 경력	득표 (%)
정중섭	민주국민당	56	전남대 상과대학장	8,710 (25.6)
유정두	자유당	41	목포시의회 의장	5,806 (17.1)
안길호	무소속	49	외자청 목포소장	4,388 (12.9)
홍익선	무소속	31	전남도의원	3,838 (11.3)
김대중	무소속	28	목포상선 사장	3,392 (10.0)
신유돈	대한노총	32	회사원	3,092 (9.1)
임기봉	노총	50	2대의원(목포)	2,472 (7.3)
박희정	무소속	50	호남의원 원장	1,715 (5.0)
이숙로	무소속	27	고교 강사	552 (1.6)
김현규	민주국민당	30	민국당 집행위원	사퇴

〈여수〉 지난 2대 총선에서 제헌의원을 꺾은 여세를 몰아 외자구매청장을 지낸 김우평 후보를 가볍게 제압한 정재완

지난 2대 총선에서는 전남도 사회교육과장 출신으로 신문사 사장인 정재완 후보가 제헌의원 선거에서 승패가 엇갈렸던 여수군수를 지낸 김문평 당선자와 면장을 지낸 여도현 후보들을 잠재우고 새로운 지역의 주인으로 등장했다.

동아일보 지국장인 국민회 문균 후보도 출전하여 선전했으며, 군수를 지낸 박양화, 경찰관 출신인 민국당 박정인, 노총위원장인 윤창조 후보들도 출전했다.

이번 총선에는 일본 동양대 출신으로 현역의원인 정재완 후보가 초대 외자구매청장을 지낸 무소속 김우평, 여수시의회 의장 출신으로 자유당 공천을 받은 문균 후보들을 가볍게 제압하고 재선의원이 됐다.

양조장을 경영하는 김경택 후보도 민국당 공천으로 출전했다.

□ 득표상황

후보자	정당	연령	주요 경력	득표 (%)
정재완	무소속	54	2대의원(여수)	10,498 (41.6)
김우평	무소속	57	외자구매청장	6,882 (27.3)
문 균	자유당	47	여수시의회 의장	6,759 (26.8)
김경택	민주국민당	55	양조업	1,098 (4.3)

〈순천〉 지난 2대 총선에서 낙선했던 윤형남 후보가 외무부 법무과장으로 재무장하여 순천에서 당선된 김양수, 승주에서 당선된 김정기 의원들을 격파

제헌의원 선거에서 순천 갑구에서 결전을 벌였던 순천노동조합장 출신인 황두연 후보와 순천군수를 지낸 김양수 후보가 지난 제2대 총선에서도 재대결을 펼쳤다.

낙선의 설움을 딛고 민국당 김양수 후보가 황두연 제헌의원을 꺾고 설욕전에서 승리한 선거전에 고등문관시험에 합격한 변호사 윤형남, 동아일보 지국장인 신순우, 자동차수리기 조합장인 정봉식 후보들도 출전했다.

이번 총선에는 지난 2대 총선에서 격전을 벌여 승패가 엇갈렸던 김양수 의원과 윤형남 후보가 재격돌을 펼쳤다. 지난 2대 총선에서 두 후보의 표차는 8,049표였다.

순천군수 출신으로 2대 총선에서는 승주에서 당선된 김정기 후보가 지역구를 옮겨 출전하여 두 명의 현역의원이 맞붙은 선거전에서 법제처 법제관과 외무부 법무과장을 지낸 윤형남 후보가 인물론을 내세워 김정기 의원과 김양수 의원들을 꺾고 당선됐다.

순천시의회 의장을 지낸 김종하 후보는 자유당으로, 전남도의원을 지낸 서정록 후보는 무소속으로 출전했다.

□ 득표상황

후보자	정당	연령	주요 경력	득표 (%)
윤형남	무소속	43	법제처 법제관	7,266 (33.2)
김정기	무소속	60	2대의원(승주)	4,448 (20.3)
김종하	자유당	44	순천시의회 의장	3,722 (17.0)
서정록	무소속	51	전남도의원	3,573 (16.3)

김양수	민주국민당	57	2대의원(순천)	2,882 (13.2)
조상두	무소속	27	정치학회 부회장	사퇴

<광산 갑> 30대의 무명인사로서 지난 2대 총선에선 1,872표에 머물렀지만, 자유당 공천을 내세워 제헌의원인 박종남, 2대 의원인 정순조 후보들을 꺾은 이정휴

광산군이 갑·을구로 분구된 지난 2대 총선에서는 제헌의원인 박종남 의원을 비롯하여 11명의 후보들이 난타전을 전개했으며, 금융조합 이사로서 풍부한 자금과 국민회원들의 지지를 묶은 정순조 후보가 동곡면민들의 지지를 받은 유병관, 검사 출신 변호사로 활약이 돋보인 기세훈 후보들을 제압하고 당선됐다.

대학교수로 제헌의원인 박종남 의원은 민심이반으로 당선권에서 멀어졌고, 변호사인 양지훈, 서창면장 출신으로 제헌의원 선거에도 출전했던 김병한, 일간 정견뉴스 사장인 박용하 후보들도 출전했다.

이번 총선에는 지난 2대 총선에서 격전을 벌였던 제헌의원 박종남, 2대의원 정순조, 1,832표 득표에 머문 이정휴 후보들이 재대결을 펼쳤다.

회사장인 김판우, 재일거류민단 민생국장인 조윤구 후보들도 출전했다.

30대 무명인물이지만 자유당 공천을 받은 이정휴 후보가 행정력과 경찰력을 동원하여 제헌의원인 박종남, 2대의원인 정순조 후보들을 꺾고 새로운 지역구의 주인이 됐다.

□ 득표상황

후보자	정당	연령	주요 경력	득표 (%)
이정휴	자유당	35	지구당위원장	12,621 (40.3)
박종남	무소속	38	제헌의원(광산)	8,360 (26.7)
정순조	민주국민당	65	2대의원(광산 갑)	6,441 (20.5)
김판우	무소속	35	회사장	3,494 (11.2)
조윤구	무소속	39	거류민단 민생국장	434 (1.4)

〈광산 을〉 군수와 경찰서장의 용쟁호투에서 자유당으로 출전한 이경수 후보의 사퇴에 힘입어 경찰서장 출신인 정의식 후보를 꺾고 당선된 박흥규

지난 2대 총선에서 신설된 이 지역구는 12명의 정치신인들이 각축전을 전개했으며, 지산면장 출신인 국민회 정인식 후보가 중학교 교장 출신인 지창선 후보를 꺾고 당선됐다.

정치운동을 펼친 사회당 김흥곤, 곡성에서 제헌의원에 당선된 민국당 서우석, 공장을 운영하는 국민당 백춘성 후보들도 출전했다.

정인식 의원이 불출마한 이번 총선에는 고시위원회 총무과장을 지

낸 윤주동, 광산경찰서장을 지낸 정의식, 해병대 촉탁이었던 이필선, 전남도 과장과 군수를 지낸 박흥규, 서창면장을 지낸 김병한 후보들이 출전했다.

자유당으로 출전한 박흥규 후보가, 전남 임업시험장장으로 자유당으로 출전한 이경수 후보의 사퇴에 힘을 얻어 군수와 경찰서장의 혈투에서 정의식 후보를 꺾고 등원에 성공했다.

□ 득표상황

후보자	정당	연령	주요 경력	득표 (%)
박흥규	자유당	41	군수, 전남도 과장	12,979 (37.8)
정의식	무소속	34	경찰서장	9,727 (28.4)
이필선	무소속	25	해병대 촉탁	4,647 (13.6)
김병한	무소속	43	광산군 서창면장	4,016 (11.7)
윤주동	무소속	37	고시위 총무과장	2,924 (8.5)
이재수	자유당	47	전남 임업시험장장	사퇴

〈담양〉 제헌의원, 2대 총선, 보궐선거에서 연속적으로 낙선했지만 자유당 공천을 받고서 3전 4기를 이뤄낸 박영종

제헌의원 선거에서 결전을 벌였던 의사로서 담양군수를 지낸 조선민족청년단 정균식, 조도전대 출신으로 외무부 서기관을 지낸 박영종, 의사로서 독립촉성국민회 지부장인 김동호 후보들이 제2대 총선에서 재대결을 펼쳤다.

그러나 창평면장 출신으로 창평면민들의 전폭적인 지지를 받은 김홍용 후보가 제헌의원 선거에서 혈전을 전개한 후보들 모두를 꺾고 새로운 주인으로 등장했다.

담양부읍장을 지낸 국민회 김형열, 동아일보 기자인 국태일, 동아일보 주필인 고재욱 후보들도 출전하여 당선권을 넘나들었다.

김홍용 의원 사망으로 실시된 보궐선거에서는 자유당 공천을 받은 김문용 후보가 독립운동가인 국민회 정규식, 담양군수를 지내고 2대 총선에도 출전했던 국민회 김동호, 호남신문 편집국장을 지낸 자유당 박영종 후보들을 꺾고 당선됐다.

사법서사인 자유당 남상기 후보는 중도에 사퇴했다.

이번 총선에는 보궐선거에서 혈전을 전개했던 남상기, 김동호, 박영종, 김문용 후보들이 재대결을 펼쳤다.

창평면장을 지낸 고재연, 담양군수를 지낸 이상관, 국민회 지부장인 정기환, 국민교 교사였던 박정용 후보들이 새롭게 출전했다.

대한청년단 전남도단부단장, 호남신문 편집국장을 지낸 박영종 후보가 자유당 공천을 받고서 자유당 공천 후보임을 내세워, 담양군수 출신으로 자유당으로 출전한 이상관 후보의 사퇴에 힘입어 담양군수 출신인 김동호, 전남도의원 출신인 남상기, 보궐선거에서 당선된 김문용 후보들을 큰 표차로 따돌리고 등원에 성공했다.

제헌의원과 2대 총선, 보궐선거에서 낙선한 박영종 후보는 3전 4기를 이뤄냈지만, 김문용 후보는 1승 3패, 김동호 후보는 4연속 패배를 기록했다.

□ 득표상황

후보자	정당	연령	주요 경력	득표 (%)
박영종	자유당	37	한청 전남도단부단장	19,273 (50.4)
김동호	국민회	49	담양군수	8,725 (22.8)
남상기	농민회	44	전남도의원	5,667 (14.8)
김문용	자유당	37	2대의원(담양,보궐)	2,344 (6.1)
정기환	국민회	48	국민회 담양군지부장	1,286 (3.3)
박정용	무소속	31	국민교 교사	976 (2.6)
고재연	무소속	59	담양군 창평면장	사퇴
이상관	자유당	45	담양군수	사퇴

<곡성> 지난 2대 총선에서는 750표차에 불과했지만 자유당 공천을 받은 이번 총선에서 12,097표차로 당선된 조순

서우석 의원이 광산구로 옮겨간 지난 2대 총선에서는 대한청년단 곡성군단장으로 활약한 조순 후보가 민국당 재정부장인 윤추섭 후보를 750표차로 꺾고 당선됐다.

조순 후보는 오곡면장 출신인 안규선, 대한청년단 간부인 양택식 후보의 지지표 분산에도 불구하고 풍부한 자금과 방대한 조직으로 당선을 일궈냈다.

이번 총선에서는 지난 2대 총선에서 승패가 750표차로 엇갈렸던 조순 의원과 윤추섭 후보가 재대결을 펼쳤다.

석유회사 지점장인 양병우 후보가 두 후보의 혈투를 지켜봤다.

자유당 공천을 받은 조순 의원이 민국당 전남도 총무부장으로 활약한 윤추섭 후보를 이번 총선에는 12,097표차로 간극을 벌리고 재선의원이 됐다.

□ 득표상황

후보자	정당	연령	주요 경력	득표 (%)
조 순	자유당	40	2대의원(곡성)	20,189 (59.4)
윤추섭	민주국민당	57	전남도당 총무부장	8,092 (23.8)
양병우	무소속	43	석유회사 지점장	5,718 (16.8)

<구례> 두 번 낙선에 따른 동정여론을 일으켜 자유당 공천을 받은 이한창 의원을 격파하고 2전 3기를 이뤄낸 이갑식

지난 2대 총선에서는 제헌의원 선거에서 9,235표차로 한민당 김종선 후보에게 패배한 이판열 후보가 와신상담하며 지역구를 누벼 양조장으로 기반을 다진 김종선 의원을 꺾고 의원직을 승계했다.

어업조합 연합회 이사장을 지낸 이한창, 전남상공회의소장으로 군수를 지낸 문동호, 회사 부사장인 이갑식 후보들도 출전했다.

이판열 의원의 사망으로 실시된 보궐선거에서는 어업연맹 회장으로 지난 2대 총선에서 차점 낙선한 이한창 후보가 자유당 소속으로 출전하여 회사원으로 3위로 낙선한 이갑식 후보를 2,207표차로 꺾고 당선됐다.

경찰관 출신인 안종삼, 약종상인 김세창 후보들도 출전했다.

이번 총선에서는 보궐선거에서 격전을 벌였던 이한창, 이갑식, 김세창 후보들이 재대결을 펼쳤다.

일본 신호대 출신인 이갑식 후보가 두 번이나 낙선한 데 따른 동정여론을 일으켜 현역의원으로 자유당 공천을 받은 이한창 후보를 1,818표차로 꺾고 2전 3기의 오뚝이 기질을 발휘했다.

□ 득표상황

후보자	정당	연령	주요 경력	득표 (%)
이갑식	무소속	50	미군정 재무위원	12,028 (53.0)
이한창	자유당	60	2대의원(구례)	10,210 (45.0)
김세창	무소속	54	교원	452 (2.0)

〈광양〉 예비역 육군준장으로 자유당 공천을 받고 혜성처럼 나타나 현역의원인 엄상섭 후보를 격파한 김정호

제헌의원 선거에서 혈전을 벌인 김옥주, 김재우, 김준기, 엄정섭 후보들이 사라진 제2대 총선에서는 검사 출신 변호사로 능변가인 엄상섭 후보가 국회 전문위원으로 활약한 황숙현 후보를 552표차로 꺾고 국회에 등원했다.

전주시장을 지낸 안상선, 어업조합연합회 이사인 김영현 후보들도

출전하여 두 후보에 대한 추격전을 전개했다.

이번 총선에서는 예비역 육군 준장으로 자유당 공천을 받은 김정호 후보가 고등고시를 합격한 변호사로서 2대 총선에서 당선된 엄상섭 의원을 1,220표차로 꺾고 의원직을 승계했다.

김정호 후보는 능변가인 엄상섭 의원의 출신시를 기론하여 지역감정을 불러일으켜 승리를 엮어냈다.

□ 득표상황

후보자	정당	연령	주요 경력	득표 (%)
김정호	자유당	44	육군 준장	15,702 (52.0)
엄상섭	무소속	45	2대의원(광양)	14,482 (48.0)

〈여천〉 두 번이나 낙선함에 따른 동정여론과 주민들의 신망을 묶어 두 번이나 당선되고 자유당 공천을 받은 황병규 의원을 꺾고 2전 3기를 이뤄낸 김철주

여수군에서 여수시를 제외한 전 지역을 관할하는 이 지역구는 지난 제헌의원 선거 때는 여수 을구에서 당선된 황병규 의원이 2대 총선에서 여천군수를 지낸 유성한, 의사로서의 인술을 베푼 김철주 후보와의 3파전에서 승리하여 재선의원이 됐다.

여수수산학교 동문들의 적극적인 지원을 받은 황병규 의원이 여수군수 경력을 활용한 유성한 후보를 145표차로, 의사인 김철주 후

보를 218표차로 꺾었다.

이번 총선에는 황병규 재선 의원에게 지난 2대 총선에서 218표차로 석패한 김철주 후보와 전남도의원을 지낸 서일선 후보들이 무소속으로 재도전했다.

민국당 조석래와 김병길, 양조업과 어업을 영위한 명창순, 세무서장을 지낸 장원석 후보들도 출전했다.

나병환자 전문치료병원인 신풍애양원 원장으로 여수군수를 지낸 김철주 후보가 두 번의 낙선에 따른 동정여론과 주민들의 신망을 얻어 재선의원으로 자유당 공천을 받은 황병규 후보를 4천여 표차로 꺾고 2전3기를 이뤄냈다.

□ 득표상황

후보자	정당	연령	주요 경력	득표 (%)
김철주	무소속	53	군수, 애양원장	16,064 (33.8)
황병규	자유당	45	2선의원(여수 을)	11,609 (24.4)
명창순	국민회	63	양조업, 어업	8,294 (17.4)
서일선	무소속	41	전남도의원	4,317 (9.1)
조석래	민주국민당	37	상업	3,502 (7.4)
장원석	무소속	58	세무서장	2,081 (4.4)
김병길	민주국민당	34	민국당 여수집행위원	1,682 (3.5)

〈승주〉 김화성 자유당 승주군당위원장을 밀쳐내고 자유당 공천을 받은 이형모 후보가 자유당 공천 후보임을 내세워 대

승을 거두고 국회에 등원

지난 2대 총선에서는 목포부윤을 지낸 김정기 후보가 옥천 조씨 문중들의 집중지원으로 제헌의원에 당선한 조옥현 후보를 큰 표차로 따돌리고 국회에 등원했다.

교원 출신인 장대성, 육영사업가인 사회당 조옥환, 경찰 출신인 서달호, 회사원인 국민회 김상수, 면서기 출신인 조민종, 변호사 출신인 최상진 후보들도 출전했다.

김정기 의원이 순천시로 지역구를 옮긴 이번 총선에는 지난 2대 총선에서 뛰었던 9명의 후보들이 모두 사라지고 새로운 7명의 후보들이 혼전을 전개했다.

국회 전문위원인 김한기, 양조업자로서 법원 서기였던 이형모, 자유당 위원장으로 활동했던 김화성, 김구 주석 비서 출신으로 2대 총선에는 전북 익산 을구에 출전했던 조경한, 경찰관이었던 남정수, 회사장인 박창식, 유림회원인 서정기 후보들이 출전했다.

김화성 위원장을 밀쳐내고 자유당 공천을 받은 이형모 후보가 순천시의 외곽 농촌 지역의 지역 특성에 맞춘 선거 전략으로 옥천 조씨 지지를 받은 조경한, 자유당 옛 조직을 되살린 김화성, 황전 면민들의 지지를 받은 남정수 후보들을 큰 표차로 따돌리고 등원에 성공했다.

□ 득표상황

후보자	정당	연령	주요 경력	득표 (%)
이형모	자유당	40	양조업, 법원 서기	15,707 (35.4)

조경한	무소속	53	상해임정 국무위원	7,537 (17.0)
김화성	국민회	37	자유당 군당위원장	7,295 (16.4)
남정수	무소속	46	경찰관(경감)	5,793 (13.0)
김한기	무소속	37	국회 전문위원	4,029 (9.1)
박창식	농민회	47	회사장	3,087 (6.9)
서정기	무소속	57	유림회원	980 (2.2)

〈고흥 갑〉 반민특위 위원으로 활약한 숙명여대 교수인 손문경 후보가 지난 총선에서 낙선에 따른 지명도와 자유당 공천 후보임을 내세워 대승을

지난 2대 총선에서는 제헌의원 선거에서 목사로서 독립촉성국민회 고흥군지부장으로 고흥 갑구에서 당선된 오석주, 일본대 출신으로 점암면민들의 도움으로 고흥 을구에서 당선된 유성갑 의원이 함께 출전한 이색적인 대결을 펼쳤다.

그러나 선거 결과는 유성갑 의원은 3위로, 오석주 의원은 4위로 밀려나고 제헌의원 선거에서 오석주 후보에게 1,902표차로 석패한 박팔봉 후보가 숙명여대 교수로 반민특위 위원으로 활약한 손문경 후보에게 19표차로 신승을 거뒀다.

박팔봉 의원이 고흥 을구로 지역구를 옮긴 이번 총선에는 2대 총선에서 차점 낙선한 숙명여대 교수인 손문경 후보가 자유당 공천을 받고 당선을 예약했다.

중앙청 기획관이었던 김종신, 금산면장으로 전남도의원을 지낸 김영우, 고흥면장을 지낸 김윤희, 전남도 과장과 군수로 활약했던 이상락, 치안국 경리과장을 지낸 장두만, 고흥군 농민회 기수로 활약한 한영섭 후보들이 출전했다.

자유당 공천 경쟁에서 밀렸으나 등록했던 김행현 후보의 사퇴에 고무된 손문경 후보가 지난 2대 총선에서 얻은 지명도, 자유당 공천 후보임을 내세워 대승을 거두었다.

□ 득표상황

후보자	정당	연령	주요 경력	득표 (%)
손문경	자유당	41	숙명여대 교수	15,480 (36.4)
이상락	무소속	43	군수, 전남도 과장	6,208 (14.6)
김영우	어민회	43	면장, 전남도의원	5,748 (13.5)
김종신	무소속	35	중앙청 기획관	4,624 (10.9)
김윤희	농민회	54	훈도(訓導), 면장	3,715 (8.7)
장두만	무소속	56	치안국 경리과장	3,528 (8.3)
한영섭	무소속	34	고흥군농민회 기수	3,234 (7.6)
김행현	자유당	42	어업조합 이사	사퇴

〈고흥 을〉 지난 2대 총선에서 서민호 의원에게 패배하고 자유당 공천을 받고서 박팔봉 의원에게 되갚아준 송경섭

지난 2대 총선에서는 제헌의원 선거에서 당선된 유성갑 의원이 갑구로 옮겨가고 2,020표차로 낙선한 서민호 후보의 독무대가 되어 포두면장 출신인 송경섭 후보를 2만여 표차로 꺾고 국회에 등원했다.

서민호 후보는 미국 컬럼비아대 출신으로 전남도지사를 지냈다.

이번 총선에는 서민호 의원이 살인 혐의로 수감되어 출전이 불가능하자 갑구에서 당선된 박팔봉 의원이 을구로 옮겨와 지난 총선에서 서민호 의원에게 석패한 송경섭 후보와 한판 승부를 펼쳤다.

상공부와 전남도에 근무했던 김병칠, 고교 교사인 박병임, 어민회 간부로 활동했던 지영춘 후보들도 처녀 출전했다.

지난 2대 총선에서 낙선했지만 얻은 높은 지명도와 자유당 공천 후보임을 내세운 송경섭 후보가 대승을 거두었고, 갑구에서 당선됐던 박팔봉 의원의 성적은 초라했다.

□ 득표상황

후보자	정당	연령	주요 경력	득표 (%)
송경섭	자유당	50	지역구 위원장	18,895 (54.9)
박팔봉	무소속	51	2대의원(고흥 갑)	4,731 (13.7)
지영춘	무소속	31	기자, 어민회 간부	4,501 (13.1)
박병임	무소속	32	고교 교사	3,211 (9.3)
김병칠	무소속	29	전남도청 직원	3,080 (9.0)

〈보성〉 경찰서장 출신인 김성복 후보가 경찰의 도움으로 자유당 공천을 받은 임병석 후보를 329표차로 꺾고 당선

제2대 총선에서는 제헌의원 선거에서 광주 이씨 문중들의 전폭적인 지원으로 당선된 민국당 이정래 의원이 현역의원에 대한 불신과 배척으로 어민조합장으로 국민회 활동을 펼친 무명의 감낙오 후보에게 2,371표차로 무너져 의원직을 넘겨줬다.

전남도 과장을 지낸 염동두, 인쇄소를 경영한 정해룡, 제재업자인 국민당 박종면, 내무부 직원이었던 김영관 후보들도 선거전에 참여했다.

김낙오 의원이 불출마한 이번 총선에는 지난 2대 총선에서 차점 낙선한 이정래 후보가 재기의 나래를 펼치자 2대 총선에서 함께 뛰었던 5명의 후보들은 모두 꿈을 접었으나, 정치신인 10명의 후보들이 처녀 출전하여 난립됐다.

경찰서장을 지낸 김성복, 민국당 보성군당위원장인 박용주, 벌교읍의원인 최갑원, 국민회 선전부장으로 활동한 최동우, 국민교 교장인 김효열, 국민회 경남도당위원장으로 활동한 김창권, 국민회 전남도 지부장으로 자유당 공천을 받은 임병석, 제헌의원이었던 이정래 후보들이 난립하여 혼전을 벌였다.

광주 이씨 문중세를 규합한 이정래 후보가 부진했고, 경찰서장 출신인 김성복 후보가 경찰들의 간접지원으로 자유당 공천을 받은 임병석 후보를 329표차로 예상을 뒤엎어 꺾고 승전고를 울렸다.

☐ 득표상황

후보자	정당	연령	주요 경력	득표 (%)
김성복	무소속	52	경찰서장	13,272 (23.0)
임병석	자유당	41	국민회 전남도지부장	12,943 (22.4)
이정래	민주국민당	55	제헌의원(보성)	8,774 (15.2)
김창권	무소속	37	국민회 경남위원장	6,260 (10.8)
최갑원	무소속	31	경감, 벌교읍의원	3,699 (6.4)
박용주	무소속	54	민국당 군당위원장	3,602 (6.2)
최동우	무소속	40	국민회 선전부장	3,390 (5.9)
김효열	무소속	47	국민회 벌교읍지부장	2,326 (4.0)
서재홍	무소속	49	회사원	1,707 (3.0)
김문수	국민회	37	정치훈련소 강사	943 (1.6)
안규만	무소속	37	정음학원 설립	820 (1.5)

〈화순〉 한국통운 사장으로 풍부한 재력을 바탕으로 자유당 공천을 받은 구홍남 후보가 세 번째 맞대결을 펼친 조국현 제헌의원, 박민기 2대의원을 무너뜨려

제헌의원 선거에서 승패가 엇갈린 대성회 조국현, 독립촉성국민회 박민기 후보들이 재대결을 펼친 제2대 총선에서는 박민기 후보가 국민회원들의 열렬한 지지로 조국현 의원을 꺾고 설욕전을 승리로 장식했다.

춘양면장을 지낸 기세풍, 중학교 교사였던 이도근, 이서면장을 지

낸 오종순 후보들도 출전했다.

제헌의원 조국현, 2대의원 박민기 후보들이 세 번째 맞대결을 펼친 이번 총선에는 경찰관 출신인 정병갑, 사립학교장인 권영덕, 민사처 경제관으로 활약한 양회수, 한국통운 사장인 구흥남, 사립대 강사인 오남기 후보들이 새롭게 출전했다.

한국통운 사장으로 풍부한 재력과 자유당 공천 후보라는 허울을 쓴 구흥남 후보가 능주면민들의 전폭적인 지지를 업고 세 번째 대결을 펼친 조국현과 박민기 후보들을 꺾고 새로운 지역의 주인으로 등장했다.

□ 득표상황

후보자	정당	연령	주요 경력	득표 (%)
구흥남	자유당	40	한국통운 사장	13,373 (30.8)
조국현	민주국민당	58	제헌의원(화순)	7,163 (16.5)
양회수	무소속	32	민사처 경제관	6,996 (16.1)
정병갑	무소속	34	경찰관(경감)	6,507 (15.0)
박민기	민주국민당	42	2대의원(화순)	5,312 (12.2)
오남기	무소속	48	대학 강사	2,092 (4.8)
권영덕	무소속	29	사립학교장	2,009 (4.6)

〈장흥〉 지난 2대 총선에서는 무소속으로 12,240표차로 패배했지만, 자유당 공천을 받은 이번 총선에서는 885표차로 고영완 의원에게 설욕한 손석두

장흥군수 출신으로 제헌의원 선거에서 교원 출신인 김중기 후보에게 10,314표차로 패배한 고영완 후보가 제2대 총선에서는 김중기 의원을 11,753표차로 되갚아주고 의원직을 승계했다.

대덕면장을 지낸 이세옥, 회사장인 박진, 수원농대 교수인 이양래, 양조장을 운영하고 있는 손석두, 고교 교장인 장순섭 후보 등 12명의 후보들이 혼전을 전개했다.

고영완 의원이 재선을 향해 달린 이번 총선에는 고영완 후보에게 패배했던 명치대 출신으로 중앙대 강사인 이양래, 국민회 장흥군 회장으로 활동한 손석두 후보들이 설욕전을 펼쳤다.

출판업자인 백쌍암, 국민교 교사인 정동열, 농민회 이병민, 자유당 훈련원 총무과장을 지낸 윤대하 후보들도 참전했다.

자유당 공천을 받은 손석두 후보가 자유당으로 출전한 백쌍암, 이양래 후보들의 사퇴에 힘을 얻어 지난 2대 총선에서 12,240표차의 패배를 딛고 민국당으로 출전한 고영완 현역의원을 885표차로 꺾고 의원직을 승계했다.

□ 득표상황

후보자	정당	연령	주요 경력	득표 (%)
손석두	자유당	43	국민회 장흥군회장	15,810 (38.0)
고영완	민주국민당	40	2대의원(장흥)	14,925 (35.8)
이병민	농민회	36	농업인	8,194 (19.7)
윤대하	유도회	35	자유당 훈련원 과장	1,900 (4.6)
정동열	무소속	45	국민학교 교사	813 (2.0)

| 백쌍암 | 자유당 | 48 | 출판업, 회사원 | 사퇴 |
| 이양래 | 자유당 | 42 | 저술가, 대학강사 | 사퇴 |

〈강진〉 자유당 강진군위원장인 이선웅 후보를 밀쳐내고 자유당 공천을 받은 저력을 발휘하여 양병일 현역의원을 큰 표차로 꺾은 김성호

지난 2대 총선에서는 대한청년단 광주시단장으로 활약한 양병일 후보가 혜성처럼 나타나 농민회 서기 출신이지만 제헌의원 선거에서 당선된 국민당 차경모, 명치대 출신으로 병영면장을 지낸 민국당 김용선 후보들을 제압하고 지역의 새로운 주인으로 등장했다.

만주세관에서 과장을 지낸 김승식, 중학교 교장을 지낸 정종실, 변호사인 이희철 후보들도 함께 뛰었다.

변호사인 양병일 의원에게 패배했던 7명의 후보들이 설욕의 꿈을 접은 이번 총선에는 같은 변호사로서 전남도의원을 지낸 김성호, 자유당 강진군위원장으로 활약한 이선웅, 신문사 사장인 조덕훈, 일제 시절 전남도의원을 지낸 차종채 후보들이 양병일 의원의 재선 저지에 나섰다.

장흥군위원장을 밀쳐내고 자유당 공천을 받은 김성호 후보가 자유당 조직을 재정비하여 민국당으로 출전한 양병일 의원을 큰 표차로 꺾고 의원직을 승계했다.

□ 득표상황

후보자	정당	연령	주요 경력	득표 (%)
김성호	자유당	54	변호사, 잔남도의원	20,011 (50.0)
양병일	민주국민당	44	2대의원(강진)	10,410 (26.0)
조덕훈	무소속	34	신문사 사장	5,614 (14.0)
이선웅	무소속	42	자유당 장흥군위원장	3,992 (10.0)
차종채	무소속	64	전남도의원(일제)	등록 취소

〈해남 갑〉 지난 2대 총선에서는 12,486표차로 광주시장 출신인 윤영선 후보에게 패배했지만, 자유당 공천을 받은 이번 총선에서는 12,274표차로 승리한 김병순

동경제대 출신으로 광주시장을 지낸 윤영선 후보가 제헌의원 선거에서는 병원장인 송봉해 후보에게 292표차로 패배했지만, 지난 2대 총선에서는 심기일전하여 파평 윤씨 문중의 집중지원으로 쟁쟁한 후보들에게 대승을 거두고 등원에 성공했다.

수의사 출신으로 서울대 이사인 김병순, 대구 고등법원장을 지낸 국민회 이활정, 제헌의원 선거에선 해남 을구에서 당선된 이성학 후보들이 출전하여 4파전을 전개했었다.

이번 총선에서는 지난 2대 총선에서 자웅을 겨뤘던 윤영선 의원과 김병순 후보가 재대결을 펼쳤다.

축산협동조합연합회 전무로 자유당 공천을 받은 김병순 후보가 지

난 2대 총선에서 12,486표차로 패배를 안겨줬던 광주시장을 지낸 윤영선 의원을 이번 총선에서는 12,274표차로 되갚아주고 의원직을 승계했다.

윤영선 의원은 자유당 공천에서 탈락하자 자유당을 탈당하고 무소속으로 도전해보았으나 역부족이었다.

□ 득표상황

후보자	정당	연령	주요 경력	득표 (%)
김병순	자유당	44	축산조합중앙회 전무	24,565 (66.7)
윤영선	무소속	48	2대의원(해남 갑)	12,291 (33.3)

〈해남 을〉 화원면민들이 김영태 전 경찰서장과 자유당 공천을 받은 박기배 의원에게 양분되는 틈새를 비집고 승리를 낚아챈 무소속 민영남

명치대 출신으로 충남 서산농장의 농장장인 박기배 후보가 제헌의원 선거에서는 대동청년단 이성학 후보에게 1,229표차로 패배했지만, 제2대 총선에서는 제헌의원 선거에서 3위로 낙선한 민국당 민영동 후보를 394표차로 꺾고 당선되는 행운아가 됐다.

목사인 이순영, 회사장인 김재순, 농업학교 교장인 김창석, 중학교장이었던 박래수 후보들도 출전했다.

박기배 의원이 재선을 향해 달린 이번 총선에는 경도제대 출신으

로 농림부 조림과장을 지낸 민영남, 신문기자인 김인제, 변호사인 김채용, 피혁공장 공장장인 김재순, 회사원인 김진관, 경찰서장 출신인 김영태, 금융조합 이사인 윤대현 후보들이 출전했다.

명치대 출신 현역의원으로 자유당 공천까지 받아 재선고지 점령은 당연하게 여겨졌으나, 경찰서장을 지낸 김영태 후보가 출전하여 화원면민들의 표가 양분되어 계곡면민들의 절대적인 지지를 받은 민영남, 산이면민들의 전폭적인 지지를 받은 김채용 후보들에게 뒤진 3위로 낙선했다.

□ 득표상황

후보자	정당	연령	주요 경력	득표 (%)
민영남	무소속	46	농림부 조림과장	7,433 (24.6)
김채용	국민회	41	변호사	6,078 (20.1)
박기배	자유당	40	2대의원(해남 을)	5,728 (19.0)
김재순	민주국민당	52	피혁회사 공장장	3,472 (11.5)
김영태	무소속	42	경찰서장	3,311 (11.0)
김진관	무소속	33	회사원	2,008 (6.7)
윤대현	무소속	61	금융조합 이사	1,504 (5.0)
김인제	무소속	33	신문기자	644 (2.1)

<영암> 지난 총선에서 2천 표차로 무너졌지만 영암의 인물임을 내세워, 자유당 공천을 받고 수성에 나선 유인곤 의원을 10,548표차로 꺾고 의원직을 되찾은 김준연

지난 2대 총선에서는 동경 제국대와 베를린대 출신으로 동아일보 논설위원으로 명성을 날린 김준연 후보가 제헌의원 선거에서는 무투표 당선됐으나, 조도전대 출신으로 회사원인 국민당 유인곤 후보에게 2,000표차로 패배했다.

사법서사인 국민회 박찬직, 면장을 지낸 신용성 후보들도 출전하여 2강2약 체제가 전개됐다.

이번 총선에서는 지난 2대 총선에서 혈전을 전개한 유인곤 의원과 김준연 후보가 재격전을 벌였다.

함평군수 출신으로 전남일보 주필인 박종천, 정미업자로서 전남도의원을 지낸 천수봉 후보들도 출전했다.

법무부장관을 지낸 김준연 후보가 월출산 정기를 받고 태어난 영암의 인물임을 내세워, 자유당 공천을 받고 수성에 나선 유인곤 의원을 10,548표차로 제압하고 영암은 김준연의 왕국임을 선포했다.

□ 득표상황

후보자	정당	연령	주요 경력	득표 (%)
김준연	민주국민당	59	제헌의원(영암)	21,198 (53.1)
유인곤	자유당	50	2대의원(영암)	10,650 (26.7)
박종천	국민회	35	군수, 전남일보 주필	4,988 (12.5)
천수봉	국민회	40	전남도의원	3,100 (7.8)

<무안 갑> 5개 면 대표주자들의 혈전에서 2대 총선에 출전하여 얻은 지명도로 자유당 공천 후보를 꺾어버린 신행용

대법원장 출신으로 목포 보궐선거에서 낙선한 민국당 김용무 후보가 2대 총선에서는 제헌의원 선거에서 당선된 김용현 의원의 불출마, 화려한 경력으로 7명의 후보들을 제압하고 등원에 성공했다.

국민학교 교감을 지낸 국민당 박병칠, 망운면장을 지낸 신행용, 서울법대 재학 중인 주길남, 면장을 지낸 김태일, 의사인 국민당 오세남 후보들도 출전했다.

김용무 의원이 납북되어 무주공산인 이번 총선에는 지난 2대 총선에서 5,175표를 득표하여 3위로 낙선한 신행용 후보가 낙선한 7명의 후보들을 대표하여 출전했다.

서울방직 중역인 김상형, 민국당 무안군당위원장인 조병숙, 이노면장을 지낸 김재명, 수리조합장 출신으로 전남도의원인 박창수, 전남도의원인 박천재 후보들이 새롭게 출전했다.

몽탄면, 일노면, 이노면, 망운면, 금성면 대표주자들의 소지역대결에서 지난 2대 총선에 출전하여 낙선했지만 얻은 지명도를 활용한 망운면 신행용 후보가 자유당 공천 후보임을 내세운 일노면 박창수 후보를 4,122표차로 꺾고 재기에 성공했다.

□ 득표상황

후보자	정당	연령	주요 경력	득표 (%)
신행용	무소속	52	무안군 망운면장	13,477 (32.4)

박창수	자유당	55	수리조합장, 도의원	9,355 (22.5)
조병숙	민주국민당	29	민국당 무안군위원장	7,766 (18.7)
김상형	무소속	41	서울방직 중역	6,121 (14.7)
김재명	무소속	51	무안군 이노면장	4,840 (11.7)
박천재	농민회	43	전남도의원	사퇴

<무안 을> 전남도의원 출신인 유옥우 후보가 자유당 공천을 받고서 군수를 지낸 김영춘, 변호사인 주도윤 후보들을 제압

북경대 출신인 한민당 장홍염 후보가 제헌의원 선거에서 무안군수를 지낸 김용택 후보를 13,165표차로 제압하고, 제2대 총선에서도 현역의원에 대한 민심이반에도 불구하고 1,490표차로 제압하고 연승을 이어갔다.

검사 출신 변호사인 김점석과 윤명룡, 명치대 출신인 서광호, 공무원 출신인 박장극, 교원 출신인 천영 후보들도 당선권을 넘나들며 선전했다.

이번 총선에는 재선 의원인 장홍염, 차점 낙선한 김용택 후보 등 8명의 후보들이 바람처럼 사라지고 정치신인 5명이 새롭게 출전했다.

무안군수와 전남도 사회과장을 지낸 민국당 김영춘, 전남도의원으로 자유당 공천을 받은 유옥우 후보가 쟁패전을 벌였고, 조선대 교무과장을 지낸 배길도, 감찰위원회 감찰국장 출신인 변호사 주도윤, 사법서사인 위복실 후보들이 후발주자 3파전을 벌였다.

제염업자로서 비금면 출신으로 전남도의원을 지낸 유옥우 후보가 자유당 공천을 받아 군수를 지낸 김영춘, 변호사로 임자면에 기반을 구축한 주도윤, 도초면에 진지를 마련한 배길도 후보들을 꺾고 당선됐다.

□ 득표상황

후보자	정당	연령	주요 경력	득표 (%)
유옥우	자유당	39	전남도의원, 제염업	20,969 (44.6)
김영춘	민주국민당	41	군수, 전남도 과장	15,419 (32.8)
주도윤	무소속	31	감찰위 감찰국장	5,417 (11.5)
배길도	무소속	32	조선대 교무과장	4,317 (9.2)
위복실	무소속	29	사법서사	876 (1.9)

〈나주 갑〉 전남도의원 선거구 유권자들의 전폭적인 지원으로 자유당 공천을 받은 판사 출신 현역의원을 무너뜨린 기적을 만들어낸 무소속 최영철

지난 2대 총선에서는 판사 출신 변호사인 김종순 후보가 제헌의원 선거에서 나주읍과 영산포읍의 소지역대결로 승리한 이항발, 패배한 임봉진 후보들을 꺾고 새로운 지역의 주인으로 등장했다.

전남도 임학시험장장인 이재수, 공무원 출신인 최영래, 언론인 출

신인 강익수, 의사로서 금융조합장인 김만섭 후보들도 참전했다.

이번 총선에서는 지난 2대 총선에서 당선된 김종순 의원을 제외하고 낙선한 9명의 후보들이 퇴진하고 전남도의원인 최영철, 목포 전매지국장을 지낸 이상회, 궁상면 농민위원장을 지낸 나재기 후보들이 새롭게 출선했다.

나주읍과 영산포읍은 인접되어 있으나 결코 융합될 수 없는 지역의식이 판사 출신 현역의원으로 자유당 공천을 받아 낙선하려야 낙선할 수 없는 김종순 의원이 3위로 밀려 낙선했다.

왕곡면을 중심으로 금천면, 다시면 등 도의원 선거구역 유권자들의 전폭적인 지원을 받은 호남원예고교 교장인 최영철 후보가 예상을 뒤엎는 승전고(勝戰鼓)를 울렸고, 영산포읍민들의 절대적 지지를 받은 이상회 후보가 차점 낙선했다.

□ 득표상황

후보자	정당	연령	주요 경력	득표 (%)
최영철	무소속	46	전남도의원, 고교장	13,470 (36.6)
이상회	무소속	51	목포 전매지국장	10,619 (28.8)
김종순	자유당	46	2대의원(나주 갑)	10,114 (27.5)
나재기	무소속	58	궁삼면 농민회장	2,646 (7.2)

〈나주 을〉 나주군수 출신으로 전남도 교육위원회 의장으로 활약한 정명섭 후보가 자유당 공천을 받고 민국당 김태호, 현역의원 서상덕 후보들을 큰 표차로 제압

제헌의원 선거에서는 노안면민, 한민당원들의 지지 열기로 김상호 후보에게 1,226표차로 낙선한 서상덕 후보가 제2대 총선에서는 김상호 의원의 불출마에 힘입어 남평면민들의 도움으로 5명의 후보들을 꺾고 재기에 성공했다.

사업가인 홍정희, 신문기자인 국민당 최창희, 군수 출신인 김영섭, 제헌의원 선거에서 동메달을 확보한 박금석 후보들도 출전했다.

서상덕 의원이 재선 고지 점령에 나선 이번 총선에는 나주 군수를 지낸 정명섭 후보가 자유당 공천을 받고 재선 저지 선봉장으로 나섰다.

신문기자인 민국당 김태호, 한청 나주군단장으로 활동한 고판봉, 영산포부읍장을 지낸 나기보, 나주군 농민회장인 최창희, 나주군수 출신인 김영섭 후보들도 출전했다.

자유당 공천을 받은 정명섭 후보가 민국당원의 지지를 받은 김태호, 남평면민들의 지지로 당선된 서상덕 2대의원을 큰 표차로 꺾고 새로운 지역구의 주인이 됐다.

□ 득표상황

후보자	정당	연령	주요 경력	득표 (%)
정명섭	자유당	43	나주군수	13,843 (37.3)
김태호	무소속	47	신문기자	8,706 (23.4)
서상덕	무소속	46	2대의원(나주 을)	5,354 (14.4)
나기보	무소속	62	영산포읍 부읍장	2,926 (7.9)
최창희	무소속	43	나주군 농민회장	2,662 (7.2)

| 고판봉 | 무소속 | 35 | 한청 나주군단장 | 2,560 (6.9) |
| 김영섭 | 무소속 | 52 | 나주군수 | 1,088 (2.9) |

〈함평〉 전남도 경찰국장을 지낸 경력을 내세워 30대의 전남도의원으로 자유당 공천을 받은 윤인식 후보를 어렵게 따돌린 무소속 김의택

제헌의원 선거에서 승패가 갈렸던 이성우, 양학기, 서상국 후보들이 재대결을 펼친 지난 2대 총선에서는 조도전대 출신으로 제헌의원 선거에서 차점 낙선한 서상국 후보가 다양하고 쟁쟁한 12명의 후보들을 꺾고 기사회생했다.

금융조합장을 지낸 한규흥, 광주지검 검사장을 지낸 이규정, 미창 목포지점장인 임방원, 회사장인 안종림, 제헌의원인 이성우, 함평 면장을 지낸 권승일, 목포화학 사장인 손정헌, 경도대 출신인 김천현, 잡지사 사장인 양학기 후보 등도 출전했다.

이번 총선에는 2대 총선에서 혈전을 전개했던 서상국 의원을 비롯한 한규흥, 이규정 후보 등 13명의 후보들이 감쪽같이 사라지고 김의택, 윤인식 등 새로운 9명의 주자들이 출전했다.

선거전은 전남도의원인 윤인식, 전남도 경찰국장 출신인 김의택, 손불면장과 수리조합장을 지낸 김우영, 함평금융조합장을 지낸 이재혁 후보들이 선두권을 형성했다.

교육신문 사장인 김용우, 금융조합장과 어업조합장을 지낸 신현기,

광주시의회 의장인 김교석, 동국대 강사인 신호열 후보들이 하위권을 형성했고 전남도의원인 이갑수 후보는 중도에 사퇴했다.

당선의 예측이 난망한 선거전은 전남도 경찰국장을 지낸 김의택 후보가 30대의 전남도의원으로 자유당 공천을 받은 윤인식 후보를 경륜을 내세워 982표차로 어렵게 따돌리고 등원에 성공했다.

□ 득표상황

후보자	정당	연령	주요 경력	득표 (%)
김의택	무소속	45	전남도 경찰국장	10,637 (26.9)
윤인식	자유당	31	전남도의원	9,655 (24.5)
김우영	무소속	51	면장, 수리조합장	6,188 (15.7)
이재혁	무소속	60	함평 금융조합장	5,508 (14.0)
신현기	무소속	54	금융, 어업조합장	2,829 (7.2)
김용우	무소속	43	교육신문사 사장	2,332 (5.9)
신호열	무소속	40	동국대 강사	1,217 (3.1)
김교석	무소속	29	광주시의회 의장	1,114 (2.8)
이갑수	무소속	46	전남도의원	사퇴

<영광> 제헌의원 선거에서 무투표 당선됐던 조영규 후보가 심기일전하여 자유당 공천으로 재무장한 정헌조 현역의원을 무너뜨리고 고토를 회복

중국 북경대 출신 의사인 조영규 후보가 제헌의원 선거에서는 무투표 당선됐지만, 16명의 후보들이 난립한 제2대 총선에서는 대한청년단 전남지부 부장을 지낸 정헌조 후보에게 무너져 의원직을 넘겨줬다.

국회의원 비서를 지낸 김창집, 농장을 경영한 신석범, 조선대 교수인 한규종, 기독교 장로인 국민당 조두현, 군서면장을 지낸 김택용, 백수면장을 지낸 김덕부 후보들도 출전했다.

정헌조 2대의원과 조영규 제헌의원이 재대결을 펼친 이번 총선에는 지난 2대 총선에 출전했던 14명의 후보들이 모두 사라지고, 예비역 육군 중위인 조희순, 오랫동안 공무원 생활을 한 서진걸 후보들이 출전하여 두 후보의 혈투를 지켜봤다.

제헌의원 선거에서 무투표 당선됐던 조영규 후보가 심기일전하여 자유당 공천으로 무장하고 수성에 나선 정헌조 후보를 8,951표차로 꺾고 고토를 회복했다.

☐ 득표상황

후보자	정당	연령	주요 경력	득표 (%)
조영규	민주국민당	41	제헌의원(영광)	25,114 (54.6)
정헌조	자유당	34	2대의원(영광)	16,163 (35.2)
서진걸	무소속	37	공무원	3,130 (6.8)
조희순	무소속	39	육군 중위	1,570 (3.4)

〈장성〉 장성읍장 출신으로서의 지역 기반과 현역의원의 이

점을 살리고 자유당 무공천 지역임을 이용하여 수성에 성공한 무소속 변진갑

제헌의원 선거에서 당선된 민국당 김상순 의원이 중도 사퇴한 제2대 총선에서는 장성읍장을 지낸 변진갑 후보가 30대의 신문기자인 신창호, 박래춘 후보들을 꺾고 당선됐다.

제헌의원 선거에서는 중도 사퇴한 민국당 김병수, 교사 출신인 김기영, 공무원 출신인 정선기 후보 등 11명의 후보들이 출전하여 혼전을 전개했다.

이번 총선에는 지난 2대 총선에서 당선된 변진갑 의원과 낙선한 청년운동가인 김병수, 회사원인 이강일, 전남도의원인 박래춘, 신문기자인 김대한 후보들이 재대결을 펼쳤다.

남일여객 사장인 김후생, 양조장 사장인 김태종, 회사장인 김금룡 후보들도 새롭게 출전했다.

자유당이 무공천 지역으로 방임한 이 지역구에 김태종, 박래춘, 김금룡 후보들이 자유당 후보임을 내세우며 출전했고, 김대한, 변진갑, 이강일, 김후생, 기우대 후보들은 무소속으로 출전하여 난전을 벌였다.

장성읍장 출신으로의 지역 기반과 현역의원의 이점을 최대한 살려낸 변진갑 후보가 남일여객 사장으로 풍부한 자금을 활용한 김후생 후보를 417표차로 꺾고 수성에 성공했다.

☐ 득표상황

후보자	정당	연령	주요 경력	득표 (%)
변진갑	무소속	57	2대의원(장성)	7,719 (20.1)
김후생	무소속	48	남일여객 사장	7,302 (19.0)
김병수	민주국민당	36	청년단 간부	5,313 (13.8)
이강일	무소속	43	회사원	4,763 (12.4)
박래춘	자유당	37	전남도의원	4,225 (11.0)
김태종	자유당	37	양조업	3,965 (10.3)
김금룡	자유당	37	신문기자	2,370 (6.2)
기우대	무소속	37	회사장	1,562 (4.1)
김대한	무소속	36	신문기자	1,241 (3.2)

〈완도〉 능변가로 알려진 김선태 후보가 완도군 산업과장 출신인 이준호 후보를 7표차로 꺾고 2전 3기의 신화를 창조

지난 2대 총선에서는 민국당 선전부장으로 활약한 정남국 후보가 제헌의원 선거에서 혈전을 전개하여 당선된 국민당 김장열, 낙선한 변호사 김선태 후보들을 간발의 차로 제압하고 지역의 새로운 주인이 됐다.

연평어업조합 이사인 김상규, 보건부 후생과장을 지낸 김봉학, 목포공고 교사인 이제혁 후보들도 출전했다.

이번 총선에는 지난 2대 총선에서 혈전을 전개하여 당선된 정남국 후보와 낙선한 김선태 후보가 재대결을 펼쳤다.

다만, 함께 뛰었던 김장열, 김상규, 김봉학, 이제혁, 김용상 후보들이 사라지고 회사장인 김용호, 전남도의원인 김태섭, 완도군 산업과장을 지낸 이준호 후보들이 새롭게 출전했다.

능변가로 알려진 변호사로서 제헌의원 선거에 출전하여 차점 낙선하고, 2대 총선에서도 3위로 낙선한 김선태 후보가 심기일전하여 691표차로 패배한 정남국 후보를 174표차로 꺾고 2전 3기를 이뤄냈다.

완도군 산업과장으로 지역 기반을 다진 이준호 후보는 김선태 후보에게 7표차로 아쉽게 무너졌다.

□ 득표상황

후보자	정당	연령	주요 경력	득표 (%)
김선태	무소속	42	변호사	7,293 (19.7)
이준호	무소속	39	완도군 산업과장	7,286 (19.7)
정남국	민주국민당	56	2대의원(완도)	7,119 (19.2)
김태섭	자유당	55	전남도의원	6,896 (18.6)
김상근	무소속	70	전남도 평의원(일제)	4,766 (12.9)
김용호	무소속	33	회사장	3,704 (10.0)

〈진도〉 진도군수 출신 현역의원으로 자유당 공천까지 받았으나 진도면장을 지낸 박희수 후보에게 1,259 표차로 신승하고 수성에 성공한 조병문

지난 2대 총선에서는 제헌의원 선거에서 당선된 김병회 의원의 불출마에 힘입어 진도군수를 지낸 조병문 후보가 교수 출신으로 전남도 농무국장을 지낸 정상호 후보를 제압하고 새로운 지역의 주인으로 등장했다.

포경업자인 박영산, 서울시 청소계장을 지낸 박진무, 회사장인 이남준, 사법서사인 이병영 후보들도 출전했다.

이번 총선에서 조병문 의원이 자유당 공천을 받고서 재선 고지를 점령하자 2대 총선 때 함께 뛰었던 정상호 후보 등 5명의 후보들은 사라지고 의사로서 진도면장을 지낸 박희수, 신문기자인 임상수, 예비역 육군 소령인 곽우불 후보들이 새롭게 출전했다.

국민회 정경부장을 지낸 박영산, 의사인 박헌진 후보들은 등록했다 사퇴했다.

진도군수 출신인 조병문 후보는 현역의원, 자유당 공천 후보에다 대성인 창녕 조씨 문중 표까지 결집시켰으나, 30대의 신문기자 출신인 임상수 후보와 의사로서 진도면장 출신인 박희수 후보에게 진땀승을 거두고 수성에 성공했다.

□ 득표상황

후보자	정당	연령	주요 경력	득표 (%)
조병문	자유당	39	2대의원(진도)	8,688 (31.1)
임상수	무소속	31	신문기자	7,429 (26.6)
박희수	무소속	33	진도면장	7,185 (25.7)
곽우불	무소속	39	육군 소령	4,650 (16.6)

| 박영산 | 무소속 | 32 | 국민회 정경부장 | 사퇴 |
| 박헌진 | 무소속 | 46 | 의사 | 사퇴 |

제주도

<북제주 갑> 제주읍 일도리 같은 마을 출신인 세 후보의 혈전에서 연장자로서 회사장인 김석우 후보가 자유당 공천 후보인 김영린 후보를 2천여 표차로 꺾고 당선

지난 2대 총선에서는 청년운동을 펼친 국민회 김인선 후보가 제헌의원 선거에서는 홍순영, 함상훈 후보에 이어 3위에 머물렀지만 와신상담하며 지역구를 누벼 회사장인 문종철, 변호사인 박철, 민국당 김희복 후보들을 꺾고 기사회생했다.

검사 출신인 홍대권, 제헌의원 선거에도 출전했던 김시학, 사회당 박춘봉 후보들은 하위권에서 허덕였다.

이번 총선에는 2대 총선에서 당선된 김인선, 차점 낙선한 문종철 후보 등 8명의 후보들이 모두 사라지고 정치신인 7명이 새롭게 출전했다.

신문사 사장인 김석우, 제주도의원인 김영린, 의사로서 사회사업가인 고수선, 제주지검에서 과장을 지냈던 안정립, 신문기자인 강진화, 대한정경 편집장인 고태만, 공무원 출신인 김주태 후보들이 혈투를 전개했다.

제주읍 일도리 같은 마을 출신인 김석우, 김영린, 고수선 후보들의 결투는 연장자인 김석우 후보가 자유당 공천을 받은 제주도의원 출신인 김영린 후보를 어렵게 따돌리고 등원에 성공했다.

현역의원인 김인선 의원이 족청계 숙청에 따라 자유당에서 제명처분으로 사라진 호기를 활용한 당선이었다.

□ 득표상황

후보자	정당	연령	주요 경력	득표 (%)
김석우	무소속	57	회사장	9,908 (28.4)
김영린	자유당	43	제주도의원	7,862 (22.6)
고수선(여)	무소속	55	의사, 사회사업	5,320 (15.3)
안정립	무소속	37	제주지검 과장	5,054 (14.5)
강진화	무소속	36	언론인, 기자	3,015 (8.7)
김주태	무소속	30	공무원, 기자	2,511 (7.2)
고태만	무소속	31	대한정경 편집국장	1,176 (3.4)

〈북제주 을〉 애월면민들이 강창용 의원과 홍문중 후보에게 양분된 틈새를 비집고, 한림면민들의 전폭적인 지지로 당선을 일궈낸 무소속 김두진

제헌의원 선거에서 자웅을 겨뤘던 양병국, 양제박, 홍문중, 이응숙 후보들이 재대결을 펼친 제2대 총선에서는 금융조합 전무로 풍

부한 자금을 활용하여 진주 강씨 문중 표를 결집시킨 강창용 후보가 쟁쟁한 9명의 후보들을 꺾고 당선됐다.

남제주군수를 지낸 국민회 김영진, 제주도지사를 지낸 김용하, 제주도 과장과 면장을 지낸 조순하 후보들도 출전했지만 고배를 마셨다.

강창용 의원이 재선 고지 점령을 향해 진군한 이번 총선에는 금융조합 이사인 홍문중, 회사 중역인 김두진, 공주사범대 학장인 문무겸, 서울체신대 학장인 김구 후보들이 출전했다.

현역의원으로 자유당 공천까지 받아 수성이 예상됐지만, 제주시 동부와 서부의 지역 대결이 펼쳐진 선거전에서 애월면민들의 표를 홍문중 후보와 반분하다보니 강창용 의원이 한림면민들의 표를 오롯이 차지한 중졸인 김두진 후보에게 556표차로 패배하여 의원직을 넘겨줬다.

□ 득표상황

후보자	정당	연령	주요 경력	득표 (%)
김두진	무소속	41	회사 중역	6,023 (23.6)
홍문중	무소속	35	금융조합 이사	5,718 (22.4)
강창용	자유당	40	2대의원(북제주 을)	5,467 (21.4)
김 구	무소속	36	서울체신대 학장	5,366 (21.0)
문무겸	무소속	37	공주사대 학장	2,946 (11.6)

<남제주> 현역의원인 강경옥 후보가 남제주군수를 지낸 강

성익, 국민교육원장인 송왕열 후보들을 꺾고 수성에 성공

지난 2대 총선에서는 제약회사 사장인 강경옥 후보가 풍요로운 자금을 활용하여 제헌의원인 오용국, 변호사로 활동중인 오건일 후보들을 꺾고 당선됐다.

대학교수인 고유삼, 국민회의 강기천, 청년운동가인 강필생, 독립운동을 펼친 김성숙 후보들도 출전하여 선전했다.

강경옥 의원이 자유당 공천을 받고 재선 고지를 점령한 이번 총선에는 남제주군수를 지낸 강성익 후보가 출전하여 진양 강씨 문중 내 대결을 펼쳤다.

조도전대 중퇴생으로 국민교육원장인 송왕열, 공장을 경영하는 오태우, 일본대 출신으로 통역사인 고태선 후보들도 참전했다.

현역의원 기반에다 자유당 공천을 받은 강경옥 후보가 대승을 거두고 수성에 성공했다.

□ 득표상황

후보자	정당	연령	주요 경력	득표 (%)
강경옥	자유당	46	2대의원(남제주)	18,139 (42.0)
송왕열	무소속	44	국민교육원장	9,228 (21.4)
오태우	무소속	39	공업	6,615 (15.3)
강성익	무소속	62	남제주군수	6,469 (15.0)
고태선	무소속	34	통역관	2,730 (6.3)

〈인용·참고자료〉

○ 역대 국회의원 선거 총람 (중앙선거관리위원회, 2016년 11월)

○ 제2대 총선이야기 (선암각, 2024년 2월)

○ 해방 후 정치사 100장면 (가람기획, 1994년 7월)

○ 한국정당 통합운동사 (을유문화사, 2000년 9월)

○ 6.25 전쟁 1129일 (우정문고, 2014년 11월)

○ 한국인물사전 (연합뉴스, 2005년 1월)

○ 주요일간지 (1950. 2. 1 ~ 1954. 5. 30)

　- 동아일보

　- 조선일보

　- 경향신문